Lisa Skydla

Kein Werwolf zum Heiraten

Roman

Merlin´s Bookshop

Eine Sängerin, ein Werwolf und jede Menge Probleme!

Chris sehnt sich danach, als Sängerin auf der Bühne zu stehen, leider hat sie sich den falschen Manager gesucht. Sie wird zu einem Auftritt nach Schottland geschickt, den sie wohl oder übel annehmen muss.

Nach einer Verkettung unglücklicher Umstände stolpert sie ausgerechnet in das jährliche Treffen eines Werwolfrudels. Ihre gesamte Welt ist aus den Angeln gehoben, besonders als einer der Anführer ihr erklärt, dass sie zu ihm gehört. Angst, Unsicherheit und Misstrauen halten sie zurück, obwohl sie deutlich spürt, dass es zwischen ihnen knistert.

Blake kann es kaum fassen, als seine Gefährtin in ihr Meeting in den Highlands platzt. Die Panik in ihren Augen jedoch sagt ihm, dass er viel Überzeugungsarbeit zu leisten hat, dazu kommt seine dominant-sadistische Neigung, die seine Lage nicht einfacher macht. Als ob das noch nicht genügen würde, treten plötzlich Enthüllungen aus ihrer Vergangenheit zutage, die Lebensgefahr für sie bedeuten. Wer ist diese außergewöhnliche Frau wirklich? Gibt es einen Weg, sie ausreichend zu beschützen oder wird er sie verlieren?

Eine Geschichte mit überraschenden Wendungen, tiefen Emotionen und einer großen Portion Highlands. Der Roman ist in sich abgeschlossen und enthält explizite Szenen.

Original-Ausgabe erschienen im August 2023 bei Merlins Bookshop.

Korrektorat & Lektorat: Merlins Bookshop, Birlenbach

Verlag: Merlins Bookshop, Waldstr. 22, 65626 Birlenbach

ISBN: 978-3-96248-531-3

Druck: Step Printing House, Türkei

Inhalt

Widmung

Dieses Buch widme ich zwei wundervollen Frauen, die mein Leben bereichert haben beziehungsweise immer noch bereichern.

Zuerst einmal meiner Oma Christine Amberg, eine Frau, die immer für mich da war und auch wusste, was sie wollte. Eine starke Frau, die den Weltkrieg überlebt hat, ihren Weg gegangen ist und bis zum Schluss für uns da war. Ich weiß, dass sie immer noch über mich wacht.

Außerdem widme ich diese Geschichte meiner Freundin Bea, eine genauso außergewöhnliche Frau, die ich bewundere. Jemand, der trotz aller Widerstände, weitergeht, sich nicht beirren lässt und für das Gute kämpft, im wahrsten Sinne des Wortes. Danke, dass du meine Freundin bist.

Lisa Skydla

Kapitel 1 - Ein ungewöhnliches Angebot

Ungeduldig trommelte Chrissi mit den Fingern auf die Tischplatte. Sie hatte einen Termin mit ihrem Manager, mit dem sie ernsthaft reden musste. Seit sie in seinem Bett gelandet war, bekam sie nur noch Auftritte auf Geburtstagen oder privaten Feiern, die nur mittelmäßig bezahlt wurden. Abgesehen davon, dass sie sich eine Karriere als Sängerin anders vorstellte, reichte die Gage hinten und vorne nicht.

Endlich öffnete sich die Tür und Gerold kam herein, eilig richtete er seine Kleidung, was ihr eine ganze Menge verriet, auch die Lippenstiftflecken an seinem Kragen sprachen eine deutliche Sprache.

„Du hast mich tatsächlich wegen eines Quickies warten lassen?“ Christine bemühte sich kaum, ihren Unmut zu verbergen. Er sollte wissen, dass sie mächtig verärgert war, wobei es sich bei dem Ausdruck um eine Untertreibung handelte.

„So schlecht gelaunt an einem so schönen Tag?“ Charmant lächelte er ihr zu, als er sich hinter seinem Schreibtisch niederließ. „Du scheinst mit dem falschen Fuß aufgestanden zu sein.“

Innerlich zählte sie bis zehn, um sich ein wenig zu beruhigen, es brachte einfach nichts, ihn anzugehen, dadurch bekam sie kein besseres Engagement. „Wir müssen ernsthaft reden, Gerold. Es kann so nicht weitergehen. Du hast mir versprochen, wenn ich dich als Manager annehme, bringst du mich groß raus.“

Sie holte tief Luft, weil sie sich erneut in Rage redete. „Bisher hatte ich genau einen Auftritt am Deutschen Eck als supporting act.“ Auffordernd blickte sie ihn an, jetzt sollte er die Hosen runterlassen oder den verdammten Vertrag aufheben.

Nachdenklich blätterte er in seinen Unterlagen, ehe er sie fast schon mitleidig musterte. „Du bist nicht das, was ich erwartet habe, Chrissi. Es tut mir leid, aber ich erhalte nur Absagen, sobald ich deinen Namen ins Spiel bringe.“ Er runzelte die Stirn. „Ist irgendwas auf dem Konzert in Koblenz schiefgelaufen?“

Sofort schüttelte sie den Kopf, sodass ihre blonden Locken flogen. „Ganz im Gegenteil, die Leute waren begeistert. Ich hab dir die Fotos gezeigt, außerdem bekomme ich immer noch Fanpost.“ Sie riss sich zusammen, um ihre Stimme unter Kontrolle zu halten. „Viele fragen, wann ich wieder auftrete.“

„Das ist seltsam, wie gesagt, ich tue, was in meiner Macht steht, allerdings sind deine Coversongs ziemlich abgenutzt. Vielleicht kannst du deine Stilrichtung ändern? Etwas mehr, sagen wir, Erotik?“

Spöttisch stieß sie die Luft aus. „Tut mir leid, ich bin Sängerin und verkaufe meinen Körper nicht.“ Im Stillen fragte sie sich, wie lange noch. „Pass auf, ich brauche eine Chance, außerdem müssen meine Auftritte besser bezahlt werden.“ In der Tat lebte sie seit einiger Zeit lediglich von Nudeln und Toast.

Seufzend strich Gerold sich über die Lider. „Vielleicht kannst du einen Job im Einzelhandel oder als Kellnerin bekommen.“ Er machte eine Kunstpause. „Allerdings wäre dann die Vertragsstrafe von 10.000 Euro fällig.“ Bei der Aussage blitzte die Gier in seinen Augen auf.

„Wir könnten aber bestimmt einen Weg finden.“ In seinem Blick stand deutlich, was er im Sinn hatte.

„Vergiss es, egal, was du tust, ich schlafe nie mehr mit dir.“ Jetzt war ihr klar, was er mit seiner Taktik bezweckte: Sie sollte sein Betthäschen werden. Nur dazu war sie sich zu schade. „Also, was ist? Kannst du mir einen Auftritt anbieten oder bist du nicht in der Lage, deinen Teil des Vertrags einzuhalten.“ Was er konnte, konnte sie schon lange. „Vielleicht zahlst du mir eine Abfindung, damit du mich loswirst. Du scheinst nicht der richtige Manager zu sein.“

Jetzt richtete er sich auf, in seinen Augen erkannte sie eine eindeutige Warnung. „Zweifelst du meine Fähigkeiten an?“

Chris zuckte nichtssagend mit den Schultern. „Komm zum Punkt.“ Sie hielt seiner stummen Drohung stand.

„Es gibt da eine Möglichkeit, aber die wird dir kaum gefallen“, begann er, während er auf seinem PC eine Seite aufrief.

„Alles ist besser, als vor einer besoffenen Horde Männer zu singen, die einen Junggesellenabschied feiern.“ Sarkasmus troff aus ihrem Mund, denn bei ihrem letzten Auftritt wurde sie keineswegs wegen ihres Gesangs gebucht. Im Gegenteil, die Kerle hatten sie lautstark aufgefordert, sich auszuziehen. Gerold musste ihnen falsche Informationen gegeben haben, zumal sie die Gage um die Hälfte kürzten.

„Da ist ein Pub in Inverness, Schottland. Sie suchen derzeit eine Sängerin, um dem Ganzen ein wenig Schwung zu verleihen.“

Ungläubig riss sie die Augen auf. „Schottland? Das Land ist nicht gerade dafür bekannt, dass dort jemand aus Deutschland mit Coversongs groß rauskommt, oder? Gib es zu, du nimmst mich auf den Arm.“

Jetzt drehte er den Bildschirm, sodass sie draufsehen konnte. Tatsächlich gab es ein solches Lokal, in dem sie wohl einen bunten Abend mit verschiedenen Künstlern veranstalten wollten, trotzdem klingelten bei ihr alle Alarmglocken. Irgendwas war hier im Busch, darüber hinaus hatte sie gar keine Kohle, um nach Schottland zu fliegen. „Tolles Angebot und wie soll ich da hinkommen? Wie du weißt, war ich in der letzten Zeit kaum in der Lage, Geld zu verdienen.“ Bitter stieß sie die Luft aus.

„Da greife ich dir gerne unter die Arme, Kleine.“ Er lächelte hinterlistig. „Ich strecke dir die Kosten für den Flug vor, außerdem habe ich einen Bekannten, der dir dort ein Auto leiht. Du müsstest lediglich für deine Verpflegung aufkommen, da du in dem Lokal ein Zimmer bekommst.“

„Was verlangst du dafür? Ich gehe auf gar keinen Fall mit dir ins Bett!“ Sie beobachtete ihn eindringlich, um jede Hinterhältigkeit sofort zu erkennen. Der Auftritt war zwar nicht das, was sie erhofft hatte, aber besser als das, was er ihr bisher vorgeschlagen hatte. Darüber hinaus ergab sich vielleicht ja eine weitere Möglichkeit. Bei dem Gedanken hätte sie fast spöttisch aufgelacht, sie durfte keine Angebote annehmen, ohne die Genehmigung von Gerold. Immer wenn sie etwas an Land zog und ihm eine Nachricht schickte, bekam sie kurz darauf eine Absage. Christine biss die Zähne aufeinander, während sie auf seine Antwort wartete.

Gerold zupfte sich eine Fluse vom Hemd, gleichzeitig tat er so, als ob er überlegen müsste. „Ich bekomme statt der Hälfte siebzig Prozent, zumal anzunehmen ist, dass unter Umständen neue Anfragen kommen werden.“

Empört schnappte Chris nach Luft. „Du bist ein Halsabschneider, Gerold. Hast du es wirklich so nötig? Lassen deine anderen Häschen dich nicht ran?“ Sie verlor die Fassung, weil er sie dermaßen über den Tisch ziehen wollte.

„Du solltest auf deinen Ton achten, Kleine. Du bist nichts weiter, als eine von vielen, die sich einbildet, singen zu können.“ Sein Gesichtsausdruck verhärtete sich. „Du kannst dir mit etwas Aufwand gute fünfhundert Pfund verdienen, wenn dir das zu wenig ist, dann lehn das Angebot ab.“ Er zuckte gleichgültig mit den Schultern.

„Du kommst für alles auf, bis auf meine Verpflegung. Ich bekomme es schriftlich, dass ich den Flug, ein Auto und ein Zimmer erhalte. Wir reden hier von Hin- und Rückflug. Außerdem bezahlst du den Sprit, keine hinterhältigen Touren, ich warne dich.“ Ernst musterte sie ihn, wobei ihr ein eiskalter Schauer über den Rücken lief. Wie war sie nur auf die Idee gekommen, mit ihm ins Bett zu steigen und mit ihm einige spezielle Praktiken auszuprobieren?

„Deal.“ Er hielt ihr seine Hand hin, dabei grinste er auf eine Weise, die ihr Angst einjagte, trotzdem schlug sie ein.

„Keine krummen Dinger, ich reiße dir den Allerwertesten auf.“ Sie musste sich überwinden, ihn anzufassen.

„Du kennst mich doch. Glaub mir, ich tue, was in meiner Macht steht, um dich zu unterstützen. Jetzt wartet mein nächster Termin auf mich.“ Er deutete zur Tür. „Ich schicke dir alles per Mail. Mach es gut.“

Damit war sie wohl entlassen. Chris beeilte sich aus dem Büro herauszukommen, weil sie sich besudelt fühlte. Außerdem breitete sich das Gefühl, betrogen worden zu sein, in ihrem Inneren aus. Irgendetwas stimmte hier nicht, davon war sie überzeugt, aber sie hatte keine andere Wahl.

Während sie mit dem Bus nach Hause fuhr, dachte sie darüber nach, wie dumm sie gewesen war. Sie hatte den Vertrag im guten Glauben unterschrieben, dass Gerold ihr tatsächlich helfen wollte. Wie naiv sie in seine Falle getappt war!

~~°~~

Blake fluchte unterdrückt, während er versuchte, irgendwie zur Ruhe zu kommen. Seit ein paar Tagen fühlte er sich rastlos, unruhig, als ob eine Katastrophe auf ihn zurasen würde. Das letzte Mal, als er sich so ähnlich gefühlt hatte, wurde kurz darauf seine Familie abgeschlachtet, nur er und sein Bruder überlebten das Massaker. Schnell schüttelte er die Erinnerungen von sich, sie brachten ihn nur dazu, die verdammte Buchhaltung hinzuschmeißen.

Erneut blickte er auf die Konten, die ihn zu verhöhnen schienen. Weshalb konnte er sich nicht mehr konzentrieren? Klar, das Jonglieren mit den Zahlen war ihm schon immer verhasst, aber er kannte sich nun mal am besten damit aus. Er hatte ja genug Zeit gehabt, um alles zu lernen.

Wie gerne würde er sich jetzt in der Werkstatt aufhalten, einen Motor auseinandernehmen oder an seinem alten Ford F 250 basteln. Er hatte den Pick-up von einem Bauern bekommen, der ihn in seiner Scheune verrotten ließ. Ein wahres Prachtstück, sobald er fertig restauriert war.

Seufzend zwang er sich, sich auf seine Aufgabe zu konzentrieren. Verdammt, es war aber auch zum Schreien. Immer wieder schweiften seine Gedanken ab, außerdem erwischte er sich selbst dabei, dass er auf der Tischplatte herumtrommelte.

Mürrisch stand er auf, schaltete das Radio ein, anschließend suchte er einen Sender, der seine Lieblingssongs spielte. Er hörte im Prinzip alles, nur meistens wurden die guten Songs totgespielt. Natürlich fand er nichts, was ihm gefiel, daher entschied er sich für seinen iPod, der die entsprechende Playlist zum Besten gab.

Unruhig lief er in seinem geräumigen Büro herum, fuhr sich mehrfach durch die Haare, ehe er sich zurück an die Arbeit zwang. Das Clantreffen war in ein paar Tagen, da musste er einen kompletten Bericht abgeben. Als Schatzmeister war er für die Finanzen verantwortlich, dabei handelte es sich um ein richtiges Vermögen.

Blake verwaltete die Gelder seiner Clanleute, legte sie gewinnbringend an oder sorgte dafür, dass sie ihren Besitz behielten, falls sie gezwungen wurden zu verschwinden. Seine Werkstatt deckte seine eigentlichen Ausgaben, außerdem machte es ihm Spaß an Autos oder Motorrädern zu schrauben. Erneut stieß er unwillig die Luft aus, der Bürojob raubte ihm heute wirklich jeden Nerv.

Es klopfte, doch ehe er eine Antwort knurren konnte, kam sein Bruder Cameron herein. „Bist du immer noch an der Buchhaltung?“ Erstaunt musterte er ihn.

„Ja, oder denkst du, dass ich hier meinen Jahresurlaub verbringe?“ Schlecht gelaunt betrachtete er ihn. „Was willst du?“

Lächelnd setzte Cameron sich auf die Tischplatte. „Nach dir schauen, du bist in den letzten Tagen außergewöhnlich harsch.“ Er blickte kurz auf den Bildschirm. „Außerdem kommst du mit den Buchungen nur schleppend voran.“

„Ja, weil ständig so ein Klugscheißer wie du mich von der Arbeit abhält." Blake biss die Zähne aufeinander. „Tut mir leid", murmelte er. Sein Bruder konnte absolut nichts dafür, dass er so neben der Spur lief. Wieder trommelte er auf der Tischplatte herum.

„Du bist nervös", stellte Cameron mit einem wissenden Lächeln fest. „Du weißt, was David gesagt hat, oder?"

Völlig entnervt nickte er. „Ja, unser liebenswerter Cousin aus Irland ist der Meinung, dass mein Zustand meine Gefährtin ankündigt." Er lachte spöttisch auf. „Als ob sie so plötzlich vom Himmel fällt. Ich habe weiß Gott viele Frauen kennengelernt, aber keine war die Richtige. Außerdem haben die Normalen die dumme Angewohnheit zu sterben."

Traurig stimmte Cameron ihm zu. „Du hast recht, trotzdem vertraue ich ihm. Er ist Wächter der Magischen Welt, die wissen immer etwas mehr."

Blake machte eine wegwerfende Handbewegung. „Am Ende ist es doch nur eine Vermutung. Glaub mir, ich brauche kein Weib, das mir sagt, was ich tun soll oder mir die Ohren volljammert, dass ich mich zu wenig kümmere."

Cameron lachte leise. „Den Eindruck hatte ich weder von Emily noch von den anderen Gefährtinnen. Ich würde eine solche Frau mit Kusshand nehmen, sogar die Kleine von Brian ist taff."

„Wenn du jetzt genug gequatscht hast, ziehe ich es vor, weiterzumachen. Das Treffen ist in zwei Tagen, wie du weißt." Er deutete mit dem Kinn auf die Tür, woraufhin sein Bruder das Büro verließ.

Nachdenklich rieb er sich über das Gesicht, hatte David vielleicht doch recht? Sofort wehrte er den Gedanken ab, dass er sich in Kürze um eine Gefährtin zu kümmern hatte.

Dazu hatte er weder Zeit noch Nerven. Am Ende war es sogar ein Mensch, sodass er sie in ein paar Jahren begraben durfte. Nein, danke, da verzichtete er lieber. Andererseits gab es die Möglichkeit, sie wandeln zu lassen.

Wütend warf er den Stift, mit dem er herumgespielt hatte, auf den Tisch. Jetzt dachte er schon über eine Frau an seiner Seite nach, er musste übergeschnappt sein. Alle weiblichen Wesen im Umkreis kannte er bereits, darunter versteckte sich seine Zukünftige bestimmt nicht. Wahrscheinlich war es nur ein dummes Gerücht und David machte sich einen Spaß daraus, sie auf den Arm zu nehmen.

Blake hielt es keine Sekunde länger aus, er stand auf, rannte fast aus dem Büro und lief auf seinen Patrol zu. Im Vorbeigehen rief er seinen Leuten zu, dass er für die nächsten Stunden weg sei.

Eine Staubwolke hinter sich herziehend, raste er die Straße entlang, bis er auf einen Schotterweg stieß, der ihn zwang, besonnener zu fahren. In der Nähe des Glencoe Campingplatzes ließ er seinen Wagen stehen, stieg aus, um auf einem der vielen Wanderwege einfach geradeaus zu gehen. Als er tief im Wald war, schlug er sich ins Gebüsch, streifte seine Kleider ab, anschließend ging er auf die Knie. Ein blaues Licht flackerte auf, gleichzeitig surrte es leise, während er sich in einen Wolf verwandelte.

Seine Haut platzte auf, das grau-braune Fell erschien, bevor sich sein Kiefer verlängerte. Aus seinen Fingern wurden Pfoten, zeitgleich verformte sich sein kompletter Körper. Die ganze Aktion dauerte nur wenige Momente und sofort fühlte er sich leichter. Die Nervosität klang im gleichen Maße ab, wie sich seine Sinne schärften.

Kurz hob er den Kopf, schnupperte, dabei nahm er die Gerüche des Waldes wahr. Der kräftige Duft von Harz und Holz besänftigte ihn.

Sein Gehör verriet ihm, dass keine Normalen in der direkten Umgebung herumliefen, aber Rehe, die sich durchs Unterholz bewegten. Neben ihm huschte eine Maus in ein Loch im Boden, außerdem plätscherte in der Nähe ein kleiner Fluss.

Gierig sog er die frische Luft ein, berauschte sich an den verschiedenen Eindrücken, ehe er losrannte.

Äste brachen, als er sich seinen Weg durch den alten Wald bahnte, sie verfingen sich zum Teil in seinem Fell, trotzdem blieb er nicht stehen. Immer schneller lief er, bestrebt, die Bäume hinter sich zu lassen, sein Herz pumpte kraftvoll, seine Muskeln spannten sich an. Ein Reh sprang auf, was seinen Jagdtrieb weckte, doch heute würde es ihm entkommen. Die Auszeit war wichtiger, als sich den Bauch vollzuschlagen.

Er kam aus dem bewaldeten Gebiet heraus, stoppte am Rand, um Witterung aufzunehmen, so kurz vor dem Clantreffen musste er verhindern, gesehen zu werden. Als er sicher war, dass sich niemand in der Nähe befand, setzte er sich in Bewegung, beschleunigte seine Schritte, bis er erneut rannte. Jetzt, wo er keine hinderlichen Äste mehr um sich hatte, fühlte er sich endlich frei. Der Wind peitschte über ihn hinweg, obwohl es ein sonniger Tag war.

Er witterte einen Hasen und die Versuchung, ihn zu fangen, ließ ihn knurren. Er bog jedoch sofort in die entgegengesetzte Richtung ein. Der Boden war am Waldrand matschig, da es in den letzten Tagen geregnet hatte, sodass er sich aus seiner Deckung herauswagte.

In dieses Gebiet wagten sich nur die wirklich erfahrenen Wanderer, zumal es bereits auf den Berg hinauf ging. Hier bedeckte nur noch Moos die blanken Felsen, dennoch rannte er weiter, spürte sein Blut durch die Adern rauschen.

Nach einer ganzen Weile bremste er seine Geschwindigkeit ab, hob den Kopf und heulte seinen Frust in die Welt. Wahrscheinlich fragte seine Sippe sich jetzt, was los war, aber er zählte darauf, dass Cameron ihnen Bescheid sagen würde.

Langsam trottete er den Weg zurück, wobei seine Krallen leise über die Steine kratzten. Er fühlte sich besser, trotzdem wusste er, dass die Unruhe viel zu schnell zurückkommen würde.

Vorsichtiger als auf dem Hinweg, schlich er sich in das Waldstück, wo seine Kleider lagen. Fluchend bemerkte er, dass seine Sachen feucht waren, kein Wunder, überall entdeckte er Löcher voll Morast, da der Waldboden sich beim letzten Regen vollgesogen hatte.

„Verdammte Scheiße, das muss aufhören", murmelte er, ärgerlich über sich selbst, weil er anscheinend kaum klar denken konnte. Außerdem fühlten sich die klammen Klamotten unangenehm an.

Blake fuhr zurück, zog sich um, ehe er sich in sein Büro verkroch, wo er wenigstens einen Teil der Buchhaltung hinter sich brachte, dabei betete er, dass der Zustand bald beendet wurde.

~~°~~

Chris überlegte, ob sie den Trip nach Schottland wirklich antreten sollte, andererseits hatte sie kaum eine Alternative. Ihr Geld war mehr als knapp und blödsinnigerweise hatte sie den Vertrag unterschrieben. Sie haftete dafür, dass der Auftritt auch zustande kam.

Wieder schüttelte sie über ihre Naivität den Kopf. Sie war gerade volljährig geworden, als sie glaubte, das große Los gezogen zu haben, weil Gerold ihr anbot, sie zu einem Star zu machen. Spöttisch lachte sie auf. Der Kerl war lediglich an seinen Spielchen im Bett interessiert. „Später ist man immer schlauer", murmelte sie, während sie überlegte, welche Outfits sie mit nach Schottland nehmen sollte. Wahrscheinlich musste sie sich auf ein Minimum beschränken, da ihr liebenswerter Manager kaum zusätzliches Geld für einen normalen Koffer ausgeben würde. Den Punkt hatte sie völlig vergessen, sodass sie sich jetzt mit der flachen Hand vor die Stirn schlug. Sie wusste doch, dass er sie über den Tisch zog, wo er konnte.

Eilig nahm sie ihr Handy, um die Mails zu checken. Mit einem mulmigen Gefühl öffnete sie die Nachricht, auf die sie gewartet hatte, nur um kurz darauf vor Wut mit der Faust auf die Tischplatte zu hämmern. Er hatte in der Tat einen Billigflug gebucht, bei dem sie das Gepäck selbst zahlen musste. Hinterhältig teilte er ihr mit, dass er ihr die Summe von ihrem Verdienst abziehen würde.

Chris rieb sich über das Gesicht, weshalb war sie auch so überstürzt aus dem betreuten Wohnen ausgezogen? Ihre Betreuer hätten sie vor so einem Schwein beschützt, aber sie hatte ja gedacht, es besser zu können. Plötzlich fühlte sie sich dermaßen einsam, dass ihr die Tränen in die Augen traten. Eilig lenkte sie ihre Aufmerksamkeit wieder auf die Mail, soweit schien alles in Ordnung zu sein. Das Auto sollte vollgetankt in der Nähe des Flughafengeländes auf sie warten und Gerold hatte ihr das Spritgeld überwiesen, zumindest behauptete er das.

Ein schneller Blick auf ihr Konto sagte ihr, dass die Buchung noch nicht durch war, doch bisher war er in dem Punkt ehrlich gewesen.

Mit gemischten Gefühlen packte sie ihre Sachen, anschließend checkte sie die Möglichkeiten, um zum Flughafen zu kommen.

Kapitel 2 - Schottland

Am kommenden Mittag suchte Chrissi nervös nach dem Schalter, an dem sie ihren kleinen Koffer abgeben musste. Sie hatte sich auf ein Minimum beschränkt und trotzdem fast zehn Kilo zu schleppen. Seufzend trug sie das Gepäckstück durch das Flughafengebäude. Natürlich besaß sie keinen Trolley, den sie hinter sich herziehen könnte, sondern einen echten alten Lederkoffer.

Energisch schob sie die Gedanken von sich, sie würde das Beste aus dem Auftritt machen, vielleicht handelte es sich ja tatsächlich um eine Chance.

Endlich hatte sie den Schalter gefunden und freute sich, dass sie das schwere Gepäck los war. Es blieb ihr genug Zeit, um das Gate zu suchen, trotzdem ging sie direkt zum Sicherheitsbereich. Zu gerne würde sie einen Kaffee trinken, aber zusätzliche Ausgaben waren einfach nicht drin, ihr Vermögen war quasi nicht existent.

Viel schneller als erwartet fand sie die Sicherheitskontrolle, die sie ohne Vorkommnisse hinter sich brachte, jetzt musste sie noch fast eine Stunde totschlagen.

Langsam schlenderte sie an den Auslagen der Geschäfte vorbei, die mit steuerfreien Einkäufen lockten. Gerne hätte sie sich etwas gekauft, eine Kleinigkeit als Andenken, nur fehlte ihr auch hier das Geld. Wieder einmal wurde ihr vor Augen geführt, wie unsäglich dämlich sie gewesen war.

Die Wartezeit bis zum Einchecken wurde für Chris zur Geduldsprobe, weil sie sich einerseits seltsam nervös fühlte, andererseits bekam sie einfach zu viele Dinge zu sehen, die sie sich nicht leisten konnte.

Endlich war es an der Zeit, um sich am Gate anzustellen, von wo aus sie zum Flugzeug kam.

Mit Begeisterung sah sie aus dem Fenster, als sie Fahrt aufnahmen. Der Start war für sie mit das Beste am gesamten Flug. Das Gefühl, als sie leicht in den Sitz gepresst wurde, während die Maschine immer schneller wurde, berauschte sie fast. Ein wenig schwerfällig hob der Vogel ab, gewann rasch an Höhe und brach schlussendlich durch die Wolkendecke. Jetzt lehnte sie sich zurück, schloss die Augen, um der Geräuschkulisse zu entgehen, denn direkt hinter ihr redeten zwei Frauen lautstark miteinander. Sie verstand nicht, um was es ging, da sie sich in einer fremden Sprache unterhielten, aber dem Ton zufolge war etwas schiefgelaufen.

Seufzend holte sie ihre Kopfhörer aus der Handtasche, steckte den Anschluss in ihrem Smartphone ein, gleichzeitig hoffte sie, dass die Musik das Geplärre der beiden übertönte.

Die Flugzeit betrug lediglich knappe anderthalb Stunden, trotzdem atmete sie auf, als sie zur Landung ansetzten, doch jetzt kam die Nervosität zurück. Was würde wohl auf sie warten? Konnte sie das Publikum in den Highlands überzeugen? Energisch schob sie die Selbstzweifel von sich, weshalb sollten die Schotten ihre Songs nicht mögen?

Bisher hatte sie sich kaum mit dem Land beschäftigt, zumal ihr die Kohle fehlte, um ins Ausland zu fliegen. Ein Lächeln glitt über ihr Gesicht, wenn alles andere fehlschlug, wollte sie den Trip als Urlaub mitnehmen. Sie hatte tagsüber frei, sodass sie Gelegenheit hatte, sich die Gegend anzusehen.

Damals in der Schule hatte sie eine Freundin gehabt, die von der wilden Landschaft der schottischen Highlands begeistert war. Natürlich auch von einem heißen Mann im Kilt schwärmte.

Bei der Erinnerung lachte Chrissi, für sie war es ungewöhnlich, einen Kerl im Rock sexy zu finden. Allerdings ließ sie sich gerne eines Besseren belehren.

Erneut wurde ihre Geduld auf eine harte Probe gestellt, weil die kreischenden Weiber direkt hinter ihr in der Reihe warteten und sich offensichtlich immer noch über irgendetwas aufregten. Gott, konnten die nicht etwas leiser sein? Ungeduldig kramte Chris ihren Ausweis hervor, gleichzeitig versuchte sie, das Gezanke zu ignorieren.

Endlich hatte sie auch ihren Koffer zurück, sodass sie sich auf den Weg zum Auto machte. Gerold hatte ihr eine Wegbeschreibung auf ihr Smartphone geschickt, die sie jetzt erst empfing.

Neugierig öffnete sie die Nachricht, nur um erneut vor Wut zu brodeln, dieser Kerl trieb wirklich ein bösartiges Spiel mit ihr. In der Nähe des Flughafens war ein dehnbarer Begriff, denn der Wagen gehört nicht etwa einer Verleihfirma, sondern einem Bekannten ihres Managers, der in Winchburgh wohnte. Laut ihrem Handy lag die Kleinstadt gute sechs Meilen weg.

Chrissi runzelte die Stirn, wie lang war wohl eine Meile? Konnte sie die Strecke laufen? Eilig ließ sie ihr Smartphone die Entfernung umrechnen, woraufhin sie hart schluckte. Es waren mehr als zehn Kilometer! Dieser Sack hatte sie schon wieder übers Ohr gehauen. Jetzt blieb ihr kaum etwas anderes übrig, als ihre winzigen Reserven anzugreifen, außerdem musste sie auch noch sehen, wo ein Geldautomat stand. Zum Glück fand sie direkt ein entsprechendes Gerät.

Kurz darauf rief sie sich ein Taxi, gab dem freundlichen Fahrer die Adresse, anschließend erkundigte sie sich, was sie die Fahrt kosten würde.

„Das ist nicht so viel", bemerkte der Mann mit einem Lächeln. „Für Sie mache ich einen Sonderpreis. Sagen wir fünfunddreißig Pfund."

Seufzend stimmte sie zu, das bedeutete zwar, dass sie jetzt lediglich zehn Euro übrig behielt, aber sie musste ja irgendwie zu dem Auto kommen. Natürlich fehlte das versprochene Spritgeld nach wie vor auf ihrem Konto. „Danke, das ist sehr freundlich."

Der Fahrer verstaute ihr Gepäck im Kofferraum, öffnete ihr zuvorkommend die Tür und Chrissi fühlte sich auf einmal etwas weniger niedergeschlagen. Es tat ihr gut, so aufmerksam behandelt zu werden.

„Sind Sie hier, um Urlaub zu machen?" Der Mann startete den Motor, dabei bemerkte sie, dass er das Taxameter nicht eingeschaltet hatte.

Offensichtlich machte er ihr tatsächlich einen Vorzugspreis, außerdem war er eine wirklich angenehme Begleitung. „Nein, ich bin Sängerin. Es gibt einen Club in Inverness, wo ich auftrete."

Interessiert blickte er zu ihr. „Wow, das ist toll. Mein Cousin wohnt dort. Ich hoffe, Ihnen bleibt genug Zeit, um die Gegend zu erkunden. Sie müssen unbedingt zu den Culloden Battlefields, das ist ein Stück Geschichte."

Dankbar nickte sie ihm zu. „Tagsüber werde ich mir die Umgebung bestimmt ansehen, danke für den Tipp. Der Auftrag kam überraschend, sodass ich keine Ahnung habe, was hier in Schottland sehenswert ist." Sie erwiderte sein Lächeln.

„Schade, dass Sie nicht in Edinburgh auftreten, dann wäre ich zu Ihrem Konzert gekommen, außerdem hätte ich Sie herumgeführt.“ Bedauernd zuckte er mit den Schultern. „Leider muss ich arbeiten.“

„Das ist so liebenswürdig von Ihnen, sind alle Schotten so?“ Neugierig musterte sie ihn, was sie sah, gefiel ihr. Er war schlank, hatte ein charmantes Blitzen in den Augen, darüber hinaus verhielt er sich so zuvorkommend, was ihr einfach guttat.

„Aye, wir sind ein geselliges Volk und Gastfreundschaft wird bei uns großgeschrieben. Falls Sie Hilfe benötigen, zögern Sie nicht, einen Einheimischen anzusprechen.“ Er schaltete.

Diese Information nahm ihr eine Last von den Schultern, obwohl sie anzweifelte, dass jeder ihr hier wohlgesonnen war. Trotzdem erleichterte es ihren Trip, wenn sie wusste, dass sie Unterstützung bekam, sollte sie welche brauchen.

Viel zu schnell kamen sie in dem netten Städtchen an, in dem sich ein gepflegtes Häuschen an das nächste reihte. Es besaß einen ländlichen Touch und zugleich einen ganz eigenen Charme.

Zuvorkommend hob der Fahrer ihren Koffer aus dem Auto, anschließend wünschte er ihr einen schönen Aufenthalt, nachdem sie bezahlt hatte.

Chrissi bedauerte es bitter, dass sie ihm kein Trinkgeld geben konnte, aber er versicherte ihr, dass er es auch nicht angenommen hätte. Zum Abschied winkte sie ihm nach.

Ein Blick auf das Häuschen vor ihr zeigte ihr, dass sie bereits erwartet wurde. Ein Mann mit einem breiten Lächeln und Glatze kam auf sie zu, um sie direkt in seine Arme zu ziehen.

„Herzlich willkommen in Schottland, oder wie wir hier sagen, Ceud Mile Fàilte.“

Chris lachte verlegen, mit so einer Begrüßung hätte sie niemals gerechnet. „Vielen lieben Dank, auch dafür, dass Sie mir das Auto leihen.“ Sie befreite sich vorsichtig aus der Umarmung.

„Du brauchst nicht so formell zu sein. Ich freue mich, behilflich sein zu können.“ Er zwinkerte ihr vergnügt zu. „Ich bin übrigens Seamus.“ Er machte eine einladende Handbewegung, woraufhin sie ihm ins Haus folgte. „Setz dich, du musst Hunger und Durst haben.“

Dankbar nickte sie. „Ja, wenn ich ehrlich bin, konnte ich vor dem Flug kaum etwas herunterbringen.“

Sofort eilte er in die Küche, um mit einem reichlichen Imbiss sowie verschiedenen Getränken zurückzukommen. Innerhalb von wenigen Minuten war der Tisch gedeckt. „Bedien dich bitte.“

Mit vielem hätte sie gerechnet, aber niemals mit einer so überwältigenden Gastfreundschaft. „Danke, das ist so super von dir.“ Sie betrachtete die Auswahl, die vor ihr aufgebaut war, um nach einer Wasserflasche zu greifen.

„Wasser? Wirklich? Probier doch mal IRN BRU.“ Auffordernd schob Seamus ihr eine Flasche mit einer orangefarbenen Flüssigkeit zu.

Neugierig begutachtete sie das Getränk. „Was ist das?“

„Das ist ein Softdrink, der seit 1899 in Schottland hergestellt wird. Du hast unser Land nicht kennengelernt, wenn du es nicht probiert hast.“ Er nickte ihr erneut zu.

Chris nahm einen Schluck und war begeistert von dem leichten Zitrusgeschmack. „Wow, das ist lecker." Sie trank das Glas in einem Zug aus, zumal sie sich wie ausgetrocknet fühlte.

„Sag ich doch." Seamus lachte fröhlich, anschließend legte er ihr ein Stück Steak Pie auf den Teller. „Vertrau mir, ich weiß, was schmeckt." Er rieb sich über seinen kaum vorhandenen Bauch.

Chrissi ließ es sich schmecken, dabei glaubte sie fast, im Himmel gelandet zu sein. Von Schottland hatte sie bisher nicht viel gehört, aber bei dem, wovon die Leute schwärmten, vergaßen sie offensichtlich das Essen. „Das ist so köstlich. Wo hast du so gut kochen gelernt?" Aufmerksam musterte sie Seamus.

Er lachte laut auf. „Im Supermarkt. Ich habe das meiste gekauft", gab er fröhlich zu. „Du willst wirklich allein in die Highlands fahren? Bist du mal auf der linken Straßenseite gefahren?"

Seufzend schüttelte sie den Kopf. „Nein, ich habe den Führerschein zwar seit ich volljährig bin, nur war ich bisher nie im Ausland." Der Punkt machte ihr Kopfzerbrechen, trotzdem hatte sie kaum eine Alternative. „Ich schaffe das." Heimlich betete sie, dass es sich bei dem Wagen um einen mit Automatikschaltung handelte.

„Daran zweifele ich nicht, aber ich kenne Gerold, und um ehrlich zu sein, er ist alles andere als mein Freund. Ich schuldete ihm einen Gefallen, so etwas nehmen wir Schotten sehr ernst." Er musterte sie besorgt. „Ich hoffe, dass es keine zwielichtige Kaschemme ist, in die er dich schickt."

Sofort holte Chrissi ihr Smartphone aus der Tasche, um ihm das Lokal zu zeigen. „Bist du da vielleicht mal gewesen? Oder weißt was darüber?"

Erleichtert atmete er auf. „Ja, das ist ein Club, in dem tatsächlich gute Künstler auftreten. Trotzdem sei ein bisschen vorsichtig, auch hier gibt es schlechte Menschen, leider."

„Danke für die Warnung, ich passe auf mich auf." Sie sah auf die Uhr. „So schön es bei dir ist, aber ich muss langsam los. Es wird ziemlich wahrscheinlich dunkel sein, bis ich in Inverness bin."

„Willst du nicht lieber bei mir übernachten? Es ist eine lange Strecke und du bist die schottischen Straßen kaum gewohnt." Höflich wartete er ihre Antwort ab.

„Das ist ein so süßes Angebot, allerdings habe ich einen Vertrag unterzeichnet, da darf ich auf keinen Fall zu spät kommen." Sie zuckte bedauernd mit den Schultern. „Es ist sicherer, wenn ich jetzt aufbreche." Chrissi freute sich ehrlich über seine Besorgnis, aber noch mehr über seine Aufforderung bei ihm zu bleiben, so viel Freundlichkeit war ihr in den letzten Jahren nicht entgegengebracht worden.

Seamus verzichtete darauf, weiter in sie zu dringen, trotzdem sah man ihm an, dass er sich Sorgen machte. „Hier ist meine Telefonnummer, solltest du Hilfe brauchen, ruf mich bitte an."

Dankbar umarmte Chris ihn. „Das werde ich. Ich melde mich, sobald ich angekommen bin", versprach sie, während sie die Autoschlüssel entgegennahm. Zum Glück handelte es sich tatsächlich um ein Automatikgetriebe, außerdem war der Wagen ziemlich groß, fast ein SUV. „Vielen Dank für alles, bis in vierzehn Tagen."

Seamus winkte ihr zum Abschied nach, doch die Sorgenfalten in seinem Gesicht verstärkten sich. Er betete, dass sie unbeschadet nach Inverness kam und dort keine böse Überraschung erlebte. Er kannte Gerold zu gut, daher wusste er, was für ein hinterlistiger Kerl er war.

Chrissi hatte die Adresse in das Navigationssystem eingegeben, anschließend bog sie etwas unsicher auf die breitere Straße ab, die sie auf die Autobahn bringen würde. Mit jeder Meile fühlte sie sich sicherer, sodass sie sogar fröhlich einen Song aus dem Radio mitsang. Die Begegnung mit Seamus hatte ihr neue Zuversicht gegeben. Bei so viel Wohlwollen, das ihr in diesem Land entgegengebracht wurde, konnte doch gar nichts mehr schiefgehen.

Sie fuhr die M90 hoch, bewunderte die saftigen grünen Wiesen, die sich mit etlichen Seen abwechselten. An einem Rastplatz stoppte sie, um die Gegend zu bewundern. Von hier aus blickte sie direkt auf einen See, ein Loch, wie die Schotten sagten. Es war einfach nur schön, zumal die Sonne schien und ihre Sorgen weit wegdrifteten. Chris reckte sich der Wärme entgegen, atmete tief ein, dabei fühlte sie sich plötzlich herrlich lebendig.

Gut gelaunt stieg sie in den Wagen, nur um festzustellen, dass sie tanken musste. Verdammt, daran hatte sie überhaupt nicht gedacht. Sie zog ihr Handy aus der Tasche, um nach der nächsten Tankstelle zu suchen. Auf keinen Fall würde sie direkt an der Autobahn ihren Sprit kaufen! Innerlich betete sie, dass das Geld von Gerold endlich auf ihrem Konto angekommen war, sonst steckte sie in ernsthaften Schwierigkeiten.

Sie bog bei der kommenden Gelegenheit ab, folgte den Anweisungen auf ihrem Smartphone, sodass sie glücklicherweise an einer Tankstelle ankam, die geöffnet hatte.

Zähneknirschend füllte sie den Tank auf, was sie ihre letzten Reserven kostete.

Wütend schrieb sie eine WhatsApp an ihren Manager, nur kam keine Antwort, was sie auch nicht erwartet hatte. Ohne auf ihr Navigationssystem zu achten, fuhr sie los. Prompt bog sie falsch ab.

„Du meine Güte, das nennen die Schotten Straße?“ Sie murmelte leise vor sich hin, als sie auf einen Weg auffuhr, der extrem eng und sehr kurvig war. Chris betete, dass ihr jetzt kein anderes Auto entgegenkam, da sie bezweifelte, dass genug Platz für zwei Wagen war. Wie eine Schnecke kroch sie über die Landstraße, bemerkte nur am Rande, dass die Umgebung immer karger wurde und langsam einige Berge in Sicht kamen.

Erst als sie an einem wunderschönen Loch entlangfuhr, bekam sie Bedenken, ob sie in der richtigen Richtung unterwegs war. Ihr Navigationssystem zeigte ihr zwar an, dass sie sich auf dem Weg nach Inverness befand, aber plötzlich brauchte sie fast anderthalb Stunden länger. Verdammt!

Zurückzufahren, traute sie sich nicht, sodass sie stur der Anweisung ihres Gerätes folgte. Nach diesem dummen Fehler riskierte sie keinen Blick mehr auf die wundervolle Umgebung, sondern konzentrierte sich völlig auf die Fahrbahn.

Ein Schild sagte ihr, dass die Straße vor ihr gesperrt war, weil eine Brücke abgerissen wurde. Seufzend fuhr sie trotzdem in die angegebene Richtung, in der Hoffnung, dass es ein Umleitungsschild gab.

Vier Meilen später war sie schlauer, jetzt wusste sie, dass so etwas wie Umleitungen in Schottland wohl nicht existierten. Fluchend blieb sie stehen, zumal sie sich völlig verfranzt hatte. Sie hatte keine Ahnung, wo genau sie sich befand. Langsam kroch ihr die Angst über den Rücken, sodass sie kurz versucht war, Seamus anzurufen, aber die Option behielt sie lieber, bis gar nichts mehr ging.

Ein Klopfen an ihrer Scheibe ließ sie hochfahren, erschrocken blickte sie in das freundliche Lächeln eines Bauarbeiters. Erleichterung machte sich in ihr breit, als sie das Fenster herunterließ. „Entschuldigen Sie, können Sie mir sagen, wie ich nach Inverness komme?“ Sie zuckte verlegen mit den Schultern. „Ich habe mich total verfahren.“

Der Mann lachte gutmütig, gleichzeitig nickte er, ehe er die verschiedenen Ortsnamen herunterrasselte, die auch noch in einem schottischen Slang gefärbt waren, sodass sie kein Wort verstand. „Vielen lieben Dank.“ Sie lächelte gezwungen.

„Gu toilichte.“ Er kicherte vergnügt, als sie ihn verwirrt ansah. „Schon okay. Gute Fahrt.“

Der Arbeiter räumte ein Schild zur Seite, damit sie bequem drehen konnte.

Chrissi fuhr die Strecke zurück, nur um festzustellen, dass sie wirklich in der Klemme steckte. Sie wusste nicht, wo genau sie war, sie hatte keine Ahnung, wie sie nach Inverness kommen sollte und zu allem Überfluss leuchtete am Armaturenbrett eine rote Lampe auf, die verdächtig nach der Ölanzeige aussah.

Sie parkte am Wegrand, schlug verzweifelt auf das Lenkrad ein, ehe sie nach ihrem Smartphone griff, jetzt war es in der Tat an der Zeit, um Seamus anzurufen. Auf keinen Fall wollte sie sein Auto beschädigen, weil sie die Warnung einfach ignorierte.

Natürlich hatte sie keinerlei Empfang, sodass sie ausstieg, das Gerät in alle Richtungen hielt, ohne nennenswerten Erfolg. Was passierte gerade? Der Trip startete so gut und plötzlich folgte eine Panne der nächsten?

Angestrengt überlegte sie, was sie tun konnte, aber die Alternativen waren überschaubar: Entweder sie riskierte einen Motorschaden, indem sie weiterfuhr, oder sie machte sich zu Fuß auf den Weg, um Hilfe zu holen.

Kurz sah sie sich um, nur um festzustellen, dass sie direkt neben einem Loch parkte, das Gelände fiel links von ihr bergab zum Wasser. Auf keinen Fall würde sie sich den Hals brechen, während sie da runterkletterte! Auf der anderen Seite ging es ebenso steil bergauf, sodass es nur die Möglichkeit gab, die Straße entlangzulaufen. Angestrengt überlegte sie, was sie tun sollte, bis sie seufzend den Motor erneut startete, weil sie das Auto keinesfalls hier stehen lassen wollte.

Sie kam an einem Hinweisschild vorbei, auf dem stand, dass es knappe neunzehn Meilen bis Fort William waren. Der Name war ihr völlig unbekannt, trotzdem ahnte sie, dass sie sich enorm verfahren hatte. Der Umweg kostete sie wahrscheinlich nicht nur eine Menge Sprit, sondern auch Zeit, abgesehen davon, dass sie nicht wusste, wie lange der Wagen noch mitspielte. Weshalb hatte das Navi sie so in die Irre geführt? Für sie gab es nur eine Erklärung, durch das falsche Abbiegen und die Sperrung war sie so weit ab von der ursprünglichen Strecke, dass sie jetzt in den sauren Apfel beißen musste.

Langsam fuhr sie in Richtung Fort William, in der Hoffnung, dass sie dort Empfang bekam oder andere Hilfe fand.

Gerade als sie bemerkte, dass die Umgebung wieder einmal sehr rau wurde, um es mal vorsichtig auszudrücken, begann der Motor zu qualmen. Es gab einen Ruck und sie stand, was das bedeutete, erkannte sie sofort: Der Wagen hatte den Geist aufgegeben.

Tränen schossen ihr in die Augen, die sie energisch wegblinzelte. Es brachte genauso wenig, in Panik auszubrechen, wie sich in ihr Elend fallen zu lassen.

Chris kämpfte gegen ihre Angst an, die ihren Verstand lähmte, anschließend überlegte sie, was sie tun sollte. Sie nahm ihre Handtasche, steckte das Handy rein, stieg aus, stellte das Warndreieck auf, ehe sie das Auto verriegelte und sich zu Fuß aufmachte, um Hilfe zu suchen. Vielleicht konnte sie ja auch einen anderen Fahrer anhalten. Mit dem Gedanken machte sie sich Mut, während sie an der Straße entlangstapfte.

Kapitel 3 - Clantreffen

Blake hatte die leidige Buchhaltung doch rechtzeitig fertigbekommen, sodass er jetzt einen Tag vor dem eigentlichen Treffen seine Sachen packte.

Er lebte in einem kleinen Cottage am Rand von Kinlochleven, betrieb seine Werkstatt allerdings in der Nähe von Fort William. Das bedeutete, dass er jeden Tag eine gute halbe Stunde fahren musste. Da er Städte nicht so sonderlich mochte, selbst eine so geschichtsträchtige Kleinstadt war ihm noch zu groß, nahm er die Strecke in Kauf. Darüber hinaus wimmelte es dort in der Saison von Touristen, besonders seit The Jacobite, die alte Dampflok, in einem Harry-Potter-Film aufgenommen worden war.

Mürrisch stopfte er seine Kleidung in eine Sporttasche, da er während des Treffens in einem Haus von Freunden in der Nähe von Glencoe übernachtete. Dabei dachte er über die Veränderungen nach. Zugegeben, der Tourismus belebte das Geschäft und die Leute hatten es leichter als damals. Wieder schweiften seine Gedanken zu dem Massaker, das er nur knapp überlebt hatte.

Mit zusammengebissenen Zähnen zwang er sich, an etwas anderes zu denken, die Erinnerungen machten ihn auch nach all den Jahren noch unberechenbar.

Erneut überlegte er, was er brauchen würde, schloss dann seine Tasche, die er sich über die Schulter warf. Ein Lächeln glitt über sein Gesicht, als ihm einfiel, dass sein bester Freund

Alan beim Treffen dabei war. Er hatte damals den Befehl verweigert und ließ sein Leben, na ja, fast.

Blakes Stimmung hellte sich von Minute zu Minute mehr auf, ja, er freute sich enorm auf die Leute seiner Sippe. Sie alle füllten die Lücke auf, die der Mord an seiner Familie hinterlassen hatte. Außerdem fühlten sie mit ihm, weil sie das Gleiche durchmachen mussten, zumindest die Älteren.

Die wahren Hintergründe waren verschleiert worden, heute glaubte man, dass es sich um eine Racheaktion der Campbells handelte. Oder die einfachere Variante, dass das Verbrechen genutzt wurde, um den als Rebellen verschrienen Clan MacDonald zu vernichten. Letzteres stimmte sogar, nur war es zum Glück nicht gelungen.

Cameron wartete bereits in der Küche auf ihn. „Fühlst du dich besser?“ Besorgt musterte er den Bruder.

„So wie immer.“ Blake zuckte mit den Schultern, ehe er auf die Tür deutete. „Wollen wir? Oder hast du noch etwas anderes vor?“

Lachend schlug Cameron ihm gegen den Oberarm. „Ich kann es kaum erwarten, die alten Haudegen zu treffen. Hoffentlich haben sie genug Ale und Whisky eingekauft.“

Jetzt lachte Blake laut auf. „Hast du jemals ein Clantreffen erlebt, bei dem der Alkohol ausgegangen ist?“ Vergnügt schüttelte er den Kopf, bei ihren jährlichen Zusammenkünften gab es mehr zu trinken, als zu essen, zumal sie im Rudel auf die Jagd gehen wollten.

Gemeinsam stiegen sie in den Patrol ein, um sich auf den Weg in das Tal der Tränen, wie die Gegend auch genannt wurde, zu machen.

Sie fuhren zuerst auf der B863 bis zum Ort Glencoe, wo sie auf die A82 abbogen. Blake musste grinsen, als er am Clachaig Inn vorbeikam, an dessen Tresen immer noch ein Schild befestigt war, auf dem stand, dass der Zutritt für Angehörige des Clans Campbell verboten war.

Im Radio dudelte ein Popsong, den Cameron fröhlich mitsang, bis Blake um Gnade bat. Sein Bruder konnte vieles, aber ganz bestimmt nicht singen!

Nach ein paar Meilen bog er auf einen unwegsamen Schotterweg ab, den selbst die meisten Einheimischen ignorierten, nicht zuletzt wegen der Geschichten, die sich rund um diesen Teil des Tals rankten.

Sie wurden ziemlich durchgeschüttelt, als sie durch ein kleines Flüsschen fuhren, um schlussendlich an einem weiß getünchten Haus anzuhalten.

Noch ehe er den Motor ausgestellt hatte, flog die Tür auf und eine ältere Frau rannte auf sie zu.

„Da seid ihr ja endlich, Jungs. Ihr seid spät." Sie boxte Blake spielerisch gegen die Brust, als er ausgestiegen war.

„Das Treffen ist doch erst morgen, Caitriona." Er zog sie eng an sich, hob sie hoch, um sie übermütig durch die Luft zu wirbeln. „Es ist so schön, dich zu sehen."

„Lass mich runter, du Rindvieh. So geht man nicht mit einer Dame um, etwas mehr Respekt bitte." Sie lachte laut über ihre eigenen Worte, gleichzeitig stützte sie sich an seinen breiten Schultern ab.

Blake setzte sie sicher wieder auf dem Boden ab, damit auch sein Bruder sie begrüßen konnte. Liebevoll betrachtete er die Frau, die sie großgezogen hatte, der sie ihr Leben verdankten.

„Jetzt aber rein mit euch. Auf dem Herd steht ein Topf mit Cullen Skink und natürlich gibt es reichlich Whisky." Sie machte eine scheuchende Bewegung, so als ob sie Hühner verjagen wollte, woraufhin die beiden Männer schleunigst ihre Sachen aus dem Wagen holten, ehe sie reingingen.

Im Inneren des geräumigen Cottages begrüßten die Leute sie mit großem Hallo. Für Blake fühlte es sich wie ein Heimkommen an. Er ließ seine Sporttasche einfach fallen, umarmte seine Wahlfamilie, allen voran Hamish, den Ehemann von Caitriona. Etliche Hände schlugen auf seine Schultern, Umarmungen, die sich anfühlten, als ob ein Bär einen an sich drückte, wurden getauscht und die Nervosität verflog für einen Moment.

„Wo ist Acair?" Blake sah sich in dem überfüllten Raum um, aber er entdeckte den Ältesten seiner Sippe nicht.

Sofort verstummte die Gesellschaft, während Caitriona bedauernd den Kopf schüttelte. „Er hat es nicht geschafft, sein Herz hat nach all den Jahren aufgegeben." Sie lächelte traurig. „Man hat ihn in Sasainn begraben." Sie nutzte den gälischen Begriff für England, was die Tragik noch vergrößerte. Der Rudelführer hatte es nie verwunden, dass sein geliebtes Schottland heute zu Großbritannien und somit zum gehassten England gehörte.

„Weshalb? Warum hat mich keiner benachrichtigt? Wir hätten ihn herholen sollen", begehrte Blake auf. Ihm war der alte Mann ans Herz gewachsen, vor allem, weil er stets besonnen handelte, egal, wie wütend er gewesen war.

„Niemand konnte etwas tun, außerdem kennen wir dein Temperament. Deshalb hielten wir es für besser, dir erst heute Bescheid zu sagen." Hamish legte eine Hand auf seine Schulter.

„Er war auf einer Reise nach Stonehenge. Wahrscheinlich hat er gespürt, dass seine Magie nachlässt.“ Er holte tief Luft. „Dort ist er einfach zusammengebrochen. Als wir von der Tragödie erfahren haben, hatte man ihn bereits beerdigt. Du weißt, dass wir uns bedeckt halten müssen.“

Grimmig nickte Blake, diese Lektion hatte er schon vor langer Zeit gelernt. „Ich verstehe nur nicht, weshalb die magische Regierung nicht eingegriffen hat.“ Er musterte seine Leute.

„Das haben sie, mein Junge.“ Caitriona kämpfte sichtlich gegen ihre Tränen an. „Allerdings gab es ein Testament, in dem er beschied, dass er anonym begraben wird. Er dachte wohl, es wäre so einfacher für uns. Nur hat er uns einen Bärendienst erwiesen.“

Blake nickte mit zusammengebissenen Zähnen, ihm war klar, dass sie alle dem alten Anführer die letzte Ehre hätten erweisen wollen. Es gehörte zu ihrer Tradition, die Ihren zu verabschieden. Andererseits kannte er Acair gut genug, um seine Beweggründe zu verstehen: Er wollte nicht, dass sie um ihn trauerten oder gar Geld ausgaben.

„Heben wir unser Glas auf einen Mann, der in unserer Mitte schmerzlich fehlen wird.“ Hamish drückte den Brüdern ebenfalls ein Whiskyglas in die Hand, anschließend hob er sein eigenes an.

Stille herrschte, während jeder an den eigenwilligen Kerl dachte, der immer für ihr Wohlergehen gesorgt hatte.

„Lasst uns feiern und seiner gedenken, so wie es unser Brauch verlangt.“ Cailean, der Sohn des Verstorbenen, trank seinen Whisky in einem Zug aus, ehe er es lautstark auf den Tisch stellte. „Mein Vater hätte nie gewollt, dass ihr Trübsal blast. Er ist jetzt in einer besseren Welt, wo es ihm gut geht.“

Energisch blinzelte er gegen die Tränen an, riss sich aber schnell zusammen.

Auch Blake und Cameron leerten ihre Gläser, bevor sie ihre Sachen in den Schlafraum der Männer brachten. Dieses Wochenende wollten sie ganz wie in alten Zeiten leben, gemeinsam feiern, gemeinsam jagen, gemeinsam schlafen, allerdings genauso die nötigen Entscheidungen für die Zukunft treffen.

Das Essen wurde aufgetischt, wobei die meisten noch ihren Gedanken nachhingen. Nach einigen stillen Momenten flogen Scherzworte durch den Raum, außerdem erzählten die Älteren Anekdoten, die sich um Acair drehten. Die Stimmung war bittersüß, denn der Tod überschattete ihre Sippe erneut.

„Es tut gut, dich zu sehen, mein Freund." Alan setzte sich zu den Brüdern. „Wie ist es euch ergangen?"

Sie tauschten Neuigkeiten aus und für einen Augenblick war es, als wären sie in der Zeit zurückversetzt.

~~o~~

Chris lief auf der einsamen Straße weiter in der Hoffnung, dass sie auf eine Siedlung oder ein Haus, irgendein Zeichen der Zivilisation traf. Es dämmerte bereits, was ihr Angst einjagte. In der Dunkelheit wollte sie auf keinen Fall direkt neben einem Abgrund herlaufen.

Endlich rückten die Berge in den Hintergrund, gleichzeitig konnte sie im Dämmerlicht eine Art Tal erkennen. Einen Moment überlegte sie, ob sie auf den Schotterweg abbiegen sollte, der ein paar Meter vor ihr lag. Es war jedenfalls sicherer, in der Nacht gegen einen Felsen zu prallen, als in einen See zu stürzen.

Eilig ging sie auf den Weg zu, den sie für einen Wanderweg hielt, sodass sie hoffen durfte, dass er sie zumindest zu einem Pub führte. Die massive Bergwand sah sie trotz des Zwielichts, was sie für einen Augenblick innehalten ließ. Obwohl sich ihre Situation extrem bedrohlich anfühlte, kam sie nicht drum herum, den Anblick zu bewundern. Neben ihr erkannte sie Heidekraut und Moos, vor ihr ragte in einigem Abstand ein imposanter Berg auf, in dessen Felsspalten das Regenwasser in kleinen Kaskaden zu Boden sprang.

Chris atmete tief durch, ehe sie den Weg weiterging, sie war erschöpft, außerdem bekam sie Durst. Natürlich hatte Seamus ihr Proviant mitgegeben, sodass sie eine Plastikflasche mit Wasser aus ihrer Tasche kramte. Zum Glück hatte sie daran gedacht, die Verpflegung mitzunehmen.

Gierig trank sie die gesamte Flasche aus, wobei sie jetzt erst merkte, wie ausgetrocknet sie sich fühlte. Kurz kam ihr der Gedanke, sich einfach an den Wegrand zu setzen, aber das brachte sie auch kaum in zivilisiertes Gebiet.

Immer weiter lief sie über den Weg, der sich in der Dunkelheit nur noch undeutlich abzeichnete. So langsam zweifelte sie, dass die Idee richtig gewesen war, vielleicht wäre sie besser im Auto geblieben, um bis zum Morgen zu warten.

Chris stoppte, drehte sich um die eigene Achse, nur um festzustellen, dass sie sich wieder mal verlaufen hatte. Leise fluchte sie, außerdem kroch Angst über ihren Rücken. Was war nur los mit ihr? Zuerst verfuhr sie sich dermaßen, dass sie in diesem Niemandsland strandete, dann folgte sie dem dämlichen Einfall, die Straße zu verlassen, ehe sie sich hier in dem Tal verlief. Ihre rudimentären Kenntnisse der Umgebung halfen ihr auch gerade nicht weiter, sodass sie sich jetzt doch auf einen Findling am Wegrand sinken ließ.

Heiße Tränen rannen ihr über die Wangen, während sie ihr Schicksal verfluchte. Sie hatte ja von Anfang an geahnt, dass der Trip keine gute Idee war! Schluchzend legte sie die Hände vors Gesicht, als ihr klar wurde, dass es wahrscheinlich niemanden gab, der sie vermisste.

Seamus fiel ihr ein, der hoffentlich Alarm schlug, falls sie sich nicht wie versprochen bei ihm meldete. Aber auch er war im Grunde ein Fremder.

Verzweifelt versuchte sie die Tränen zurückzudrängen, doch zu viel Bitterkeit war in ihr aufgestaut. Die gesamte letzte Zeit hatte sie an ihre Grenzen gebracht, angefangen von dem ewigen Hunger bis hin zu der Erkenntnis, dass sie es wohl nie schaffen würde, ihren Traum zu leben.

Nach einer ganzen Weile beruhigte sie sich wieder, rieb sich energisch über die Augen und stand auf. Aufgeben war keine Option, denn irgendwie musste sie bewohntes Gebiet finden. Hier zu sitzen, bis irgendein Wanderer vorbeikam, war keine gute Idee.

Noch einmal sah sie sich um, dabei bildete sie sich ein, ein Licht zu sehen. Handelte es sich eventuell um ein Haus? Oder spielten ihre Sinne ihr einen Streich? Eine leise Hoffnung schlich sich in ihr Herz, woraufhin sie in die Richtung lief, in der sie glaubte, etwas gesehen zu haben.

Mit jedem Schritt, den sie ging, wurde die Vermutung größer, dass sie sich der Zivilisation näherte. Immer wieder sah sie ein Schimmern, wovon sie annahm, dass es Taschenlampen waren, denn es verschwand, nur um kurz darauf erneut aufzuleuchten. Wahrscheinlich kamen ihr Wanderer entgegen, die ihr wenigstens einen Weg zu einem Pub zeigen konnten. Vielleicht wohnte hier draußen sogar jemand oder es gab einen Camper, einen Urlauber mit Zelt, irgendjemand, der ihr half.

Chris beschleunigte ihren Schritt, rannte fast auf das Flackern zu, bis sie erleichtert erkannte, dass es sich tatsächlich um ein Haus handelte. Die Fenster waren hell erleuchtet, doch das Schimmern kam offensichtlich von einem Lagerfeuer hinter dem Gebäude, zumindest erklärte sie es sich so. Seltsam fand sie nur, dass es bläulich aussah, bildete sie sich das ein oder lag es an den umliegenden Bergen, die die Farben veränderten?

Ihr war es egal, vielleicht hatten sie auch ein Tischfeuerwerk gezündet, farbige Fackeln aufgestellt, es gab viele Möglichkeiten. Wichtig war nur, dass es Menschen gab, die ihr helfen konnten. Erneut beschleunigte sie den Schritt, gleich würde sie ausruhen dürfen.

~~°~~

„Lasst uns die Welpen in unseren Reihen aufnehmen", rief Hamish kurz nach Mitternacht.

Sofort erklang ein zustimmendes Gemurmel, woraufhin die Gemeinschaft geschlossen nach draußen ging. Hinter dem Haus versammelten sie sich, wobei keiner angetrunken war, denn Alkohol konnte ihnen nichts ausmachen. Sie stellten sich im Kreis um die jüngsten Mitglieder des Rudels auf und wieder ergriff Hamish das Wort.

„Wir begrüßen euch im Clan der Wölfe. So wie es unsere Tradition verlangt, fordern wir euch auf, euch zu verwandeln, ehe wir gemeinsam auf die Jagd gehen." Er deutete auf einen Mann, der gerade mal zwanzig geworden war. „Ethan, du beginnst."

Sofort gehorchte der Angesprochene, streifte die Kleider vom Leib, ging auf die Knie, um sich zu verwandeln.

Die Luft surrte vor Magie, ein blaues Flackern erschien, während der Welpe, zum ersten Mal in seinem Leben, seinem inneren Tier erlaubte zu erscheinen. Sein Gesicht war schmerzhaft verzogen, weil er sich gegen die Wandlung wehrte.

„Bleib locker, heiße den Wolfsanteil in dir willkommen, nur so ersparst du dir die Schmerzen“, riet Cameron ihm, gleichzeitig nickte er ihm aufmunternd zu.

Bei den ersten Verwandlungen handelte es sich keineswegs um Spaziergänge, die Welpen mussten ihre Eigenheiten zuerst annehmen, ehe sie sich mühelos in einen Wolf verwandeln konnten.

Blake gab ihm mit seinem Blick Kraft, genau wie der Rest ihres Rudels. Kurz blickte er zum Himmel, es war bald Vollmond, was den Neulingen half. Ihre Gestalt war frei gewählt, egal, wie rund der Mond war, doch die Magie floss in solchen Zeiten besser.

Es war eine wolkenlose Nacht, wie man sie gerade im Spätsommer öfter in Schottland genießen durfte. Die Sterne blinkten wie ferne Wegweiser, die Mondstrahlen reichten ihnen aus, um genug zu sehen, sodass sie kein Lagerfeuer brauchten. Ihre Gemeinschaft, die über viele Jahre zusammengewachsen war, verstärkte noch einmal die Kräfte, die ihnen die Wandlung erlaubten.

Plötzlich nahm die Nervosität in Blake überhand, er fühlte sich, als ob er gleich explodieren würde, gleichzeitig strömte eine unwiderstehliche Witterung in seine Nase. Schnuppernd hob er den Kopf, drehte sich in die Richtung, aus der der berauschende Duft kam.

Mittlerweile hatten sich drei weitere Wölfe gewandelt, aber auch die anderen erfahrenen Wandler bemerkten, dass da jemand kam.

Hamish hob eine Hand, doch es war zu spät, Robert hatte die Verwandlung bereits eingeleitet und war zu unerfahren, um sie jetzt noch zu stoppen. Genau in dem Augenblick kam eine junge Frau auf sie zu, die mit einem entsetzten Ausdruck im Gesicht wie angewurzelt stehen blieb.

Blake sprang auf, ehe der Rest sich von dem Schrecken erholt hatte, um zu ihr zu laufen. Wie ein Wunder starrte er sie an, noch nie in seinem Leben hatte er ein schöneres Wesen gesehen, außerdem roch sie so verführerisch, dass sein innerer Wolf vor Verlangen knurrte.

„Blake! Lass sie nicht entkommen", rief Hamish, doch er hörte gar nicht hin.

„Keine Angst, du bist bei uns willkommen." Er lächelte sie an, dabei wurde ihm bewusst, dass sich seine Augen bereits verwandelten. Es fiel ihm verdammt schwer die Kontrolle zu bewahren. „Gastfreundschaft ist in unserem Land heilig, selbst der ärgste Feind wird in unserem Heim aufgenommen." Er hielt ihr eine Hand hin, woraufhin sie ängstlich zurückwich, gleichzeitig schüttelte sie abwehrend den Kopf.

„Was ist das hier? Träume ich? Oder ist das ein Theaterstück?" Chris wusste, was sie gesehen hatte, aber sie schaffte es kaum, die Informationen zu verarbeiten. Das, was da vor sich ging, war niemals die Wirklichkeit. Misstrauisch musterte sie den Hünen, der vor ihr stand. Er war riesig, breite Schultern, muskulöse Oberarme, dunkelgraue Haare, obwohl sie ihn auf maximal fünfunddreißig Jahre schätzte. Ihr Blick glitt zu seinen Augen, woraufhin sie erschrocken aufschrie.

Wolfsaugen blickten ihr entgegen, eindeutig, doch das konnte einfach nicht sein.

Wild schüttelte sie den Kopf, hob abwehrend beide Hände, ehe sie sich auf dem Absatz umdrehte, um in die entgegengesetzte Richtung zu rennen.

Chris rannte in der Tat um ihr Leben, ihr Verstand weigerte sich zwar, an Werwölfe zu glauben, ihr Instinkt sagte ihr dagegen, dass sie einem solchen Monster gegenüberstand.

Sie kam keine hundert Meter weit, als sie über einen Felsvorsprung stolperte, mit einem Schrei stürzte sie zu Boden. Bevor sie aufschlug, legten sich zwei starke Arme um sie und sie wurde an eine breite Brust gezogen.

„Ganz ruhig, ich habe dich."

Seine Stimme klang beruhigend, etwas rauchig, sorgte jedoch dafür, dass ihr eine Gänsehaut über den Körper jagte. Zitternd schloss sie die Augen, sie wollte nicht sehen, wie er zubiss.

„Hey, alles in Ordnung? Du kannst mich unbesorgt ansehen." Blake betrachtete die blonde Schönheit, die er fest an sich drückte. Offensichtlich starb sie fast vor Angst, was ihn kaum wunderte.

„Hast du sie?" Cailean kam auf sie zu, doch Blake stoppte ihn mit einem abwehrenden Knurren.

Chris zitterte noch mehr, als sie den unmenschlichen Laut hörte, der aus seiner Kehle kam. Das hier musste ein Albtraum sein, vielleicht war sie gefallen und mit dem Kopf aufgeschlagen? Vorsichtig öffnete sie die Augen, nur um in das markante Gesicht des Fremden zu blicken. Sein Kinn war fast eckig, außerdem bedeckte ein Dreitagebart die untere Partie. Normalerweise würde sie ihn anziehend finden, wenn da nicht diese seltsam dunkle Ausstrahlung wäre.

„Lassen Sie mich bitte los. Ich bin sofort weg." Ihre Stimme klang verängstigt, was sie ärgerte. Sie sollte energisch auftreten, ihm befehlen, sie gehen zu lassen, aber ihre Kräfte waren erschöpft.

„Ich erfülle dir gerne jeden Wunsch, nur darf ich dich nicht weglassen." Er strich ihr zart über die Wange, während es in seinen Augen aufblitzte. „Um ehrlich zu sein, bin ich dazu kaum in der Lage."

Erkannte sie da tatsächlich ein verliebtes Blitzen oder verwechselte sie es mit Verlangen? Schnell schob sie die Überlegungen zur Seite, sie musste unbedingt hier weg.

„Ich verspreche, nie wieder herzukommen. Ich muss sowieso nach Inverness. Bitte, lassen Sie mich doch gehen", flehend sah sie ihn an.

Erneut schüttelte Blake den Kopf, dabei zerfetzte es sein Herz, dass sie ihn mit so viel Furcht ansah. „Das steht nicht in meiner Macht, aber sei sicher, dass ich dich mit meinem Leben verteidige. Niemand wird dir wehtun." Er hob sie mit einer geschmeidigen Bewegung auf seine Arme, drehte sich um und ging mit ihr auf die Gruppe zu, die gespannt auf sie wartete.

Chris biss sich auf die Lippen, um nicht laut aufzuschreien, die Angst lähmte sie, ganz abgesehen davon, dass sie gegen den Kerl keine Chance hatte. Was würden sie ihr antun? Gab es überhaupt eine Möglichkeit, unversehrt aus der Situation herauszukommen?

Kapitel 4 - Wolfsrudel

„Was ist los?“ Camerons Stimme holte ihn aus der Betrachtung seiner Gefährtin, denn ihm war sofort klar, dass sie zu ihm gehörte.

Unwillig drehte Blake den Kopf. „David hatte recht.“ Mehr musste er nicht sagen, da sein Bruder ihn nur mit einem faszinierten Lächeln ansah, ehe er auf dem Absatz kehrtmachte. Er würde dem Rudel Bescheid geben, sodass sie noch ein paar Momente für sich hatten.

Er richtete seine volle Aufmerksamkeit wieder auf die schlanke Frau in seinen Armen, die sich mittlerweile mit aller Kraft gegen ihn wehrte.

„Lass mich los!“ Panik klang in ihrer Stimme mit, während sie sich wie eine Schlange wand. „Ich möchte nur weg von diesem Ort.“

Zärtlich strich er ihr über die Wange, gleichzeitig drückte er sie mit einem Arm fest an sich. „Wo willst du denn hin? Mitten in der Nacht? Du würdest nur verunglücken.“ Er sprach sanft zu ihr, versuchte sie auf diese Weise etwas zu beruhigen. „Offensichtlich hast du dich verlaufen und jetzt ist es zu spät, um dich in die nächste Stadt zu bringen.“ Vielleicht half es ja, wenn er sie im Glauben ließ, dass er sie gehen lassen würde?

Wieder starrte sie ihn mit einem so furchtsamen Blick an, dass sein Herz sich schmerzhaft zusammenzog. Er hatte keine Gefährtin gewollt, das stimmte, aber sie so zu sehen, tat ihm fast körperlich weh.

„Ich weiß nicht, was mit mir los ist, wahrscheinlich treten hier irgendwelche Gase aus dem Boden." Chris wusste, dass das nur eine schwache Erklärung für das war, was sie gerade sah, trotzdem klammerte sie sich daran fest. „Deshalb muss ich sofort weg." Sie schluckte schwer, anschließend versuchte sie erneut, sich zu befreien.

„Hör auf zu kämpfen, Piseag, du hast keine Chance gegen mich und ich lasse dich jetzt auf keinen Fall wegrennen." Wieder strich er ihr über die Wange, weil er seine Finger einfach nicht bei sich behalten konnte. „Pass auf, wir gehen zu meinen Leuten rüber, wo du etwas zu essen und zu trinken bekommst, außerdem schläfst du dich aus." Er lächelte ihr zu, wobei er endlich seine Gene unter Kontrolle bekam, sodass seine Augen sich zurückverwandelten. Dummerweise sah sie ausgerechnet in dem Moment zu ihm.

„Was ist das?" Ihre Stimme hörte sich schrill an, gleichzeitig presste sie beide Hände gegen seine Brust. „Dein Gesicht ...", entsetzt brach sie ab. Tränen verschleierten ihren Blick, die sie einfach nicht zurückhalten konnte. Es war alles zu viel für sie. War das vielleicht ein Nervenzusammenbruch? Etwas in ihr sagte ihr, dass sie mit der Annahme auf dem Holzweg war.

Ohne auf ihre Einwände zu achten, hob Blake sie hoch, trug sie zum Haus, wo er sie auf einer Bank absetzte. „Versuch erst gar nicht wegzulaufen, du entkommst mir auf keinen Fall." Schnell verbot er sich, ihr deutlich zu sagen, dass er in der Lage war, ihre Witterung aufzunehmen.

Chris bemühte sich ihr Zittern unter Kontrolle zu bekommen, leider kam jetzt auch dazu, dass ihr kalt wurde. Sie fühlte sich völlig fertig, müde, verzweifelt und panisch.

Die Tür öffnete sich und eine Frau mit einem freundlichen Lächeln kam herein. „Ich schau nur kurz, ob du etwas benötigst.“ Sie tätschelte Blake liebevoll, anschließend betrachtete sie Chrissi. „Du meine Güte, das Kind erfriert ja. Wo bleiben deine Manieren, Blake Malcom MacDonald?“ Kopfschüttelnd ging sie in ein anderes Zimmer, nur um mit einem Plaid wiederzukommen, das sie ihr um die Schultern legte.

„Pass auf, dass sie ordentlich isst, sie scheint es zu brauchen“, ermahnte die Dame ihn, ehe sie das Haus durch die Hintertür verließ.

„Das war Caitriona, sie wird dich selbst vor mir beschützen, sollte das jemals nötig sein“, bemerkte Blake mit einem Schmunzeln. Schnell deckte er den Tisch. „Trink, das wird dich aufwärmen.“ Er drückte ihr ein Glas Whisky in die Hand. Chris wollte gerade ablehnen, als er auch schon die Stirn runzelte. „Los, runter damit, danach fühlst du dich besser, versprochen.“

Gehorsam nahm sie einen großen Schluck, nur um sofort zu husten. Sie war so harten Alkohol kaum gewohnt, der dermaßen in ihrer Kehle brannte.

Lachend klopfte er ihr auf den Rücken. „Nicht so hastig, das ist nicht der Fusel, den sie heute in den meisten Geschäften verkaufen.“ Amüsiert wartete er, bis sie sich erholt hatte. „Geht es wieder?“

Vorsichtig nickte sie, dabei musterte sie ihn erneut misstrauisch. Was hatte er mit ihr vor? Wollten diese Wesen sie mästen, ehe sie zu ihrem Abendessen wurde? Innerlich schimpfte sie mit sich selbst, dass sie ihrer Fantasie freien Lauf ließ. Bisher gab es keine Anzeichen dafür, dass sie in Gefahr war, ganz im Gegenteil, trotzdem fürchtete sie sich.

„Iss, sonst zieht Caitriona mir das Fell über die Ohren.“ Er strich sich verlegen durch die Haare. „Sie ist die Einzige, die das darf.“ Blake stoppte, als er sah, dass sich ihre Augen erneut furchtsam weiteten. Abwehrend hob er beide Hände. „Sie ist eine Seele von Mensch, allerdings hat sie mich aufgezogen. Verstehst du?“ Hektisch suchte er nach der richtigen Erklärung, ließ es aber bleiben, jetzt konnte er sich nur um Kopf und Kragen reden, wobei er ihr nur noch mehr Angst machen würde. Stattdessen deutete er auf das Besteck.

Zaghaft nahm Chrissi den Löffel, um die Suppe zu probieren. Es schmeckte lecker, obwohl sie sich erneut fragte, was das wohl für ein Fleisch war.

„Das ist ein schottischer Fischeintopf, Cullen Skink“, bemerkte Blake, der ihren misstrauischen Blick durchaus richtig interpretierte. „Du scheinst zu glauben, dass wir dich oder allgemein Menschen fressen.“ Traurig seufzte er, die bösartigen Gerüchte über seine Rasse hielten sich auch über die Jahrhunderte hinweg. „Keine Panik, wir ermorden niemanden.“

Vorsichtig ließ sie den Löffel sinken. „Du willst mir also sagen, dass das, was ich gesehen habe, die Wirklichkeit war? Da hat sich vorhin ein junger, nackter Mann in einen Wolf verwandelt?“ Entsetzt schnappte sie nach Luft. „Wir reden hier in der Tat von Werwölfen?“ Mit einer Mischung aus Unglauben und purer Angst schüttelte sie den Kopf.

Blake hob die Schultern, um sie in einer nichtssagenden Geste wieder fallen zu lassen. Für ihn kam es kaum infrage, sie anzulügen, aber offensichtlich verkraftete sie die Wahrheit im Moment nur sehr schwer. „Ich kann dir nichts sagen, was du nicht bereits weißt. Iss!“ Zärtlich blickte er sie an.

Chrissi versuchte die Informationen irgendwie zu verarbeiten, nur schaffte sie es genauso wenig, wie ruhig weiterzuessen. „Ich verliere den Verstand“, flüsterte sie erstickt. Eilig schlang sie ihre Arme um ihren Oberkörper, um irgendeinen Halt zu haben. Ihre ganze Welt war aus den Angeln gehoben worden, außerdem hatte sie das Gefühl, als ob sie sich gerade in einem Albtraum befinden würde. Tränen rannen ihr übers Gesicht, während sie sich wünschte, weit weg zu sein. Weshalb hatte sie Seamus' Angebot auch abgelehnt?

Sofort setzte Blake sich dicht neben sie, zog sie auf seinen Schoß und wiegte sie wie ein kleines Kind. „Lass dir Zeit, Piseag, es ist viel, was du heute erlebt hast.“ Zärtlich streichelte er ihr über die Arme, zeigte ihr, dass sie in Sicherheit war. „Niemand wird dir etwas tun, das verspreche ich dir. Wir alle passen auf dich auf. Egal, was kommt.“

Chris versteifte sich bei seiner Berührung, hatte aber keine Energie mehr, gegen ihn zu gehen, darüber hinaus fühlte sich seine Umarmung so verdammt gut an. Geborgenheit umhüllte sie wie eine zweite Decke, sodass sie sich langsam beruhigen konnte. Immer noch furchtsam blickte sie ihn an. Weshalb hatte er so eine Wirkung auf sie, wo sie doch vor Angst fast starb? Müde legte sie ihre Wange an seine Brust, aktuell war sie kaum in der Lage zu entkommen, daher sollte sie ihre Kräfte schonen. Irgendwann mussten diese Leute schlafen, da würde sie eine Gelegenheit finden. Erschöpft schlief sie trotz ihrer Panik ein, es war einfach alles zu viel.

Liebevoll betrachtete Blake die dünne Frau, die sich jetzt an ihn kuschelte. Mit einem leisen Seufzen strich er ihr eine Strähne aus dem Gesicht. „Ausgerechnet eine Normale, die auch noch vor Furcht fast durchdreht“, murmelte er, trotzdem wehrte er sich nicht länger gegen die zärtlichen Gefühle.

Als Gestaltwandler wusste er, dass er an seine Gefährtin gebunden war, sollte er versuchen, ihr aus dem Weg zu gehen, würden sie beide leiden müssen. Darüber hinaus gab es mittlerweile die Möglichkeit, einen Menschen ohne Gefahr zu wandeln. Die Ärzte in Irland hatten ein Verfahren entwickelt, bei dem der Patient keine unmenschlichen Schmerzen mehr ertragen musste.

Seine Gedanken schweiften zu seinem Cousin, der zu den Wächtern der Magischen Welt gehörte. Diese Gruppe konnte man mit der Polizei vergleichen, sie sorgten für Ordnung unter ihresgleichen, beschützten dabei Normale und Paranormale gleichermaßen. Außerdem achteten sie darauf, dass die Geheimhaltung eingehalten wurde, noch war die Menschheit nicht bereit, zu erfahren, dass ihre schönen Sagen und Märchen größtenteils wahr waren. Ob sie jemals über ihren Schatten sprangen? Schafften sie es, irgendwann auch die Andersartigen zu akzeptieren? Er bezweifelte es.

Die Tür öffnete sich und Cameron kam herein, sofort legte Blake einen Finger an seine Lippen.

„Alle sind fürchterlich neugierig“, flüsterte sein Bruder so leise, dass die Frau es selbst dann kaum gehört hätte, wenn sie wach gewesen wäre. „Wer ist sie?“

Vorsichtig zuckte Blake mit den Schultern. „Keine Ahnung, so weit sind wir noch nicht.“ Er lächelte versonnen, denn im Grunde war es egal, er wusste, dass es sich bei ihr um seine Seelengefährtin handelte, da brauchte er im Moment keinen Namen.

„Es ist lange her, seit jemand eine Fremde als Gefährtin gefunden hat“, bemerkte Cameron gerührt, während er das Paar betrachtete. In ihrem Rudel kannten sich einige Dualseelen von Kindheit an, aber die meisten warteten weiterhin darauf, ihrem Partner zu begegnen. Nach dem Massaker vor so vielen Jahren waren sie gezwungen im Verborgenen zu leben, was die Suche ungemein erschwerte. Daher stellte das Auftauchen dieser jungen Frau eine echte Besonderheit dar.

Blake sah zum Fenster, wo immer wieder das blaue Flackern erschien, was ihm sagte, dass die anderen mit dem Ritual weitergemacht hatten. „Ich fahre mit ihr nach Hause, hier im Cottage ist zu wenig Platz."

Cameron schüttelte leicht den Kopf. „Das lässt das Rudel nicht zu. Du musst den Bericht abgeben, außerdem brauchen wir einen neuen Anführer." Nachdenklich sah er sich in der Hütte um. Es war ein Ding der Unmöglichkeit, die menschliche Gefährtin seines Bruders im Schlafraum der Männer unterzubringen. „Sie kann sicherlich bei den Frauen schlafen."

Fast hätte Blake bei dem Vorschlag aufgelacht. „Dann ist sie morgen irgendwo in den Bergen unterwegs. Sie hat Angst, verständlicherweise." Er seufzte leise. „Ich werde sie nicht aus den Augen lassen. Obwohl ich kaum glaube, dass sie mit ihren Informationen hausieren geht, möchte ich verhindern, dass unser Cousin uns seine Wächter auf den Hals hetzt." Die Geheimhaltung war auch in Schottland das höchste Gebot.

„Willst du sie die ganze Nacht auf dem Schoß halten? Sie wird fürchterliche Rückenschmerzen bekommen." Zweifelnd deutete Cameron auf die zusammengesunkene Haltung der Kleinen. „Ich gehe unsere Leute informieren und wir besorgen euch einen Platz zum Schlafen. Zur Not hole ich ein Zelt für euch." Mit den Worten verließ er die Hütte, um dem restlichen Rudel Bericht zu erstatten.

Blake fühlte sich zufrieden mit seinem Schicksal. In ihm ruhte die Gewissheit, dass sie einen Weg finden würden. Alle Gestaltwandler, die er kannte, hatten Startschwierigkeiten mit ihren Frauen gehabt, aber sie waren mittlerweile glücklich. Zärtlich streichelte er über ihre Haare, genoss es, sie einfach nur in den Armen zu halten. Diese Gelassenheit verdankte er nur ihr, das wurde ihm schlagartig klar.

Erneut öffnete sich die Tür und Alan kam zu ihm, sein Lächeln sagte ihm, dass er sich über die Neuigkeiten für ihn freute. „Ja, es ist wahr", antwortete er auf seine unausgesprochene Frage. „Die Nervosität zeigt an, dass unsere Gefährtin auf dem Weg ist. Es sei denn, du kennst sie schon von Kindheit an." Er lachte leise.

Alan setzte sich zu ihnen. „Sie hat Angst, was ich nur zu gut verstehen kann. Damals sind mir auch die fürchterlichsten Horrormärchen durch den Kopf geschossen. Nur lag ich im Sterben, als ihr mich in euer Rudel aufgenommen habt." Mitleidig betrachtete er die Frau, der man ansah, dass sie nicht gerade auf Rosen gebettet gewesen war. „Vielleicht hilft es, wenn ich mit ihr rede, immerhin war ich in einer ähnlichen Situation."

Dankbar stimmte Blake ihm zu. „Ja, wahrscheinlich, aber zuerst muss sie zur Ruhe kommen und genug essen. Ich kann ihre Knochen fühlen." Er runzelte die Stirn. „Es sieht nicht so aus, als ob jemand gut für sie gesorgt hätte." Auch dem wollte er auf den Grund gehen, sie würde nie wieder Mangel leiden.

„Ich lass euch alleine, solltest du etwas brauchen, ruf nach mir." Alan klopfte ihm auf die Schulter, ehe er zurück zu den anderen ging. Für ihn war es ein kleines Wunder, dass Blake nach so langer Zeit endlich die passende Gefährtin gefunden hatte.

Es dauerte eine Weile, bis Caitriona zu ihm kam. Sie betrachtete ihn versonnen und man sah ihr an, dass sie ihm das Glück von ganzem Herzen gönnte, allerdings erkannte man deutlich die Sorgenfalten in ihrem Gesicht. „Cameron sagte, dass sie weg will? Sie hat Angst, aye?“

Stumm nickte er, auch sie flüsterte so leise, dass ein menschliches Gehör kaum in der Lage war, sie zu verstehen.

„Das ist schade. Dumm, dass sie so in unser Treffen reingeplatzt ist, aber nicht zu ändern. Ich schlafe heute bei den Frauen und Hamisch bei den Männern, dann habt ihr etwas Privatsphäre.“

Sofort schüttelte er den Kopf, auf gar keinen Fall würde er seinen Zieheltern das Schlafzimmer wegnehmen. „Cameron soll ein Zelt besorgen. Wir haben noch eins in der Abstellkammer.“ Er lächelte, als er an die restliche Nacht dachte. Seine Gefährtin in den Armen zu halten, während sie schlief, bedeutete ihm mehr, als er sagen konnte.

„Papperlapapp, für das eine Mal geht es sehr gut.“ Caitriona ließ ihm keine Chance für ein Widerwort, sondern machte sich gleich daran, die Sachen, die sie benötigten, aus dem Raum zu holen. Anschließend brachte sie seine Tasche in ihr Schlafzimmer. Sie bewohnten das Haus nur in den Sommermonaten, oder wenn sie die Nase voll vom Leben in Inverness hatten. Es war ihr Rückzugsort, den sie dem Rudel zur Verfügung stellten. Nach dem Massaker waren viele von hier geflohen, trotzdem zog es die meisten zurück in ihre Heimat, auf ihr Land.

Dankbar lächelte Blake der alten Frau zu, als er seine süße Last in das Zimmer trug, wo er sie auf dem Bett ablegte.

Sofort war Chrissi wach, setzte sich erschrocken auf und blickte sich wirr um, bis ihr alles wieder einfiel. Misstrauisch betrachtete sie den Mann, von dem sie wusste, dass er ein Werwolf war. Ein hysterisches Lachen kroch ihre Kehle hinauf, das sie nur mit Mühe unterdrückte. „Was gibt das hier?“ Vorsichtig robbte sie bis ans Kopfende, dabei behielt sie ihn die ganze Zeit im Auge.

„Du brauchst deinen Schlaf und meine Leute sind der Meinung, dass du es in einem richtigen Bett bequemer hast. Leider dürfen wir dir noch nicht vertrauen, deshalb werde ich bei dir bleiben.“ Er zuckte leicht mit den Schultern. „So kannst du auch sicher sein, dass niemand dir etwas antut.“

„Du meinst, außer dir?“ Sie schluckte, als sie ihn erneut betrachtete, unter anderen Umständen wäre er genau ihr Typ gewesen. Muskulös, allerdings keineswegs aufgepumpt, groß, breitschultrig, außerdem sah man ihm an, dass er eher mit den Händen arbeitete, als einen Anzug zu tragen. Eilig schüttelte sie die widersinnigen Gedanken ab. Hier ging es wohl kaum um eine hinreißende Romanze, sondern darum, einem Monster zu entkommen.

„Aye, außer mir. Aber ich habe dir bereits geschworen, auf dich aufzupassen.“ Er rückte einen Sessel vor die Tür, in dem er sich niederließ. „Komm erst gar nicht auf die Idee, aus dem Fenster zu klettern. Es quietscht, wenn du es aufmachst, was ich auf jeden Fall höre.“ Offen sah er sie an. „Du wirst dich an die Situation gewöhnen.“

„Du hältst mich gegen meinen Willen hier fest“, begehrte sie auf. Das kurze Nickerchen hatte ihr etwas von ihrer Kraft zurückgegeben, sodass sie jetzt in der Lage war, ihre Angst unter Kontrolle zu bekommen.

„Aye, weil es für alle besser ist." Als sie ihm widersprechen wollte, hob er abwehrend beide Hände. „Lass uns morgen darüber diskutieren, bitte. Du brauchst deinen Schlaf." Er stoppte nachdenklich. „Wie heißt du eigentlich?"

Ihr kam es dumm vor, ihm ihren Namen vorzuenthalten, zumal sie offensichtlich die Nacht miteinander verbringen würden, daher antwortete sie ihm schnippisch. „Christine, meine Freunde nennen mich Chris, aber dazu gehörst du nicht." Eilig verschränkte sie die Arme vor der Brust, weil sie sich in dem Moment bewusst war, dass sie einen Werwolf herausforderte.

Blake lachte leise. „Aye, da stimme ich dir zu. Ich bin viel mehr als ein Freund. Schlaf gut und träum was Schönes." Damit schloss er die Lider, obwohl er kaum Müdigkeit verspürte, nur so kam sie ein wenig zur Ruhe. Darüber hinaus wollte er austesten, ob sie tatsächlich aus dem Fenster klettern oder etwas anderes versuchen würde. Ein kleiner Machtkampf kam ihm gerade recht, wie er schmunzelnd feststellte. Mit geschlossenen Augen malte er sich aus, wie er sie genüsslich über seinem Knie drapierte, um ihr den süßen Hintern zu versohlen.

Chris hingegen starrte ihn fassungslos an, dieser Kerl ging wirklich davon aus, dass sie sich so einfach in ihr Schicksal ergab. Sie hatte einen Plan, einen großen Traum, den sie nicht wegen eines Werwolfs aufgab. Nur weil der behauptete, dass sie auf irgendeine Art mit ihm verbandelt war. Die leise innere Stimme, die ihr vorhielt, dass sie ihr Leben ganz schön gegen die Wand gefahren hatte, ignorierte sie genauso wie die Vorstellung, dass er tatsächlich an ihr interessiert war. Er gehörte zu einer Gruppe, die sich in Tiere verwandeln konnten!

Als ihr das bewusst wurde, sah sie sofort wieder die erschreckenden Bilder, die sie so aus der Bahn warfen. Das knirschende Geräusch, als der Körper des jungen Mannes sich verformte, verfolgte sie wahrscheinlich in den nächsten Jahren. Sie hatte außerdem genau gesehen, wie die Haut einfach aufgeplatzt war, um dem Fell Platz zu machen, ein Anblick, auf den sie gerne verzichtet hätte.

Schnell schüttelte sie die Gedanken ab, rutschte ein wenig nach unten, um sich in ihr Plaid zu kuscheln, das sie wunderbar warm hielt. Sie nahm sich vor, erst mal so zu tun, als ob sie nachgeben würde, anschließend wollte sie aus dem Fenster klettern, egal, was diese Typen dazu sagten. Solange der Wolf tief und fest schlief, sollte eine Flucht möglich sein, selbst wenn es quietschte.

Immer wieder horchte sie auf die Atemzüge, die sie vermuten ließen, dass er eingeschlafen war, doch noch traute sie sich nicht, sich zu bewegen. Erst als das graue Zwielicht sichtbar wurde und der Himmel langsam aufhellte, krabbelte sie von dem Bett. Sie streifte das Plaid ab, legte es auf den Boden, ehe sie auf das Fenster zuschlich. Geschickt drehte sie den Griff, dabei betete sie, dass sie einfach mal Glück hatte.

Zuerst erschien es auch, als ob ihre Flucht gelingen würde, sie zog das Fenster auf, das in der Tat einen Quietschton von sich gab, aber der Wolf regte sich nicht. Mit klopfendem Herzen stemmte sie sich auf das Fensterbrett, sah auf den Platz hinter dem Haus, der jetzt verlassen dalag, und wollte sich gerade hinausschwingen, als sie hart am Arm gepackt wurde.

„Sagst du nicht mal Auf Wiedersehen? Das ist ziemlich unhöflich.“ Der Werwolf musterte sie amüsiert. „Ich hatte dir doch gesagt, dass ich dich höre.“

Zitternd betrachtete sie ihn, gleichzeitig versuchte sie, ihre Angst herunterzuschlucken. Was stand ihr jetzt bevor? Angstschweiß lief ihr über den Rücken, während ihr Verstand ihr die schlimmsten Strafen vorgaukelte.

Blake sah sie irritiert an, als er den beißenden Geruch ihrer Furcht wahrnahm. Glaubte sie wirklich, dass er sie für den Fluchtversuch irgendwie foltern wollte? Mit einem Seufzen zog er sie von dem Fensterbrett, hielt sie an den Schultern fest, um sie eindringlich anzusehen. „Was muss ich tun, damit du mir glaubst? Ich beschütze dich, egal, was kommt. Auf keinen Fall lasse ich zu, dass irgendjemand dir schadet. Das gilt auch für mich."

Nur mit Mühe unterdrückte sie ein Zittern. „Du willst mich nicht bestrafen? Wirst mich weder schlagen noch fressen?"

Blake brach in schallendes Gelächter aus. „Wir essen keine Menschen, das ist eklig. Außerdem gibt es genug Wild hier." Er schüttelte den Kopf über ihre absurden Gedanken. „Was das andere angeht, darüber sollten wir sprechen." Er hob eine Hand, als sie sich ernsthaft gegen ihn wehrte. „Ich rede von gegenseitigem Genuss, aber das hat Zeit."

Sein Verhalten irritierte sie immer mehr, hatte er ihr gerade mitgeteilt, dass er BDSM praktizierte? Den Teil, der ihr bei der einen Nacht mit Gerold am besten gefallen hatte? Okay, wenn sie am Schluss auf ihre Kosten gekommen wäre. Sofort stoppte sie in ihren Bemühungen, von ihm wegzukommen. „Ich gehe nicht mit dir ins Bett." Eigensinnig hielt sie seinem Blick stand.

Kapitel 5 - Der Werwolf

„Wir werden sehen, aber auch das Thema ist verfrüht. Solange du zitterst, sobald du mich ansiehst, haben wir noch eine Menge Arbeit vor uns.“ Er beugte sich vor, um sie auf die Stirn zu küssen.

Die sanfte Berührung löste ein Sehnen in ihr aus, das sogar die Angst vertrieb. Seine Hände, die an ihren Wangen lagen, gaben ihr seltsamerweise Halt, während er langsam zu ihrem Mund wanderte. Fast zaghaft streifte er mit seinen Lippen über ihren, leckte genüsslich über ihre Mundwinkel, bis sie ihm kaum merklich entgegenkam.

Chrissi wurde von einer Gefühlswelle überrannt, der sie nichts entgegenzusetzen hatte. Diese harmlose Zärtlichkeit warf sie völlig aus der Bahn, sodass sie sich unwillkürlich gegen ihn lehnte, ihre Lippen öffneten sich, als sie hektisch nach Luft schnappte.

Blake setzte sofort nach, ließ nicht zu, dass sie sich erneut in ihre Angst hineinsteigerte, im Gegenteil. Mit der Zunge drang er in ihren Mund ein, sorgte dafür, dass ihr ein leises Stöhnen entkam, gleichzeitig presste er sie fest an sich. In ihm schrie alles danach, sie einfach zu nehmen, den Wolf in ihm freien Lauf zu lassen, aber er beherrschte sich mit fast unmenschlicher Kraft.

Genüsslich erkundete er sie, kostete von ihrem einzigartigen Geschmack, während er eine Hand in ihren Nacken legte.

Allein dieser Griff jagte Chris eine Gänsehaut der Lust über den Leib. Sie schloss die Augen, blendete die grausame Realität aus und gab sich völlig ihren Gefühlen hin. Noch nie war sie von einem einzigen Kuss so überwältigt gewesen, doch tief in ihrem Inneren spürte sie, dass hier etwas viel Größeres in Gang gesetzt wurde. In einem Impuls schlang sie die Arme um seinen Hals, presste sich verlangend an ihn, weil sie die Berührung so sehr herbeisehnte. Klares Denken war schlichtweg unmöglich, alle Probleme verblassten, nur sie beide zählten.

Blake knurrte, während er seinen Kuss vertiefte. Mit geschlossenen Augen kostete er jede Sekunde aus, gönnte sich einen Vorgeschmack, was er in Zukunft erwarten durfte. Leise stöhnend rieb er sich an ihr, griff in ihre Haare, hielt sie genau in der Position, in der er sie haben wollte, zeigte ihr auf diese Weise, was er mit Worten noch nicht ausdrücken konnte.

Die Tür sprang auf und knallte gegen die Wand, gleichzeitig wurde der Sessel aus dem Weg geschleudert, was sie unsanft in die Gegenwart katapultierte. Augenblicklich kehrte die Panik zurück, sodass Chris versuchte sich zu befreien.

„Tut mir leid, aber ihr habt auf mein Klopfen nicht reagiert", entschuldigte Alan sich verlegen. „Der Rest isst euch bereits das Frühstück weg." Lachend deutete er auf den Raum hinter sich.

Chrissi schüttelte ungläubig den Kopf. Sie sollte nicht gehört haben, dass er geklopft hatte? Wegen eines Kusses? Erst jetzt wurde ihr bewusst, was passiert war: Sie hatte einen Werwolf geküsst! Entsetzt weiteten sich ihre Pupillen, gleichzeitig tat sie alles, um mit Gewalt aus seiner Umarmung zu kommen.

„Ganz ruhig, er wird dir niemals etwas tun.“ Blake verstand ihre Panik völlig falsch. „Das ist Alan, mein bester Freund. Jemand, der mir das Leben gerettet hat.“ Er lockerte seinen Griff ein wenig, um mit einer freundlichen Geste auf den Kumpel zu deuten.

„Freut mich, dich kennenzulernen. Ich war übrigens auch mal ein Mensch.“ Er lächelte, biss sich aber auf die Lippen, als er sah, dass sich ihre Furcht verstärkte. Sofort hob er die Hände, um sie zu beruhigen. „Das ist anders, als es sich anhört, ehrlich.“

Chris schluckte schwer. Ihr stand es also bevor, dass man sie zu einem Werwolf machte? Das war es, was die Monster planten? Sie sollte diese Tortur durchmachen, sobald Vollmond war? „Auf gar keinen Fall! Ich lasse mich niemals in ein Ungeheuer verwandeln.“ Sie schrie den Männern den Satz entgegen. „Tötet mich, wenn ihr wollt, aber ich werde keine von euch.“ Wild kämpft sie gegen den Griff ihres Gefängniswärters an.

„Scheiße“, murmelte Alan, damit hatte er nicht gerechnet.

Blake schloss die Lider, er war so kurz davor gewesen, sie zu überzeugen, dass er zu ihr gehörte. „Geh!“ Die Gegenwart seines Freundes war aktuell kontraproduktiv.

Alan drehte sich traurig um, das hatte er nicht gewollt, trotzdem verließ er ohne ein weiteres Wort den Raum.

„Beruhige dich!“, herrschte Blake sie an, um überhaupt zu ihr durchzudringen. „Niemand ... tut ... dir ... irgendetwas.“ Er stieß den Satz stockend hervor, weil er jetzt tatsächlich kämpfen musste, damit er sie unter Kontrolle bekam.

Entsetzt über seinen harschen Tonfall blieb Chrissi stocksteif in seiner Umarmung stehen, dabei sah sie ihn dermaßen ängstlich an, dass es ihm ins Herz schnitt.

Vorsichtig strich er ihr eine Strähne aus dem Gesicht. „Beruhige dich, Piseag, niemand wird dir wehtun. Es ist nicht unser Bestreben, Normale gegen ihren Willen zu wandeln. Ganz im Gegenteil, keiner unserer Ärzte wird den Eingriff vornehmen, wenn du es ablehnst." Eindringlich sah er sie an, bemerkte erleichtert, dass die Panik langsam aus ihren Augen verschwand.

„Aber er hat gesagt ..." Sie stoppte, atmete hektisch, gleichzeitig versuchte sie, ihren rasenden Puls zu besänftigen.

Zustimmend nickte Blake, hob sie auf seine Arme, um sich mit ihr auf dem Schoß auf das Bett zu setzen. Er spürte deutlich, dass ihre Beine zitterten. Liebevoll rückte er sie so, dass sie sich bequem an ihn lehnen konnte. „Entspann dich, ich möchte dir nur die Wahrheit erzählen."

Seufzend gehorchte Chris, etwas anderes blieb ihr auch kaum übrig. Die letzte Zeit hatte enorm Kraft gekostet, außerdem nagte der Hunger an ihr, obwohl sie tatsächlich in den vergangenen zwei Tagen mehr zu essen bekommen hatte, als in der gesamten Woche davor. Ihr Magen knurrte, woraufhin sie verlegen die Augen schloss.

„Hm, ich glaube, es ist wichtiger, dass du vernünftig isst. Die Geschichtsstunde muss warten", murmelte Blake lächelnd. „Nur so viel, Alan lag im Sterben, deshalb haben wir ihn gewandelt. Es geschah, um ihn zu retten."

Ungläubig runzelte sie die Stirn, verzichtete aber darauf, ihn zurechtzuweisen. Für einen Tag hatte sie genug Aufregung gehabt, darüber hinaus hatte sie keine Ahnung, was noch auf sie zukam.

Blake bat darum, dass man ihnen etwas zu essen brachte, allerdings sprach er in einem normalen Ton, was Chrissi erneut verwirrte.

„Glaubst du tatsächlich, dass irgendjemand dich gehört hat?“ Sie machte eine Pause, in der man das Gelächter und die Gespräche aus dem angrenzenden Raum hörte. „Es ist ja nicht gerade leise drüben, oder?“

Amüsiert lachte er auf, gleichzeitig schüttelte er den Kopf. „Du hast recht, aber wir besitzen ein außergewöhnliches Gehör. Jeder Gestaltwandler kann extrem gut hören, das beschränkt sich nicht nur auf uns Wölfe.“

Abwehrend hob sie beide Hände, sie ertrug keine weiteren Enthüllungen. „Stopp, bitte, mir reicht es zu wissen, dass es Werwölfe gibt.“ Die Information, dass Lebewesen existierten, die sich in andere Tiere verwandeln konnten, verstärkte lediglich ihre Angst.

Gutmütig stimmte Blake zu, es war für ihn in Ordnung, wenn er ihr die Geheimnisse der magischen Welt nach und nach enthüllte. „Gut, wie du willst. Trotzdem hören wir enorm gut, sei dir dessen immer bewusst. Darüber hinaus ist es für dich als Mensch unmöglich uns anzulügen. Wir sind in der Lage, deine Hormone zu riechen, was uns genug Aufschluss über deine Gemütslage gibt.“

Entsetzt richtete sie ihren Blick auf sein Gesicht. „Das heißt, du weißt, wie sehr ich mich fürchte?“ Sie unterdrückte ein Zittern.

Traurig nickte er. „Ja, und es zerfetzt mir das Herz, außerdem ist es völlig unnötig.“ Er streichelte sie sanft. „Mir ist auch bewusst, dass Ängste meistens irreal sind.“

Wie gerne hätte sie irgendetwas getan, um diesen verletzten Ausdruck zu verscheuchen, doch aktuell schaffte sie es nicht, über ihren Schatten zu springen. Die Geschehnisse hatten sie überrannt.

Ehe sie sich weitere Gedanken machen konnte, ging die Tür auf und eine junge Frau kam mit einem Tablett rein. „Ich hoffe, es reicht. Solltet ihr noch etwas brauchen, meldet euch bitte.“ Sie lächelte Chris an. „Ich freue mich, dass du da bist. Endlich mal weibliche Unterstützung, die nicht schon tausend Jahre alt ist.“

„Danke, Beatrice.“ Blakes Stimme klang ungeduldig, woraufhin sie hastig den Raum verließ.

„Was soll das heißen? Seid ihr wirklich so alt?“ Neugier vermischte sich mit ihrer Angst. Allein die Vorstellung, dass der Mann, auf dessen Schoß sie saß, bei den Kreuzzügen oder den Plünderungen der Wikinger dabei war, faszinierte sie auf eine seltsame Weise.

Blake lachte. „Nein, sie übertreibt gerne, weil sie noch sehr jung ist. Unser Volk wurde vor langer Zeit fast vernichtet. Wir mussten uns versteckt halten, da gab es keine Möglichkeit, Kinder in die Welt zu setzen. Die meisten von uns sind in ihren Augen alt.“ Er schob sie vorsichtig von seinem Schoß, anschließend deutete er auf den Nachttisch, auf dem das Tablett stand. „Lass uns frühstücken, du hast Hunger.“ Er stellte den Sessel an seinen Platz, um sich daraufzusetzen.

Einen Augenblick überlegte sie, entschloss sich dann aber, etwas zu essen, alles andere wäre albern gewesen, zumal ihr tatsächlich der Magen knurrte. Irgendwie fühlte sie sich ständig hungrig.

Zuerst griff sie zu einer Schüssel mit Haferbrei, von dem sie vorsichtig kostete. „Das ist lecker.“ Wenigstens für den Moment wollte sie so tun, als ob alles in Ordnung wäre.

„Das ist Porridge. Wahrscheinlich hat Caitriona eine gute Portion Honig dazugegeben. Normalerweise wird es nur leicht gesalzen.“

Er schmunzelte, da ihm bewusst war, dass seine Ziehmutter seine Gefährtin nach allen Regeln der Kunst verwöhnen würde.

„Ja, es schmeckt süß.“ Chris nahm einen weiteren Löffel, genoss jeden Bissen, bis ihr Seamus einfiel. Auf gar keinen Fall durfte er auch in die Fänge der Werwölfe gelangen. „Bitte, ich muss unbedingt telefonieren.“ Ohne große Hoffnung sah sie zu dem beeindruckenden Mann rüber, der in aller Seelenruhe seine Rühreier aß.

„Das denke ich mir. Bestimmt sind deine Leute schon sehr beunruhigt.“ Er nickte leicht. „Gib mir die Telefonnummern und ich sorge dafür, dass sie benachrichtigt werden. Sobald wir unser Treffen beendet haben, nehme ich dich mit nach Kinlochleven, dort hast du auch wieder eine Verbindung.“

Chris stand der Mund offen. „Du lässt mich telefonieren? Oder ist das so eine Finte von dir?“ Misstrauisch betrachtete sie ihn.

„Vertrauen ist nicht deine Stärke, aye?“ Er sah sie fast mitleidig an. „Ich brauche dein Wort, dass du keinem von uns etwas erzählst, und wir müssen uns eine Geschichte ausdenken, weshalb du bei uns bleiben musst. Aber ja, ich werde dir einen Vertrauensvorschuss geben.“ Kurz überlegte er, ob er sie vor den Konsequenzen warnen sollte, entschied sich allerdings dagegen.

In Chrissis Kopf überschlugen sich die Gedanken, durfte sie ihm tatsächlich glauben? Würde er sie telefonieren lassen, könnte sie Hilfe rufen.

„Ich sehe, wie es in deinem Gehirn arbeitet“, bemerkte er mit einem Lächeln. „Du kannst ein ziemlich normales Leben an meiner Seite führen, das verspreche ich dir. Nur sorge ich dafür, dass du niemandem etwas über uns erzählst.“ Es stand keine Drohung in seiner Miene, aber es bestand auch kein Zweifel, dass er es ernst meinte.

„Was, wenn ich mich entscheide, dich zu verlassen?“ Vorsichtig wagte Chris sich vor, sie musste wissen, was ihr bevorstand. „Tötest du mich in dem Fall?“

Seufzend verneinte er. „Nein, dazu bin ich gar nicht in der Lage, nur lebst du dann wie eine Gefangene im Goldenen Käfig. Du wirst bewacht werden, denn von deiner Verschwiegenheit hängt unsere gesamte Existenz ab.“ Mit einem Blick, der dafür sorgte, dass ihr Herz sich schmerzhaft zusammenzog, musterte er sie. „Ist es für dich so abwegig, in mir deinen Gefährten zu sehen? Stoße ich dich so sehr ab?“ Natürlich wusste er, dass sein Kuss sie erregt hatte, aber das war nicht das, wonach er sich sehnte. Andererseits hatte das Schicksal bisher immer recht behalten, wenn es zwei Seelengefährten zusammenbrachte.

„Ich kenne dich kaum, außerdem habe ich Angst vor dir“, gab sie ehrlich zu, gleichzeitig wendete sie den Blick ab, denn den einen Punkt, dass er sie auf eine erotische Weise anzog, verschwieg sie lieber.

„Dann gib uns einfach Zeit“, schlug er mit einem Zwinkern vor, spießte mit seiner Gabel etwas von seinem Rührei auf und hielt es ihr vor die Lippen. „Probier mal, es ist wirklich gut.“

Irritiert über den prompten Themenwechsel öffnete sie automatisch den Mund, nur um ihm kurz darauf zuzustimmen. „Wow, das ist lecker.“ Sie leckte sich über die Mundwinkel.

Blake schluckte schwer, diese Geste ließ seine Begierde sofort erwachen. Ob sie wusste, wie sexy sie aussah? Eilig vertrieb er die Gedanken an eine rauschende Nacht, bei der er sie in seinen Armen hielt, stattdessen fütterte er sie weiter.

Energisch schüttelte Chris den Kopf. „Ich kann selbst essen“, begehrte sie auf. Die gesamte Situation war ihr zu intim, es war höchste Zeit, auf Abstand zu gehen. In der letzten Viertelstunde hatte sie völlig vergessen, was er war.

Sie beendeten das Frühstück und Blake zeigte ihr das Badezimmer, das jetzt frei geworden war, da die meisten bereits draußen in der Sonne saßen. „Ich lass dir deine Privatsphäre, aber denk daran, ich finde dich, solltest du weglaufen wollen.“ Er packte ihr Kinn, zwang sie ihm in die Augen zu sehen, sodass sie erkannte, wie ernst es ihm mit seiner Warnung war.

„Keine Sorge, ich habe keine Lust auf eine Treibjagd, bei der ich das Wild bin.“ Sie schluckte ihre Angst herunter und funkelte ihn stattdessen ärgerlich an. „Glaubst du ernsthaft, dass ich durch unbekanntes, gefährliches Gebiet renne, während eine Horde Werwölfe hinter mir her ist?“ Es fühlte sich immer noch surreal an, trotzdem verstärkte der Gedanke ihre Furcht.

„Niemand wird dir etwas tun, dafür verbürge ich mich.“ Blake roch ihre Panik, woraufhin er ein Seufzen unterdrückte. Hier musste er einen Haufen Vertrauensarbeit leisten. „Geh, mach dich frisch, dann fühlst du dich bestimmt besser.“

Chris wollte seinem Befehl gerade gehorchen, bis ihr ein entscheidender Punkt einfiel. „Ich habe nichts zum Wechseln. Mein Koffer ist im Wagen.“ Sie ließ den Kopf hängen, daran hätte sie auch früher denken können.

„Kein Problem.“ Blake sah sich kurz um, anschließend rief er einen rothaarigen Mann zu sich. „Das ist Ethan, er ist gestern ein vollwertiger Wolf geworden.“

Stolz lächelte der Junge, den sie auf maximal zwanzig Jahre schätzte. „Herzlichen Glückwunsch." In ihrer Stimme klang die Unsicherheit mit, da sie keine Ahnung hatte, was sie dazu sagen sollte.

„Danke, was kann ich für dich tun? Cameron sagte, dass du Blakes Gefährtin bist, daher gehörst du zum Rudel", erklärte er auf ihren erstaunten Blick hin.

„Sie braucht ihre Sachen aus dem Auto ...", begann Blake, nur kam er nicht weiter, weil Chris ihn unterbrach.

Energisch drängte sie ihre Angst zurück, ehe sie ihm ins Wort fiel. „Lieb von dir, allerdings bin ich des Sprechens mächtig und mein Englisch ist verständlich, oder?" Sie funkelte ihn an, immer darauf vorbereitet, dass er sie für ihr Verhalten bestrafen würde, doch nichts dergleichen passierte.

Spöttisch verbeugte er sich, dabei legte er eine Hand auf sein Herz. „Es tut mir leid, Mylady, dass ich helfen wollte."

Chris beschloss, ihn zu ignorieren, innerlich atmete sie auf, weil ihre verbale Zurechtweisung so glimpflich abgelaufen war. „Mein Koffer ist in dem Wagen, der gestern liegen geblieben ist, aber da ich mich verlaufen habe, kann ich kaum sagen, wo genau er steht." Sie zuckte unschlüssig mit den Schultern. „Du wirst also nichts für mich tun können."

Jetzt lachte Ethan leise, was wie ein Bellen klang. „Es ist für mich kein Problem, deine Sachen zu finden." Er beugte sich ein wenig vor, um an ihr zu schnuppern, ehe er loslief.

„Der macht doch Spaß, oder?" Skeptisch sah Chrissi auf die Tür, die hinter ihm ins Schloss fiel.

„Nein, er ist ein Wolf", erinnerte Blake sie, anschließend packte er sie am Arm, um sie aus dem Cottage zu ziehen.

„Was war das denn gerade? Wolltest du mich tatsächlich vor meinen Leuten zurechtweisen?“ Er blieb etwas abseits vom Rest stehen.

Bei der Ansage schlug Chris das Herz bis in den Hals, allerdings kam es kaum infrage, zu lügen. „Ich denke, dass du es verdient hast, außerdem war es mein gutes Recht. Du behandelst mich, als ob ich minderbemittelt wäre.“ Sie verschränkte die Arme vor der Brust, nachdem er sie losgelassen hatte, damit sie das Zittern irgendwie verbergen konnte.

„Auch jetzt brauchst du keine Angst vor mir zu haben.“ Er strich sich über die Lider. „Du hattest jeden Grund, mich zu stoppen“, gab er zu. „Es ist für mich nur ziemlich ungewohnt, normalerweise bestimme ich.“

Halb neugierig, halb angstvoll betrachtete sie ihn. „Dann bist du der Chef hier?“

Sofort schüttelte er den Kopf, gleichzeitig trat ein trauriger Ausdruck auf sein Gesicht. „Nein, Acair ist vor einiger Zeit gestorben. Ich bin nur der Schatzmeister, falls du das so nennen willst.“

„Das tut mir leid“, murmelte sie, da sie nicht nur sah, sondern auch spürte, wie sehr ihm der Tod des Anführers zu schaffen machte. „Ich wollte dich keineswegs bloßstellen, aber ich muss wissen, woran ich bin. Verstehst du? Ich sterbe jedes Mal vor Angst, sobald ich den Mund aufmache, weil ich befürchte, zu weit zu gehen.“ Sie zuckte mit den Schultern. „Eben habe ich mir gesagt, dass ihr mich lieber augenblicklich töten solltet. Ich ertrage die Ungewissheit und die Panik keine Sekunde länger.“

Entsetzt blickte er sie an, ehe er sie fest in seine Arme zog. „Niemand, absolut niemand wird Hand an dich legen, nur weil du was Unpassendes sagst."

Ganz kurz schmiegte sie sich an ihn, bis die Furcht wieder überhandnahm, woraufhin sie versuchte, ihn von sich zu schieben. Sofort ließ er sie los, was sie überraschte. „Kannst du mich nicht einfach gehen lassen? Ich verrate keiner Menschenseele etwas." Bei dem Versprechen musste sie ein spöttisches Auflachen unterdrücken. Wer würde ihr diese wilde Geschichte über Werwölfe in Schottland schon glauben? „Weißt du, ich habe einen wichtigen Auftritt in Inverness." Bittend sah sie ihn an, dabei bemerkte sie den getroffenen Ausdruck in seinem Gesicht. Verdammt, weshalb machte es ihr so viel aus, dass der Wolf enttäuscht von ihr war?

„Das ist einer der wenigen Wünsche, die ich dir ausschlagen muss, tut mir leid."

Seine Stimme klang kalt, was sie zurückzucken ließ. Warum war er denn jetzt so angefressen? Er hielt sie doch gegen ihren Willen fest.

„Gib mir die Telefonnummern, damit wir keinen unliebsamen Besuch hier bekommen." Er sah sie auffordernd an. In seinem Inneren tobte eine Enttäuschung, die er nur schlecht in den Griff bekam. Hatte sie bei ihrem Kuss überhaupt nichts empfunden? Eilig rief er sich zur Ordnung, immerhin hatte er ihre übersprudelnden Hormone gerochen. Leider gehörte Geduld weniger zu seinen Stärken.

„Mein Adressbuch ist in meiner Handtasche, die ich gestern auf der Flucht vor dir und deinen Leuten verloren habe", gab sie kleinlaut zu. Das hatte sie völlig vergessen, verdammt. „Dein Kumpel wird ohne Erfolg zurückkommen, denn selbst wenn er das Auto findet, wird er es kaum aufbekommen."

Sie hätte sich gerne die Hand vor den Kopf geschlagen, weil sie nicht früher daran gedacht hatte. Mit solchen Aktionen machte sie sich sicherlich keine Freunde hier.

„Tut mir leid, dass ich störe, aber ich denke, dass du dich besser fühlst, sobald du dich frisch gemacht hast." Beatrice trat unsicher auf das Paar zu, dabei hielt sie ihr saubere Kleidung, Handtücher und Duschgel hin. Sie sah zuerst zu Blake, um auszuloten, wie die Stimmung war.

Chris fühlte sich einfach nur dankbar, da sie auf diese Weise der unangenehmen Situation entrinnen konnte. „Das ist lieb von dir. Außerdem hast du absolut recht." Sie nahm ihr die Sachen ab, ehe sie nach dem Weg ins Bad fragte.

Blake sah ihr stirnrunzelnd nach, bis Bea ihm eine Hand auf den Arm legte. „Gib ihr Zeit, bitte. Ich kann mich irgendwie in sie hineinversetzen." Sie zuckte leicht mit den Schultern. „Ich fühle mich auch manchmal wie eine Außenseiterin, vielleicht deshalb. Sie ist verwirrt, darüber hinaus hat sie fürchterliche Angst."

„Danke für die Zusammenfassung, darauf wäre ich nicht gekommen", knurrte er ungehalten.

„Gern geschehen." Sie zwinkerte ihm frech zu, drehte auf dem Absatz um und ging zum Rest.

Schmunzelnd blickte er ihr hinterher, die Reaktion hatte er verdient. In der Tat sollte er sich besser unter Kontrolle haben, wenn er das Vertrauen seiner Gefährtin erringen wollte. Mit einem Lied auf den Lippen folgte er den beiden Frauen, um sich zu Alan in die Sonne zu setzen. Gefährten gehörten zusammen, daran konnte keine Macht der Welt etwas ändern. An dem Gedanken hielt er fest, außerdem nahm er sich vor, seinem kleinen Kätzchen mehr über sein Volk zu erzählen. Manchmal halfen Informationen, um zu verstehen.

Kapitel 6 - Geschichten aus der Vergangenheit

Chris atmete auf, als sie die Tür des Badezimmers hinter sich abgeschlossen hatte. Irgendwie fühlte sie sich ständig unter Beobachtung. Langsam streifte sie ihre Kleidung ab, ging in die Duschkabine, bevor sie das Wasser anstellte. Sie wünschte sich verzweifelt, dass es sich um einen Albtraum handelte, nur wusste sie genau, dass draußen ein Werwolf, Blake, wie sie sich in Erinnerung rief, auf sie wartete.

In ihrer Kehle stieg ein hysterisches Lachen auf, ihre Nerven zitterten und sie konzentrierte sich auf ihren Atem, um sich einigermaßen unter Kontrolle zu bekommen. Auf gar keinen Fall wollte sie, dass Blake oder einer seiner Männer die Tür eintraten, weil sie hier herumschrie wie eine Irre.

Durch das warme Wasser beruhigte sie sich wieder, die Atemübungen taten ihr Übriges.

Eine ganze Zeit lang stand sie still, genoss die Ruhe, die sich langsam in ihr ausbreitete, ehe sie sich zwang über ihre Situation nachzudenken. Ehrlich gestand sie sich ein, dass sie völlig überfordert war. Einerseits fürchtete sie sich zu Tode, andererseits gab es einen Teil in ihr, der sich zu ihm hingezogen fühlte. Das war doch total verrückt. Sie konnte unmöglich etwas für einen Werwolf empfinden. Werwolf! Allein bei dem Wort schrie ihr Verstand auf, das durfte es nicht geben.

Verzweifelt versuchte sie eine logische Erklärung für das, was sie gesehen hatte, zu finden. Nur gab es die nicht. Darüber hinaus hatte er zugegeben, dass es sich bei seinen

Leuten um paranormale Wesen handelte. Chris schloss die Augen, legte den Kopf in den Nacken und ließ das Wasser auf sich prasseln.

Kurz überlegte sie, weshalb es in dieser Wildnis der schottischen Highlands überhaupt einen solchen Luxus gab, nur um spöttisch aufzulachen. Sie hatte Gott weiß schlimmere Probleme, trotzdem dachte sie über fließendes Wasser nach.

Verdammt, was sollte sie tun? Oder eher, was für Möglichkeiten hatte sie? Durfte sie Blake glauben, dass er sie telefonieren ließ? Aber, was dann? Sie konnte unmöglich Unschuldige in die Arme der Werwölfe treiben. Auf keinen Fall wollte sie, dass zum Beispiel Seamus in Gefahr geriet. Wer wusste schon, was das Rudel mit ihm machte?

Seufzend wusch sie sich, bevor sie aus der Dusche kletterte. Es gab keinen erkennbaren Ausweg, also würde sie sich der Realität stellen. Zuerst musste sie mehr Informationen bekommen, ehe sie in der Lage war, zu entscheiden, was sie tun sollte. Wahrscheinlich gab es irgendwann die Möglichkeit zu fliehen, anschließend plante sie, sich bei Seamus zu melden. Irgendeine Geschichte fiel ihr zur passenden Zeit bestimmt ein.

Chris trocknete sich ab, putzte sich die Zähne, denn auch daran hatte Beatrice gedacht, wofür sie ihr unendlich dankbar war, danach zog sie die geliehenen Sachen an. Einen Augenblick gönnte sie sich, um durchzuatmen, ehe sie das Bad verließ. Ihre schmutzige Wäsche brachte sie in das Schlafzimmer, in dem sie geschlafen hatte, erst jetzt zwang sie sich, nach draußen zu gehen. Es wunderte sie, dass Blake sie nicht schon vor der Badezimmertür erwartete, aber sofort fiel ihr seine Warnung ein: Er war in der Lage, sie zu riechen.

Kurz sah sie sich um, bevor sie zu Beatrice ging, die mit den jüngeren Wölfen scherzte.

„Hey, setz dich doch zu uns.“ Die Wölfin deutete auf einen Campingstuhl, der neben ihr stand.

Chris lächelte. „Danke, du hast mir wirklich aus einer dummen Verlegenheit geholfen.“ Sie setzte sich, gleichzeitig beobachtete sie die anderen, um sofort wieder zu gehen, sollte sie unerwünscht sein.

„Zum Glück bist du aufgetaucht“, bemerkte einer der Männer, woraufhin sie ihn fragend ansah. Er lachte. „Gestaltwandler merken, wenn ihre Dualseele kommt. Wir werden extrem nervös, was leider auch der Rest mitbekommt. Glaub mir, Blake war in den letzten Tagen unerträglich mürrisch.“

Sie musste schmunzeln. „Noch mehr als jetzt?“ Den kleinen Seitenhieb konnte sie sich nicht verkneifen, obwohl er sich ihr gegenüber sehr zuvorkommend verhielt.

„Du machst dir keine Vorstellung. Ich arbeite für ihn und es war kein Zuckerschlecken.“ Der Wolf verdrehte die Augen. „Ich bin übrigens Don, das dort sind Alexander, Andrew und Dougal.“ Er deutete auf den Rest in der Runde.

Chris lächelte die Jungs an, dabei erwartete sie irgendwie, dass sie Ablehnung in deren Mienen erkennen würde, doch sie blickten sie lediglich neugierig an.

„Erzähl mal, was du so machst.“ Beatrice sah sie auffordernd an. „Wir brennen darauf, dich kennenzulernen.“

Mit einer wegwerfenden Handbewegung lachte Chrissi auf. „Mein Leben ist nicht so aufregend wie eures.“

„Das kommt auf die Sichtweise an“, bemerkte Andrew, dessen Augen eine goldbraune Farbe besaßen. „Ich habe gehört, dass du Sängerin bist.“

Jetzt verschluckte sie sich fast, denn wenn er das mitbekommen hatte, wusste er auch von ihren Ängsten und wahrscheinlich von ihrem Fluchtversuch. Ihre Wangen färbten sich rot, gleichzeitig versuchte sie, eine Erklärung für ihr Verhalten zu finden.

„Du bist Sängerin, wie toll." Beatrice sah sie fasziniert an. „Das muss super sein, auf der Bühne zu stehen. Ach, ich würde so gerne mit dir tauschen."

Die Jungs lachten spöttisch auf.

„Dir fehlt leider das Talent, sogar als Wolf ist dein Geheul so scheußlich, dass es uns gruselt", zog Don sie auf.

Gekränkt fuhr sie herum. „Du musst gerade reden. Hast du dich mal gehört? Selbst unter der Dusche hörst du dich an wie eine verrostete Gießkanne." Bea hob kämpferisch das Kinn, bis die gesamte Gruppe laut loslachte.

Chris konnte sich der guten Stimmung nicht entziehen, deshalb schmunzelte sie still vor sich hin. Irgendwie verhielten sich die Jungwölfe genau wie die Teenager bei den Menschen. „Ich bin überzeugt davon, dass ihr lernen könntet zu singen. Es bedarf nur etwas Anleitung und Training."

Augenblicklich wandten sich ihr alle zu.

„Das halte ich für ein Gerücht." Dougal lächelte, dabei zeigte er seine Fangzähne.

Sofort schluckte Chrissi, denn das erinnerte sie deutlich daran, in welcher Gefahr sie schwebte.

„Du Idiot, kannst du dich nicht wie ein Mensch benehmen?" Beatrice schlug ihm leicht gegen den Hinterkopf. „Bist du zu unsensibel, um zu merken, dass sie Angst bekommt?" Kopfschüttelnd stieß sie die Luft aus. „Sie sind eben noch Welpen, ohne Manieren."

„Es ist in Ordnung, immerhin bin ich in euer Treffen geplatzt, ohne Einladung." Chris nahm sich zusammen, atmete heimlich gegen ihr hektisch schlagendes Herz an. Es gab keinen Grund, diese Wesen zu fürchten, offensichtlich wollten sie sie nicht verletzen, trotzdem blieb ein Kloß in ihrem Hals zurück.

„Tut mir leid. Wir freuen uns das ganze Jahr auf das Clantreffen, weil wir uns hier nicht verstellen müssen", erklärte Dougal zerknirscht, nachdem er seine Fangzähne hatte verschwinden lassen. „Ehrlich, wir sind wie zutrauliche Hunde."

Jetzt sprang Chris über ihren Schatten. „Kannst, ich meine, darfst du mir mehr über eure Art erzählen? Was passiert mit euch, wenn ihr euch verwandelt?" Neugierig betrachtete sie den Mann.

„Das ist schwer zu beschreiben. Unsere Sinne verändern sich, denn zu dem menschlichen Denken kommen die Instinkte des Wolfs hinzu. Wir hören viel besser, sehen und wittern die Dinge, die sich in unserer Umgebung befinden." Beatrice überlegte, wie sie die Frage am besten beantworten sollte. „Auch in unserer normalen Gestalt sind wir in der Lage, auf die tierischen Fähigkeiten zuzugreifen. Deshalb hat der Dummkopf gehört, dass du Sängerin bist." Sie hob abwehrend die Hände. „Das ist unhöflich, weil wir diese Sinne einschränken können. Sonst würden wir in der Stadt bestimmt wahnsinnig werden."

Nachdenklich nickte Chrissi, denn das konnte sie sich gut vorstellen. Bei dem Stimmengewirr musste man den Verstand verlieren, falls man es nicht schaffte, sich abzuschirmen.

„Im Grunde sind wir wie die Normalen nur mit einigen Special Features." Don lachte leise. „Wir sind zivilisiert."

Jetzt heulte die Gruppe geschlossen auf.

„Du bestimmt nicht", bemerkte Beatrice, die sich die Lachtränen aus den Augen wischte, ehe sie sich wieder an Chrissi wandte. „Tut mir leid, wir haben eine andere Auffassung von Zivilisation als die meisten Menschen." Sie zuckte mit den Schultern. „Uns liegt die Natur am Herzen, wir gehen gerechter miteinander um. Selbstverständlich gibt es auch mal Streit, aber Neid und Missgunst sind uns normalerweise fremd. Keiner von uns nimmt einem Lebewesen ohne Not sein Eigentum weg."

Diese Einstellung faszinierte Chris, da sie in ihrem Leben oft genug das Gegenteil erlebt hatte. „Gilt das nur für euren Clan?"

Sofort schüttelten die Wölfe einstimmig die Köpfe.

„Natürlich bestätigen Ausnahmen die Regel. Allerdings haben unsere Wächter eher mit durchgeknallten Paranormalen zu tun, die meinen, über den Menschen zu stehen." Alexander lächelte sie an. „Idioten existieren eben immer."

Dem konnte sie nur zustimmen, doch ein anderes Wort fesselte ihre Aufmerksamkeit. „Wächter? Was genau ist das?"

Jetzt wurde die kleine Gruppe leiser, als ob sie Angst hätten.

„Du kannst sie mit eurer Polizei vergleichen. Sie sorgen für Ordnung in der magischen Welt. Allerdings sollte man ihnen aus dem Weg gehen. Sie sind grausam, unbarmherzig und töten, ehe sie nach einem Grund fragen." Dougal stand das Entsetzen in den Augen.

„Ist das dein Ernst?"

Blakes Stimme erklang hinter Chris, im gleichen Moment legte sich seine Hand auf ihre Schulter. „Hast du nichts Besseres zu tun, als meiner Gefährtin so einen Schwachsinn zu erzählen?"

Der junge Wolf hob den Kopf, dabei erkannte man, dass er seine Meinung verteidigen würde. „Nur weil dein Cousin einer von ihnen ist, sind sie keineswegs harmlos. Mein Vater sitzt wegen dieser Monster schon seit Jahren in der Dämonendimension fest.“ Er blinzelte gegen die Tränen an.

Der Griff an ihrer Schulter verfestigte sich, als sie aufstehen wollte. „Bitte, bleib, das solltest du dir anhören“, bat Blake dicht an ihrem Ohr. „Auch bei uns gibt es Krankheiten, genauso wie Verbrecher.“

Dougal stieß warnend die Luft aus. „Willst du sagen, dass mein Pa ein Gesetzloser ist?“

„Nein, aber er ist wahnsinnig und unsere Ärzte konnten ihm nicht mehr helfen. Er hat den Verstand verloren.“ Blake sprach sachlich, trotzdem hörte man den Schmerz in seiner Stimme. „Vergiss nie, er ist mein Freund, immer noch und ich hoffe, dass wir eines Tages einen Weg finden, um ihn zu heilen. Der Tod deines Bruders war zu viel für ihn.“

Jetzt lief Dougal eine Träne über die Wange. „Er wurde von einem Menschen erschossen, einfach so. Ist es da so unverständlich, dass wir Rache wollen?“

„Die habt ihr bekommen, das weißt du genau. Der Jäger, der sich über das Gesetz erhoben hat, wurde von unseren Ärzten operiert. Seitdem vegetiert er im Pflegeheim in Ballygannon vor sich hin. Das ist Strafe genug.“ Immer noch klang Blakes Stimme beherrscht, doch sein Griff an ihrer Schulter sagte ihr deutlich, dass ihm das Thema unter die Haut ging.

Endlich senkte Dougal den Kopf. „Du hast recht, aber ich vermisse ihn so unendlich. Er erkennt mich nicht mal, wenn ich ihn besuche.“

Zu gerne hätte Chris jetzt einige Fragen gestellt, nur wusste sie, dass der Zeitpunkt absolut unpassend war, deshalb blieb sie still. Sie litt mit dem jungen Wolf, zumal sie sich vorstellen konnte, wie schlimm es war, einen Bruder zu verlieren.

„Wir haben alle Sehnsucht nach ihm. Darum hoffen wir, dass es einen Weg gibt, ihn zurückzuholen." Blake schluckte hörbar. „Wir sind für dich da, egal, um was es geht. Wenn du reden willst, komm zu mir."

Dougal nickte stumm.

„Ich entführe euch meine Gefährtin jetzt. Danke, dass ihr auf sie aufgepasst habt." Mit den Worten packte er Chris an den Schultern, zog sie von ihrem Stuhl, um sie mit sich zu nehmen.

„Es war schön, euch kennenzulernen. Bis später." Sie winkte in die Runde, ehe sie sich endgültig umdrehte.

Schweigend gingen sie ein Stück an den mit Moos bewachsenen Felsen entlang, vorbei an einem kleinen Bach, der lustig über die Steine sprudelte. Die Berge erhoben sich majestätisch vor ihnen, während sie einem fast unsichtbaren Weg folgten.

„Du musst eine Menge Fragen haben", bemerkte Blake plötzlich.

Nachdenklich nickte Chrissi. „Hat Dougal eine Familie, ich meine außer euch? Lebt seine Mutter?" Sie fühlte tiefes Mitleid mit ihm.

Erstaunt blieb Blake stehen, um sie zu mustern. „Du fragst nach ihm, anstatt Erklärungen zu fordern?" Mit vielem hatte er gerechnet, doch niemals mit der Sorge um den Welpen.

„Ich bin ohne Eltern aufgewachsen, was schwer war, aber einen Teil seiner Lieben zu verlieren, stelle ich mir unendlich schmerzhaft vor.“ Sie zuckte verlegen mit den Schultern. „Er tut mir so wahnsinnig leid.“

Liebevoll strich er ihr eine Strähne aus dem Gesicht. „Bewahre dir bitte immer dein mitfühlendes Herz, denn das ist eine Besonderheit, die man nur selten findet.“ Sanft küsste er sie auf die Stirn, eine Geste, die sie berührte. „Um zu deiner Frage zurückzukommen, seine Mutter und seine Schwester leben noch. Er ist nicht alleine, außerdem sind wir wie eine große Familie. Wir wohnen zwar über Schottland verteilt, trotzdem stehen wir füreinander ein.“

Jetzt atmete sie sichtlich auf, schon der Gedanke, dass der Junge alle verloren hatte, die er liebte, hatte auf ihr gelastet. „Das ist gut, aber äußerst selten.“ Kurz überlegte sie, ob sie die Werwölfe vielleicht falsch eingeschätzt hatte. Eine Gemeinschaft, die tatsächlich zusammenhielt, keinen Neid kannte und sich gegenseitig beschützte, gab es kaum noch in ihrer Welt. „Weshalb dachte Dougal, dass die Wächter böse sind?“ Sie musterte Blake aufmerksam. Hatte er durch seine Verwandtschaft einen positiv gefärbten Blick auf diese Wesen?

„Er leidet unter dem Verlust seines Vaters, deshalb. Glaub mir, die Jungs aus Ballygannon tun, wozu sie in der Lage sind, damit wir ungestört leben können. Sie sind fair, immer.“ Er seufzte. „Es hält sich allerdings das Gerücht, dass man sie fürchten muss. Als die Regierung der magischen Welt gegründet wurde, waren nicht alle mit den Gesetzen einverstanden. Besonders die Gruppen, die die Normalen übervorteilten, sahen sich ungerecht behandelt. In der Zeit gab es viele Verhaftungen, die Wächter mussten sich Respekt verschaffen. Damals war es üblich, den ungezogenen Kindern mit ihnen zu drohen."

Verstehend nickte Chris. „Wie bei uns. Wenn du nicht lieb bist, kommt dich der Schutzmann holen." Sie seufzte. „Auch heute noch gibt es genug, die gegen die Polizei wettern, meistens, nachdem sie bei irgendetwas erwischt wurden." In dem Punkt waren sie sich so ähnlich.

„Ganz genau. Ich stelle dir meinen Cousin David gerne vor. Er ist der Anführer der Ersten Einheit und du wirst sehen, er ist wirklich kein Monster." Er lachte leise, als er an seine Leute dachte. „Zum Glück gehört er der Familie meiner Mutter an, sodass ihm das Massaker hier in Glencoe erspart geblieben ist." Den letzten Satz schob er hinterher, ohne sich bewusst zu sein, dass Chris ihm zuhörte.

„Was hat es damit auf sich?"

Sie schlenderten weiter, dabei legte er einen Arm um ihre Schultern, was ihr das Gefühl der Geborgenheit gab.

„Es fing mit einer verlorenen Schlacht an. Die MacDonalds, also meine Familie, war dem vertriebenen König Jakob treu ergeben. Nach der Niederlage in Dunkeld nagte unser Clan am Hungertuch. Viele unserer Krieger starben, während sie in ihr Gebiet zurückkehrten. Es gab keine Möglichkeit, die Menschen mit Nahrung zu versorgen. Ackerbau ist hier eher suboptimal." Er deutete auf die Ebene, die vor ihnen lag. Felsen ragten aus der Erde, mit Heidekraut oder Moos überzogen, ursprünglich und rau. „Wir stahlen das Vieh unserer Nachbarn, den Campbells of Glenlyon. Uns blieb keine Alternative, da die angrenzenden Bauern uns ihre Hilfe verwehrten. Es lag daran, dass wir schon früher als Rebellen verschrien waren, außerdem hielten wir, wie gesagt, zu den Jakobiten."

Chris hörte ihm an, dass er es nicht guthieß, allerdings keinen Ausweg gesehen hatte. „Wie ging es weiter?"

„Es gab noch etliche Schlachten, bis William als König anerkannt wurde. Er forderte die Chiefs der Highland Clans auf, einen Eid zu leisten. Alastair MacDonald zögerte bis zum letzten Tag, ehe er sich auf den Weg machte. Ein Grund war, dass er auf die Erlaubnis von Jakob wartete. Der Stichtag war der 31.12.1691, da war ich gerade mal ein Jahr alt." Blake rieb sich über die Augen. „Robert Campbell hasste uns, denn durch den Diebstahl musste er sich der Armee anschließen, um seine Leute ernähren zu können. Zumindest sagte er es, verschwieg aber, dass er enorme Spielschulden gemacht hatte."

Wieder nickte Chris, während sie die Information verdaute, dass der Mann an ihrer Seite bereits mehr als 300 Jahre alt war.

„Es kam zu einer Verstrickung unglücklicher Zufälle, sodass Alastair den Eid erst verspätet leisten konnte. Obwohl der zuständige Kommandant eine Depesche losschickte, in der stand, dass der Chief der MacDonalds pünktlich in Fort William gewesen war. Damit wähnte sich unser Oberhaupt in Sicherheit, er hatte alles getan, was nötig war. Leider stellte sich das als Trugschluss heraus." Blake blieb einen Moment stehen, während er sich an die Erzählungen der Alten erinnerte. „Ich selbst war noch ein Baby, daher weiß ich es nur von meinem Rudel. Durch die Verzögerung kam es, dass das Earl-of-Argyll's-Regiment unter der Leitung von Robert Campbell bei uns in Glencoe einquartiert wurde."

Misstrauisch musterte Chris ihn. „Ihr habt eure Feinde bei euch aufgenommen? Das kann ich nicht glauben. Es war doch bekannt, dass diese Leute euch hassten, oder?"

„Aye, aber hier in den Highlands gilt das Gastrecht. Egal, wer an deiner Tür klopft, er wird eingelassen und bewirtet. Wir sind verdammt stolz darauf. Genauso ging es Alexander MacDonald, dem jüngsten Sohn von Alastair, meinem Cousin. Er holte Robert sogar in sein eigenes Haus, weil er mit seiner Nichte verheiratet war." Blake schluckte, denn jetzt kam der schwerste Teil. „Niemand wusste, dass es eine Order gab, alle unter siebzig Jahren abzuschlachten. Am Vorabend der Tat verabschiedete sich Campbell freundlich von Alexander, verabredete sich für den kommenden Abend zu einem Würfelspiel. Am nächsten Morgen wurden etliche in ihren Betten erschlagen. Zum Glück weigerten sich viele Soldaten, dem Befehl nachzukommen, einerseits, weil es sich bei ihnen auch um Highlander handelte, andererseits sahen sie es als Verbrechen an. Alan gehörte zu den Engländern, der für seine Weigerung fast gestorben wäre. Meine Eltern kamen damals ums Leben." Er starrte einen Moment vor sich hin. „Ich trage immer noch einen Groll im Herzen", gab er leise zu.

Chris legte eine Hand auf seinen Unterarm. „Das ist schrecklich." Ihr fehlten die Worte.

„Das ist bis heute ein Schandfleck in der Geschichte Schottlands: Ein Clan, der das Gastrecht dermaßen missbraucht." Er schüttelte die alte Wut von sich. „Das war die offizielle Version, die du überall nachlesen kannst. Auf die eine oder andere Weise."

Jetzt musterte Chrissi ihn neugierig. „Willst du damit sagen, dass das nur vorgeschoben war?"

„Aye, in Wirklichkeit hat einer unserer Leute uns verraten. Es gab schon lange die Gerüchte, dass wir verflucht seien, nur existierte niemand, der in der Lage war, es zu beweisen. Bis Robert Campbell sich vor den Engländern verwandelte.

Selbstverständlich hatte er für seine Sicherheit Vorkehrungen getroffen." Bitter lachte Blake auf. „Er war einer von uns! Ein Bruder, eng verflochten mit dem Rudel. Die Sassenachs witterten einen großen Vorteil, nur störten wir ihren tollen Plan. Wenn es nur einige wenige Werwölfe in ihrem Regiment gab, konnten sie so ziemlich alle vernichten, die ihnen im Weg standen. Das war der wahre Grund."

Chris schossen die Tränen in die Augen, sie spürte die tiefe Verzweiflung, die Enttäuschung und den Schmerz, der in seinem Herzen wütete. Ohne darüber nachzudenken, schlang sie ihre Arme um seine Taille, legte ihre Wange an seine Brust, während sie um die Wesen weinte, die auf so grausame Art ihr Leben lassen mussten. Sie trauerte in diesem Augenblick um ihre eigene Familie genauso wie um seine.

Zärtlich zog Blake sie dichter an sich, überwältigt von ihrem Mitgefühl. „Es ist eine Ewigkeit her, Piseag", flüsterte er, doch auch er kämpfte mit den Tränen.

Eine ganze Weile standen sie dort am Fuße des Berges, aneinandergeschmiegt, vereint in der Trauer über ihren Verlust. Die Angst war für den Augenblick verflogen, jetzt trösteten sie sich gegenseitig, heilten ihre inneren Verletzungen, die durch die Gier anderer Menschen entstanden waren.

„Was ist mit deiner Familie?", erkundigte Blake sich, nachdem sie sich beruhigt hatte.

Sie zuckte mit den Schultern. „Keine Ahnung, ich bin in einem Heim groß geworden. Niemand wusste etwas über meine Eltern, Geschwister gibt es wohl nicht."

Zärtlich küsste er sie. „Jetzt hast du Brüder und Schwestern. Vertrau mir, Caitriona wird dich genauso als Tochter ansehen, wie Hamish. Sie haben mich und meinen Bruder Cameron aufgenommen."

Dankbar lächelte sie. „Das hört sich wie ein Traum an. So lange habe ich mich danach gesehnt, dass ich einen Platz finde, an den ich gehöre.“ So ganz konnte sie es nicht glauben, dass sie tatsächlich ohne Weiteres akzeptiert wurde. Darüber hinaus erinnerte sie sich in dem Augenblick wieder an den Moment, als der junge Mann sich verwandelt hatte. Die Angst kehrte schlagartig zurück, sodass sie einen Schritt zurückwich. Wer sagte ihr denn, dass diese Leute so harmlos waren, wie sie taten?

Kapitel 7 - Seltsame Welt

Blake spürte sofort, dass sie den Rückzug antrat, was ihn verletzte. Sah sie nicht, dass er auf ihrer Seite war? Weshalb sonst hätte er ihr die Wahrheit erzählen sollen. „Was ist los?" Obwohl er ihre Furcht wieder riechen konnte, wollte er wissen, warum sie ihn erneut fürchtete.

Verlegen wandte Chris den Blick ab. „Es ist alles ein wenig viel. Du bist ein Werwolf." Bei dem Wort unterdrückte sie ein Zittern. Für einen Augenblick hatte sie tatsächlich vergessen, dass es sich bei ihm um ein gefährliches magisches Wesen handelte. Vorsichtig rückte sie von ihm ab, dabei überlegte sie, ob er sie vielleicht verzaubert hatte. Fühlte sie sich aus dem Grund von ihm angezogen? Oder lag es einfach nur an ihrer Einsamkeit?

Traurig musterte er sie. „Es gibt nichts, wovor du dich fürchten müsstest, aber in dem Punkt wirst du mir kaum vertrauen, aye?"

Zaghaft schüttelte sie den Kopf. „Es ist schwer", gab sie leise zu. „Mein Verstand weigert sich, daran zu glauben, was ich gesehen habe. Immer noch. Außerdem existieren so viele grausame Geschichten, die über euch erzählt werden." Sie schob mit der Spitze ihres Schuhs ein paar Steine zur Seite.

Sanft hob er ihr Kinn an, bis sie gezwungen war, ihn anzusehen. „Ich gebe dir so viel Zeit, wie du brauchst", versprach er ernst. Ehe sie antworten konnte, richtete er sich auf, lauschte, anschließend lächelte er sie an.

„Der Welpe ist mit deinen Sachen zurück. Ich bin gespannt, weshalb er so lange gebraucht hat.“ Er deutet auf den Weg, den sie gekommen waren.

Gemeinsam gingen sie zum Rudel, wo der Junge ihr mit einem selbstbewussten Grinsen ihre Handtasche sowie ihren Koffer überreichte. „Ich hab ja gesagt, dass ich das Auto finde. Außerdem hab ich das hier entdeckt.“ Er zeigte auf die schmale Tasche.

Dankbar lächelte sie ihn an. „Vielen lieben Dank, ich ziehe mich gleich um, damit Beatrice ihre Kleider zurückbekommt.“ Mit den Worten wollte sie die Gruppe stehen lassen, doch Blake hielt sie am Arm zurück.

„Warte einen Moment“, bat er sanft. „Was hat so lange gedauert?“

Bei der Frage schnaubte sie leise. „Er kann wohl kaum fliegen, oder?“ Sie verdrehte die Augen.

„Nein, aber wir sind schneller, als du vermutest.“ Blake sah den jungen Wolf auffordernd an.

Ethan tat gespielt gelangweilt. „Ich wollte mal sehen, weshalb das Auto den Geist aufgegeben hat. Du bist nicht der Einzige, der sich mit Motoren auskennt.“ Aufmüpfig hielt er dem Blick des Älteren stand.

„Sehr schön, ich mag es, wenn man mir Arbeit abnimmt.“ In seiner Antwort lag ein leichter Spott. „Was ist mit dem Wagen?“

Jetzt färbten sich die Wangen des Welpen rot, während er zaghaft mit den Schultern zuckte. „Keine Ahnung, ich hab es nicht herausgefunden“, gab er leise zu.

Das hatte Blake sich bereits gedacht, es gab einen guten Grund, weshalb er ihn als Lehrling für seine Werkstatt abgelehnt hatte: Er besaß kein technisches Verständnis.

„Es ist doch egal, ich bin jedenfalls froh, dass ich meine Sachen habe“, mischte Chris sich mit klopfendem Herzen ein. Sie ertrug es nur schwer, dass der Junge so zur Schau gestellt wurde. „Danke, Ethan.“

Sofort drehten sich die Anwesenden zu ihr herum, wobei sie in ihren Gesichtern das Schmunzeln sah, was ihr zeigte, dass sie genau richtig gehandelt hatte.

Blake runzelte kurz die Stirn, anschließend nickte er ihm zu. „Auch ich bedanke mich, dass du meiner Gefährtin geholfen hast. Gute Arbeit, Spurenleser.“ In seinen Worten klang dieses Mal kein Spott mit, sodass die Stimmung sich automatisch verbesserte.

„Ist mir eine Ehre, Schatzmeister.“ Ethan deutete eine Verbeugung an, ehe er sich zu seinen Freunden trollte.

Hamish schmunzelte. „Die Jugend muss immer provozieren, sie verhalten sich genau wie ihr.“ Er zeigte auf Cameron und Blake, die sofort protestierten.

„Mein Mann hat recht, allerdings war auch er, vor euch, keinen Deut besser.“ Caitriona lachte, drehte sich um und ging ins Haus, womit sie ihren Ehemann mit offenem Mund stehen ließ.

Die Brüder verkniffen sich das Lachen, aber man sah ihnen an, dass sie die Situation genossen.

„Komm, wir bringen deine Sachen ins Zelt“, bemerkte Blake, woraufhin Chris ihn fragend ansah.

„Ich habe euch einen privaten Unterschlupf besorgt, weil er unseren Zieheltern keinen Tag länger das Schlafzimmer wegnehmen will“, erklärte Cameron, gleichzeitig deutete er auf Blake.

„Was soll das heißen? Habt ihr etwa auf dem Boden schlafen müssen?" Entsetzt drehte Chrissi sich zu Hamish um, der sofort lachend verneinte.

„Mach dir keine Sorgen, wir sind einfach in die Gästezimmer gezogen. Das Haus hat genug Betten für alle." Er winkte ab, trotzdem gab sie sich mit der Antwort kaum zufrieden.

„Ich wollte niemandem sein Zimmer stehlen", begehrte sie auf. Werwolf hin oder her, das war nicht ihr Stil, auf Kosten anderer etwas zu bekommen.

„Das hast du nicht, wir haben es euch freiwillig angeboten. Damit du es weißt, meine Ehefrau und ich finden es völlig unnötig, dass ihr im Zelt schlaft." Er betrachtete Blake mit einem undefinierbaren Blick. „Aber dein Gefährte hat darauf bestanden." Mit den Worten drehte auch er sich um und folgte seiner besseren Hälfte.

„Was soll das wieder heißen?" Verwirrt wandte sich Chris jetzt an Blake, während Cameron sich langsam zurückzog.

Kurz überlegte der Werwolf, ehe er mit den Schultern zuckte. „Ich wollte nicht, dass die beiden auf ihr Schlafzimmer verzichten, dachte mir allerdings, dass es dir unangenehm ist, in einem Raum mit den Frauen zu schlafen. Immerhin kennst du sie kaum." Nachdenklich beobachtete er sie. Hatte er sich getäuscht? Zog sie das gemeinsame Zimmer vor?

Chrissi betrachtete ihn skeptisch, was führte der Kerl im Schilde? Handelte es sich tatsächlich nur um ihre Bequemlichkeit oder plante er, seine Gelüste an ihr zu stillen? Sofort schob sie den Gedanken zur Seite, auch in der letzten Nacht hätte er genug Möglichkeiten gehabt, da sie bezweifelte, dass sein Rudel ihr zu Hilfe gekommen wäre.

Seufzend nickte sie ihm zu, ehe sie ins Schlafzimmer gingen, um ihre Schmutzwäsche zu holen.

Kurz darauf stand sie vor einem riesigen Hauszelt, das sie mit offenem Mund betrachtete. Irgendwie hatte sie mit einem winzigen Zwei-Mann-Zelt gerechnet, aber kaum mit so einem Monster. „Das ist ein wenig übertrieben nur für uns beide, oder?“ Sie zeigte fassungslos auf den Zelteingang.

Blake lächelte sie an. „Erstens ist das Beste gerade gut genug für dich und zweitens hab ich es auch gerne bequem.“ Er deutete auf den Eingang. „Nach dir.“

Mit einem leisen Seufzen setzte sie sich in Gang. „Mir reicht meine Freiheit, da würde ich sogar auf dem blanken Boden übernachten“, murmelte sie, wobei sie vergaß, dass er sie hörte.

Die Worte schnitten ihm ins Herz, obwohl er sich ständig sagte, dass sie unter ihrer Angst litt, trotzdem wünschte er sich ihre Liebe mehr als alles andere. So schnell konnte man sich ändern.

Unschlüssig blieb Chris im vorderen Bereich des Zeltes stehen, dabei sah sie auf die zwei Schlafkabinen. Ob er ihr erlaubte, alleine zu bleiben? Wollte sie das überhaupt? Bei der Frage stutzte sie. Seit wann legte sie Wert darauf, einen Werwolf in ihrem Bett zu haben?

Blake stand abwartend hinter ihr, während er sie beobachtete. In dem Augenblick hätte er alles dafür gegeben, zu wissen, was sie tatsächlich dachte. Durch seinen Cousin David hatte er den Boss der Wächter und seine Gefährtin kennengelernt. Patricia war eine Dämonin, die in der Lage war, die Gedanken verschiedener Wesen zu lesen. Seufzend schob er sie mit einer Hand in ihrem Rücken sanft auf die rechte Schlafkammer zu. „Normalerweise teilen Cameron und ich uns das Zelt, dann schlafe ich immer auf dieser Seite“, bemerkte er leise.

Sofort strebte sie auf die andere Kabine zu. „In dem Fall nehme ich die linke. Du hörst doch, wenn ich den Reißverschluss aufziehe.“ Ihre Worte klangen bitter, weil sie daran erinnert wurde, dass sie keine Möglichkeit zur Flucht bekam. Ihre Freiheit erschien ihr im Moment ihr höchstes Gut.

„Ich bevorzuge es, meine Gefährtin bei mir zu haben.“ Ohne auf ihren Protest zu achten, sorgte er dafür, dass sie ihre Sachen in dem von ihm vorgegebenen Raum verstaute.

Chris grummelte leise, allerdings hörte er genau, dass sie gar nicht so böse war, dass er bestimmte. Schmunzelnd zog er sie in seine Arme, als sie ihren Koffer demonstrativ zwischen die beiden Isomatten stellte. „Glaub mir, du wirst nicht alleine unter all den gefährlichen Wesen schlafen wollen.“ Mit einem Lachen küsste er sie, ließ aber sofort wieder von ihr ab, wobei er mit Genugtuung ihre Enttäuschung erkannte. „Ich lasse dir einen Moment für dich, unsere Versammlung geht weiter und ich muss Rechenschaft ablegen. Komm einfach zu uns, sobald du bereit bist.“

Nachdenklich sah sie ihm hinterher, froh, dass sie Zeit bekam, um ihre Gedanken zu sortieren. Seufzend setzte sie sich auf die Isomatte, dabei bemerkte sie, dass auch zwei Schlafsäcke für sie bereitlagen. Er hatte wirklich an alles gedacht, außerdem mochte sie Camping, nur war sie weitaus weniger Luxus gewöhnt. Wie es sich wohl anfühlte, wenn sie sich ihm hingab? Woher die Vorstellung auf einmal kam, wunderte sie enorm, daher zwang sie ihre Überlegungen in eine andere Richtung.

Was sollte sie tun? Sie konnte doch unmöglich ihr Leben aufgeben, um bei einem Werwolf zu bleiben? Gänsehaut kroch ihr über die Arme.

Es war still in dem Zelt, obwohl sie angestrengt horchte. Einen Augenblick dachte sie nach, Blake war bei der Versammlung, wie der Rest der Gruppe auch, da war es gut möglich, dass ihr niemand Beachtung schenkte. Chris erinnerte sich daran, dass sie sich hoffnungslos in dem Gebiet verlaufen hatte. Allerdings war es dunkel gewesen, jetzt strahlte die Sonne von einem blauen Himmel. Ganz kurz bemerkte sie den Stich in ihrem Herzen, als ihr bewusst wurde, dass sie Blake nicht wiedersah, sollte sie verschwinden. Die unerwünschten Gefühle schüttelte sie schnell von sich, es ging darum, ihre Freiheit zurückzubekommen und sich in Sicherheit zu bringen. Auf keinen Fall wollte sie erleben, was passierte, wenn einer dieser Wölfe ernsthaft böse wurde.

Eilig sammelte sie die wichtigsten Sachen zusammen, die sie in ihrer Handtasche verstaute, der Fehler unterlief ihr nicht noch einmal. Nachdenklich sah sie sich um, dabei streifte ihr Blick seinen Seesack und wieder überkam sie ein Gefühl der Enttäuschung.

Was dachte sie denn da? Er sperrte sie quasi gegen ihren Willen ein, außerdem hatte er ihr bestimmt nur versichert, dass sie telefonieren durfte, um es sich leichter zu machen. Tief in ihrem Inneren wusste sie, dass sie sich in dem Punkt belog, dennoch hielt sie daran fest. Vorsichtig verließ sie das Zelt, sah sich gründlich um, anschließend schlich sie so leise wie möglich in die Richtung, aus der sie am Abend gekommen war. Egal, wohin der Weg führte, es war ihr wichtig zuerst einmal wegzukommen. Den Rest würde sie später entscheiden.

Ohne sich umzudrehen, setzte sie einen Schritt nach dem anderen, ignorierte ihr Herz, das ihr riet, umzukehren, um dem Werwolf eine Chance zu geben.

Ihr Verstand jubelte auf, verlangte, dass sie sich beeilen sollte, trotzdem fühlte es sich irgendwie falsch an.

Fast wäre sie über einen Felsen gestolpert, als sie dem Kampf in ihrem Inneren lauschte, doch sie fing sich gerade so.

~~°~~

Blake stoppte seinen Bericht über die Investitionen, um einen Augenblick zu lauschen. Angespannt hörte er, dass Chris das Zelt verließ, nur um ein paar Sekunden später enttäuscht auszuatmen. Sie versuchte tatsächlich, ihn zu verlassen, dabei hätte er schwören können, dass sie trotz aller Angst etwas für ihn fühlte. Verdammt, Menschen brauchten viel länger, um ihre wahre Liebe zu erkennen.

Alan nickte ihm vorsichtig zu, anschließend erhob er sich, um Chrissi zu folgen.

Zu gerne hätte Blake diese Aufgabe übernommen, aber seine Verpflichtungen dem Rudel gegenüber waren wichtiger, außerdem wollte er ihr eine Pause von seiner Gegenwart gönnen. Traurig sah er auf seine Zettel.

„Willst du ihr nicht selbst nachgehen?" Hamish unterbrach ihn mit einem väterlichen Lächeln. „Das trockene Zeug über unsere Finanzen kann warten."

Der Rest stimmte ihm zu, denn den Teil des jährlichen Treffens liebte niemand.

Ernst schüttelte er den Kopf. „Nein, vielleicht ist es gut, dass sie eine Pause von mir hat." Traurigkeit überkam ihn. Hatte das Universum sich in seinem Fall unter Umständen geirrt und ihm die Falsche geschickt?

Caitriona, die neben ihm saß, strich ihm leicht über den Arm. „Denk an deinen Cousin. Offensichtlich ist das eine Familiensache, auch seine Frau ist ständig vor ihm geflohen."

Damals hatte er die Geschichte amüsant gefunden, jetzt sah er es völlig anders. „Sie kam allerdings jedes Mal freiwillig zurück, was ich wohl weniger erleben werde, aye?"

Nachdenklich wiegte Caitriona ihren Kopf von rechts nach links. „Das kommt auf einen Versuch an. Sie ist für dich bestimmt, da gibt es immer einen Weg." Sie sah ihn mitfühlend an. „Es ist aber unverantwortlich, sie in ihr Unglück rennen zu lassen."

Er fasste sich an die Kehle, da die Vorstellung, sie in den Bergen von Glencoe ihrem Schicksal zu überlassen, ihm die Luft abschnürte. Die Gefahr, dass ihr etwas passierte, war einfach zu groß. „Lasst uns weitermachen, damit wir den langweiligen Teil hinter uns bringen." Ohne eine weitere Unterbrechung zuzulassen, fuhr er mit seinem Bericht fort. Es kostete ihn enorme Anstrengung, konzentriert zu bleiben, trotzdem drängte er alles andere zurück. Später wollte er sich eindringlich mit Chris unterhalten.

„Du weißt, dass du ihr die Wahrheit sagen musst, oder?", erinnerte Hamish ihn, als er fertig war und sie sich eine Pause gönnten.

Mit einem bösartigen Blitzen in den Augen musterte er seinen Ziehvater. „Das ist meine Entscheidung, niemand mischt sich ein, verstanden?" Er hob den Kopf, um auch die restlichen Wölfe anzusehen. „Christine ist meine Angelegenheit, die ich auf meine Weise regele."

Unzufriedenes Grummeln erklang, doch keiner widersprach ihm, nur Cameron schickte ihm einen Blick, der Bände sprach.

Kurz lieferten sich die Brüder ein stummes Duell, bis klar war, dass Blake zumindest im Moment einen Aufschub bekam. Sie alle hielten den Mund, nur wie lange, das wusste er nicht.

~~°~~

Für Alan war es kein Problem, der Spur aus Angst, Nervosität und Zweifel zu folgen. Darüber hinaus besaß die Kleine einen einzigartigen Geruch, eine Mischung, die ihn an Morgentau und Sonnenstrahlen erinnerte, wenn da nicht die bittere Unternote gewesen wäre. Sie musste eine Menge schlimmer Dinge erlebt haben.

Mitleidig bemerkte er, dass sie sich fast zu Tode fürchtete. Wie gut er sie verstand! Damals dachte er verrückt zu werden, so sehr ängstigte er sich, trotzdem hatte er seinen Säbel zerbrochen. Die Entscheidung hatte er nie bereut.

Kurz schweiften seine Gedanken zu der verhängnisvollen Nacht zurück. Sie bekamen den Befehl am Abend vor dem Überfall, da teilte man ihnen auch mit, dass Verstärkung bereits auf dem Weg war. Nur einem kleinen Teil der Gruppe war bewusst, dass es sich bei den Menschen um Werwölfe handelte. Ihm hatte man die brisante Neuigkeit mitgeteilt, weil er damals der ranghöchste Offizier nach Robert Campbell war. Falls dem Mistkerl etwas zustieß, sollte er ein paar Gefangene aussuchen, die in den Dienst der britischen Krone gezwungen wurden. Wut kroch in ihm hoch, als er an diese abscheuliche Aktion dachte.

Die Männer, die dicht mit ihm zusammenarbeiteten, schlossen sich ihm an und versuchten die MacDonalds zu warnen, leider kamen sie zu spät. Viele aus dem Clan Campbell warteten nur darauf, sich endlich rächen zu können.

Eilig schob er die Erinnerungen zur Seite, zumal er Chris bereits sehen konnte. Seufzend lief er schneller, bis er direkt neben ihr ging. „Hey, machst du einen Spaziergang? In dem Fall begleite ich dich besser, es ist nicht sicher hier." Er lächelte ihr zu, packte aber sofort ihren Arm, weil sie vor Schreck über einen Felsen stolperte. „Siehst du, das Gelände ist für Fremde eine Herausforderung."

Ungläubig starrte sie ihn an. „Ich hab dich nicht mal kommen hören", bemerkte sie zittrig, während sie versuchte, ihren rasenden Herzschlag unter Kontrolle zu bekommen.

„Das war Absicht, um ehrlich zu sein. Ich wollte verhindern, dass du losrennst und dir wehtust", gab er leise zu. Offen sah er ihr in die Augen. „Wir passen auf unsere Leute auf, immer."

Hart lachte sie auf, gleichzeitig kämpfte sie das dumme Gefühl der Erleichterung zurück. In ihr tobten so viele unterschiedliche Emotionen, dass sie Probleme hatte, sie alle zu erfassen. Kurz sah sie sich um, weil sie erwartete, dass auch Blake auftauchte, aber mit der heftigen Enttäuschung, die sie fühlte, als sie erkannte, dass Alan alleine gekommen war, hatte sie kaum gerechnet. „Ich brauche keinen Aufpasser und noch weniger jemanden, der seine Leute hinter mir herschickt wie ein verdammter Lord." Bitter stieß sie die Ablehnung hervor, anschließend atmete sie durch.

Alan musterte sie, sog ihre Witterung ein, ehe sich ein sanftes Lächeln auf seine Lippen schlich. „Du bist enttäuscht, dass Blake nicht selbst nach dir sucht, richtig?" Sofort verneinte sie vehement, aber er stoppte sie. „Auch ich kann Lügen riechen." Es klang wie eine Tatsache, keineswegs wie eine Drohung.

Chris sackte in sich zusammen. „Ich habe keine Ahnung, was ich fühle", gab sie kläglich zu.

„Angst ist die einzige Emotion, die sich klar herauszeichnet." Sie senkte den Kopf, sodass ihre Tränen auf den Boden tropften.

Alan gab ihr einen Moment, anschließend legte er einen Arm um ihre Schultern, um weiterhin mit ihr in die Richtung zu gehen, in der sie unterwegs gewesen war.

Irritiert schniefte sie. „Was hast du vor?" Wollte er sie jetzt an Blakes Stelle bestrafen? Oder war sie zu weit gegangen und er hatte den Auftrag sie loszuwerden? Vor Angst wie gelähmt blieb sie stehen.

Mitleidig betrachtete er sie. „Ich tue dir nichts, versprochen. Im Gegenteil, ich biete dir meine Freundschaft an." Der beißende Geruch der Furcht wurde etwas besser, hing aber nach wie vor in der Luft. „Was kann ich tun, um dir Sicherheit zu geben?"

Chris dachte kurz nach, bevor sie verzagt mit den Schultern zuckte. „Keine Ahnung, in einem Moment vergesse ich, was ihr seid, nur um im nächsten wieder an die Verwandlung des armen Jungen zu denken." Sie schüttelte sich.

Alan lachte leise. „Er war alles andere als arm, zumal er seit ein paar Jahren auf den Tag gewartet hatte. In unserem Rudel ist es üblich mit der ersten Wandlung zu warten, bis man erwachsen ist. Unsere Geschichte hat uns gelehrt, vorsichtig zu sein", erklärte er. „Selbstverständlich kommt es vor, dass die Welpen ihre tierische Gestalt annehmen, weil sie die Kontrolle verlieren oder rebellieren, nur ist das ziemlich schmerzhaft. Genau wie die erste willentliche Verwandlung, nachdem sie sich so lange zurückgehalten haben."

Chris betrachtete ihn skeptisch. „Ihr verbietet es ihnen und sie hören einfach darauf?"

„Im Prinzip, ja. Natürlich gibt es immer wieder Rebellen, die sich gegen die Regeln stellen.“ Alan ließ sie los, deutete auf den Weg, dabei lächelte er sie an. „Lass uns ein Stück gehen.“

Sie stimmte ihm erleichtert zu, da sie im Moment keinen Wert darauflegte, Blakes enttäuschte Miene zu sehen.

„Du kennst die Geschichte vom Massaker in Glencoe?“ Alan hoffte, dass er es nicht erzählen musste, daher atmete er auf, als sie stumm nickte. „Aufgrund der Geschehnisse haben wir beschlossen, unsere Kinder zu schützen. Es besteht die Gefahr, dass sie gesehen werden, falls sie sich ohne Aufsicht verwandeln. Unsere Traditionen sind fest in allen verwurzelt und das Aufnahmeritual gehört dazu. So ist es einfach, ihnen diese Regel beizubringen.“

Verstehend blickte sie ihn an. „Tut es denn jedes Mal weh, wenn ihr euch wandelt?“ Mitleidig musterte sie den attraktiven Mann an ihrer Seite.

„Nein, das ist nur, weil sie den inneren Drang jahrelang unterdrückt haben.“ Er seufzte. „Es ist unfair, dass wir wegen einer Geschichte, die uns fast ausgerottet hätte, unsere Kinder zum Leiden verdonnern müssen.“

Dem stimmte sie augenblicklich zu, dennoch sah sie ein, weshalb sie dermaßen misstrauisch waren, was ihre Person anging. „Könnt ihr mich nicht trotzdem gehen lassen? Ich verrate niemandem etwas, Ehrenwort.“ Bittend sah sie Alan an.

„Das ist Blakes Entscheidung“, blockte er sie vorsichtig ab. „Du bist seine Dualseele, weißt du, was das heißt?“

Chris schüttelte den Kopf. „Keine Ahnung, mit solchen Sachen habe ich mich noch nie beschäftigt.“

„Er ist deine einzig wahre Liebe“, antwortete Alan ohne Spott oder Ironie in der Stimme.

„Das kommt mir enorm übertrieben vor“, begehrte sie auf, wobei sie leise lachte. „Gibt es das überhaupt?“

Ernst nickte er. „Oh ja, nur Menschen erkennen es oft viel zu spät. Du bekommst eine einzigartige Chance, die du nicht mit Füßen treten solltest. Gib dir die Möglichkeit, ihn kennenzulernen, dann wirst du es auch sehen.“

Traurig seufzte sie. „So wie es aussieht, habe ich keine andere Wahl. Ihr fangt mich ja doch wieder ein.“ Das Gefühl der Erleichterung, dass ihr Fluchtversuch gescheitert war, drängte sie gekonnt zur Seite.

„Das ist einer der Vorteile, ein Wolf zu sein.“ Er lächelte ihr zu. „Es ist enorm viel auf dich eingestürzt, da ist es kaum verwunderlich, dass du durch den Wind bist.“

Zaghaft nickte sie, wobei das eine Untertreibung war. „Wie hast du dich gefühlt?“

Alans Züge verdunkelten sich, trotzdem antwortete er ihr. „Ich lag im Sterben, daher hatte ich nur die Wahl zwischen Leben und Tod.“ Er atmete tief ein. „Als ich den Befehl bekam, alle unter siebzig Jahren zu töten, habe ich meine Männer losgeschickt, um die MacDonalds zu warnen, aber es war zu spät. Robert Campbell schrie mich an, dass ich gehorchen sollte, doch ich zerbrach meinen Säbel.“ Er schüttelte sich bei der Erinnerung. „Er rammte mir sein Breitschwert in die Seite.“

Entsetzt schlug Chrissi sich eine Hand vor den Mund, um einen Schrei zurückzuhalten.

„Es ist ein Wunder, dass ich so lange überlebt habe, bis Acair mich gefunden hat. Sie trugen mich in die Berge, versorgten meine Verletzung, aber der Wundbrand hatte schon eingesetzt. Der Anführer der Wölfe ließ mir die Wahl.“ Er strich sich über die Augen, die Schmerzen würde er genauso wenig vergessen wie die Verzweiflung.

„Es tut mir so leid, dass ich solche Erinnerungen geweckt habe." Chrissi legte vorsichtig eine Hand auf seinen Arm. Sie wünschte sich, dass sie sein Leid irgendwie lindern könnte.

„Es ist lange her." Alan drückte sie kurz an sich. „Du solltest wissen, dass wir nicht dem Mond unterworfen sind. Wir verwandeln uns freiwillig, sind aber auch gezwungen zurück in unsere menschliche Gestalt zu gehen, sonst verlieren wir den Verstand."

Chris ging gerne auf den Themenwechsel ein. „Ist das bei allen so?"

Sofort schüttelte er den Kopf. „Nein, wir sind so unterschiedlich wie die Normalen. Es gibt Gestaltwandler, die in einer Form bleiben können, andere werden wahnsinnig, sollten sie versuchen, sich der Wandlung zu entziehen." Er zuckte leicht mit den Schultern. „Ich für meinen Teil möchte mein Leben keineswegs nur als Wolf verbringen. Wenn du Fragen hast, her damit. Je mehr du weißt, desto eher kannst du deine Angst ablegen." Offen sah er sie an.

„Denkst du wirklich, dass ich meine Furcht jemals loswerde?" Skeptisch stieß sie die Luft aus. „Ich befürchte, dass ich immer wieder panisch reagiere. Außerdem will ich meine Träume nicht aufgeben." Den letzten Satz fügte sie etwas trotzig hinterher.

„Ja, das glaube ich, weil du ein mitfühlendes Herz hast." Er lachte leise. „Du wirst mit der Zeit erkennen, dass wir uns ziemlich ähnlich sind. Was deine Träume angeht, wer sagt, dass du sie fallen lassen sollst?"

Unschlüssig zuckte sie mit den Schultern. „Ich bin Sängerin“, begann sie, bis sie sich daran erinnerte, dass es mit ihrer Karriere von Anfang an irgendwie bergab gegangen war. „Mein Ziel ist es, irgendwann den Durchbruch zu schaffen“, gab sie zu.

„Es ist wichtig Träume zu haben, gib sie niemals auf. Blake wird dich unterstützen, davon bin ich überzeugt. Wo ist also das Problem?“ Alan erkannte ihr Dilemma nicht.

„Ich habe keine Ahnung, wo ich beginnen soll.“ Sie betrachtete den Mann, der neben ihr herging. „Lass es mich so ausdrücken, ich habe einen großen Fehler gemacht, der mir mehr als einen Stein in den Weg legt. Um das wieder geradezubiegen, brauche ich meine Freiheit. Darüber kostet es mich Zeit.“ Sie überlegte. „Um ehrlich zu sein, zweifele ich, ob ich gut genug bin. Es ist ein hartes Business. Außerdem sitze ich hier in Schottland fest.“ Sie brach ab, weil sie ihm auf keinen Fall von ihrem finanziellen Dilemma erzählen würde.

„Es gibt immer einen Weg, glaub mir, ich weiß, wovon ich spreche.“ Bevor er weiterreden konnte, hob er den Kopf und ein Schmunzeln erschien auf seinen Lippen. „Blake macht sich Sorgen, wir sollten zurückgehen.“

Chris seufzte leise. „Schonzeit vorbei?“

„Er liebt dich, das kann ich dir ehrlich bestätigen.“ Alan drückte ihre Hand. „Wir kommen.“ Bei seiner Antwort sprach er etwas lauter, da sie sich ein ganzes Stück vom Cottage entfernt hatten.

Unruhig lief sie neben ihm zu dem Rudel zurück, wobei sie sich fragte, was sie wohl erwartete. Bestimmt wussten alle, dass sie versucht hatte, zu fliehen. Ob sie immer noch willkommen war?

Fast wäre sie wie eine sture Eselin stehen geblieben, als das Haus in Sicht kam, nur ließ ihr Stolz das nicht zu. Sie stand für ihre Entscheidungen ein!

Blake kam mit Erleichterung in seiner Miene auf sie zu, zog sie fest an sich, ehe er sie ansah. „Sag mir bitte das nächste Mal Bescheid, wenn du spazieren gehen willst."

Erstaunt öffnete sie den Mund, nur um ihn sofort zu schließen, als sie in seinem Blick erkannte, dass er sie durchschaut hatte. „Ich wusste nicht, dass ich dir Rede und Antwort stehen muss." Sie klang zickiger, als geplant.

„Das besprechen wir unter vier Augen." Er betrachtete sie eindringlich und jetzt bemerkte sie den enttäuschten Ausdruck, der ihr ins Herz schnitt.

„Du meine Güte, mach nicht so einen Staatsakt daraus. Sie ist ja wieder da." Beatrice drängte sich zwischen das Paar, zwinkerte Chris zu, ehe sie sich bei ihr einhakte. „Vielleicht hat sie die Nase voll von dem Testosteron, das du gerade aussendest. Manchmal braucht man weibliche Gesellschaft." Mit den Worten führt die junge Werwölfin sie an den Rand der Gruppe.

Kapitel 8 - Freundschaften

„Viel zu oft tut er so, als ob wir zu dumm wären, um geradeaus zu laufen, aber im Grunde ist er nur besorgt." Bea zwinkerte ihr zu.

Chris blickte irritiert von ihr auf den Werwolf, der ihnen zornig nachsah. „Er hört dich, richtig?" Sie standen nur ein paar Meter entfernt, da hielt sie es für unklug, so über ihn zu sprechen.

„Natürlich, das soll er ja auch, immerhin benimmt er sich wie ein Idiot." Sie lachte. „Du hast Angst, das kann jeder hier riechen, deshalb ist es verständlich, dass du wegläufst, sobald du die Gelegenheit bekommst." Sie wurde ernst. „Doch es hängt nicht nur unsere Sicherheit von dir ab, sondern deine genauso. Du kennst dich in diesem Gebiet kaum aus, wenn du dich verläufst, ist es möglich, dass du verunglückst oder verhungerst."

Ungläubig starrte Chrissi die junge Frau an. „Du willst mir sagen, dass er sich mehr um meine Unversehrtheit sorgt als um euer Geheimnis?"

Sofort stimmte Beatrice zu. „Ja klar, was dachtest du denn? Du stehst bei ihm an erster Stelle. Er liebt dich, was man deutlich sehen kann. Deshalb benimmt er sich ja auch wie ein Idiot." Sie schnaubte. „Natürlich hat er versucht, deinen Fluchtversuch zu kaschieren, nur auf so eine dämliche Weise, dass er dich ziemlich dumm hat aussehen lassen."

Bei ihren Worten sah Chris erneut zu dem Mann rüber, der sich aus ihrem Kopf nicht mehr vertreiben ließ, und erkannte, dass er getroffen zusammenzuckte. „Trotzdem ist es nett von ihm, dass er es getan hat. Ich habe befürchtet, dass ihr mir böse seid, weil ich weggelaufen bin“, gab sie ehrlich zu.

„Du hältst uns wohl für extrem unsensibel, richtig?“ Bea sagte es, ohne Vorwurf in der Stimme. „Wir verstehen dich und würden dir gerne alle helfen. Du bist Blakes Gefährtin, was heißt, dass du zu unserer Familie gehörst. Gib ihm bitte eine Chance, sonst werdet ihr beide unsagbar leiden.“

Chris dachte über ihre Aussage nach, zumal Alan ihr etwas Ähnliches gesagt hatte. Durfte sie ihnen glauben? Oder versuchten sie nur, sie einzulullen, damit sie es leichter hatten, sie gefangen zu halten?

„Es ist zu viel, was auf dich einprasselt, das verstehe ich zu gut. Solltest du reden wollen, Hilfe oder einfach nur Gesellschaft brauchen, ruf nach mir.“ Beatrice lächelte ihr offen zu. „Das gilt auch für die Zeit nach dem Treffen, aber dafür gebe ich dir besser meine Handynummer.“ Sie verdrehte die Augen, gleichzeitig deutete sie auf Blake. „Ich wette, er kommt gleich rüber.“

Chris drehte sich erneut zu dem dunklen Wolf um, nur um zu erschrecken, denn seine Miene sah ziemlich bedrohlich aus. Fast wäre sie losgerannt, als er sich in Bewegung setzte, nur wohin sollte sie fliehen? Diese Leute hier würden sie schneller einfangen, als sie bis zehn zählen konnte. Somit blieb ihr nur der Angriff!

Sie ging einen Schritt auf ihn zu, hob ihr Kinn kämpferisch an, ehe sie tief Luft holte. „Was?“ Das eine Wort klang wie eine Kampfansage.

Er stutzte, ehe er abrupt stoppte, kurz bevor er sie erreichte, um sie zu mustern. Was war denn jetzt los? Er wollte doch nur Bea zurechtweisen, weil sie ihn als unsensiblen, dummen Kerl beschrieben hatte. „Vielleicht sagst du es mir?“ Er bemühte sich, seine Stimme sanft klingen zu lassen, was ihm verdammt schwerfiel.

Irritiert über seine Reaktion wusste Chris nicht, was sie antworten sollte, deshalb schüttelte sie lediglich den Kopf. „Wenn du es nicht weißt, dann ist es an der Zeit nachzudenken.“ Sie flüchtete sich in nichtssagende Floskeln, dabei kam sie sich ziemlich dämlich vor.

„Ich glaube, wir müssen reden.“ Blake hielt ihr eine Hand hin. Irgendwas war seiner Kleinen über die Leber gelaufen und so wie es aussah, gab sie ihm die Schuld dafür. Frauen, die sollte verstehen, wer wollte.

Kurz zuckte Chrissi zurück, anschließend legte sie ihre Hand in seine, sodass sie sofort an ihn gezogen wurde. Der Kerl verwirrte sie. Erst stürmte er auf sie zu, als ob er plante, sie zu fressen, nur um sie liebevoll in den Arm zu nehmen? Seufzend stieß sie die Luft aus, ihr Widerstand fiel in sich zusammen, sobald er sie berührte.

Gemeinsam gingen sie ein ganzes Stück, ohne ein Wort zu sagen, bis Blake endlich stehen blieb. „Weshalb bist du weggelaufen?“, erkundigte er sich traurig.

Ungläubig schüttelte sie den Kopf. „Meinst du das jetzt ernst?“ So dumm konnte er nicht sein, oder doch?

Fast verzweifelt strich er sich über die Haare. „Nein, der Grund ist mir schon klar, ich verstehe nur nicht, was ich falsch gemacht habe. Du spürst, dass etwas zwischen uns ist, und gibst uns dennoch keine Chance.“ Kurz überlegte er.

„Mir ist bewusst, dass du Angst hast. Du weißt allerdings bestimmt auch, dass es gefährlich ist, ohne Ortskenntnisse durch das Tal der Tränen zu laufen."

Bei dem Namen horchte sie auf. „Wo soll ich hinlaufen?" Irritiert blickte sie ihn an.

„So nennt man Glencoe. Die Bezeichnung bezieht sich auf das Massaker", erklärte er sachlich. „Denkst du wirklich, dass du ganz alleine den Weg in die Zivilisation findest, ohne Proviant?"

Verlegen zuckte sie mit den Schultern. „Keine Ahnung, ich bin ja auch hergelaufen." Trotzig hob sie das Kinn.

„In der Tat, nur hast du dich an dem magischen Licht orientiert, jetzt ist es hell und glaub mir, es gibt einige, die sich hier schon verlaufen haben." Er strich ihr zärtlich über die Wange, gleichzeitig schob er die grausamen Bilder von sich, die sich vor seinem inneren Auge zeigten. Allein die Vorstellung, dass ihr etwas passieren würde, jagte ihm einen Schauder über den Rücken. „Was kann ich tun, um dir die Angst zu nehmen?"

Chrissi fiel ein, wie bösartig er vorhin ausgesehen hatte. „Du könntest weniger furchteinflößend aussehen", schlug sie beklommen vor. „Ich meine, du bist eben auf mich zugekommen, als ob du mir den Kopf abreißen wolltest."

Verwundert musterte er sie, bis ihm einfiel, dass er sich über Beatrice geärgert hatte. „Aber das galt doch gar nicht dir", brachte er hervor. „Bea hat mich als riesigen Idioten dargestellt", verteidigte er sich.

In dem Augenblick vergaß sie ihre Angst, da die Wut siegte. „Ja und? Du hast das Gleiche mit mir gemacht. Erinnerst du dich? Du hast mich vor deinen Leuten getadelt, weil ich ohne Erlaubnis spazieren gegangen bin. Dabei wissen alle, dass ich weggelaufen bin.“ Sie redete sich in Rage. „Verdammt, ich dachte, dass ich alles verbockt hätte. Ich habe befürchtet, dass niemand mich mehr mag, außerdem war ich dir ja nicht mal wichtig genug, um selbst hinter mir herzukommen.“ Eilig biss sie sich auf die Lippen, denn das war ihr so rausgerutscht, aktuell hätte sie es lieber für sich behalten. In der Tat fühlte sie Enttäuschung darüber, dass sein Freund zu ihr gekommen war.

Ein Lächeln schlich über seine Miene. „Du bist sauer, weil Alan dir nachgelaufen ist?“ Gerade so verkniff er sich ein zufriedenes Knurren.

„Nein, natürlich nicht. Ich bin verärgert, weil ich immer noch gefangen bin.“ Sie verdrehte die Augen. „Kannst du dir vorstellen, dass ich auch Ziele habe?“

„Davon gehe ich aus, aber weshalb solltest du sie aufgeben?“ Er runzelte nachdenklich die Stirn. „Glaubst du tatsächlich, dass ich dich wie eine Sklavin behandele? Jemand, der mir den Haushalt führt, während ich wie ein Pascha auf dem Sofa sitze?“

Bei dem Bild musste sie schmunzeln, es passte irgendwie so gar nicht zu ihm. „So würde ich mich niemals behandeln lassen.“ Sie sah ihn aufmüpfig an. „Ich bin kein Hausweibchen, das ihrem Herrn und Meister zu Diensten ist.“ Warum ihr genau in dem Augenblick ihre einzige Erfahrung mit BDSM einfiel, wusste sie auch nicht. Trotzdem machte es ihre Aussage zu einer halben Lüge.

Blake erkannte es sofort, weshalb er sie eindringlich betrachtete. „Du lügst, zumindest in einem Punkt.“ Erst als sie getroffen zusammenzuckte, schaltete er seinen Verstand wieder ein.

Es war unklug, sie so offen mit ihrer Flunkerei zu konfrontieren, zumal er keine Ahnung hatte, was dahintersteckte. „Möchtest du vielleicht lieber von einem Mann versorgt werden? Für mich ist das kein Problem, glaub mir."

Spöttisch lachte sie auf. „Natürlich, ich sitze den ganzen Tag zu Hause, stricke, stopfe deine Socken und freue mich, wenn du endlich von der Arbeit kommst. Denkst du wirklich, dass ich mich nach so einem Leben sehne? Hast du mal überlegt, weshalb ich alleine durch Schottland fahre?" Wieder redete sie darauflos, ohne zu überlegen.

„Du hast mir gesagt, dass du einen Auftritt in Inverness hast", erinnerte er sie. Den Punkt konnte er schon einmal streichen. Eine Hoffnung keimte in ihm auf, die er lieber sofort zur Seite schob. Aktuell hatte er genug damit zu tun, seiner Gefährtin die Angst zu nehmen, er durfte sie auf keinen Fall mit seiner dominant, sadistischen Neigung konfrontieren. Trotzdem war das die logische Erklärung, weshalb sie ihn gerade angelogen hatte.

„Siehst du! Ich bin Sängerin, wie du bestimmt weißt, du hast doch ein so außergewöhnliches Gehör." Ihre Stimme war eine Mischung aus Verbitterung und Spott. „Ich verpasse meinen Auftritt, was bedeutet, dass ich für den Ausfall bezahlen darf." Im Stillen fügte sie hinzu, dass sie dazu kaum in der Lage war.

Wieder zuckte Blake mit den Schultern. „Das ist kein Problem. Glaub mir, ich habe genug Geld."

Bei der Aussage brannten bei ihr alle Sicherungen durch, sie boxte ihn in den Magen, so heftig sie konnte. „Ich lasse mich auf keinen Fall kaufen, du Arschloch." Erneut holte sie aus, nur um im gleichen Moment fest an seine Brust gedrückt zu werden.

„Gabh mo leisgeul, piseag, so war das nicht gemeint." Er hielt sie an sich gepresst, um sie an einem weiteren Schlag zu hindern, obwohl er den leichten Schmerz locker wegsteckte.

„Fass mich nicht an! Außerdem verstehe ich kein Wort von deinem Gefasel", nuschelte sie gegen seine Brustmuskeln.

„Zuerst beruhigst du dich. Ich habe mich entschuldigt", erklärte er mit dunkler Stimme. Er ärgerte sich über sich selbst, dass er so unsensibel reagierte. Sie war keine von seinen Kumpels, denen er seine Gedanken einfach an den Kopf werfen konnte.

Es war wie verhext, sobald er sie an sich zog, dachte sie an die verrücktesten Dinge, Lust kroch in ihr hoch, obwohl die Situation alles andere als anregend war. Darüber hinaus verlor sie die Motivation, gegen ihn zu gehen. Zum Glück kam auch die Angst nicht wieder, vielleicht gewöhnte sie sich sogar an ihn?

Blake ließ es genauso wenig kalt, als er sie fest an seinen Körper drückte. Er spürte ihre kleinen Brüste überdeutlich und zwang sich mit Gewalt, an etwas Unerotisches zu denken. Erst als er es nicht länger aushielt, schob er sie ein Stückchen von sich, dabei roch er ihre Erregung, was seine Beherrschung auf eine heftige Probe stellte. „Können wir vernünftig reden?"

Verlegen nickte sie, es war ein Fehler von ihr, dass sie den Verstand ausschaltete, sobald sie wütend wurde, allerdings war sie noch nie handgreiflich geworden. „Tut mir leid", nuschelte sie, während sie vermied, ihn anzusehen.

„Schon okay, ich hoffe, du hast dir nicht wehgetan." Sofort nahm er ihre Hand in seine. „Mein Körper ist härter, als er aussieht."

„Angeber!" Sie lachte leise, nur um jetzt doch wieder zu ihm hochzusehen. Er war ein Sahnestück, das gab sie gerne zu.

Blake zuckte mit den Schultern. „Ich weiß, wie ich aussehe." Er legte beide Handflächen an ihre Wangen, zwang sie auf sanfte Weise, seinem Blick standzuhalten. „Es tut mir wirklich leid, dass ich nicht nachgedacht habe. In dem Punkt hat Beatrice offensichtlich recht, ich bin oft genug unsensibel. Verzeihst du mir?"

Wie konnte sie ihm jetzt noch böse sein? Vorsichtig nickte sie. „Ja, aber nur, wenn du meinen Ausraster vergisst." Es war ihr unendlich peinlich, dass sie ihn tatsächlich geschlagen hatte.

„Kein Problem, ich hatte eine Abreibung verdient." Er holte erleichtert Luft, strich ihr erneut sanft über die Wange, ehe er sie losließ. „Ich möchte, dass du weißt, dass ich kein armer Mann bin, jedoch keine Absicht hege, dich zu kaufen. Zumal das, was ich von dir will, nicht käuflich ist." Er verzog das Gesicht zu einem Schmunzeln. „Mir geht es keineswegs um eine vergnügliche Nacht."

Ihre Augen weiteten sich bei der Erkenntnis, dass er ihr gerade eine ziemlich verschrobene Liebeserklärung gemacht hatte. „Aber du kennst mich kaum", brachte sie hervor.

„Das ist bei uns nebensächlich. Wir spüren, sobald unsere wahre Liebe vor uns steht." Er zuckte leicht mit den Schultern. „Auch wenn ich einen anderen Eindruck bei dir hinterlassen habe, verlasse ich mich in der Regel auf meinen Instinkt."

Chris wünschte sich, dass sie das genauso könnte, nur bisher hatte sie ihr Bauchgefühl kläglich im Stich gelassen. „Was können wir tun? Ich weiß nicht, ob ich jemals über meine Angst hinwegkomme", gab sie ehrlich zu.

Bei der Aussage lachte Blake laut auf. „Eben hatte ich nicht das Gefühl, dass du vor Panik wie gelähmt warst."

Chrissi schmunzelte mit ihm, anschließend boxte sie ihm leicht auf den Oberarm. „Du hast versprochen das zu vergessen."

Sofort zog er sie an sich, strich ihre Haare zur Seite und presste seine Lippen auf ihre. Er hatte keine Lust mehr, über Probleme zu sprechen, viel zu sehr brannte er darauf, sie auf eine erregende Art zu erkunden. Mit sanfter Gewalt drang er in ihren Mund ein, berauschte sich an ihrem Geschmack und kostete die süße Zärtlichkeit aus. Ihr leises Stöhnen brachte ihn an den Rand seiner Beherrschung, doch noch hielt er sich zurück. In seinem Kopf herrschte das Gefühl für seine Gefährtin vor. Liebe flutete seinen gesamten Körper. Sie gehörte ihm!

Chrissi lehnte sich an ihn, kam ihm zaghaft entgegen, nur um kurz danach zu wünschen, dass er endlich weiterginge. Sie sehnte sich mit jeder Faser ihres Leibes nach ihm, nach seinen Liebkosungen. Vor allem, weil sie dann ihre bohrenden Gedanken ausschalten konnte. Sein Kuss löschte die Sorgen aus, verlieh ihr eine beschwingte Leichtigkeit, die sie so noch nie erlebt hatte.

Als seine Zunge ihre anstieß, kam es ihr vor, als ob eine Welle der Lust durch sie hindurch bis in ihre intimste Zone laufen würde. Ein leises Stöhnen entkam ihr, gleichzeitig drängte sie sich dichter an ihn. Wie gerne würde sie ihn ohne diese lästigen Kleider spüren. Haut an Haut.

Seine Finger glitten durch ihre Haare, massierten ihre Kopfhaut, was ihr einen weiteren Lustschauer über den Rücken jagte. Mit geschlossenen Augen ließ sie sich auf ihn ein, genoss jeden Augenblick. Sie fühlte sich geliebt.

Viel zu schnell beendete Blake den Kuss, hielt sie aber noch eine ganze Weile fest.

„Erzähl mir von deinen Träumen", verlangte er plötzlich, dabei schob er sie ein Stückchen von sich.

Verlegen lehnte sie ab. „Ich denke, dass ich mich verrannt habe", begann sie, doch er ließ sie keineswegs mit einer Ausrede davonkommen.

„Das glaube ich nicht. Bitte, vertrau mir, wovon träumst du?" Er streichelte ihre Wange, während er auf ihre Antwort wartete.

„Ich möchte Sängerin sein, auf der Bühne stehen und die Zuhörer mit meiner Stimme begeistern", gab sie endlich zu. „Allerdings befürchte ich, dass ich es nicht schaffen werde." Leise seufzend drehte sie sich von ihm weg, um den Weg entlangzuschlendern.

In Blakes Gesicht breitete sich ein Schmunzeln aus, er besaß die Mittel, um dafür zu sorgen, dass ihr Traum wahr wurde. Seine Beziehungen öffneten so manche Tür und zur Not konnte er die Leute mit Geld bestechen. Augenblicklich schob er den Gedanken von sich, seine Kleine hatte deutlich erklärt, dass sie sich auf keinen Fall kaufen ließ. „Was lässt dich zweifeln?"

War ja klar, dass er nicht bereit war, die Geschichte auf sich beruhen zu lassen. „Ich habe einen Fehler gemacht." Sie stoppte, um ihn anzusehen. „Bitte, gib mir Zeit."

Sofort nickte er. „So viel du benötigst, ich möchte nur, dass du weißt, dass du mit jedem Problem zu mir kommen kannst. Ich helfe dir gerne."

Dankbar lächelte sie ihn an, bis ihr Magen laut knurrte. Verlegen blickte sie zu Boden, wieso passierten ihr immer wieder so peinliche Sachen?

„Wir sollten etwas essen, die Mittagszeit ist längst vorüber." Am liebsten hätte er sie jetzt auf seine Arme gehoben, aber er beschränkte sich darauf, neben ihr herzulaufen.

Im Cottage servierte Caitriona ihnen Fish und Chips, die herrlich dufteten. „Vielen lieben Dank." Chrissi probierte vorsichtig, nur um genüsslich zu seufzen. „Es schmeckt himmlisch."

„Du bist nur halb verhungert, Kindchen. Iss, nicht, dass du umfällst." Besorgt musterte die ältere Frau sie.

„Ach was, ich hab genug auf den Rippen."

Blake betrachtete sie von der Seite aus, behielt seinen Kommentar allerdings für sich. Für einen Tag war er in zu viele Fettnäpfchen gesprungen. Ihm fiel ein, dass sie am Abend den traditionellen Teil des Treffens begehen würden, dabei trugen sie ihre Kilts in den Farben der MacDonalds. Er war gespannt, wie Chris darauf reagierte. Bei der Überlegung keimte ein Gedanke in ihm auf, den er zuerst mit den Ältesten besprechen wollte. Vielleicht konnte er seiner Gefährtin einen kleinen Schubs in die richtige Richtung geben.

„Heute wählen wir einen neuen Anführer, außerdem feiern wir nach alter Tradition", erklärte er, als sie satt war.

„Was heißt das?" Neugierig musterte sie ihn, dabei unterdrückte sie eine unterschwellige Furcht.

„Zuerst werden wir alle in unserer Tracht erscheinen, unsere Farben tragen und gemeinsam ein großes Feuer entzünden. Das haben die Clans damals gemacht, um Unterstützung von den Verbündeten anzufordern." Sein Gesicht verdunkelte sich etwas. „Leider kam uns niemand zu Hilfe. Trotzdem halten wir den Brauch aufrecht, denn wir stehen immer zusammen. Die Ehre gebührt den jungen Wölfen, die sich durch ihre Leistung hervorgetan haben."

Bei der Aussage runzelte sie die Stirn. „Du willst mir damit jetzt nicht sagen, dass sie aufgefordert werden, zu töten oder so was?“ Ihre Furcht kam langsam zurück, doch noch drängte sie sie in den Hintergrund.

Augenblicklich schüttelte Blake den Kopf. „Nein, weshalb denkst du so schlecht über uns? Für uns gelten die allgemeinen Gesetze, dazu kommen unsere eigenen, die besagen, dass wir keinem Normalen ein Leid antun dürfen, es sei denn aus Notwehr.“ Er seufzte, zog sie aber sofort an sich. „Mein kleines, misstrauisches Kätzchen, du darfst mir glauben, dass wir keine blutrünstigen Monster sind.“

Vehement begehrte sie auf. „Das habe ich auch nie behauptet. Nur wie kann sich bei euch jemand hervortun?“

Blake lachte leise. „Genau wie bei allen anderen, gute Noten, ein passabler Abschluss, Hilfsbereitschaft gegenüber der Älteren, verrichten von Ehrenämtern, solche Dinge eben.“

Bei der Antwort wäre sie am liebsten im Erdboden versunken. Weshalb nahm sie immer das Schlimmste an? „Tut mir leid“, nuschelte sie, während sie sich intensiv mit ihrem Glas beschäftigte.

„Es ist in Ordnung misstrauisch zu sein, nur frag uns, wenn dir etwas unklar ist, nur so kannst du Vertrauen aufbauen.“ Er küsste sie auf die Stirn. „Kennst du eigentlich Scotland, the brave?“

Der Themenwechsel überraschte sie, sodass sie ihn verwirrt ansah.

Leise summte er die Melodie, bis sie nickte. „Ja, klar, das kennt wohl jeder. Nur bin ich unsicher, was den Text angeht. Weshalb willst du das wissen?“

Schmunzelnd winkte er ab. „Ich wollte dich nur auf andere Gedanken bringen.“

So ganz glaubte sie ihm nicht, trotzdem ließ sie es auf sich beruhen. „Sag mal, wenn ihr heute Abend feiert, sollte ich da nicht besser im Zelt bleiben?“ Sie seufzte. „Ich hab keine Ahnung, wie ich mich verhalten muss.“

„Auf keinen Fall! Du gehörst zu uns, da kommst du mit. Ich werde sehen, dass wir dich herausputzen“, mischte sich Caitriona energisch ein. „Die Frauen haben schon immer zusammengehalten und jede wird dir etwas leihen.“ Ohne eine Antwort abzuwarten, drehte sie sich um, um geeignete Kleidung für Christine zu sammeln.

„So war das nicht gemeint“, bemerkte Chris, aber ein Lächeln glitt über ihr Gesicht, trotz aller Angst freute sie sich, endlich irgendwo dazuzugehören. Plötzlich schlug sie sich vor die Stirn. „Ich habe total vergessen, dass Seamus nach mir suchen wird.“ Sie wandte sich Blake zu. „Oder hast du ihn irgendwie erreichen können?“ In ihrem Blick erkannte man deutlich, dass sie daran zweifelte.

„Mach dir keine Sorgen, Cameron hat das Lokal in Inverness und auch deinen Freund angerufen, als er das Zelt geholt hat.“ Blake lächelte sie beruhigend an, während sie sich aufatmend zurücklehnte.

„Jetzt darf ich nur meinem Manager erklären, weshalb ich meinen Auftritt verpasst habe“, murmelte sie, winkte aber sofort ab, als der Wolf sie fragend ansah. „Das ist eine Sache, die ich selbst klären muss.“

Fürs Erste ließ er es auf sich beruhen, trotzdem witterte er, dass der Kerl noch Ärger machen würde.

Kapitel 9 - Vorbereitungen

„Ich habe ein paar Dinge zu erledigen, Piseag.“ Er suchte mit seinem Blick nach Beatrice, die sofort zu ihnen kam, als sie es bemerkte.

Irritiert über seinen plötzlichen Aufbruch sah sie ihm hinterher. „Was ist denn jetzt? Was hab ich wieder falsch gemacht?“, murmelte sie.

„Gar nichts, er gehört zu den Leuten, die unser Rudel anführen, da ist er beim Gathering sehr eingespannt.“

„Bei dem was?“ Das Wort war Christine unbekannt.

„Unserem Clantreffen“, erklärte Bea mit einem Blitzen in den Augen. „Früher haben die Anwesenden dem Chieftain ihre Treue geschworen. Einmal im Jahr trafen sich alle, brachten ihren Obolus und erneuerten ihren Schwur. Die Feiern haben sich nur unwesentlich verändert.“ Sie lehnte sich zurück und trank einen Schluck Wasser. „Heute sind die Treffen ein wenig angepasst. Jeder Clan feiert sein Gathering anders.“

Chrissi seufzte, in was hatte sie sich da hineinmanövriert? Abgesehen davon, dass es sich bei den MacDonalds um Werwölfe handelte, wusste sie nichts über die Traditionen der schottischen Großfamilien.

„Keine Sorge, wir passen alle auf dich auf.“ Die Wölfin stieß sie mit der Schulter an. „Der erste, öffentliche Teil ist etwas zäh. Das Feuer wird entzündet, zuerst tanzen die Männer, dann einige Paare, anschließend schwört der Piper in Vertretung des Rudels erneut den Treueeid.“ Sie stoppte. „Dieses Mal wird der neue Chieftain gewählt. Die Reihenfolge wird sich deshalb ändern. Es gibt ja niemanden, der den Eid entgegennehmen kann." Die Traurigkeit hörte man deutlich in ihrer Stimme.

„Es tut mir leid, dass ihr einen Freund verloren habt." Chrissi drückte vorsichtig ihre Hand.

Beatrice nickte leicht. „Er war ein toller Anführer, hatte immer unser Wohl im Sinn." Sie strich sich eine Träne aus den Augen. „Aber jeder muss irgendwann gehen, wenigstens hatte er ein stolzes Alter."

Sofort verkniff Chris sich die Frage, wie alt er geworden war, weil sie das wieder an ihre vertrackte Situation erinnerte. „Was sollte ich beachten? Ich habe keine Ahnung."

„Nichts, du lässt den offiziellen Teil über dich ergehen, anschließend amüsierst du dich. Tanz mit Blake, er kann das wirklich sehr gut." Sie zwinkerte ihr zu. „Selbst Caitriona ergreift die Chance, mit ihm über die Tanzfläche zu schweben."

Irritiert blickte Chrissi sich um, doch sie sah nur den spärlich bedeckten Boden.

„Wir stecken einen Platz ab, das muss reichen." Beatrice lachte schon wieder, ehe sie ernst wurde. „Du hast einen Gefährten gefunden, nach dem sich jeder die Finger leckt. Wirf dein Glück nicht weg."

Chris zuckte verlegen mit den Schultern. „Das ist leichter gesagt als getan. Ich kenne weder euch noch ihn. Alles hier macht mir Angst."

Verstehend nickte Bea. „Das denke ich mir, trotzdem versichere ich dir, dass wir auf dich aufpassen. Du gehörst jetzt zu unserer Familie, allein weil Blake dich als Gefährtin anerkannt hat."

„Auch das ist für mich unvorstellbar.“ Sie holte tief Luft. „Nicht mal meine Eltern wollten mich. Ich wurde einfach abgegeben.“ Traurigkeit erfasste sie, als sie daran dachte, gleichzeitig fragte sie sich, ob sie ihr glauben durfte. War sie wirklich so schnell ein Teil dieser Gruppe geworden?

„Wir vertrauen unserem Instinkt.“ Bea stoppte, um kurz nachzudenken, sie versuchte zu vermeiden, dass ihr wieder Angst eingejagt wurde.

„Es ist schon okay, dass du über eure speziellen Fähigkeiten redest.“ Chris lächelte sie aufmunternd an. „Ich komme nie über meine Furcht hinweg, wenn das Thema totgeschwiegen wird.“

Beatrice nickte ihr dankbar zu. „Es ist toll, dass du es zumindest versuchst. Ich stelle es mir verdammt schwer vor.“ Erneut überlegte sie. „Unser Instinkt ist mehr der eines Wolfs, daher fallen uns viele Dinge leichter. Kombiniert mit dem menschlichen Verstand ist das ein großer Vorteil.“

Chrissi stimmte ihr zu. „Ich wünschte, ich hätte auch die Fähigkeit, jemanden so schnell zu durchschauen.“

Eilig winkte Bea ab. „Dafür gibt es genügend Nachteile. Wir müssen uns ständig verstecken. Du kannst dir bestimmt vorstellen, was passiert, sollten die falschen Normalen von uns Wind bekommen. Die Militärs würden aus uns Kampfmaschinen machen und die Wissenschaftler Laborratten.“ Sie schüttelte vor Abscheu den Kopf. „Aufgrund unserer Vergangenheit zwingen die Alten uns, die erste Verwandlung aufzuschieben, was verdammt wehtut. Abgesehen von den vielen Malen, in denen wir uns enorm beherrschen müssen.“

Mitleidig musterte Chrissi sie. „Diese Geschichte ist doch schon so lange her, könnt ihr da nicht etwas lockerer mit euren Besonderheiten umgehen?"

Zweifelnd zuckte die Werwölfin mit den Schultern. „Damals glaubten wir auch, dass unsere Nachbarn uns akzeptiert hätten. Natürlich gab es lediglich unbestätigte Gerüchte, trotzdem wurden wir abgelehnt. Oft genug haben die Leute das blaue Flackern gesehen, sobald sich jemand verwandelt hat. Teufelsbrut hat man uns genannt."

„Entschuldige, wenn ich dich unterbreche, aber warst du dabei?" Jetzt musterte Chris sie neugierig.

„Nein, ich bin erst einhundert Jahre alt." Sie lachte hell auf. „Jeder von uns kennt die Geschichte, unsere Anführer erzählen sie sehr häufig. Darüber hinaus warnen sie uns ständig."

Das verstand Chrissi gut. Sie wollte sich nicht mal vorstellen, was passierte, sollten die falschen Leute Wind von den Werwölfen bekommen. Mitleid keimte in ihr auf.

„Keine Sorge, wir leben ganz gut. Ein Teil der Schmerzen bei der ersten Verwandlung kommt auch, weil wir angespannt sind. Es ist eine Ehre, ins Rudel aufgenommen zu werden und zum ersten Mal mit den Erwachsenen jagen zu gehen." Als Chris schwer schluckte, hob sie sofort eine Hand. „Wir holen uns die Tiere der Gegend, keine Menschen. Wir ernähren uns genau wie ihr, nur bei uns gibt es keine Vegetarier."

Irritiert dachte Chrissi an das Mittagessen. „Aber Caitriona hat kein Wildbret aufgetischt."

„Stimmt, die gemeinsame Jagd ist sehr selten. Da wir fast die gesamte Nacht durch den Wald streifen, essen wir zwei Mal an dem Tag. Sonst kochen wir wie die Normalen, kaufen im Supermarkt ein und bewundern wilde Tiere, wenn wir sie sehen.“ Sie lachte, gleichzeitig stieß sie Chris mit der Schulter an. „Es ist eine Art Ritual.“

Caitriona kam mit einem Stapel Kleidung auf dem Arm zu ihnen, legte die Sachen ab, anschließend klatschte sie in die Hände. „Auf geht es, machen wir aus Christine eine von uns.“

Augenblicklich gesellten sich zwei ältere Frauen zu ihnen, während Beatrice die Freundin von ihrem Platz hochzog.

„Das sind Morag und Eilidh“, stellte Caitriona die beiden vor.

Chris nickte ihnen zu, wurde jedoch sofort in eine herzliche Umarmung gezogen.

„Es ist schön, dass Blake jetzt endlich wieder lachen kann. Er war viel zu mürrisch in der letzten Zeit“, bemerkte Morag mit einem Zwinkern.

Chrissi schätzte sie auf Mitte vierzig, allerdings konnten es auch etliche Jahre mehr sein. Sie besaß wundervolles schwarzbraunes Haar, das ihr bis zur Hüfte reichte, außerdem hatte sie die aufmerksamen Augen eines Wolfs.

Ihr Blick wanderte zu Eilidh, die keinen Tag älter als dreißig aussah, aber in ihren Augen erkannte man, dass sie enorm viel mitgemacht hatte. Ihre aschblonden Haare trug sie als Krone geflochten, darüber hinaus bewegte sie sich so geschmeidig wie ein Raubtier.

„Danke, dass ihr mir helft“, brachte Chris hervor, ehe sie aufgefordert wurde, sich bis auf die Unterwäsche auszuziehen.

„Papperlapp, das ist selbstverständlich.“ Caitriona wischte mit der Hand durch die Luft. „Wir sollten dir jetzt etwas über unseren Familienclan erzählen, abgesehen von dem Massaker gibt es noch so einiges. Nur die Männer haben lediglich den Kampf von damals im Kopf.“ Sie verdrehte die Augen, während die anderen leise lachten.

„Der Clan Donald oder MacDonald ist der älteste und ehemals mächtigste Verbund in Schottland“, begann sie, gleichzeitig probierte Chris die verschiedenen Kleider an. „Um es vorwegzunehmen, wir sind nur ein kleiner Zweig, die Ursprünge liegen auf der Insel Skye. Im Prinzip ist es eine traurige Geschichte, denn die einst so machtvolle Familie wurde durch die unterschiedlichen Interessen gespalten. Jeder war auf seinen eigenen Vorteil bedacht, deshalb gab es oft genug Bruderkriege.“ Sie rieb sich kurz über die Augen. „Wir sind die MacDonalds von Glencoe, die einzigen Werwölfe in Schottland. Mittlerweile sind wir über das ganze Land verteilt, da viele es vorgezogen haben, ins Ausland zu gehen.“ Sie zeigte auf eine Schärpe in den Farben grün, blau und rot.

„Das ist der Tartan“, warf Bea hilfreich ein, woraufhin Chrissi leicht nickte.

„Unser Crest“, bei den Worten deutete sie auf eine Anstecknadel, „ist eine kleine schlichte Krone mit einer gepanzerten Hand, die ein Kreuz hält. Es ist ein Symbol der Treue, sagt aber auch aus, dass wir uns zu verteidigen wissen.“ Sie zwinkerte Christine zu. „Unser Familienmotto ist: Tha mo dhòchas annad seasmhach. Was übersetzt bedeutet: Meine Hoffnung auf dich ist beständig. Wir reden hier selbstverständlich vom Allmächtigen.“

Chris schlüpfte in einen Wickelrock, der ihr bis zu den Knöcheln ging, außerdem besaß er das Muster der Familie.

„Unser Leitspruch ist: Per mare per terras. Zu Meer und zu Land.“ Caitriona hielt ihr eine weiße Bluse hin. „Den Schlachtruf haben wir lange nicht mehr benutzt, trotzdem gibt es ihn natürlich. Dòmhnallaich air thoiseach. MacDonalds voran.“ Sie lächelte Chrissi an. „Jetzt weißt du schon mal das Wichtigste. Du wirst immer Hilfe haben, denn unser Clan hat sich weit verbreitet, darüber hinaus beschützt dich die magische Regierung."

„Muss ich Gälisch lernen?" Bei dem Gedanken schluckte sie, da sie sich gerade diese Sprache enorm schwer vorstellte.

Die Frauen lachten laut auf.

„Das ist ziemlich überflüssig, da die wenigsten es beherrschen. Solltest du es allerdings wollen, stehe ich dir gerne zur Verfügung, ich bin Lehrerin", bemerkte Eilidh amüsiert.

Sofort schüttelte Chris den Kopf. „Danke, aber nein danke. Ich bin froh, dass ich die Schulzeit hinter mir habe." Jetzt richteten sich die Blicke auf sie, sodass sie verlegen mit den Schultern zuckt. „Ich bin nicht die Fleißigste, außerdem wollte ich immer schon Sängerin werden. Sobald ich alt genug war, suchte ich mir einen Job, um Unterricht nehmen zu können. Meine Betreuer versuchten mich zu unterstützen, nur finanziell gab es keine Möglichkeit." Sie dachte an die Zeit zurück und musste zugeben, dass es eine glückliche Erinnerung war. „Ich habe die Schule ziemlich schleifen lassen, deshalb ist mein Abschlusszeugnis auch gelinde gesagt miserabel."

Morag winkte ab. „Das ist nur ein Papier. Welchen Abschluss hast du denn?"

„Abitur", gab Chris leise zu. „Es kam nicht infrage vom Gymnasium abzugehen, weil meine Noten unter dem Durchschnitt lagen. Mit einem Schnitt von 4,0 hätte mich niemand eingestellt."

Die Frauen lachten laut auf.

„Es ist doch völlig egal, du hast die Reifeprüfung bestanden, alles andere ist unwichtig. Außerdem bewundere ich, dass du neben der Schule für deinen Traum gearbeitet hast."

Ausgerechnet Eilidh machte ihr das Kompliment, woraufhin sie sie verwundert ansah.

„Aber ihr ehrt euren Nachwuchs, weil er gute Noten bekommt“, warf sie verwirrt ein.

„Das hat Blake ein wenig ungenau erklärt. Dabei geht es nur um die, die ihren Zielen folgen. Ein Welpe, der weiß, was er will und dafür arbeitet, hat unsere Anerkennung verdient.“ Morag deutete auf Beatrice. „Sie ist zum Beispiel eine Wölfin, die einen ausgeprägten Beschützerinstinkt hat. Leider sind auch unsere Kinder gezwungen in die normalen Schulen oder Universitäten zu gehen und sie beschützt ständig jemanden.“

Chris sah kurz zu der jungen Frau rüber, die verlegen mit der Anstecknadel, dem Crest, spielte.

„Du kannst dir vorstellen, dass ihre Noten nicht gerade überragend sind, weil sie sich zu oft mit den Professoren anlegt, sobald ein Kommilitone ungerecht behandelt wird. Trotzdem wird sie heute das Feuer mit zwei anderen anzünden.“ Morag betrachtete die Wölfin voll Stolz.

„Ach, das ist doch selbstverständlich.“ Bea wand sich beschämt, gleichzeitig erkannte man, dass sie sich über das Lob freute. „Falls ich es schaffe, möchte ich mal Wächterin werden. Oder zu einer der Außenstationen gehen.“

Fragend blickte Chris sie an. „Ich dachte, die sitzen in Irland.“

„Nein, die drei Einheiten in Ballygannon haben zwar das Sagen, allen voran ihr Boss Steward McFlann, aber es gibt überall Hilfsstationen. Sonst könnten sie die Menge an Paranormalen gar nicht in Schach halten“, erklärte Beatrice mit leuchtenden Augen. „Ich stelle es mir toll vor, dafür zu sorgen, dass wir in Frieden zusammenleben.“

„Wenn ich mir unsere Polizei so ansehe, weiß ich nicht, ob du da unter Umständen enttäuscht wirst“, bemerkte Chrissi vorsichtig.

„Das ist, als ob du Äpfel mit Birnen vergleichst. Unser Gesetz ist hart, allerdings tatsächlich gerecht. Es gibt keine Formfehler, sodass kein Verbrecher freikommt, der bewiesenermaßen schuldig ist. Unsere Leute können teilweise Gedanken lesen, echte Reue heraufbeschwören und die wahren Gefühle der Lebewesen ans Licht ziehen.“ Caitriona lächelte. „Wir besitzen viel mehr Möglichkeiten als die Normalen.“

Sofort bekam Chris eine Gänsehaut, weil sie daran erinnert wurde, dass sie sich unter verdammt gefährlichen Wesen befand. Mit einem tiefen Atemzug verscheuchte sie die dummen Gedanken, hier redeten sie von Recht, außerdem versuchten die Frauen ihr zu zeigen, dass sie dazugehörte.

„Das ist perfekt“, bemerkte Caitriona, als sie die Schärpe mit der Anstecknadel feststeckte. „Komm, sieh selbst.“ Sie brachten sie ins Schlafzimmer, wo sie sich im Spiegel betrachten konnte.

Erstaunt musterte Chris ihr Spiegelbild, sie sah tatsächlich aus wie jemand, der hierhergehörte. Eilig schluckte sie die Tränen herunter, die ihr plötzlich in die Augen stiegen. Noch nie hatte sie das Gefühl gehabt, dazuzugehören, sogar im Heim war sie die Außenseiterin gewesen. Diejenige, die nie Post oder Besuch bekam.

Beatrice legte einen Arm um ihre Schultern. „Du siehst klasse aus. Willkommen im Rudel.“

Bei den Worten hätte sie fast doch losgeheult, sodass sie nur leicht nickte.

Morag sah auf ihre Armbanduhr. „Es wird Zeit, dass wir das Essen vorbereiten. Die Männer stellen wahrscheinlich schon den Grill auf."

Sofort schälte Chris sich aus den Kleidern, zog ihre normalen Sachen an, anschließend ging sie zu den Frauen in die Küche zurück. „Ich helfe euch, keine Diskussion." Sie wollte ihren Anteil leisten, zumal ihr aktuell kaum etwas anderes übrig blieb, als die Situation zu akzeptieren.

„Wer sagt, dass wir dich davon abhalten wollen?" Morag lachte. „Jede Hilfe ist willkommen. Obwohl wir nur knappe dreißig Leute sind, können die Jungs eine Menge verdrücken." Sie deutete auf die gekochten Kartoffeln, die darauf warteten, gepellt zu werden. Außerdem holte Caitriona weitere Zutaten aus dem Kühlschrank, die sie kleinschneiden mussten.

„Du wirst den Schottischen Kartoffelauflauf lieben", versicherte Eilidh ihr, gleichzeitig drückte sie ihr ein Messer in die Hand. „Pellen und würfeln", lautete die Anweisung.

Die Frauen setzten sich an den Tisch, zerhackten den Weißkohl, schälten Kartoffeln und schnitten Zwiebel klein, dabei erzählten sie Geschichten von vergangenen Zeiten.

Chris hörte aufmerksam zu, genoss es akzeptiert zu werden und fühlte sich zum ersten Mal tatsächlich angekommen. Irritiert lauschte sie in sich hinein, erkannte, dass sie sich weiterhin vor dem Gedanken fürchtete, dass sie von Werwölfen umgeben war, trotzdem gab es auch einen Teil, der sich freute, zu den Frauen zu gehören. Ihre gegensätzlichen Gefühle verunsicherten sie, außerdem gab es ja noch Blake. Ihre Überlegungen schweiften zu dem beeindruckenden Mann, der sich alle Mühe gab, sie zu überzeugen, dass er Mr Right war. Obwohl er sich zurückhielt, spürte sie, dass er dominant war, eine Eigenart, die sie schätzte.

Fast hätte sie geseufzt, denn den Punkt musste sie ihm irgendwann beichten. Erschrocken zuckte sie innerlich zurück, es klang ja, als ob sie beschlossen hätte, bei ihm zu bleiben. Augenblicklich fiel ihr Gerold ein, der würde ganz schön toben, sobald er sie gefunden hatte, dabei brauchte ihr niemand zu sagen, dass er bereits nach ihr suchte.

„Was für ein Problem plagt dich?“, erkundigte Eilidh sich plötzlich.

Sofort zauberte Chris ein Lächeln auf ihre Lippen. „Alles in Ordnung.“

Die anderen lachten auf.

„Du vergisst, dass wir riechen können, falls du flunkerst. Darüber hinaus haben wir Frauen seit jeher eine starke Gemeinschaft gebildet. Solltest du also in irgendeinem Punkt Hilfe brauchen, gib uns einfach Bescheid.“ Damit ließ sie das Thema auf sich beruhen, was Chrissi noch mehr verwirrte.

Irgendwie hatte sie erwartet, dass sie in sie dringen und versuchen würden, ihr Geheimnis zu erfahren. Zumindest war es in ihrer Vergangenheit immer so gewesen, und wenn sie schwieg, war sie die seltsame Person, mit der sich niemand länger abgeben wollte. Skeptisch musterte sie die anderen.

„Du scheinst zu erwarten, dass wir jetzt darauf bestehen, dass du uns die Wahrheit erzählst.“ Morag betrachtete sie mit einem Lächeln. „Jeder hat das Recht auf seine Privatsphäre. Du bist offensichtlich noch nicht so weit, um uns zu vertrauen, was in Ordnung ist. Du sollst nur wissen, dass wir dir zur Seite stehen, egal, um was es geht.“

„Falls du uns brauchst, reicht es, Bea Bescheid zu geben“, bemerkte Caitriona, die sich mit einem Taschentuch die Tränen aus den Augen rieb. „Verdammte Zwiebel“, murmelte sie.

Chris lächelte ihnen dankbar zu. „Ich weiß das Angebot zu schätzen, ehrlich. Danke."

Kurze Zeit später konnten sie den Auflauf in den Backofen schieben, wobei Chrissi leicht lächeln musste. „Als ich euch zuerst gesehen habe, dachte ich, dass das hier eine einfache Kate ohne Strom oder irgendwelchen Luxus ist."

Die kleine Runde lachte auf.

„Wir sind alt, das stimmt, aber nicht zurückgeblieben. Für ein Treffen mit knapp dreißig Leuten braucht man eine funktionierende Küche und auf einen Herd, der noch befeuert wird, habe ich keine Lust." Caitriona zwinkerte ihr lustig zu.

Der Timer wurde gestellt und die Frauen zogen sich zurück, um sich für die Feier herzurichten. Auch Chris ging ins Zelt, wo sie auf Blake traf, der sie zärtlich in seine Arme nahm.

„Geht es dir gut, Piseag?" Er musterte sie, konnte aber ihre Stimmung kaum an ihrer Miene ablesen.

Nachdenklich nickte sie. „In der Tat fühle ich mich besser, als zu vermuten wäre." Sie klang nicht bösartig, nur verwundert. Seufzend gab sie der Versuchung nach und schmiegte sich fest an ihn. Sollte sie ihnen wirklich eine Chance geben?

„Kann ich irgendetwas für dich tun? Du kommst verstört rüber." Sanft rieb er über ihren Rücken, doch sie schüttelte nur den Kopf.

„Wir müssen uns umziehen, oder?" Vorsichtig befreite sie sich von ihm, die Zeit drängte, außerdem brauchte sie Gelegenheit, um über alles nachzudenken.

Blake nickte, holte seine Kleidung aus der Schlafkabine, um sich im Vorzelt umzuziehen, somit bekam sie noch ein paar Minuten für sich.

Kurz überlegte sie, ob sie sich schminken sollte, entschied sich aber dagegen, es passte nicht in die Wildnis hier. Sie zog die Sachen an, die die Frauen ihr geliehen hatten, bürstete ihre langen Haare, die sie geschickt hochsteckte, anschließend ging sie zu dem Mann, der sie so sehr aus der Bahn warf.

„Wow, du siehst fantastisch aus. Ich freue mich, dass du die schottische Tracht gewählt hast.“ Er betrachtete sie versonnen.

Chris musterte ihn auf die gleiche Weise und irgendwie hatte sie befürchtet, dass sie ihn lächerlich finden würde, aber sie musste gestehen, dass der Kilt ihn noch männlicher machte. „Das steht dir. Du erinnerst mich an einen wilden Highlander.“ Ihre Augen blitzten vor Verlangen bei den Worten. Himmel, weshalb hatte er nur diese Wirkung auf sie?

Lachend legte er einen Arm um sie und führte sie aus dem Zelt zu dem Platz, an dem die Männer das Holz für das Signalfeuer aufgebaut hatten.

Kapitel 10 - Gathering

Beatrice winkte ihr freudig zu, verschwand aber sofort wieder. Chris erinnerte sich daran, dass sie ja zu den jungen Wölfen gehörte, die eine tragende Rolle spielten.

„So, jetzt ist es wirklich an der Zeit, mich mal richtig vorzustellen.“ Cameron kam zu ihnen, streifte Blakes Arm von ihren Schultern und küsste sie herzhaft auf beide Wangen, bis dieser warnend knurrte. „Willkommen in der Familie.“ Er grinste über das ganze Gesicht. „Ich bin Cameron, der Bruder des Griesgrams.“

Chris schmunzelte. „Das habe ich schon mitbekommen. Blake hat dich erwähnt. Danke, dass du das Zelt geholt und meine Leute informiert hast.“

Er legte eine Hand auf die Brust, deutete eine Verbeugung an, ehe er wieder lachte. „Es ist mir eine Ehre. Falls du jemals Hilfe brauchst, auch gegen unseren Miesepeter hier, sag mir einfach Bescheid.“

„Jetzt reicht es! Du stellst mich dar, als ob ich eine Spaßbremse wäre, die verlernt hat zu leben“, beschwerte Blake sich, gleichzeitig funkelte er ihn wütend an. Seine Kleine hatte schon genügend Vorbehalte, da brauchte sie keine dermaßen schlechte Beschreibung obendrauf.

„Aye, das warst du in der letzten Zeit.“ Cameron ließ sich nicht einschüchtern. „Doch ich bestätige gerne, dass du im Grunde ganz anders bist. Ich kenne dich ja seit meiner Geburt.“

Chris sah fasziniert zwischen den Brüdern hin und her, das freundschaftliche Geplänkel gefiel ihr, zumal sie so etwas nur selten erleben durfte.

„Spinner.“ Blake schüttelte den Kopf, aber in seinen Augen erkannte man, wie sehr er Cameron liebte. „Du weißt genau, weshalb ich so war.“

„Richtig, deshalb werde ich Chrissi bis an mein Lebensende dankbar sein. Sie hat uns alle gerettet.“ Er wurde für einen Moment ernst. „Verbock es nicht, so jemanden hast du eigentlich gar nicht verdient.“

Bei den Worten blieb ihr der Mund offenstehen. Woher wollte er das denn wieder wissen? Er kannte sie doch gar nicht. Als sie Luft holte, um zu widersprechen, schüttelte er leicht den Kopf.

„Gib dir keine Mühe, ich habe dich beobachtet, du hast das Herz am rechten Fleck.“ Er blickte auf sie herunter wie der große Bruder, den sie nie gehabt hatte. „Glaub mir, ich bin in der Lage, so etwas einzuschätzen.“

„Kannst du Gedanken lesen? Oder weshalb weißt du, dass ich was dagegen sagen wollte?“ Ihr war die Vorstellung unheimlich.

Blake lachte, gleichzeitig schlug er Cameron herzhaft auf die Schulter. „Er hat eine verdammt gute Menschenkenntnis, außerdem bist du ziemlich leicht zu durchschauen, Piseag.“ In einer liebevollen Geste legte er eine Hand an ihre Wange. „Du bist kein bisschen hinterhältig, mein Herz.“

Verlegen spürte sie, dass sich ihr Gesicht rötete, Komplimente war sie einfach nicht gewohnt.

„Es geht los, lasst uns die Welpen bewundern, sie haben es verdient.“ Cameron deutete auf den Platz hinter dem Haus, wo sich jetzt das gesamte Rudel versammelt hatte.

Gemeinsam gingen sie die paar Schritte, wobei Blake sie wieder an seine Seite zog.

Zuerst kam Don, er trug eine Fackel in der Hand, außerdem hatte er einen Kilt in den Farben des Clans an. „Per mare per terras“, rief er, anschließend stieß er den brennenden Stab in den Holzhaufen. Als Nächstes erschien Beatrice, und Chris freute sich für die junge Wölfin, die lächelnd in die Runde winkte. „Tha mo dhòchas annad seasmhach.“ Ihre Stimme klang deutlich, wenn auch ein wenig belegt, woran man erkannte, dass sie gerührt über diese Ehre war. Zum Abschluss ging Alexander auf das bereits lodernde Feuer zu. In seinen Schlachtruf, Dòmhnallaich air thoiseach, stimmten alle ein, nur Chris hielt lieber den Mund, trotzdem kam es ihr einen Moment so vor, als ob sie dazugehörte.

Beatrice kam zu ihr, drückte ihr ein Blatt Papier mit einem Text in die Hand und zwinkerte ihr zu. „Falls du mitsingen willst.“

Noch ehe sie nachfragen konnte, war die Wölfin schon wieder verschwunden, sodass sie irritiert auf den Zettel blickte. Ihr war nicht bewusst gewesen, dass die Hymne von allen gesungen wurde.

„Bereit?“ Blakes Stimme riss sie aus ihren Überlegungen.

„Wofür?“ Sie kam sich vor, als ob sie einen entscheidenden Part übersehen hätte.

Bevor er antwortete, hörte sie Hamish, der sie tatsächlich ankündigte. „Heute feiern wir nicht nur die Aufnahme der Welpen in unser Rudel, sondern wir begrüßen auch ein neues Mitglied. Christine, die Gefährtin unseres Schatzmeisters, ist Sängerin, deshalb soll sie die Ehre erhalten, für uns unsere Hymne zu singen.“ Er winkte ihr zu, während sich alle Augen auf sie richteten.

„Los, zeig ihnen, was du draufhast.“ Blake gab ihr einen aufmunternden Schubs, als sie wie angewurzelt stehen blieb. „Komm gar nicht erst auf die Idee, dich zu drücken“, flüsterte er ihr zu.

Sie hatte das Lied noch nie gesungen, trotzdem kannte sie es natürlich. Das war eine Herausforderung, die sie so niemals erwartet hätte. „Gibt es Musik? Oder kann ich ein Notenblatt haben?“ Ihr Herz klopfte ihr bis in den Hals.

Hamish kam zu ihr, hielt ihr seine Hand hin, anschließend lächelte er ihr aufmunternd zu. „Die Jungs haben ihre Instrumente mitgebracht.“ Er deutete auf eine Gruppe, die mit Dudelsack, Fidel und Trommel darauf warteten, dass sie anfingen.

Chris sprang ins kalte Wasser, nahm seine Hilfe dankbar an und ließ sich an den Rand des Feuers führen, wo auch die Musiker standen. Einer von ihnen reichte ihr das geforderte Notenblatt. Jetzt atmete sie ein wenig auf.

Der Anfang der Hymne erklang, sodass sie kurz die Augen schloss, um sich zu konzentrieren. Die beiden Zettel in ihren Händen zitterten, so aufgeregt fühlte sie sich, doch als sie die erste Zeile gesungen hatte, fand sie ihre Ruhe wieder.

Ganz in ihrer Welt versunken, gab sie sich der Melodie hin, vergaß die Menschen, die vor ihr standen, bemerkte lediglich das Feuer in ihrem Rücken. Als die letzten Akkorde verklungen waren und es immer noch gespenstisch still blieb, kam sie erschrocken zu sich. Die Leute vor ihr starrten sie bewundernd an, bis einer anfing zu klatschen. Jetzt brach ein wahrer Sturm der Begeisterung über sie herein, Blake kam zu ihr, küsste sie leidenschaftlich, was den Applaus verstärkte.

„Du bist ein Wunder, Piseag, jeder hat die Welt vergessen, so sehr hast du uns in deinen Bann gezogen.“ Zärtlich blickte er sie an, während er ihre Hände in seinen hielt.

Dankbar strahlte sie ihn an, niemals hätte sie mit einem solchen Erfolg gerechnet.

„Jetzt lass uns andere mal mit der Künstlerin sprechen.“ Mit den Worten drängte Cameron seinen Bruder zur Seite, um Chris übermütig hochzuheben. „Du warst fantastisch, kleine Schwägerin.“

Bei der Bezeichnung musste sie schlucken, verzichtete allerdings darauf, ihn zurechtzuweisen. „Danke“, brachte sie gerade noch heraus, als auch schon der Nächste kam, um ihr zu sagen, wie toll sie gewesen war.

„Sicher, dass du unsere Hymne nicht heimlich geübt hast?“ Hamish zwinkerte ihr vergnügt zu. „Das war ein Scherz“, versicherte er ihr schnell, als sie widersprechen wollte.

Ganz zum Schluss kam Bea zu ihr, hakte sich bei ihr ein und ging mit ihr zu dem Tisch, auf dem das Essen aufgebaut war. „Du warst einfach fantastisch, ich wünschte, ich könnte auch so singen.“ Sie seufzte leise.

Chrissi winkte verlegen ab. „Das kann jeder lernen, glaub mir. Ich hatte sehr gute Lehrer.“ Trotzdem strahlte sie vor Freude über das Kompliment.

„Los komm, du musst hungrig sein, außerdem werden wir später noch unseren neuen Rudelführer wählen. Die Ältesten besprechen gerade, wen sie vorschlagen sollen.“ Sie deutete auf die Gruppe, zu der Blake gehörte.

Die beiden Frauen holten sich vom Kartoffelauflauf und ließen sich etwas Fleisch vom Grill geben, anschließend setzten sie sich zu den Jungwölfen. Einige Männer gaben einen Tanz zum Besten, dem sie begeistert zusah.

„Ganz nett gesungen", bemerkte Ethan überheblich, woraufhin sie ihm lediglich zunickte. „Bin gespannt, wen sie uns dieses Mal vorsetzen. Es wäre an der Zeit mal jemand Jüngeren ranzulassen." Missmutig zeigte er auf die Ältesten, die jetzt auf den Weg zuliefen, den Chris mit Alan gegangen war.

„Du glaubst wohl, du hättest die Fähigkeit, Anführer zu werden." Don lachte ihn aus.

„Aye, ich hab einige gute Ideen, die innovativ und modern sind. Darüber hinaus würde ich das Verbot der Verwandlung vor der Volljährigkeit sofort abschaffen. Wir sind den Menschen in so vielen Punkten überlegen." Er verstummte, als er die fassungslosen Blicke seiner Freunde sah. „Ich meine ja nur", nuschelte er, ehe er sich über sein Essen hermachte.

„Du spinnst gewaltig, mein Lieber. Sobald du dich gegen die Normalen wendest, hast du die Wächter am Hals, vergiss das niemals. Außerdem wollen wir anderen in Frieden mit allen Wesen leben." Bea schüttelte energisch den Kopf. „Ein Krieg ist nie gut, wie uns die Geschichte gelehrt hat. Denk mal an Culloden."

Chris legte ihr eine Hand auf den Arm. „Er hat doch gar nicht von einem Kampf gesprochen. Es gibt bestimmt heute Möglichkeiten, um das Flackern besser zu vertuschen." Sie fand den Gedanken, dass die jungen Wölfe leiden mussten, unerträglich.

Nachdenklich nickte Beatrice. „Ja, wahrscheinlich, trotzdem ist es keine Option, sich als Herren über eine andere Art aufzuspielen, nur weil man mehr Sinne nutzen kann." Sie warf Ethan einen wütenden Blick zu. „Er überschätzt sich zu gerne, wie jeder hier weiß."

„Lasst uns nicht streiten, dazu ist das Gathering nicht da." Alexander sah von einem zum anderen. „Ich würde es toll finden, wenn Chris die Band unterstützt. Du hast wirklich eine wahnsinnig schöne Stimme."

Lächelnd winkte sie ab. „Wie gesagt, das ist alles Training." Der Gedanke, wenigstens ein paar Stücke zusammen mit den Musikern zu singen, reizte sie in der Tat. Andererseits befürchtete sie, dass die Lieder ihr fremd waren, die zu dem Abend passten.

„Wir schlagen es ihnen einfach vor. Bestimmt sind die Jungs froh über ein wenig Unterstützung", bemerkte Dougal ruhig. Er hatte sich auch vorher nicht in die Diskussion gestürzt.

„Gerne, aber ich will mich auf keinen Fall aufdrängen." Chris erntete für die Bemerkung schallendes Gelächter.

„Davon kann keine Rede sein, zumal wir dich ja quasi dazu drängen." Beatrice stieß sie mit der Schulter an.

Nach dem Essen, als einige Paare den Strathspey tanzten, gingen die jungen Wölfe mit ihr zu den Musikern, die den Vorschlag sofort annahmen.

„Dann bleibt uns der Gesang von Cameron erspart", bemerkte der, der den Dudelsack spielte. „Ich bin übrigens James, das sind Keith und Murtagh." Er deutete auf seine Mitspieler.

„Es ist toll, dass ich mitmachen darf, aber ich befürchte, dass ich die Lieder kaum kenne", wehrte Chris jetzt verlegen ab.

Keith lachte auf. „Du scheinst uns für ziemliche Hinterwäldler zu halten. Wir können nicht nur alte schottische Weisen, die niemand mehr kennt, performen. Im Gegenteil, vielleicht sagt dir die Gruppe Runrig etwas?"

Sofort nickte sie, denn die Band liebte sie. „Ja, schade, dass sie sich aufgelöst haben."

„Gut, wir bevorzugen es, einige ihrer Stücke zu spielen. Außerdem haben wir Red Hot Chili Peppers, Nathan Evans, Capercaille und auch Sängerinnen wie Adele drauf."

Jetzt atmete Chrissi auf. „Echt? Das ist meine Musik, absolut. Ich durfte mal auf einem großen Festival mein Adele-Cover-Programm zum Besten geben."

„Lass uns starten." Keith deutete auf den Platz, an dem ihre Instrumente lagen. „Oder traust du dich nicht?"

Chris warf den Kopf in den Nacken. „Klar mache ich mit, aber bitte, lasst mich bei den gälischen Texten aussetzen, die kann ich nicht."

Die Jungs schmunzelten. „Keine Sorge, wir bringen dir das schon noch bei." James legte freundschaftlich einen Arm um ihre Schultern, so nahm er sie mit zu der Ecke, die sie sich für ihre Band eingerichtet hatten.

Eilig winkte Chrissi Bea zu, es kam ihr ungehörig vor, sie einfach so stehen zu lassen, doch sie lachte ihr erfreut zu.

„Solange unsere Altvorderen beratschlagen, unterhalten wir euch mit peppigerer Musik", bemerkte Murtagh in die Runde, anschließend erklangen die ersten Töne von Adeles Rolling in the Deep.

Chris schloss kurz die Augen, rief sich den Text in Erinnerung, dann setzte sie ein. Hier war sie in ihrem Element, performte für die Wölfe, als hätte sie nie etwas anderes gemacht, wobei sie sich perfekt in die Musikergruppe einfügte. Zum Glück hatte sie etliche Stunden mit klassischer Gesangsausbildung verbracht, sodass ihre Stimme die Leute auch ohne Mikrofon erreichte.

Sofort besaßen sie die Aufmerksamkeit des restlichen Rudels, die sie lautstark anfeuerten. Einige fingen an zu tanzen, andere hörten einfach nur zu, während sie weiteraßen.

Es folgte ein Song nach dem anderen und Chris fühlte sich erneut bestätigt: Das war ihre Welt, die sie auf keinen Fall aufgeben wollte. Kurz dachte sie daran, dass sie es Blake zu verdanken hatte, dass sie hier singen konnte, doch viel zu schnell wurde sie wieder abgelenkt.

Als James ein schottisches Lied anstimmte, das auf Gälisch gesungen wurde, winkte sie lachend ab, um zu Bea zu gehen. Eine Pause hatte sie sich redlich verdient.

„Es ist toll, dass du zu uns gehörst. Jetzt haben wir immer unsere eigene Sängerin dabei.“ Bea drückte ihr ein Glas Ale in die Hand, um mit ihr anzustoßen. „Du singst sicher auch auf Hochzeiten, aye?“

Zaghaft zuckte Chris mit den Schultern. „Das habe ich bisher noch nicht gemacht, aber ist im Rahmen des Möglichen. Am Ende bestimmt mein Manager.“

„Weshalb? Du hast doch ein Mitspracherecht, aye?“ Don sah sie eindringlich an.

„Nein, das ist in meinem Vertrag nicht vorgesehen.“ Sie hob die Hand, als er erneut etwas dazu sagen wollte. „Ich weiß, dass es dumm war, einen solchen Kuhhandel zu unterschreiben. Das passiert, wenn man sich überschätzt.“ Ihre Ehrlichkeit war entwaffnend, nur Ethan knurrte unwillig.

„Man muss doch nur lesen können“, murmelte er, allerdings so laut, dass sie es hörte.

„Da gebe ich dir recht, außerdem sollte man genug über das Business wissen. Mein Manager hat mir versichert, dass er nur die für mich passenden Auftritt annimmt. Er war mehr als überzeugend und ich sehr unwissend.“ Sie würde ihren

Fehler nicht beschönigen, sich aber genauso wenig als dumm hinstellen lassen. Naiv, ja das passte auf sie.

„Ist doch egal, wenn ich heirate, möchte ich, dass du für mich singst." Bea träumte vor sich hin, als ob sie ihren Liebsten bereits gefunden hätte.

„Als ob dich jemand nehmen will. Immer versuchst du, die Welt zu verbessern, außerdem hast du gar keine Zeit dafür, sollten die Wächter dich tatsächlich annehmen", neckte Alexander sie, wobei man deutlich den freundschaftlichen Unterton heraushörte.

„Was ist so schlecht daran, darauf zu achten, dass die Menschen friedlich zusammenleben?", begehrte sie sofort auf.

„Nichts, es ist nur eine unmögliche Aufgabe." Ethan betrachtete sie, als ob sie nicht mehr alle Tassen im Schrank hätte.

Bei seinem überheblichen Gehabe platzte Chris der Kragen, Beatrice hatte ihr von Anfang an beigestanden, da war es jetzt nur richtig, dass sie ihre Verteidigung übernahm. „Aber es ist immer noch besser, als nur zuzusehen, wie Schwächere gemobbt werden. Wenn sich jeder so verhalten würde wie Bea, gäbe es eine wundervolle Gemeinschaft überall auf der Welt." Ihre Stimme klang hart, gleichzeitig hielt sie seinem bösartigen Blick stand.

„Du gehörst nicht zu uns, bist eine Normale und versuchst, mir die Regeln zu erklären?" Er lachte höhnisch auf. „Wie ich mitbekommen habe, wollten sich nicht mal deine Eltern um dich kümmern. Weshalb sollte ich also auf jemanden hören, den niemand will?"

Seine Worte taten unerwartet heftig weh, sodass sie getroffen zusammenzuckte, trotzdem fing sie sich sofort wieder.

„Genau deshalb weiß ich, wie wichtig es ist, auch auf die Schwächeren zu achten, anstatt auf ihnen herumzutrampeln, wie du das gerade so schön demonstriert hast.“ Sie schluckte energisch die Trauer herunter, zumal sie sich tatsächlich zugehörig gefühlt hatte. Das war wohl ein Trugschluss! „Du kannst alles, hast die Weisheit mit Löffeln gefressen und bist natürlich unbesiegbar.“ Sie stand auf, um zu den Musikern zurückzugehen, doch es blieb ein bitteres Gefühl. Nur weil ein paar Leute aus dieser Gruppe sie willkommen geheißen hatten, hieß das kaum, dass jeder sie akzeptierten. Ein Grund mehr, so schnell wie möglich in ihr altes Leben zurückzukehren.

„Alles in Ordnung?“ James musterte sie besorgt. „Du bist gerade mit Ethan aneinandergeraten.“

Sie winkte ab. „Er ist ein Egozentriker, mit solchen Menschen musste ich schon oft klarkommen.“ Sie deutete auf seinen Dudelsack. „Sollen wir weitermachen?“

Die Band ging auf ihr Ablenkungsmanöver ein, doch in ihr tobte die Enttäuschung, die auf der Erkenntnis ruhte, dass sie längst nicht von jedem Mitglied akzeptiert wurde.

Ein paar Mal musterte James sie noch, besonders, weil man ihrer Stimme anmerkte, dass sie etwas beschäftigte. Technisch sang sie perfekt, aber das Feuer war erloschen.

In der nächsten Pause kam Ethan zu ihr. Ablehnend verschränkte sie die Arme vor der Brust. „Was willst du? Erklärst du mir jetzt, wie ich besser singe?“

Zerknirscht schüttelte er den Kopf. „Nein, ich entschuldige mich.“

Bei den Worten drehte sie sich nachdenklich zu James um, der nur mit den Schultern zuckte.

„Es war unfair von mir, dir einzureden, dass du ein Außenseiter bist. Unsere Leute haben dich als Gefährtin von Blake akzeptiert.“ Er hob sofort abwehrend die Handflächen, als sie Luft holte. „Ich natürlich auch, außerdem mögen wir dich“, fügte er schnell hinzu, anschließend hielt er ihr eine Hand hin. „Entschuldigung, dass ich so ein Idiot bin.“

Lachend schlug sie ein, nur ein Funken Misstrauen blieb zurück. „Angenommen.“

Er lachte erleichtert auf, gleichzeitig deutete er auf die Gruppe der jungen Wölfe. „Trinken wir was zusammen? Die Alten brauchen wohl noch eine Weile und du hast dir eine Pause verdient.“

Wieder sah sie kurz zu James rüber, der sie mit einer Handbewegung wegscheuchte, während er ihr zuzwinkerte. Die Geste verstand sie sofort. „Gerne. Ich kann was Flüssiges vertragen.“

Gemeinsam holten sie sich etwas zu trinken, wobei sie sich auf Wasser beschränkte, auf keinen Fall wollte sie sich betrinken.

„Schön, dass du die Entschuldigung angenommen hast. Er schießt oft übers Ziel hinaus.“ Beatrice stieß mit ihr an. „Er lernt es bestimmt irgendwann.“

„Jeder macht Fehler.“ Chris klang nicht völlig überzeugt, aber damit ließen sie das Thema auf sich beruhen.

Ethan setzte sich an ihre andere Seite. „Du hättest gestern Abend dabei sein sollen.“ Seine Augen leuchteten vor Begeisterung. „Ich hätte nie gedacht, dass es so toll ist, mit den Alten auf die Jagd zu gehen.“

Fast hätte Chrissi sich an ihrem Wasser verschluckt, auf gar keinen Fall wollte sie sich einen Bericht über die gemeinsamen Wolfsaktivitäten anhören, doch er redete weiter, ohne auf ihr Entsetzen zu achten.

„Du kannst dir nicht vorstellen, wie sich deine Sinne verändern. Man hört und riecht einfach alles. Bis man die Spur der Beute aufgenommen hat, dann zählt nur noch dieser eine Geruch." Er holte schnell Luft. „Wenn du das Reh endlich siehst, lange bevor irgendein Mensch das schafft, vibriert dein gesamter Körper vor Adrenalin. Du spurtest los, springst, um deine Zähne in den warmen Leib zu schlagen."

Erst jetzt bemerkte Beatrice, dass Chris blass geworden war. Sie lenkte ihre Aufmerksamkeit auf Ethan, bisher hatte sie seine Worte ausgeblendet, weil sie sich angeregt mit Alexander unterhalten hatte. „Sag mal, spinnst du? Willst du ihr wieder Angst vor uns einjagen?" Sie herrschte den jungen Wolf an, dabei sprühten ihre Augen vor Wut.

Augenblicklich hob er beide Hände. „Ganz im Gegenteil, ich wollte sie nur an dem wundervollen Ereignis teilhaben lassen. War es für dich kein Erlebnis, zum ersten Mal ein Leben zu beenden, frisches Blut zu schmecken und sich das noch warme Fleisch einzuverleiben?" Er sah sie auffordernd an.

„Ich glaube, ich werde gebraucht." Mit den Worten stand Chrissi auf, um regelrecht vor der grausamen Beschreibung zu fliehen, die ihre Ängste sofort wieder hervorgeholt hatte. Wie konnte sie so vertrauensselig zwischen diesen Wesen sitzen? Nur weil sie ihr einen Auftritt erlaubten, durfte sie nicht vergessen, was sie waren! Ethan hatte ihre Befürchtungen bestätigt, falls sie die Werwölfe jemals verärgerte, gab es kein Entkommen.

Völlig verstört lief sie zum Zelt, versteckte sich in der Schlafkabine, um nachzudenken, was sie tun sollte. War jetzt der richtige Zeitpunkt, um zu fliehen?

Ganz kurz schlich sich der Gedanke ein, dass der junge Wolf von der Jagd auf Wild gesprochen hatte und keineswegs von einer Menschenjagd, trotzdem blieb das Bewusstsein, dass sie hier in großer Gefahr schwebte.

Unruhig blickte sie sich um, packte ihre Sachen in den Koffer, ehe sie über sich selbst den Kopf schüttelte. Auf keinen Fall konnte sie den unhandlichen Lederkoffer mitschleppen, sie sollte sich auf das Wichtigste beschränken. Sobald sie sich ein wenig von den Bergen entfernt hatte, hoffte sie, wieder Empfang zu haben.

~~°~~

Blake horchte auf, während Hamish weiter über mögliche Anführer diskutierte. „Sie hat aufgehört zu singen“, bemerkte er beunruhigt.

„Sie hat eine Auszeit verdient.“ Cameron legte ihm eine Hand auf den Arm.

Unwillig schüttelte er den Kopf. „Nein, das ist schon mehr als eine Pause. Irgendwas stimmt nicht.“ Ohne auf die Antwort seiner Leute zu warten, rannte er den Weg zurück, bis zu dem Platz, wo sie das Feuer aufgebaut hatten. Mit einem Blick erfasste er die Lage und wusste sofort, dass sie nicht hier war. Energisch kämpfte er gegen die Panik an, die ihn befiel, als James zu ihm kam.

„Sie ist in euer Zelt geflüchtet. Ethan hat ihr von der Jagd erzählt.“ Der Musiker verdrehte die Augen. „Der Junge sollte aufpassen, was er redet.“

Dem stimmte Blake uneingeschränkt zu. „Danke, Kumpel." Ohne sich weiter mit dem Jungwolf aufzuhalten, drehte er sich um, um nach seiner Gefährtin zu sehen. Wahrscheinlich überlegte sie sich einen neuen idiotischen Fluchtplan.

Mit klopfendem Herzen zog er den Reißverschluss auf, dabei sog er die Luft tief ein. Erleichterung durchflutete ihn, als er ihren Duft aufnahm. Zumindest war sie nicht in die Nacht rausgerannt! Morgen würde er ein ernstes Wort mit Ethan sprechen, der Junge musste endlich Verantwortung für sein Handeln übernehmen, aber jetzt war es wichtiger, seine verängstigte Gefährtin zu beruhigen.

Selbstverständlich bemerkte er den scharfen Geruch ihrer Panik, außerdem fühlte sie sich verzweifelt und enttäuscht. Sein Herz zog sich schmerzhaft zusammen, weshalb hatte er nicht besser aufgepasst? Er kannte den eifersüchtigen Welpen doch.

Er zog den Reißverschluss der Schlafkabine auf, woraufhin Chris panisch aufschrie. Sofort zog er sie mit sanfter Gewalt in seine Arme, hielt sie, bis sie erkannte, dass er es war, aber in ihrem Blick sah er weiterhin die gleiche Angst. „Ganz ruhig, Piseag, niemand tut dir etwas."

Tränen schwammen in ihren Augen, als sie ihn jetzt ansah. „Lass mich gehen, ich halte das nicht aus", flüsterte sie erstickt. Die Furcht raubte ihr den Atem, gleichzeitig spürte sie, dass sich langsam das Gefühl der Sicherheit in ihr ausbreitete. Die Zerrissenheit machte ihr noch mehr zu schaffen. In einem Moment vor Panik fast zu sterben, nur um kurz danach Geborgenheit in den Armen dieses Mannes zu fühlen, war einfach verrückt.

„Bitte, reden wir darüber, Kleines. Ich weiß, dass Ethan dir von unserer Jagd erzählt hat.“ Sanft streichelte er ihr über den Rücken, keinesfalls gewillt, sie loszulassen, solange sie zitterte. „Es ist eine fremde Welt für dich, das ist mir bewusst.“

Er klang so verständnisvoll, dass sie sich unter Kontrolle bekam, trotzdem warnte ihr Verstand sie. Es war auf jeden Fall besser, sich schnellstmöglich zu verabschieden. Ein paar Mal atmete sie tief durch, bevor sie leicht nickte.

Blake packte sie an den Oberarmen, um sie ein wenig von sich zu schieben, sodass er ihr ins Gesicht sehen konnte. „Was hat dich so sehr verängstigt?“

Traurig musterte sie ihn. „Alles, aber in erster Linie die Erkenntnis, dass in euch ein wildes Tier schlummert. Ihr seid in der Lage, mich jederzeit zu töten, falls ihr euch über mich ärgert.“ Sie sprach ihn bewusst nicht direkt an, sondern bezog sich auf das gesamte Rudel.

Nachdenklich nickte er. „Da kann ich dir nicht widersprechen, wir sind tatsächlich dazu fähig.“ Er hob abwehrend eine Hand, als sie etwas antworten wollte. „Allerdings gibt es auch bei uns Ehre. Anders gesehen hat jeder normale Mensch genauso die Möglichkeit, ein Lebewesen umzubringen.“

Kurz überlegte sie, um ihm zaghaft recht zu geben. „Stimmt, nur fehlen uns die tierischen Instinkte, die sich laut Ethan über eure menschlichen Sinne lagern.“ Sie schüttelte sich, als sie an seine Worte dachte.

„Ethan“, knurrte Blake, woraufhin sie sich anspannte. „Keine Sorge, ich werde ihn keineswegs zum Kampf herausfordern oder ihm auf ähnliche Art eine Lektion erteilen. Das ist bei uns schon lange nicht mehr üblich. Wir sind zivilisiert“, versicherte er ihr sanft. „Wir haben tatsächlich Gesetze, die uns verbieten, Normalen zu schaden. Außerdem möchten wir in Frieden mit allen anderen Wesen leben." Er trat einen Schritt auf sie zu, hob sie hoch, um sich mit ihr auf dem Schoß auf die Isomatte zu setzen. „Bitte, hab keine Angst vor mir, ich würde dir niemals wehtun können."

Seine Stimme klang fast flehend, sodass sie sich ein wenig an ihn lehnte. Ehrlich gestand sie sich ein, dass sie es kaum schaffte, sich von ihm fernzuhalten, wenn er sie so liebevoll behandelte. Seufzend schloss sie kurz die Lider, nur um ihn wieder anzusehen. „Ich gehöre nicht in deine Welt, Blake. Das musste Ethan mir nicht erklären. Schau mich an, ich bebe vor Angst, weil er mir geschildert hat, wie es war, zum ersten Mal ein Reh zu erledigen." Sie holte tief Luft. „Dabei esse ich auch Rehbraten."

„Siehst du, wir unterscheiden uns nur geringfügig von den normalen Menschen. Sie töten mit Gewehren, wir mit unserem Gebiss, aber beide jagen, um Nahrung zu bekommen." Er drückte sie leicht an sich. „Ich kann dich nur weiterhin bitten, uns eine Chance zu geben. Es gibt vieles, was dich erschreckt oder dir seltsam vorkommt, trotzdem sind wir keine Monster." Erneut streichelte er sie. „Willst du mich wirklich verlassen? Egal, was uns verbindet?" Seine Enttäuschung stand fast greifbar im Raum, was ihr ins Herz schnitt.

Gerade sie als Außenseiter sollte das verstehen, dennoch verfiel sie jedes Mal in Panik, sobald die Sprache auf die Besonderheiten der Wölfe kam. Seufzend kuschelte sie sich an ihn, stellte sich einen Moment vor, wie es sein würde, ihn nie wieder zu sehen. Erstaunt bemerkte sie, dass allein die Idee sich anfühlte, als ob jemand ihr die Luft zum Atmen nahm. Langsam schüttelte sie den Kopf. „Ich möchte dich ja richtig kennenlernen, nur bekomme ich die verdammte Angst nicht in den Griff. Ich ertrage dieses Wechselbad der Gefühle nicht länger. In dem einen Augenblick glaube ich, dass ich wirklich einen Platz gefunden habe, an den ich gehöre, nur um im nächsten panisch davonzurennen. Das ist irre." Sie redete, ohne sich darüber bewusst zu sein, was sie ihm preisgab. „Ich kann doch niemanden lieben, vor dem ich mich fürchte." Erst jetzt stoppte sie, was hatte sie ihm da gesagt? Hatte sie sich tatsächlich verliebt? Verwirrt schloss sie die Augen, drückte ihr Gesicht an seine Brust, dabei hoffte sie, dass er das Thema auf sich beruhen ließ.

Blake unterdrückte mit aller Macht das Jubeln, das ihm in der Kehle saß. Sie gab gerade zu, dass sie tiefere Gefühle für ihn hegte, mehr als sexuelle Begierde. Zu gerne würde er sie darauf festnageln, aber sein Instinkt riet ihm, ihr Zeit zu geben. Noch war seine Art viel zu fremd für sie, außerdem brauchten Menschen immer länger, um sich in dem Punkt sicher zu sein. „Ich werde Ethan verbieten, mit dir über solche Dinge zu sprechen. Er ist einfach zu unsensibel", versprach er verständnisvoll. „Im Gegenzug möchte ich dein Ehrenwort, dass du nicht fliehst. Du kommst allerhöchstens in Lebensgefahr und das will ich auf jeden Fall verhindern." Abwartend sah er sie an, spürte, dass sie mit sich kämpfte.

Chris fühlte sich erschöpft, ratlos und zerrissen. An die Liebe auf den ersten Blick glaubte sie schon lange nicht mehr, dennoch verband sie etwas mit Blake, das weit über eine sexuelle Anziehung hinausging. Das gestand sie sich ehrlich ein, trotzdem fürchtete sie sich. Was für ein Dilemma!

Kapitel 11 - Partystimmung

„Ich will dir kein Versprechen geben, das ich nicht halten kann“, murmelte sie leise.

„In dem Fall, Piseag, sperre ich dich ein, ist dir das bewusst?“ Er hob ihr Kinn mit dem Handrücken an, damit sie ihn ansah.

Zaghaft nickte sie. „Oder du lässt mich gehen, vielleicht verfliegt meine Angst, wenn ich ein wenig Abstand zu euch Werwölfen bekomme.“ Tief in ihrem Inneren wusste sie, dass genau das Gegenteil eintreten würde.

„Das ist unmöglich, unsere Gesetze verbieten es.“ Er seufzte. „Ich muss zurück, wir haben einen schweren Verlust erlitten und es stehen Wahlen an.“ Eindringlich betrachtete er sie. „Ist es wirklich nötig, dass ich jemanden abstelle, der dich bewacht?“

Zaghaft schüttelte sie den Kopf. „Nein, ich komme ja eh nicht weit. Trotzdem bin ich ungern alleine hier“, gab sie leise zu. Jetzt schämte sie sich in Grund und Boden, dass sie sich wie ein kleines Kind verkrochen hatte.

„Ich schicke dir Beatrice. Es wird noch etwas dauern, bis ich wieder Zeit für dich habe.“ Er rief nach der Wölfin, die kurz darauf im Zelteingang erschien.

„Ich kümmere mich um sie, Schatzmeister“, versprach sie ernst.

„Danke, ich bin bald zurück.“ Eilig entfernte Blake sich, dabei hatte sein Gesicht einen düsteren Ausdruck.

„Wird er Ethan jetzt zurechtweisen?“ Chris war sich unsicher, welche Antwort sie hören wollte.

Bea überlegte einen Augenblick. „Nein, es steht die Wahl des neuen Chieftains an, obwohl der Idiot es allemal verdient hätte." Sie stieß schnaubend die Luft aus. „Es ist für jeden anders. Ich habe übrigens keine so große Faszination gespürt. Im Gegenteil, mir liegt die Jagd nicht so sonderlich", gab sie ehrlich zu. „Das ist ein Armutszeugnis für einen Wolf, ich weiß, aber bei mir kommen die menschlichen Gene mehr hervor."

Fast hätte Chrissi gelacht. „Das ist doch kein Fehler. Wir alle haben unsere Eigenheiten." Sie schüttelte die Freundin leicht. „Ich bin ein riesiger Angsthase, wie du gemerkt hast. Die Schilderung von Ethan hat mich aus der Bahn geworfen."

„Dieser Arsch, er hat es darauf angelegt. Er ist von Eifersucht zerfressen, und seit Blake ihn als Azubi abgelehnt hat, versucht er ihm zu schaden, wo er kann." Sie knurrte leise, nur um Chris entschuldigend anzusehen. „Tut mir leid, aber wenn ich sauer bin, habe ich mich nur schlecht unter Kontrolle."

Erstaunt bemerkte sie, dass ihr der Laut keine Angst einjagte, ganz im Gegenteil, deshalb winkte sie ab. „Das ist völlig in Ordnung. Ich fürchte mich nicht vor dir. Wahrscheinlich besitze ich einfach zu viel Fantasie."

Bea schloss sie impulsiv in die Arme. „Du bist gut, genau so, wie du bist. Ändere dich bitte niemals."

Eine Weile saßen sie nebeneinander, bis Chris aufstand. „Wir sollten zurückgehen. Vielleicht kann ich mich mit der Musik ablenken." Ihr widerstrebte es, dass der Jungwolf die erste Schlacht für sich entschieden hatte. Immerhin hatte er es geschafft, sie zu verscheuchen.

Beatrice kicherte. „Du wirst es ihm zeigen, das habe ich gehofft." Sie sprang auf, hakte sich bei Chrissi ein und gemeinsam gingen sie zu dem restlichen Rudel zurück.

„Gut, dass du kommst, wir haben deinen Gesang vermisst", begrüßte sie ein älterer Mann, der ihr freundlich zulächelte.

Wieder einmal überraschten sie die Wölfe mit ihrem Verständnis, denn es fiel kein einziges spöttisches oder verachtendes Wort. Jeder, mit Ausnahme von Ethan, zeigte ihr, dass sie willkommen war.

Dankbar nickte sie den Leuten zu, ehe sie sich zu den Musikern stellte. „Wollt ihr noch mit mir spielen?"

Keith gab ihr einen leichten Schubs. „Was für eine Frage, natürlich. Nur lass dich in Zukunft nicht mehr von dem Welpen ins Bockshorn jagen. Er genießt es zu sehr, dich in Angst zu wissen." Er zwinkerte ihr zu.

„Kennst du Óró sé do bheatha 'bhaile?" James wartete mit einem Lächeln auf ihre Antwort, während sie einen Reel anstimmten.

„Leider nein." Ratlos zuckte sie mit den Schultern, woraufhin Murtagh ihr einen Zettel reichte. Kurz sah sie sich den Text an und erkannte erleichtert, dass auf dem Blatt nicht nur die Noten, sondern auch die Lautschrift sowie die englische Übersetzung standen. Bei dem Refrain musste sie schlucken.

„Unsere Art, dich bei uns willkommen zu heißen", bestätigte Keith, der ihre Rührung durchaus bemerkte.

„Danke, könnt ihr es vielleicht zuerst ohne mich spielen, sodass ich es mir anhören kann?" Tränen der Freude schnürten ihr die Kehle zu, denn damit hätte sie niemals gerechnet. Gerade für sie war es ein besonderes Geschenk, dermaßen angenommen zu werden. Kurz blickte sie zu Ethan rüber, der sie kaum aus den Augen ließ. Die Eifersucht war ihm deutlich anzusehen, etwas, woran sie sich erinnern wollte, sollte er ihr noch einmal so eine Horrorgeschichte erzählen!

Die Musiker spielten und sofort wurde sie in den Bann des Liedes gezogen. Es hatte eine seltsame Wirkung auf sie, kämpferisch und hoffnungsvoll gleichzeitig.

Während sie auf die Tonfolgen lauschte, las sie stumm die Übersetzung mit.

Oh, du bist willkommen zu Hause,
Oh, du bist willkommen zu Hause,
Oh, du bist willkommen zu Hause,
Jetzt ist die Ankunft des Sommers nah.

Willkommen, oh Frau, welche so betrübt war,
es war unser Ruin, dass du in Banden lagst,
dein schönes Land im Besitz von Rebellen,
und verkauft an die Fremden.
Oh, du bist willkommen zu Hause,
Oh, du bist willkommen zu Hause,
Oh, du bist willkommen zu Hause,
Jetzt ist die Ankunft des Sommers nah.

Gráinne Mhaol, kommt übers Meer,
bewaffnete Krieger begleiten sie als Wachen,
es sind Gälen, keine Franzosen oder Spanier,
und sie werden die (Ghallaibh) Fremden in die Flucht schlagen.
Oh, du bist willkommen zu Hause,
Oh, du bist willkommen zu Hause,
Oh, du bist willkommen zu Hause,
Jetzt ist die Ankunft des Sommers nah.

Dank dem Gott der Wunder werden wir verstehen,
und mögen wir danach nur eine Woche leben,
Gráinne Mhaol und tausende Krieger,
vertreiben die Fremden.
Oh, du bist willkommen zu Hause,
Oh, du bist willkommen zu Hause,
Oh, du bist willkommen zu Hause,
Jetzt ist die Ankunft des Sommers nah.

Als der Refrain wiederholt wurde, setzte sie leise ein, bis sie sich sicher genug war, um richtig mitzusingen. In der Tat gab das Lied ihr Kraft und irgendwie konnte sie sich mit der Frau im Text identifizieren. Auch sie fühlte sich, als ob sie zu lange unter Fremden gelebt hätte, gefangen und gefesselt. Blakes Drohung fiel ihr ein, doch das war weniger erschreckend als die Vorstellung, in ihr altes Leben ohne ihn zurückzukehren. Was war nur mit ihr los?

Sie hatten gerade den Song beendet, als die Männer von ihrem Meeting zurückkamen. Sofort kehrte Stille ein, weil jeder sie neugierig beobachtete.

„Wir haben drei fähige Leute gefunden", begann Hamish ernst. „Um es vorwegzunehmen, wir wollten Blake, aber er hat es rundweg abgelehnt."

Interessiert betrachtete Chris den Wolf, der sich so schnell in ihr Herz geschlichen hatte. Weshalb lehnte er es ab, Chef des Rudels zu werden? Eilig schüttelte sie die Gedanken ab, es ging sie im Grunde einen feuchten Kehricht an.

„Unser erster Vorschlag ist Cailean, er weiß durch seinen Vater um die Verantwortung, die der Posten mit sich bringt."

Cameron hatte das Wort übernommen, sodass klar war, dass er sich auch nicht um die Stellung als Chieftain gerissen hatte. „Außerdem schlagen wir Hamish vor. Er ist einer der Ältesten, weise über seine Jahre hinaus und hat uns immer gut beraten."

Hamish senkte den Kopf, um seine Zustimmung zu signalisieren, ehe er auf Alan deutete. „Unser Freund, der uns schon vor dem Massaker von Glencoe beigestanden hat, ist unser dritter Vorschlag. Er hat es verdient, zumal er bereits mehrfach sein Leben aufs Spiel gesetzt hat, um unseres zu retten."

Die Kandidaten traten vor, verbeugten sich leicht, ehe sie die offene Wahl des Rudels abwarteten.

„Jeder, der für Cailean ist, hebt die Hand", forderte Blake, anschließend zählte er Stimmen, die er an Hamish weitergab. So ging es auch mit den beiden anderen. Am Ende gewann Alan die Abstimmung, der sich gerührt bedankte.

„Ich bin mir der Ehre durchaus bewusst, zumal ich vor langer Zeit zu euren erklärten Feinden gehört habe. Ich gelobe, unsere Gemeinschaft immer zu beschützen, in ihrem Sinne zu entscheiden und alles zu tun, was in meiner Macht steht, um uns zu einem glücklichen Leben zu verhelfen."

Die Menge jubelte, hob ihre Gläser, um ihn hochleben zu lassen, nur Ethan verzog abwertend den Mund.

„Jetzt ist unser Untergang beschlossen. Unser Anführer ist ein Sassenach." Jeder hörte deutlich die Abscheu, die in seiner Stimme mitklang.

„Er wäre beinahe für uns gestorben. Als einer derjenigen, die ihren Säbel zerbrachen, hat er sich klar auf unsere Seite gestellt", wies Beatrice ihn zurecht.

Gelangweilt zuckte Ethan mit den Schultern. „Trotzdem ist er ein Fremder, da können wir auch gleich Chris zu unserer Anführerin machen. Sie kann wenigstens singen."

Empört starrte Chrissi auf den Welpen. „Bist du wirklich so von Eifersucht zerfressen? Wie wäre es, wenn du erst mal was leistest, beweist, dass du zu etwas anderem fähig bist, als nur herumzumeckern, ehe du auf die Leute losgehst, die sich tatsächlich um das Wohl des Rudels kümmern?" Sie schnappte wutentbrannt nach Luft. „Es ist ja so einfach auf jedem herumzuhacken, anstatt selbst was in die Hand zu nehmen."

Mit einem Knurren sprang der Wolf auf, nur um sich sofort seinen Freunden gegenüberzusehen, die sich schützend vor ihr positionierten. „Was gibt das jetzt? Ihr stellt euch auf die Seite einer Fremden, die auch noch den Normalen angehört?" Fassungslos blickte er auf die kleine Gruppe, die er zu seinen Vertrauten gezählt hatte.

„In dem Fall, ja! Du solltest dich schnell wieder setzen, denn Blake hat dich gehört." Don deutete auf den Schatzmeister, der mit Gewitterwolken im Gesicht zu ihnen herübersah. „Abgesehen vom Rest des Rudels."

Mit einem kläglichen Winseln setzte er sich auf seinen Platz, da er sich mit den erfahrenen Jägern nicht anlegen wollte. Außerdem fürchtete er einen Rauswurf mehr als alles andere.

Chris warf ihm noch einen warnenden Blick zu, er durfte ruhig wissen, dass sie kein wehrloses Häschen war.

Blake kam zu ihr, schlang beide Arme um sie, bevor er die Jungwölfe ansah. „Was ist hier los?" Seine Stimme klang beherrscht, aber man hörte deutlich die Wut, die ihn antrieb.

Chrissi legte eine Hand auf seinen Unterarm. „Es war lediglich ein Missverständnis." Sie drehte sich zu ihm um. „Bitte, lass mich meine Kämpfe selbst ausfechten. Sollte ich dich brauchen, rufe ich, versprochen."

Seufzend stimmte er zu, zumal ihm bewusst war, dass sie sich behaupten musste. Bei seiner Art handelte es sich leider nicht um Kuscheltiere. „Ethan, ich verwarne dich hiermit öffentlich! Hüte deine Zunge und wag dich nie wieder einen deiner Brüder oder eine deiner Schwestern zu beleidigen." Er sagte es so laut, dass jeder ihn hören konnte, sodass der Welpe beschämt winselte, gleichzeitig versuchte er, sich klein zu machen.

„Das ist wie eine gelbe Karte beim Fußball", erklärte er seiner Gefährtin. „Sollte er sich erneut etwas Derartiges erlauben, wird er ausgestoßen."

Entsetzt schüttelte sie den Kopf. „Das kann unmöglich euer Ernst sein. Er ist mit seiner Situation unzufrieden, kennt seinen Weg nur ansatzweise, außerdem ...", weiter kam sie nicht, weil Ethan sie anknurrte.

„Ich brauche niemanden, der mich verteidigt. Es ist mir bewusst, dass mein Verhalten ungehörig war." Er stand auf und verneigte sich vor Alan. „Verzeih mir, Chieftain. Ich nehme jede Strafe auf mich."

Mit offenem Mund starrte sie hinter ihm her. Aus ihm sollte schlau werden, wer wollte.

„Das ist sein Stolz, gepaart mit der Angst, dass wir ihn tatsächlich in die Verbannung schicken." Blake schmunzelte. „Wie gut, dass die Verwarnungen immer ihre Wirkung zeigen." Den letzten Satz flüsterte er ihr so leise ins Ohr, dass sie ihn nur schwer verstand.

„Dir sei verziehen." Alan umarmte ihn, anschließend ging er zu Cameron, der sich auf ein Knie niederließ.

„Ich schwöre dir, im Namen des gesamten Rudels MacDonald, ewige Treue. Unsere Schwerter verteidigen dich, unsere Ernte ernährt dich und unser Feuer wärmt dich."

„Dein Bruder ist der Piper?" Erstaunt musterte sie Cameron, der vor Alan auf dem Boden kniete. Dabei verwunderte sie auch die altertümliche Ansprache.

„Aye, er spielt normalerweise mit James zusammen. Keiner beherrscht den Dudelsack besser als er." Sie hörte ihm an, dass er verdammt stolz auf ihn war.

„Damit ist der öffentliche Teil des Gatherings beendet. Lasst uns feiern", rief Alan, der sofort von etlichen umarmt wurde.

Chris ging mit einem etwas verkrampften Lächeln auf den Lippen zu ihm. „Herzlichen Glückwunsch." Sie hielt ihm die Hand hin, aber er zog sie stürmisch an sich, bevor er sie fragend musterte.

„Was ist los? Du stehst vor mir, als ob wir uns noch nie gesehen hätten." Ihre Haltung irritierte ihn, bis ihm ein Verdacht kam. „Glaubst du, dass ich mich nach der Wahl für jemand Besseren halte?"

Verlegen nickte sie. „Immerhin bist du jetzt der Anführer des Rudels", bemerkte sie leise.

Laut auflachend zog er sie erneut an sich. „Das ändert doch nichts an unserer Freundschaft. Im Gegenteil, ich bin auch für dein Wohlergehen zuständig." Er zwinkerte ihr zu. „Solltest du also Probleme mit dem großen bösen Wolf haben, sag mir Bescheid, dann ziehe ich ihm das Fell über die Ohren."

Blake runzelte kurz die Stirn, ehe er mit seinem Kumpel lachte. „Du bist genau der Richtige, um die Rabauken im Zaum zu halten. Glaub mir, ich beneide dich keine Sekunde."

Neugierig betrachtete Chris die Männer, vielleicht erfuhr sie ja jetzt, weshalb er den Posten abgelehnt hatte. Dummerweise wurde sie enttäuscht, denn es kamen noch mehr Menschen, die sich zwischen sie drängten, sodass das Gespräch unterbrochen wurde.

Blake zog sie ein Stückchen zur Seite.

„Sag mal, haben all diese Leute in dem Cottage übernachtet?" Sie bezweifelte es, zumal sie das Innere ja bereits gesehen hatte.

„Nein, die meisten haben sich ihr Lager am Feuer aufgeschlagen, weil sie zu bequem sind, um ein Zelt aufzubauen." Er lächelte auf sie herunter. „Auch in unserer menschlichen Form können wir auf die tierischen Fähigkeiten zugreifen. Dazu muss sich niemand verwandeln, außerdem sind viele von uns begeisterte Wanderer, die gerne draußen übernachten."

Nachdenklich nickte sie, da es zu den Leuten irgendwie passte.

„Es kommt mir vor, als ob ein Problem dich plagt." Blake musterte sie besorgt, da er ihre Stimmung nur schwer einordnen konnte, zu viele Hormone mischten sich gerade.

Langsam schüttelte sie den Kopf. „Das ist so nicht richtig, ich versuche, nur alles zu verstehen." Sie seufzte leise. „Was unmöglich ist."

Lachend zog Blake sie an sich. „Was soll ich dir erklären?"

Da musste sie nicht lange überlegen. „Weshalb hast du den Posten abgelehnt? Ich hätte dich so eingeschätzt, dass du sofort zusagst." Neugierig betrachtete sie ihn.

„Weil ich die Verantwortung nicht tragen will. Es ist verdammt viel Arbeit, abgesehen davon, dass man ständig Ruhe ins Rudel bringen muss.“ Er rieb sich über die Lider. „Ich liebe meine Freiheit, einfach mal ins Auto steigen und ein paar Tage wegfahren, den Rucksack packen und loslaufen, solche Dinge.“

Jetzt zuckte sie mit den Schultern. „Aber das verbietet dir doch bestimmt keiner.“

„Aye, nur würde ich es von mir aus nicht mehr machen. Ich bin jemand, der sich in seine Aufgaben reinsteigert.“ Er lächelte auf sie herunter. „Außerdem will ich mich um dich kümmern, ohne ständig irgendwelche Streitigkeiten schlichten zu müssen.“

Bei der Antwort riss sie die Augen auf. „Du hast den Posten abgelehnt, um Zeit für mich zu haben?“ Das erschien ihr unglaublich.

„Sicher, was ist daran so verwunderlich? Ich möchte meiner Partnerin beistehen, während sie sich einlebt. Es liegt an uns, zu sehen, wie wir unsere Leben in Einklang bekommen.“ Er küsste sie schnell, als er sah, dass ihr ein Widerspruch auf den Lippen lag. „Lass uns bitte nicht mehr darüber diskutieren. Jedenfalls nicht heute.“

Sie stimmte ihm zu, für einen Tag hatte sie genug Aufregung gehabt. „Gibt es eigentlich keine Vertretung? Ich meine, der Anführer muss doch mal Pause machen können. Oder er wird krank.“

Blake nickte. „Aye, Hamish ist unser Beta. Deshalb ist es unnötig, dass wir einen neuen wählen. Cameron ist der Piper, wie du weißt. Er hat die Aufgabe, unser Rudel zusammenzuholen, sollten wir sie brauchen. So wie früher der Piper im Clan. Er ist derjenige, der Nachrichten überbringt, aber die Leute genauso auffordert, sich vor dem Chieftain zu verantworten. Außerdem trägt er zur Unterhaltung bei, wenn wir uns treffen." Er lächelte stolz. „Was Krankheiten angeht, wir haben ein enormes Selbstheilungssystem, sodass wir uns nicht damit herumschlagen müssen."

Genau in dem Augenblick hörte sie, dass die Musik wieder einsetzte. Chris drehte sich um, um zu der Band zurückzugehen, doch Blake hielt sie zurück. „Sie kommen einen Moment ohne dich aus."

Neugierig achtete sie auf die zwei Dudelsäcke, die sich eine Art Battle lieferten, was ihr sehr gut gefiel, wobei sie allerdings bemerkte, dass Gesang nur gestört hätte. Mit einem Nicken wandte sie sich dem Mann an ihrer Seite zu.

„Ich bin der Schatzmeister, was heißt, dass ich mich mit der Buchhaltung herumschlagen muss und ich kümmere mich um die Steuern." Er runzelte kurz die Stirn, als er an die ungeliebte Aufgabe dachte. „Wir besitzen ein ziemlich großes Vermögen, einmal als Clan, aber auch jeder einzelne. Ich berate die Leute, weil ich es gelernt habe."

„Es gefällt dir nicht wirklich", stellte sie leise fest.

Sofort schüttelte er den Kopf. „Nein, so stimmt das nicht. Ich liebe es, allerdings ist es im Laufe der Jahre immer komplizierter geworden. Geldanlagen, Geld vermehren und solche Dinge faszinieren mich, darüber hinaus verwalte ich die Besitztümer derjenigen, die für unbestimmte Zeit untertauchen müssen." Er lachte auf, als er ihren entsetzten Blick sah. „Weil wir nur langsam altern."

Jetzt hätte Chris sich fast vor die Stirn geschlagen, klar, sie konnten wohl kaum hundert Jahre am selben Ort wohnen. „Wie macht ihr das eigentlich? Ich meine, ihr seid ja gezwungen, komplett zu verschwinden."

„Aye, da hilft unsere Regierung uns, außerdem haben wir einige geniale Fälscher, die uns mit neuen Papieren ausstatten." Er zuckte verlegen mit den Schultern. „Es gibt für uns keine andere Möglichkeit."

Chrissi winkte ab. „Das verstehe ich schon." Ihr war bewusst, dass sie zu illegalen Mitteln greifen mussten, um zu überleben. „Habt ihr auch so etwas wie einen Vollstrecker oder einen Omega, auf dem jeder herumhackt?" Sie hatte mal in einem Buch davon gelesen.

Jetzt lachte Blake erneut auf. „Nein, wir sind keine Motorradgang, die irgendwelche Leute bestrafen. Genauso wenig brauchen wir ein Mitglied, an dem sich das Rudel abreagiert. Wir sind im Großen und Ganzen Menschen." Er strich ihr sanft über die Wange. „Alle, die zu den führenden Köpfen des Verbundes gehören, können Verwarnungen aussprechen, das reicht in der Regel."

Sie murmelte eine Zustimmung, da sie die Reaktion von Ethan ja mitbekommen hatte. „Würdet ihr ihn tatsächlich wegen so einer Kleinigkeit ausstoßen?" Der Gedanke behagte ihr so gar nicht.

„Aye, es ist ein schwerer Verstoß, ein Mitglied dermaßen zu beleidigen, besonders, wenn es sich um den Chieftain handelt. Genauso wenig dulden wir, dass einer von uns jemanden angreift, der kaum in der Lage ist, sich zu wehren." Er fuhr sich durch die dunklen Haare. „Natürlich gibt es bei uns auch Schlägereien, Streit oder Ähnliches, nur in dem Fall ist er gegen dich gegangen, wobei deutlich war, dass du ihm unterlegen bist."

Jetzt rieb Chrissi sich über die Arme. „Du meinst, er hätte mich tatsächlich verletzt?" Angst stand in ihren grünen Augen.

Unsicher zuckte Blake mit den Schultern. „Das kann ich nicht mit Gewissheit sagen, nur gehe ich da kein Risiko ein." Er streichelte ihr über den Rücken. „Du bist bei mir sicher, dafür verbürge ich mich, Piseag."

Das würde sie gerne glauben, allerdings hatte er Aufgaben innerhalb des Rudels zu erledigen. Nachdenklich hob sie den Blick, um ihn anzusehen. „Was genau machst du eigentlich beruflich? Beatrice hat gesagt, dass du Ethan als Azubi abgelehnt hast." Darüber wusste sie noch gar nichts.

„Ich habe eine Autowerkstatt mit angeschlossener Tankstelle. Als Meister bin ich in der Lage, neue Leute auszubilden." In seinen Augen funkelte es amüsiert. „Das ist es, womit ich im Moment meinen Unterhalt verdiene, aber ich war auch schon in vielen anderen Berufsfeldern tätig. Mit mehr als dreihundert Jahren auf dem Buckel hatte ich Zeit genug, um einiges auszuprobieren."

„Du machst einen Scherz, oder?"

Ernst verneinte er. „Ich habe das Massaker damals nur überlebt, weil Hamish und Caitriona sich um mich gekümmert haben. Genau wie um Cameron. Sie sind für uns wie Eltern."

„Wenigstens hast du deine Familie kennengelernt", murmelte sie, da ihr in dem Augenblick einfiel, dass sie einfach abgegeben wurde. Weggeworfen wie ein Stück Abfall.

Sofort hob er ihr Kinn an, sah ihr tief in die Augen, wo er den Schmerz erkannte, der in ihrer Seele brannte. „Du weißt nicht, was deine Leute dazu bewogen hat, dich in die Obhut des Staates zu geben."

Seufzend stimmte sie zu. „Genau, deshalb besteht auch die Möglichkeit, dass sie mich als zu große Belastung gesehen haben." Verbitterung klang in ihrer Stimme mit.

„Dann sind sie ziemlich dumm. Du bist ein wundervoller Mensch mit dem Herzen am richtigen Fleck. Glaub mir, ich besitze eine Menge Menschenkenntnis.“ Sanft küsste er sie, ließ sie auf diese Weise seine gesamte Liebe spüren.

Chris lehnte sich an ihn, es tat ihr gut, zu fühlen, dass da jemand war, der sie so wollte, wie sie war. Die Tatsache, dass sie abgegeben worden war, tat plötzlich nicht mehr so weh.

„Hey, du hast unsere Sängerin lange genug abgelenkt. Ich will jetzt auch mit ihr zusammen ein Lied performen“, rief in dem Augenblick Cameron herüber.

„Perfektes Timing“, knurrte Blake, ließ sie aber trotzdem los. „Möchtest du weitersingen?“

Ein Strahlen glitt über ihr Gesicht. „Wenn es für dich in Ordnung ist, gerne.“ Sie wollte ihn nicht einfach so stehen lassen, gerade weil er ihr das Gefühl gab, wertvoll zu sein.

„Na los, sonst kommt Cameron dich holen, so wie ich ihn kenne.“ Er gab ihr einen kleinen Klaps, woraufhin sie zu der Band rüberging.

Auffordernd hielt ihr Keith ein Blatt hin und ihre Augen strahlten ihn an. „Das ist einer meiner Lieblingssongs.“ Sie nickte den Jungs zu, die sofort spielten. Ganz kurz sammelte sie sich, ehe sie die Leute erneut mit ihrer Stimme in ihren Bann zog. Don´t stop me now von Queen, war in der Tat eins ihrer Lieblingslieder, was sie aus dem Stegreif performen konnte. Sie ging völlig in der Musik auf, tanzte im Takt und brachte das gesamte Rudel dazu, mitzumachen, bis auch der Letzte von seinem Platz aufgestanden war.

Begeistert applaudierten die Wölfe, als sie das Lied beendeten, danach folgten einige Songs, die sich gut zum Tanzen eigneten, wobei Chris sich an Beas Rat erinnerte. Doch aktuell wollte sie die Band nicht im Stich lassen, es ergab sich bestimmt später noch eine Gelegenheit.

Cameron drückte ihr ein Ale in die Hand. „Lasst uns auf das neue Bandmitglied anstoßen. Wir behalten dich auf jeden Fall.“ Er zwinkerte ihr zu, anschließend stießen sie an.

Glücklich trank sie einen Schluck, ehe sie sich dem nächsten Lied widmeten. Der Alkohol sorgte dafür, dass sie lockerer wurde, sodass sie nach der ersten Flasche auch eine zweite leerte.

Nach einer knappen Stunde kam Blake zu ihr, packte ihr Handgelenk, um sie zu einem langsamen Liebeslied auf die freie Fläche zu führen.

Ein wenig unsicher bemerkte sie den steinigen Grund unter ihren Füßen, sie war es nicht gewohnt, auf felsigem Boden zu tanzen, aber er führte sie sicher, gab ihr das Gefühl zu schweben.

„Es fühlt sich wundervoll an, dich so in den Armen zu halten“, raunte er ihr zu. „Ich hoffe, dass die Party bald vorbei ist und ich dich wieder für mich habe.“

Verlegen senkte sie den Blick, woraufhin sie stolperte, doch er fing sie sicher auf, überspielte es mit einer gekonnten Drehung, bei der er sie tatsächlich ein Stückchen anhob.

„Lass das, du Spinner, ich bin kein Fliegengewicht“, protestierte sie lachend, obwohl es ihr gefiel.

Schmunzelnd setzte er sie ab, küsste sie auf die Nasenspitze, ehe er ihr widersprach. „Natürlich bist du das. Soll ich es dir beweisen?“

Sie ging auf das neckende Spielchen ein. „Du hebst dir einen Bruch und ich bin schuld. Am Ende muss ich dich noch tragen und dazu bist du zu schwer.“ In ihren Augen blitzte es auf. „Eventuell ist es gesünder für dich, weniger zu essen.“

Sie sah bezeichnend auf seinen Bauch, der kein Gramm Fett zu viel hatte.

„Frechdachs, so wie es aussieht, ist es an der Zeit, dass ich dir Manieren beibringe." Seine Stimme wurde rau. „Du wirst dir gut überlegen, ob du mich reizt, sobald dein Hintern rot glüht." Die Aussage war ihm herausgerutscht, sodass er jetzt die Luft anhielt. Verdammt, sie hatte an genügend Dingen zu knabbern, da sollte er seine Neigung zurückhalten.

„Vielleicht gefällt es mir ja, wenn ich die Spuren meines Herrn auf dem Po trage." Chris wusste selbst nicht, was sie gerade ritt, aber es erschien ihr die beste Möglichkeit, ihm ihre geheimen Fantasien zu beichten, zumal er ja damit angefangen hatte. Darüber hinaus wirkte das Ale bereits, das Cameron ihr quasi aufgedrängt hatte. Natürlich war sie weit davon entfernt, betrunken zu sein, trotzdem machte der Alkohol sie mutiger.

„Willst du mir mitteilen, dass du Erfahrungen im BDSM hast?" Fast wäre Blake aus dem Takt gekommen. Die Hoffnung beschleunigte seinen Puls, doch noch traute er sich kaum, an eine so glückliche Wendung zu glauben.

Vorsichtig schüttelte Chris den Kopf, wobei sie jetzt wieder ihren Verstand einschaltete. „So kann man das nicht sagen, allerdings ist hier nicht der richtige Ort, um darüber zu reden, oder?" Sie sah bezeichnend auf die Leute, die hinter ihnen am Feuer saßen.

Unwillig stimmte er ihr zu, dennoch würde er gerne wissen, ob er mit seiner Neigung offene Türen einrannte. „Später unterhalten wir uns."

Das war mehr eine Drohung als eine Feststellung, trotzdem lachte sie leise. „Bestimmt, aber nur, wenn ich dann noch nüchtern genug bin. Euer Ale hat es in sich." Sie kicherte, was ihr einen eindringlichen Blick des Wolfes einbrachte.

Viel zu schnell wurde er von seinem Bruder aufgefordert, Chris zurück zur Band zu bringen, sodass er ihm am liebsten eine heftige Antwort gegeben hätte, doch seine Kleine ließ ihn einfach auf der Tanzfläche stehen. Sie hatte ein verdammt ausgeprägtes Pflichtbewusstsein, dazu kam ein gutes Gespür für die Menschen, mit denen sie sich abgab und ein mitfühlendes Herz. Was wünschte er sich noch mehr? Blake knurrte leise, als er sich zu Alan setzte. Er wollte seine Gefährtin an seiner Seite haben, jetzt sofort.

„Was ist los? Hat sie dich abserviert?“ Der Freund betrachtete ihn mit einem gutmütigen Lächeln.

„Kann man so sagen, aber nur weil mein lästiger Bruder sie gerufen hat.“ Er trank hastig eine Flasche Ale leer. „Wer hatte die idiotische Idee, sie zum Mitglied der Band zu machen?“

Alan lachte. „Du, wenn ich mich nicht irre. Du wolltest ihr eine Bühne bieten, was du getan hast, zum Glück. Die Kleine ist fantastisch, ich überlege die ganze Zeit, ob sie eine Bannmagierin ist, die in der Lage ist, die Leute mit ihren Worten zu beeinflussen.“

Bei der Aussage wurde Blake nachdenklich. Es stimmte, dass sie sogar die erfahrensten Wölfe mit ihrem Gesang fesseln konnte. „Du vermutest, dass sie von einer Sirene abstammt?“

Sofort schüttelte der Chief den Kopf. „Nein, dazu ist ihre Haut nicht durchscheinend genug, außerdem bezirzt sie niemanden mit ihrem Aussehen. Ich glaube ja, dass sie nicht mal weiß, wie toll sie aussieht.“ Er betrachtete sie einen Augenblick. „Ich denke, dass sie aus einem alten Magier- oder Hexengeschlecht kommt. Eventuell haben ihre Eltern sie aus Angst abgegeben.“

Dem Gedankengang folgte Blake für einen Moment, dabei gab er zu, dass die Erklärung seines Kumpels durchaus einleuchtend erschien. Er sollte dringend Erkundigungen einholen, wobei er sich an die Magische Welt und die Wächter wenden würde. Falls seine Kleine auf irgendeine Art zu den Paranormalen gehörte, musste sie das wissen. Vielleicht konnte er ihr auch die Selbstzweifel nehmen, indem er aufklärte, was dahinter steckte, dass ihre Eltern sie einfach weggegeben hatten. Doch jetzt war keine Zeit, um zu grübeln, er wollte den Abend mit ihr auskosten, zumal sie da eine Andeutung gemacht hatte, die ihn brennend interessierte.

Alan legte ihm eine Hand auf den Arm. „Lass ihr ein wenig Freiheit, sonst wird sie rebellieren. Sie genießt es, mit den Jungs zu musizieren."

Erstaunt musterte er den Freund. „Denkst du, dass ich sie mit Gewalt da weghole?"

„So wie du sie angestarrt hast, ist mir der Gedanke gekommen, aye." Alan schmunzelte. „Sie taut langsam auf, was mich für euch beide freut."

Dem stimmte Blake bedingt zu. „Die Frage ist nur, wann sie wieder in ihre Panik zurückverfällt." Wie gerne würde er ihr die Sicherheit geben, die sie verdiente. Geduld war nun mal nicht seine Stärke, trotzdem beherrschte er sich und sah eine Weile einfach nur zu, wie sehr sie in ihrer Musik aufging.

Kapitel 12 - Im Haus des Werwolfs

Die Sonne ging gerade auf, als sie sich in ihr Zelt zurückzogen. Müde kuschelte Chris sich an ihn, fühlte sich herrlich beschützt. Im Laufe des Abends hatten sie noch oft getanzt, außerdem war ihr sein Blick ständig bewusst gewesen. Selbst die Aussicht, dass er mit ihr über BDSM sprechen wollte, machte ihr keine Angst, ganz im Gegenteil, es prickelte in ihr, während sie über eine Session mit ihm nachdachte. Ob er mehr auf ihre Bedürfnisse achten würde als Gerold? Eine leise Stimme tief in ihr sagte ihr, dass sie die beiden Männer niemals vergleichen konnte. Wo der eine egozentrisch und herrisch war, benahm sich der andere genauso fürsorglich wie dominant.

„Du solltest langsam schlafen, wir werden nach dem Mittagessen nach Hause fahren“, bemerkte Blake plötzlich.

Ein Schmunzeln huschte über ihr Gesicht. „Und ich dachte, ich hätte dich überzeugt, dass ich längst eingeschlafen bin.“

Er lachte heiser. „Ich kann deinen Herzschlag hören.“ Mehr sagte er nicht, stattdessen zog er sie fest an sich.

Ein Glücksgefühl, das sie sich nur schwer erklären konnte, machte sich in ihr breit, als sie die Augen schloss, um endlich einzuschlafen.

Blake betrachtete sie eine ganze Weile, als magisches Wesen benötigte er kaum Schlaf, sodass er die Auszeit in vollen Zügen genoss. Wer wusste schon, wann sie erneut in Panik verfiel. Bei dem Gedanken seufzte er leise, zumal er ihr auch noch von den restlichen Paranormalen erzählen musste.

Seine Kundschaft bestand nicht nur aus Normalen und Werwölfen, da sollte sie wissen, auf was sie sich einließ. Kurz dachte er daran, sie einfach unwissend zu lassen, aber das kam nicht infrage. Jeder würde zumindest ahnen, dass er sie eingeweiht hatte, sobald er sie als seine Lebensgefährtin vorstellte.

Energisch schob er die Grübeleien zur Seite, einen Schritt nach dem anderen, alles darüber hinaus brachte nur Chaos.

Vorsichtig löste er seinen Griff, stand auf, um zu seinen Leuten ans Feuer zu gehen. Wie erwartet traf er hier auf Alan, Cameron und Hamish.

„Was ist los?" Sein Bruder runzelte die Stirn. „Ich habe keinen Streit gehört."

Blake verzog mürrisch das Gesicht. „Weil es keinen gab, du Blitzmerker. Sie schläft. Ihr habt sie ganz schön abgefüllt." Das stimmte zwar so nicht, aber er wollte keine langen Erklärungen abgeben.

Die anderen Männer ließen die Ausrede so stehen, sie kannten den eigensinnigen Wolf zu gut, der oft sein weiches Herz versteckte.

„Du musst ihr von ihren Möglichkeiten erzählen", bemerkte Hamish auf einmal. „Sie sollte wissen, dass sie den Eid schwören oder einer Operation zustimmen kann, anstatt bei dir zu bleiben."

Sofort schüttelte Blake wild den Kopf. „Auf keinen Fall lasse ich zu, dass irgendjemand an ihrem Gehirn rumpfuscht." Sein Blick bekam etwas Gefährliches. „Außerdem würde sie im Moment alles tun, um ihre Freiheit zurückzubekommen." Er schluckte, denn das bedeutete auch, dass sie jeder Forderung nachkam, um ihn verlassen zu können.

Nachdenklich blickte Alan ins Feuer. „Wenn sie deine Dualseele ist, wovon wir ausgehen dürfen, wird sie die richtige Entscheidung treffen“, bemerkte er nach einer kleinen Weile. „Es ist unfair, sie im Glauben zu lassen, dass sie keine Wahl hat.“

Das wusste Blake selbst, trotzdem traute er sich einfach nicht, ihr die Wahrheit zu sagen. „Sie ist völlig verängstigt, da werde ich ihr keine Möglichkeit geben, um falsch zu reagieren.“ Er verschränkte die Arme vor der Brust, woraufhin die anderen die Diskussion beendeten.

Sie kannten diese Geste, sodass ihnen bewusst war, dass er auf stur gestellt hatte.

„Ich hatte nicht den Eindruck, dass sie vor Angst stirbt“, warf Cameron ein, doch er erhielt nur ein warnendes Knurren. „Du musst wissen, was du tust.“ Er zuckte mit den Schultern.

Blake sah seine Freunde mürrisch an. Keiner würde sich einmischen, das war Ehrensache, trotzdem merkte man ihnen an, dass sie mit seiner Entscheidung unzufrieden waren. Er selbst wusste ja, dass er sich falsch verhielt, aber die Furcht davor, dass sie ihn verlassen könnte, hielt ihn zurück.

„Was machst du mit ihr, wenn du zur Arbeit musst?“ Hamish sah ihn von der Seite aus an.

Unentschlossen zuckte er mit den Schultern. „Ich werde sie mitnehmen, was anderes bleibt mir nicht übrig. Sie weigert sich, mir ihr Ehrenwort zu geben, dass sie nicht abhaut.“

Stille folgte, wobei die Männer ins Feuer starrten, bis die ersten Rudelmitglieder ausgeschlafen hatten und sich zu ihnen gesellten. Caitriona kochte Kaffee für alle, außerdem begannen die Aufräumarbeiten.

Blake hieß die Ablenkung willkommen, besonders da ihm die Vorstellung, Chris tatsächlich wie eine Gefangene halten zu müssen, ins Herz schnitt.

~~°~~

„Aufstehen, Piseag."

Die sanfte, etwas raue Stimme drang an ihr Ohr und sie zog missmutig die Decke über den Kopf. Es war viel zu früh, ihr gesamter Körper schrie nach Ruhe.

Blake lächelte auf sie herunter, ehe er ihr die Bettdecke wegzog. „Du kannst im Auto weiterschlafen, außerdem dauert es nur eine gute halbe Stunde, bis wir zu Hause sind." Er sammelte ruhig seine Sachen ein, während sie sich streckte.

„Wie spät ist es denn?" Sie wuschelte sich durch die Haare, die bestimmt in alle Richtungen abstanden.

Blake sah auf seine Uhr. „Es ist bereits kurz nach vier. So lange wollte ich dich gar nicht schlafen lassen. Los jetzt, die anderen sind zum Teil schon weg."

Erschrocken blickte sie ihn an, ehe sie sich ihre Sachen schnappte, um sich umzuziehen.

Sofort packte er sie am Handgelenk. „Wohin willst du?" Misstrauisch musterte er sie.

„In die Nachbarkabine, um mich richtig anzuziehen oder glaubst du, dass ich in Unterhose und Shirt rausgehe?" Chris verdrehte genervt die Augen. „Deine Leute werden mich wohl kaum hier rausschmuggeln, stimmt doch?"

Zerknirscht nickte er. „Tut mir leid, Piseag. Ich habe einfach Angst, dich zu verlieren", gab er offen zu.

Bei den Worten schluckte sie, da sie sich im Grunde ganz ähnlich fühlte. Stopp! Wann hatte sie sich denn so sehr in den Wolf verliebt? Eilig stürmte sie aus der Kabine, um sich in der angrenzenden Schlafkabine erst einmal auf den Boden zu setzen. Handelte es sich um echte Gefühle oder entwickelte sie jetzt schon ein Stockholm-Syndrom? Langsam schüttelte sie den Kopf, sie hatte mal etwas darüber gelesen, aber das klang völlig anders als ihre Situation. Dabei gab es Freiheiten genauso wenig wie Spaß.

Seufzend gab sie sich selbst gegenüber zu, dass sie den Abend weitestgehend genossen hatte. Was war nur los mit ihr? Stimmte es am Ende, dass sie zu dem großen bösen Wolf gehörte? Sie kicherte leise bei dem Gedanken, zumal Blake gar nicht so böse war.

„Wenn du Beatrice Auf Wiedersehen sagen willst, solltest du dich beeilen", rief er ihr in dem Augenblick zu.

Sofort schob sie ihre Überlegungen zur Seite, streifte sich die getragenen Kleider vom Leib, ehe sie sich anzog. Duschen konnte sie bestimmt später, aber die Zähne wollte sie auf jeden Fall putzen.

Eilig verließ sie das Zelt, sah sich suchend um, bis Bea ihr fröhlich zuwinkte. Die Frauen liefen aufeinander zu.

„Gibst du mir bitte noch ein paar Minuten? Ich muss unbedingt diesen ekeligen Geschmack loswerden." Sie hob die Zahnbürste, die sie in der Hand hielt, etwas an.

„Klar, wir sind mit dem Aufräumen fertig, da tut eine Pause ganz gut." Sie zwinkerte ihr zu.

„Weshalb habt ihr mich nicht geweckt? Ich hätte gerne geholfen." Man sah Chris ihr schlechtes Gewissen an, doch Bea winkte bereits ab.

„Wir brauchen nur wenig Schlaf, im Gegensatz zu dir, außerdem war es nicht so viel.“ Sie gab der Freundin einen leichten Schubs. „Geh dich frischmachen, ich warte auf dich. Auf keinen Fall lasse ich dich weg, ohne dass wir unser Nummern ausgetauscht haben.“

Eilig lief Chrissi zum Cottage, wo das Badezimmer zum Glück frei war. Während sie sich wenigstens rudimentär für den Tag zurechtmachte, dachte sie darüber nach, dass sie hier in so kurzer Zeit tatsächlich Freunde gefunden hatte. Ihr Misstrauen flüsterte ihr zwar zu, dass sie erst einmal abwarten sollte, aber ihr Herz sagte ihr, dass sie sich auf diese Leute verlassen durfte. Zum ersten Mal in ihrem Leben wurde sie akzeptiert, ob das so blieb, wusste sie nicht, trotzdem war es ein tolles Gefühl.

Als sie aus dem Cottage kam, wartete Bea an einen Jeep gelehnt auf sie.

„Wow, ist das deiner?“

Lachend nickte Bea. „Ja, ich liebe Geländewagen. Außerdem habe ich ja einen Patenonkel, der ihn in Schuss hält.“ Sie zuckte leicht mit den Schultern. „Was glaubst du, weshalb ich sonst so mit Blake reden könnte? Ich darf mir mehr herausnehmen.“

Chris runzelte die Stirn. „Warum hast du das nicht sofort gesagt?“ Wollte die Wölfin ihr vielleicht etwas verheimlichen?

Bea lachte leise. „Wir sind irgendwie alle verwandt und wenn es nur um tausend Ecken ist. Um ehrlich zu sein, habe ich gar nicht daran gedacht, es zu erwähnen. Es macht keinen Unterschied.“

Dem stimmte Chrissi zu, im Gegenteil, eventuell war es sogar von Vorteil.

„Gib mir mal deine Telefonnummer“, verlangte Beatrice jetzt. „Oder willst du den Kontakt abbrechen?“

Christine stieß sie mit der Schulter an. „Bist du irre? Ich brauche jede Unterstützung, die ich bekommen kann. Wobei es wahrscheinlich nur auf Telefonate hinauslaufen wird.“ Sie diktierte ihr die Nummer.

„Weshalb glaubst du das? Ich wohne zurzeit auch in Kinlochleven, nur einen Katzensprung von Blakes Haus entfernt. Zumindest, bis ich wieder nach Edinburgh in die Uni muss.“ Irritiert musterte sie Chris, die verlegen das Gesicht verzog.

„Ich habe mich geweigert ein Versprechen zu geben, das ich nicht halten kann. Er wird mich einsperren.“ Offen begegnete sie ihrem Blick, dabei sah sie, dass Blake auf sie zukam. „Mein Kerkermeister kommt schon.“

Bea kicherte. „Ich schicke dir eine SMS, sodass du meine Nummer hast, sobald wir wieder Empfang haben. Im Dorf ist das Netz ganz gut.“ Sie umarmte Chris. „Zeig ihm ruhig mal die Krallen, das braucht er“, flüsterte sie ihr ins Ohr.

„Sicher, ich hab ja auch so enorme Chancen gegen ihn.“ Sie verdrehte die Augen. „Ich freue mich, dass du in meinem Leben bist.“

Blake war mittlerweile bei den beiden Frauen angekommen und sah von einer zur anderen. „Du bist jederzeit bei uns willkommen, Bea, das weißt du.“

„Klar, allerdings kennst du mich gut genug, da sollte dir bewusst sein, dass ich nicht zulasse, dass du Chris wie eine Gefangene hältst.“ Sie blitzte ihn herausfordernd an.

Er lachte, während er seine Gefährtin an sich zog. „Davon gehe ich aus, wobei ich niemals vorhatte, sie im Käfig bei Wasser und Brot einzusperren.“ Er seufzte.

„Solange sie sich weigert, mir zu versprechen bei mir zu bleiben, werde ich sie bewachen müssen. Du bist mit unseren Gesetzen aufgewachsen."

Nachdenklich nickte sie. „Ja, allerdings gibt es Möglichkei..."

Ein warnendes Knurren stoppte sie.

„Lass dich nicht von ihm einschüchtern, bitte. Was verheimlicht er mir?" Chris löste sich von ihm, anschließend stemmte sie die Arme in die Seiten.

„Das soll er dir selbst erklären, auf ein Familiendrama verzichte ich gerne. Sorry, aber er hat mir da eine klare Ansage gemacht." Bea sah die Freundin schuldbewusst an.

„Du meinst, er hat dir mit dem bösartigen Laut verboten, mir die Wahrheit zu sagen?" Wütend blickte Chrissi erneut von einem zum anderen.

„Ja, so in der Art. Er gehört zu den Rudelführern, da muss ich gehorchen." Beatrice sah sie unglücklich an. „Es tut mir leid. Ich kann dir nur versichern, dass er dir niemals schaden wird." Sie umarmte Chris. „Melde dich, falls du mich brauchst." Damit stieg sie in ihr Auto und fuhr los.

„Erklärst du mir bitte, was das war? Du verbietest ihr, mir etwas mitzuteilen, was mich aus der Situation befreit?" Stinksauer drehte sie sich zu ihm um.

„Ja, weil du im Moment die falsche Entscheidung treffen würdest." Offen hielt er ihrem Blick stand. „Versuch, mir zu vertrauen."

Spöttisch stieß sie die Luft aus. „Klar, ist ja auch so einfach, wenn man dumm gehalten wird." Sie wandte sich ab, nur um festzustellen, dass Cameron gerade das Zelt im Pick-up verstaute. Auf der Ladefläche erkannte sie ihren Koffer, was ihr in Erinnerung rief, dass sie beim Aufräumen hätte helfen sollen, anstatt mit dem Wolf zu streiten.

Sie ging zu Cameron. „Tut mir leid, dass du die ganze Arbeit allein machen musstest.“ Verlegen schob sie die Hände in die Hosentaschen.

„Kein Ding, die Jungs haben mir geholfen.“ Er deutete auf die Musiker, die bereitstanden, um sich zu verabschieden.

„Wenn du magst, komm doch am kommenden Wochenende nach Fort William, wir treten dort auf und hätten dich gerne als Unterstützung.“ Keith lächelte sie freundlich an.

„Dein Ernst?“ Chris starrte ihn staunend an. Da war zwar noch der Vertrag mit Gerold, aber darauf brauchte sie wohl kaum mehr Rücksicht zu nehmen, das Kind war längst in den Brunnen gefallen.

„Du bist eine Bereicherung für unsere Band, also überleg es dir. Es gibt natürlich eine Gage, die wir aufteilen“, mischte sich James ein. „Blake hat unsere Telefonnummern.“

Jetzt seufzte Chrissi leise. „Er wird es mir verbieten, weil er mich da nicht unter Kontrolle hat. Somit kann ich auch gleich absagen.“

Cameron lachte auf. „Du schätzt ihn echt falsch ein. Aber wir sollten langsam los. Lass uns zu Hause reden.“

Die Jungs umarmten sie, anschließend stieg sie widerwillig in den Pick-up. Für sie stand fest, dass sie die Chance ihres Lebens verpassen würde, da Blake sie unbedingt bewachen wollte. Insgeheim gab sie zu, dass sie unfair war, denn sie musste ihm ja nur ihr Ehrenwort geben. Leider war sie dazu noch nicht in der Lage.

Die Fahrt verlief schweigend, auch weil sie von der Gegend fasziniert war, darüber hinaus wusste sie nicht, was sie sagen sollte, zumal Cameron auf dem Beifahrersitz saß.

An einem schmucken Häuschen am Rande von Kinlochleven parkten sie, bevor sie gemeinsam die Sachen reinbrachten.

„Ich lasse euch mal alleine, es scheint, dass ihr eine Menge zu besprechen habt.“ Cameron zwinkerte ihr zu, schlug seinem Bruder auf die Schulter und verschwand.

„Wohnt er auch hier?“ Das war die unverfänglichste Frage, die ihr in den Sinn kam.

Blake schüttelte leicht den Kopf. „Nein, er hat sein eigenes Haus ein paar Meter die Straße rauf.“ Langsam ging er auf sie zu. „Bitte, ich möchte doch nur, dass es dir gut geht. Die Möglichkeiten sind alles andere als ungefährlich.“

„Deshalb überlegst du dir bereits, wie du verhindern kannst, dass ich mit den Jungs auftrete, richtig? Weil ich in der Stadt verloren gehen könnte.“ Sarkasmus tropfte aus ihrer Stimme.

Blake lachte auf. „Nein, wenn du willst, dann fahre ich dich auch persönlich hin.“ Er zog sie gegen ihren Widerstand in seine Arme. „Du wirst die Leute dort genauso bezaubern wie mein Rudel.“

Sofort erlahmte ihre Gegenwehr. Was hatte der Mann nur an sich, dass sie nachgab, sobald er sie berührte? Die Lust, mit ihm zu streiten, war ihr vergangen, außerdem gab sie zu, dass sie ihn im Grunde gar nicht verlassen wollte. Himmel, was dachte sie denn da?

Erschrocken über ihre Gedanken, griff sie das nächstbeste Thema auf, das ihr in den Kopf kam. „Mist, ich muss dafür sorgen, dass das Auto von Seamus repariert wird.“ Sie seufzte, da sie so gar keine Ahnung hatte, wie sie ohne Geld ein Abschleppunternehmen beauftragen sollte. Ungeduldig wand sie sich aus seiner Umarmung.

„Was denkst du eigentlich von mir?“ Blake runzelte die Stirn, als er sie jetzt ansah. „Der Wagen steht längst in meiner Werkstatt und gleich morgen sehe ich mir den Schaden an.“

Er stieß unwillig die Luft aus, dachte sie tatsächlich, dass er sie dermaßen hängen ließ?

„Tut mir leid, das habe ich völlig vergessen." Chris setzte sich auf einen Sessel. Im Moment war ihr alles zu viel, auf der einen Seite gab es da dieses fantastische Angebot, andererseits wollte ein Werwolf sie zwingen, bei ihm zu bleiben. Müde rieb sie sich über die Augen.

„Vielleicht solltest du dir erst einmal dein neues Zuhause ansehen?", schlug Blake sanft vor. „Wir können ändern, was dir nicht gefällt."

Ungläubig sah sie ihn an. „Du würdest wirklich deine Einrichtung verändern, nur weil sie mir nicht zusagt?"

„Sicher, ich will, dass du dich wohlfühlst." Er zuckte gleichgültig mit den Schultern. „Mir ist es einerlei, es sei denn, du entscheidest dich für pink."

Bei den Worten lachte sie auf. „Da bin ich raus. Das ist für mich keine Farbe, sondern eine Zumutung."

Auf sein übertrieben lautes Aufatmen hin verdrehte sie lediglich die Augen. Blake hielt ihr eine Hand hin, die sie ergriff, um sich hochziehen zu lassen.

„Das Wohnzimmer", kommentierte er überflüssigerweise.

Sie sah sich zum ersten Mal bewusst um und bemerkte, dass ihr gefiel, was sie sah. Es gab einen Kamin, der den Raum dominierte, außerdem waren die Wände in einem hellen Braun gehalten, sodass es gemütlich, aber nicht düster wirkte. Die Couchgarnitur stellte einen deutlichen Kontrast mit ihrem hellbeigefarbenen Bezug dar, lud jedoch genauso dazu ein, sich darauf zu kuscheln. Ein Plaidt in den Farben der MacDonalds lag über der Lehne, was sie zum Schmunzeln brachte. Einen Fernseher suchte sie vergebens, allerdings gab es ein riesiges Bücherregal.

Neugierig trat sie näher, ließ ihren Blick über die Titel schweifen, ehe sie sich ein wenig enttäuscht abwandte.

„Nichts für dich dabei?“ Blake schmunzelte, da er am liebsten Krimis, Thriller und Fachbücher las.

Vorsichtig zuckte sie mit den Schultern. „Ich mag mehr Fantasy oder Romance“, gab sie leise zu. „Manchmal bin ich eben auch ein Mädchen.“

„In dem Fall besorgen wir dir die Bücher, die dir gefallen. Es gibt eine Buchhandlung in Fort William.“ Er konnte der Versuchung nicht widerstehen und zog sie fest an sich. „Du bist mein Mädchen, daher steht dir alles zur Verfügung, was ich besitze.“

So weit wollte sie noch nicht gehen, aber zum Streiten fehlte ihr zurzeit die Lust. „Wir werden sehen“, murmelte sie.

Die Küche war praktisch eingerichtet, dabei dominierte die Farbe blau, was ihr einen fröhlichen Anstrich gab.

„Du kochst bestimmt oft, oder?“ Neugierig musterte sie ihn.

„Aye, wenn es die Zeit zulässt. Ich behaupte mal, dass ich kaum etwas verlernt habe, wobei ich mich niemals mit Caitriona messen würde.“ Er schmunzelte. „Sie ist einfach die beste Köchin auf der Welt.“

Chris seufzte leise. „Ich wünschte, ich hätte es gelernt.“

„Ich teile meine Kenntnisse gerne mit dir.“ Einen Augenblick stellte er sich vor, wie sie hier in seiner Küche gemeinsam ein Essen zubereiteten, doch seine Fantasie driftete viel zu schnell in eine andere Richtung. Kochlöffel konnten so gut missbraucht werden.

„So wie du gerade aussiehst, denkst du an alles, aber ganz gewiss nicht an das Zubereiten von Gerichten“, neckte sie ihn. „Verrätst du mir, was du dir vorgestellt hast?“

Sanft schüttelte er den Kopf. „Das, meine Kleine, ist ein Thema für später." Mit den Worten schob er sie aus der Küche.

Gemeinsam streiften sie durch das Cottage, das Chris begeisterte. Es gab nichts, was sie ändern würde, darin stimmten ihre Geschmäcker schon mal überein.

„Wo soll ich schlafen?", erkundigte sie sich, als sie im Schlafzimmer standen. Hier herrschten genau die gleichen hellen Farben vor, die den Raum fröhlich erscheinen ließen, allerdings bemerkte sie auch, die vielen Möglichkeiten, jemanden zu fesseln.

Blake runzelte die Stirn. „Was denkst du? Ich werde das Risiko kaum eingehen, dass du aus dem Fenster kletterst und dich am Ende noch verletzt."

Schnell unterdrückte sie ein zufriedenes Lächeln, da sie befürchtet hatte, er würde jetzt auf Abstand gehen. Ehrlich gestand sie sich ein, dass sie es genoss, an ihn gekuschelt einzuschlafen. Aber war er nicht der gefährliche Wolf?

„Biest, du hast mich ziemlich geschickt auf den Arm genommen", bemerkte er mit einem Schmunzeln.

So ganz hatte sie ihre Gesichtszüge doch nicht unter Kontrolle. „Es ist immer noch besser, als in einer Abstellkammer eingeschlossen zu werden." Der Versuch, ihre Stimme kalt klingen zu lassen, gelang ihr halbwegs. Chris hatte die Nase voll davon, ständig in Angst zu leben, deshalb beschloss sie mitzunehmen, was sie bekommen konnte. Wahrscheinlich würde die Furcht viel zu schnell zurückkommen.

Blake packte sie an den Schultern, um sie eindringlich zu mustern. „Glaubst du tatsächlich, dass ich dermaßen herzlos mit dir umgehe?" Er seufzte. „Wenn du doch nur in der Lage wärst, mir zu vertrauen. Du hast mein Herz im Sturm erobert. Das hier ist kein Spiel.“ Jetzt erkannte er, dass sie es nur mit Mühe schaffte, ihre Belustigung zurückzuhalten. Kopfschüttelnd betrachtete er sie. „Was soll ich nur mit dir machen?“

Kokett zog sie die Nase kraus. „Das musst du schon selbst herausfinden.“ Sie drehte sich zum Kleiderschrank, um ihn zu öffnen. „Als Erstes solltest du Platz für meine Sachen schaffen, ich mag es nicht aus dem Koffer zu leben.“ Sie deutete auf den Schrank, neben dem ihr Lederkoffer stand.

„Das kann warten, zuerst müssen wir reden.“ Seine ernste Stimme jagte ihr einen Schauder über den Rücken. Was kam denn jetzt auf sie zu?

Mit einer Hand an ihrer Hüfte brachte er sie in die Küche, wo sie sich an den Tisch setzte.

„Magst du einen Kaffee oder Tee?“ Er wartete höflich ihre Antwort ab, auch um ein wenig Zeit zu schinden. Es war schwierig für ihn, das Thema anzusprechen, das ihm auf der Seele brannte. Darüber hinaus musste sie sich dringend bei ihren Leuten melden.

Kapitel 13 - Aussprachen

„Danke, einen Kaffee nehme ich gerne.“ Chris fühlte sich auf einmal beklommen. Die gelöste Stimmung war verflogen, besonders weil sie sich fragte, was er mit ihr besprechen wollte.

Blake schaltete die Kaffeemaschine ein, während er überlegte, welches der Dinge, die wichtig waren, er zuerst ansprechen sollte. Es gefiel ihm nicht, ihr drohen zu müssen, aber so wie es aussah, blieb ihm kaum etwas anderes übrig. Es sei denn, er sperrte sie tatsächlich ein und nahm ihr auch das Handy weg.

„Gib mir dein Smartphone“, verlangte er, als der Kaffee durchgelaufen war. Fordernd streckte er die Hand aus.

Sofort schüttelte sie energisch den Kopf. „Auf gar keinen Fall! Ich lasse mich nicht auf diese Weise kontrollieren.“ Wütend hielt sie ihm stand, gleichzeitig kämpfte sie gegen die Enttäuschung an. Weshalb hatte sie gedacht, dass er es tatsächlich ernst mit ihr meinte?

Blake seufzte leise. „Ich wollte lediglich meine Nummer einspeichern. Tut mir leid, aber ich bin ehrlich gesagt, ein wenig angespannt“, gab er zu.

Misstrauisch betrachtete sie ihn. „Ich bekomme es wieder, Ehrenwort?“

„Ja, allerdings benötige ich dein Versprechen, dass du keiner Menschenseele von uns erzählst. Außerdem sagst du mir Bescheid, wenn einer deiner Leute herkommen will.“

Allein an seiner Stimme erkannte sie, dass er keinesfalls von seiner Forderung abweichen würde. Andererseits wollte sie nicht mal Gerold in Gefahr bringen, darüber hinaus glaubte ihr die Geschichte eh niemand. „Ich schwöre es dir. Es existieren übrigens keine echten Freunde in meinem Leben. Seamus war sehr nett, aber ihn kenne ich kaum.“ Sie reichte ihm ihr Handy, was sie noch schnell entsperrte.

Mit gerunzelter Stirn ließ Blake ihre Worte sacken. Seine Gefährtin sollte nicht einen Vertrauten haben? Bei ihrem großen Herzen und ihrer Ausstrahlung? Vorsichtig sog er die Luft ein, bemerkte allerdings keinerlei Hinweise auf eine Lüge. „Weshalb hast du keinen, der für dich einsteht? Niemand, der dich vermisst?“

Traurig schüttelte sie den Kopf. „Nein, ich war immer die Außenseiterin, die, die komisch ist. Wie gesagt, einer der Ersten, den ich als Freund betiteln darf, ist Alan. Wobei ich noch unsicher bin, ob die Freundschaft tatsächlich hält. Genauso geht es mir mit Seamus.“

Eifersucht blitzte in Blakes Augen auf. „Was hat es mit dem Mann auf sich? Er leiht dir einfach so ein Auto, gibt dir seine Nummer, falls du Hilfe brauchst. Ist da mehr?“

Chrissi lachte leise auf. „Ich kenne ihn erst, seit ich in Schottland angekommen bin.“ In kurzen Sätzen erzählte sie von ihrer Begegnung, dabei kam sie nicht drum herum, auch Gerold zu erwähnen.

Natürlich hakte er sofort nach. „Was hat es mit deinem Manager auf sich? Solltest du dich nicht besser bei ihm melden?“ Er spürte deutlich, dass da einiges im Argen lag.

Unschlüssig zuckte sie mit den Schultern. „Vermutlich schon, aber ich habe keine Lust auf den Streit, der folgen wird. Mir ist da ein großer Fehler unterlaufen.“ Abwehrend hob sie die Hände, als der Wolf bereits Luft holte, um eine Frage zu stellen. „Das ist meine Sache, die ich alleine lösen muss. Bitte, gib mir Zeit."

Unwillig grummelte er, beließ es allerdings dabei. Ihm war klar, dass er zu dem Zeitpunkt kaum absolutes Vertrauen erwarten konnte. „Gut, kommen wir zum Thema zurück. Du hast versprochen, dass du niemandem etwas über uns Werwölfe erzählst und mir Bescheid sagst, sollte jemand herkommen. Du kannst dich natürlich auch jederzeit an Cameron oder Alan wenden."

Verstehend nickte Chris, gleichzeitig spürte sie die Erleichterung. „Ich dachte, du wolltest mir mitteilen, dass ich isoliert werde wie eine Pestkranke."

Entsetzt starrte er sie an. „Du hältst mich für dermaßen kalt?" Enttäuschung stand in seinen Augen.

Sanft legte sie ihre Hand auf seinen Arm. „Ich kenne dich kaum und du hast mir ziemlich eindrucksvoll bestätigt, dass du mich als Gefangene behandeln wirst." Sie schluckte. „Nein, ich denke nicht, dass du herzlos oder gemein bist." Er hatte ihr das Gegenteil bereits bewiesen.

Vorsichtig schob er seine Hand über ihre, lächelte sie verliebt an. „Noch mal, ich tue alles, damit es dir gut geht. Nur bin ich an unsere Gesetze gebunden. Ich bin für dich verantwortlich und solltest du jemandem von uns erzählen, steht darauf die Todesstrafe. Das betrifft nicht nur dich, sondern auch mich."

Vor Entsetzen stand ihr der Mund offen. „Das ist doch Unsinn. Bitte sag mir, dass du mir nur Angst einjagen willst." Allein an seinem Blick erkannte sie, wie ernst es ihm war.

„Nein, unser Gesetz ist fair, aber hart. Wir müssen alles tun, um uns zu schützen, dabei ist die Geheimhaltung das oberste Gebot. Wer willentlich dagegen verstößt, hat sein Leben verwirkt." Er seufzte leise, auf keinen Fall wollte er, dass sie erneut in Panik verfiel. „Es existieren Ausnahmen, besonders bei jungen Mitgliedern der paranormalen Gesellschaft, die ihre Kräfte nur unvollständig im Griff haben. Es geht darum, dass eine Person mit Absicht herumerzählt, dass es uns gibt."

Besser konnte er es nicht erklären, aber Chris verstand ihn. „Irgendwie kann ich das verstehen. Viele Menschen sehnen sich nach Macht, da würden sie versuchen, die Werwölfe unter Kontrolle zu bringen." Sie trank einen Schluck Kaffee. „Mach dir keine Sorgen, ich verrate niemandem etwas. Mir glaubt eh keiner."

Zufrieden nickte er. „Davon bin ich ausgegangen. Allerdings rede ich keineswegs nur von uns Wölfen." Jetzt hielt er die Luft an, innerlich bereitete er sich darauf vor, dass ihre Angst zurückkehrte.

„Gestaltwandler, stimmt, es gibt da ja auch noch andere Tiere." Sie winkte gelassen ab. Den Punkt hatte sie bei so vielen Gesprächen aufgeschnappt, sodass sie die Vorstellung nicht weiter ängstigte. Doch als Blake sie weiterhin angespannt musterte, wurde sie misstrauisch. „Willst du mir gerade mitteilen, dass die Fantasygeschichten real sind?"

Langsam nickte er. „Zum Teil, es existieren so einige Paranormale, die ihr als Sagen- oder Fantasiegestalten abtut." Sanft legte er beide Hände an ihre Wangen. „Sie alle sind dem Gesetz unserer Regierung unterworfen. Die meisten wollen einfach nur in Frieden leben, egal welcher Art sie angehören. Wie bei den Menschen auch."

In ihrem Kopf überschlugen sich die Gedanken, gab es Vampire, Dämonen und solche Fantasygestalten tatsächlich? Eine Gänsehaut breitete sich über ihrem Körper aus.

„Keiner von ihnen wird dir etwas antun, ehrlich. Für die, die sich nicht an die Regeln halten, haben wir die Wächter. Außerdem gibt es noch etliche Dienststellen, so würdet ihr es wohl nennen, die für Ordnung sorgen." Es schnitt ihm ins Herz, als er erkannte, dass die Angst in ihren Blick zurückkehrte.

„Bea möchte zu diesen Leuten gehören", bemerkte sie leise. Langsam dämmerte ihr, dass sie Glück gehabt hatte. Im Grunde hätte sie auch in eine Gruppe Vampire rennen können. „Bin ich bereits einem Dämon oder einem Blutsauger begegnet?" Unsicher musterte sie Blake.

„Das weiß ich nicht, aber es ist wahrscheinlich. Woher kommst du genau?" Er lächelte. „Übrigens, sie verabscheuen die Bezeichnung, genauso wie das Wort Untote. Mittlerweile ernähren sie sich von ihren Gefährten oder Blutkonserven. Sie töten schon lange nicht mehr."

„Du kennst einen Vampir?" Entsetzt riss sie die Augen auf, dabei vergaß sie völlig seine Frage.

„Ja, ich habe Kunden, die dieser Art angehören. Sie besuchen meine Werkstatt nur nachts, weil die Sonne sie röstet." Er zuckte leicht mit den Schultern.

„Aber ihr seid Todfeinde", stieß sie hervor.

Jetzt lachte er laut auf. „Das sind die Geschichten der Normalen. Nein, wir sind sogar teilweise befreundet, obwohl es nur wenige hier in Schottland gibt. Sie ziehen die Karpaten in der Tat vor. Außerdem lieben sie Städte wie Frankfurt, wo das Geld zu Hause ist."

Chris schluckte. „Dann bin ich bestimmt schon einem begegnet, ich habe in der Nähe gewohnt."

„Sieh es mal so, du hast es nicht mal bemerkt, daher waren sie wohl eher ungefährlich, aye?"

Darüber musste sie nachdenken, ehe sie ihm leise zustimmte. „Wahrscheinlich stimmt es, dass Menschen fürchten, was sie nicht kennen."

„Dann sollten wir das ändern." Blake hielt immer noch ihr Gesicht fest, während er ihr in die Augen sah. „Ich stelle dir nach und nach die verschiedenen Arten vor. Natürlich nur meine Kunden. Je mehr Informationen du hast, desto eher kannst du deine Angst ablegen." Er küsste sie liebevoll, was sie sofort ablenkte.

Chris lehnte sich gegen ihn, genoss die Zärtlichkeit, die dafür sorgte, dass sie sich zumindest für einen Moment entspannte.

„Schau mal, mittlerweile fürchtest du dich kaum noch vor uns. Im Gegenteil, du siehst Beatrice und Alan als Freunde an", führte er ihr vor Augen, nachdem er den Kuss beendet hatte.

Nachdenklich nickte sie. War es tatsächlich so einfach? Musste sie lediglich über den Tellerrand hinausschauen und die Leute kennenlernen? „Das ist ein wenig viel auf einmal", gab sie zu.

„Tut mir leid, dass ich dich überfordere. Ich wollte nur verhindern, dass du überrascht wirst, wenn du auf ein paranormales Wesen in der Werkstatt triffst." Offen begegnete er ihrem Blick. „Lügen liegt mir nicht."

„Mir auch nicht. Lass uns ehrlich sein, immer." Sie lehnte sich an ihn. „Versprich mir das. Egal, was ist, du bleibst bei der Wahrheit."

„Deal, das gilt für beide." Er hielt ihr die Hand hin, woraufhin sie einschlug. „Gut, wir sollten ein anderes Thema noch klären."

Fast furchtsam blickte sie ihn an.

„Möchtest du mit der Band auftreten? Ich warne dich, sie nennen sich tatsächlich die Highland Werewolfs." Bei dem Namen musste er lachen. Es war so offensichtlich und trotzdem bemerkte es niemand.

„Du überlässt mir die Entscheidung? Was ist, wenn sie einen Auftritt im Ausland haben oder auf Tournee gehen?" Erstaunen stand in ihrem Gesicht.

„Piseag, du hast mir gesagt, dass das dein Traum ist, also werde ich dich so gut unterstützen, wie ich kann. Natürlich hast du die Wahl, sobald es um dein Leben geht." Er küsste sie auf die Nasenspitze. „Ich bin kein Kerkermeister. Jedenfalls nicht im Alltag."

Bei den Worten horchte sie auf, trotzdem wollte sie zuerst den angesprochenen Punkt klären. „Ich brenne darauf, endlich eine Chance als Sängerin zu bekommen. Gerold hatte da mehr Junggesellenabschiede oder Geburtstage im Sinn", gab sie bitter zu. „Aber in meinem Vertrag steht, dass ich keine eigenen Engagements annehmen darf. Ich muss ihn vorher fragen. Bisher hat er alles getan, damit ich anschließend abgelehnt wurde." Jetzt musste sie Farbe bekennen, denn ihr Manager stand bestimmt auf der Matte, sobald er spitzbekam, dass sie auftrat.

„Überlass ihn mir und gib mir bei Gelegenheit mal, was er da aufgesetzt hat." Seine Stimme klang kalt, sodass sie sofort ablehnend das Gesicht verzog.

„Du wirst niemanden töten, weil er mich schlecht behandelt, hörst du?" Chris versuchte, ihn zu schütteln, doch dazu reichte ihr Kraft nicht.

Belustigt betrachtete er sie. „Denkst du wirklich, dass ich nur die eine Art kenne, um jemanden zurechtzuweisen? Glaub mir, ich habe mehr drauf, als nur zu beißen."

Erleichtert ließ sie sich zurücksinken, bis seine nächste Frage kam.

„Hast du was mit ihm? Oder weshalb liegt der Typ dir so am Herzen?“ Blake hatte Mühe, die Eifersucht im Zaum zu halten, was sie ihm deutlich ansah.

„Bist du irre? Der Kerl ist ein Arschloch.“ Sie stieß empört die Luft aus, bis ihr einfiel, dass sie ja auf ihn hereingefallen war.

Sofort packte Blake ihr Kinn, zwang sie ihm in die Augen zu sehen. „Ehrlichkeit, erinnerst du dich?“

Am liebsten hätte sie seine Hand weggeschlagen, aber das traute sie sich plötzlich nicht mehr. Sein eindringlicher Blick hielt sie in Schach, warnte sie allerdings auch nachdrücklich. „Ich habe kein Verhältnis mit ihm.“ Sie seufzte leise. „Es war ein One-Night-Stand und ein riesiger Fehler.“

Beruhigt ließ er sie wieder los. „Weshalb möchtest du, dass ich ihn schone?“

Ungläubig starrte sie ihn an. „Glaubst du, dass ich mit einem Mörder zusammenleben will? Wir reden hier von einem Menschenleben. Egal, was für ein Mistkerl er ist, er ist es kaum wert, dass du dir die Hände dreckig machst.“

Blake unterdrückte ein zufriedenes Schmunzeln, denn mit der Antwort hatte sie bestätigt, dass sie im Grunde bei ihm bleiben wollte. „Überlass mir deine Sorgen, auch unser Gesetz verbietet es, einen anderen zu töten. Das habe ich dir schon mal gesagt.“ Er strich ihr eine Strähne aus dem Gesicht. „Außerdem ist es nicht mein Stil.“

„Idiot“, zischte sie ihm zu, als ihr bewusst wurde, dass er sie absichtlich in die falsche Richtung gelockt hatte.

„Pass auf deinen Ton auf, meine Kleine. Es könnte sein, dass du doch noch mit glühendem Hintern endest." Die Vorlage musste er einfach nutzen, um zum Thema BDSM überzuleiten.

„Das wagst du nicht", stieß sie hervor, aber ihre Stimme klang belegt, außerdem roch er, dass sie der Gedanke erregte.

„Sicher? Willst du es darauf ankommen lassen?" Genüsslich provozierte er sie weiter, während er deutlich sah, dass sie alles andere als abgeneigt war. Blake beugte sich zu ihr. „Soll ich dir deinen süßen Po nach allen Regeln der Kunst versohlen, bis du um mehr bettelst? Möchtest du Lustschmerz spüren?", flüsterte er ihr ins Ohr.

Chris fühlte sich überrumpelt, gleichzeitig spürte sie das heiße Pochen zwischen ihren Schenkeln. Der Wechsel von Gerold zu ihren geheimsten Träumen überforderte sie. Zaghaft schüttelte sie den Kopf, nur um gleich darauf mit den Schultern zu zucken. Müde rieb sie sich über die Augen. „Keine Ahnung", gab sie ehrlich zu.

Blake verstand sie, stand auf und hob sie auf seine Arme. „Du solltest dich ausschlafen, die letzte Nacht war extrem kurz."

Unwillig strampelte sie mit den Beinen. „Lass mich runter, sofort", begehrte sie auf, doch er dachte gar nicht daran. „Ich muss zumindest Seamus anrufen. Außerdem will ich den Jungs Bescheid sagen, dass ich bei dem Auftritt dabei bin." Erst jetzt fiel ihr ein, dass er ihr Handy noch hatte. „Gibst du mir mein Smartphone, bitte?"

Blake antwortete, nachdem er sie auf dem Bett abgesetzt hatte. „Natürlich, aber du solltest wirklich ausruhen. Es ist verdammt viel auf dich eingeprasselt."

Er sah sie schuldbewusst an, einige Themen hätte er auch später klären können, nur wollte er es einfach hinter sich bringen. „Es tut mir leid, dass ich dich überfordert habe."

Energisch streckte sie die Hand aus.

„Warte bitte einen Moment, ich speichere dir noch schnell die wichtigen Nummern ein." Er holte sein eigenes Smartphone, suchte die entsprechenden Telefonnummern heraus, ehe er sie abspeicherte, anschließend reichte er ihr das Gerät.

„Ich erledige die Telefonate und gehe schlafen." Ein Blick aus dem Fenster sagte ihr, dass bereits mehr Zeit vergangen war, als sie vermutet hatte.

„Ich werde auf jeden Fall bei dir bleiben." Er zuckte entschuldigend mit den Schultern. „Ich muss vorsichtig sein."

Das verstand sie, trotzdem tat sein Misstrauen ihr weh, vielleicht lag es aber auch daran, dass sie sich fühlte, als ob sie in einen Wirbelsturm geraten wäre. So viel ging ihr durch den Kopf, dabei verwirrten ihre Gefühle für diesen seltsamen Mann sie am meisten.

Energisch konzentrierte sie sich auf die Aufgaben, die vor ihr lagen, dennoch starrte sie unschlüssig auf ihr Smartphone.

„Hey, Piseag, glaub mir bitte, dass ich dir gerne etwas mehr Privatsphäre gönnen würde, nur bin ich an unsere Gesetze gebunden." Er legte eine Hand über ihre, während er sie traurig ansah.

Verwirrt schüttelte sie sich. „Wovon redest du? Ich verstehe, dass du hierbleiben musst. Darüber hinaus hörst du mich wahrscheinlich auch, wenn du im Wohnzimmer bleibst, oder?" Sie verstand gerade nicht, was ihn umtrieb.

„Aye, nur von dort kann ich nicht so schnell reagieren", gab er zerknirscht zu. „Es wird besser werden, versprochen."

Jetzt drehte Chris sich zu ihm um. „Was ist los? Du scheinst ein schlechtes Gewissen zu haben, das ist aber unnötig.“ Fragend musterte sie ihn, bis ihr klar wurde, welche Rückschlüsse er gezogen haben musste. Lachend lehnte sie sich gegen ihn. „Ich zögere die Telefonate nicht heraus, ich bin lediglich unschlüssig, womit ich anfange. Mein Gehirn läuft auf Sparflamme.“

Erleichtert stieß er die Luft aus, drückte sie kurz an sich, ehe er ihr einen aufmunternden Schubs gab. „Fang mit den Jungs an. Sie warten bestimmt darauf“, riet er ihr.

Den Ratschlag nahm sie an, zumal das auch ihr dringendstes Anliegen war. Hier ging es immerhin um ihre Zukunft. Vielleicht war der Auftritt genau das Sprungbrett, auf das sie gehofft hatte. Ohne weiter zu zögern, rief sie ihr Telefonbuch auf, um die richtige Nummer herauszusuchen. „Hey, ich bin es, Chrissi. Ich würde gerne auf dein Angebot zurückkommen und am Wochenende mit euch auftreten.“ Sie sprach viel zu schnell, trommelte unbewusst mit den Fingerspitzen auf der Matratze herum, bis Blake seine Finger mit ihren verschränkte.

„Ganz ruhig, es kann nichts schiefgehen“, flüsterte er ihr zu, woraufhin sie die Augen verdrehte.

Das war ihr auch klar, trotzdem fühlte es sich wie ein extrem großer Schritt an, dazu kam, dass sie gerade gegen den Vertrag verstieß. „Echt? Das ist ja super. Ich freue mich!“ Sie schluckte, als ihr einfiel, dass sie irgendwie nach Fort William kommen musste. „Könntet ihr mich abholen?“ Die Bitte fiel ihr verdammt schwer, doch ehe Keith antworten konnte, nahm Blake ihr das Gerät ab.

„Hey, Kumpel, mach dir keinen Kopf, selbstverständlich bringe ich meine Kleine zu ihrem Auftritt.“

Er lächelte sie an, während er auf die Erwiderung seines Freundes hörte. „Alles klar, wir werden dort sein."

Auch Chris verabschiedete sich, ehe sie ihren Wolf wütend anblitze. „Sag mal, was das nötig? Ich kann meine Geschäfte selbst regeln." Sie hasste es, wenn man ihr die Dinge aus der Hand riss.

„Zieh die Krallen ein, Piseag, ich lasse dich nirgendwohin alleine gehen, solange ich dein Ehrenwort nicht habe." Seine Stimme bekam einen harten Unterton, der sie zurückzucken ließ.

Ehrlich gestand sie sich ein, dass er jedes Recht hatte, misstrauisch zu sein. Nur gab es aktuell für sie keinen Grund, um abzuhauen, okay, mal abgesehen von der Tatsache, dass sie gefangen gehalten wurde. Bei dem Gedanken stutzte sie, wie eine Gefangenschaft fühlte es sich kaum an, außerdem waren da ja noch die verwirrenden Gefühle. Nachdenklich musterte sie ihn. „Das verstehe ich, leider kann ich mir selbst nicht trauen. Du hast es ja gesehen, in der einen Minute denke ich, dass ich wirklich Freunde gefunden habe, nur um in der anderen vor Panik wegzulaufen."

„Das ist doch völlig verständlich bei dem, was auf dich eingeprasselt ist." Er strich ihr zärtlich über die Wange. „Gib uns einfach etwas Zeit, dir genauso wie mir."

Dankbar lächelte sie ihn an, ehe sie erneut zum Telefon griff. Sie rief die Nummer von Seamus auf, anschließend wartete sie darauf, dass er sich meldete.

„Chris? Ich hoffe, dass du das bist, sonst lasse ich das Smartphone orten", knurrte er aufgebracht in den Hörer.

„Beruhige dich, ich bin es. Es tut mir wahnsinnig leid, aber ich hatte keinen Empfang. Cameron war so lieb, dich zu informieren." Sie holte tief Luft, denn jetzt kam der schwere Teil. „Dein Auto ist kaputt, ich befürchte, es ist ein Motorschaden."

„Pfeif auf den Wagen, wie geht es dir? Ist alles in Ordnung? Wo bist du?" Er klang aufrichtig besorgt, was Chrissi lächeln ließ.

„Ja, ich bin bei Freunden untergekommen. Wie gesagt, bin ich liegen geblieben, habe mich in den Bergen verlaufen und wurde von einigen sehr hilfsbereiten Menschen gefunden, die mich in ihrer Mitte aufgenommen haben. Vielleicht kennst du den Clan MacDonald?" Sie blickte auf Blake, der einen Daumen hochhielt.

„Welchen meinst du, da gibt es verschiedene Zweige." Seamus hörte sich weiterhin besorgt an, doch jetzt klang er ein wenig ruhiger.

„Die aus Glencoe, zumindest bin ich dort gestrandet. Aktuell gewährt Blake MacDonald mir Asyl in Kinlochleven." Sie lachte leise, als sie ihre Situation so beschrieb.

„Der, der eine Werkstatt hat?" Misstrauen troff aus seiner Stimme.

„Ja, genau der. Er wird sich auch deinen Wagen ansehen." Sie runzelte die Stirn, da sie sich seine schlechte Stimmung nicht erklären konnte. „Bist du mir arg böse?"

„Wie kommst du denn darauf? Ich mache mir Vorwürfe, weil ich dem Mechaniker vertraut habe. Er meinte, das Auto sei völlig in Ordnung. Nur deshalb hast du deinen Auftritt verpasst und hängst jetzt bei dem seltsamsten Clan fest, den das Highland zu bieten hat." Er räusperte sich. „Okay, es ist nur ein Teil, auf den das zutrifft."

Neugierig spitzte sie die Ohren. „Weshalb sagst du das? Sie waren alle mehr als zuvorkommend, haben mir selbstlos geholfen und ich darf sogar in ihrer Band singen."

Blake nickte ihr zufrieden zu, auch ihn interessierte es, was für Gerüchte kursierten.

„Man hört das eine oder andere. Die Leute sind verschlossen, fast schon richtige Geheimniskrämer, außerdem sagt man, dass sie viel altes Wissen besitzen." Seamus atmete durch. „Ich habe mal Acair MacDonald getroffen. Ich gebe zu, dass ich von ihm beeindruckt war. Er hatte eine Ausstrahlung, die ich nur schwer wiedergeben kann. Auf jeden Fall schien er einer der Weisen zu sein, die es nur in Sagen gibt."

Chris lachte auf. „Du bist abergläubisch? Das hätte ich nie vermutet. Ich bin in Sicherheit und auch in guten Händen. Mach dir bitte keine Sorgen." Sie überlegte kurz. „Ich ruf dich an, sobald ich mehr über den Zustand des Autos weiß, okay?"

„Darüber musst du dir deinen Kopf nicht zu zerbrechen, Mädel. Wichtig ist, dass du in Ordnung bist. Melde dich, wenn du mich brauchst." Mit den Worten verabschiedete er sich.

„Ihr habt ja einen tollen Ruf und mich ermahnst du, dass ich vorsichtig sein soll, was ich erzähle?" Chrissi legte das Smartphone auf die Matratze, anschließend verschränkte sie die Arme vor der Brust. „Ich glaube, ihr sorgt bereits für genügend Aufmerksamkeit."

Blake strich sich seufzend über die Lider. „Die alten Gerüchte sind immer noch nicht verstummt, so ein Mist." Er sah sie fragend an. „Wolltest du sonst irgendjemand anrufen? Ich muss dringend mit Alan sprechen. Wir sollten die Gerüchteküche im Auge behalten."

Müde gähnte sie, gleichzeitig schüttelte sie den Kopf. „Nein, ich könnte im Sitzen einschlafen." Eilig streifte sie die Schuhe ab, ehe sie sich auf das Bett legte.

„Zieh dich in Ruhe um, ich bin in der Küche, falls du mich brauchst.“ Blake küsste sie auf die Stirn, anschließend verließ er das Zimmer.

Chrissi dachte kurz darüber nach, ob sie vielleicht einfach in Shirt und Unterhose schlafen sollte, rappelte sich aber noch einmal auf, um sich für die Nacht zurechtzumachen. Aus ihrem Koffer holte sie einen Shorty, ehe sie im Bad verschwand.

Kapitel 14 - Erste Annäherung

Blake überlegte, ob es tatsächlich eine Gefahr darstellte, wenn der Zweig seines Clans als seltsam angesehen wurde, während er darauf wartete, dass Alan sich meldete.

„Hast du Probleme mit der Kleinen?“, erkundigte der Chieftain sich anstatt einer Begrüßung.

Der Schatzmeister knurrte nur leise. „Als ob ich unfähig wäre, das alleine zu regeln.“ Er sammelte sich, bevor er ihm von dem Gespräch mit Seamus erzählte. „Es klang so, als ob er mehr wüsste, aber ihr keinen Schrecken einjagen wollte“, damit beendete er seinen Bericht.

Eine Weile herrschte Stille in der Leitung.

„Du hast recht, wir sollten die Gerüchte im Auge behalten. Falls der Mann irgendetwas weiß, wird er bei dir auftauchen. Ich brauche dir wohl nicht zu sagen, dass du vorsichtig sein sollst, oder?“

Blake brummte nur zustimmend. „Vielleicht reagiere ich auch zu heftig“, gab er leise zu. Aktuell erkannte er sich selbst kaum wieder, ständig machte er sich Sorgen, dabei setzte es ihm zu, dass seine Gefährtin ihm so wenig traute.

„Besser einmal zu oft hingeschaut, als etwas zu übersehen.“ Alan blieb ruhig, zumal immer Gerüchte über ihren Clan aufflammten. Allein die Tatsache, dass es sie trotz des Massakers noch gab, sorgte dafür, dass die Leute misstrauisch reagierten, darüber hinaus liebten die Schotten solche Geschichten. Der Glaube an das Übersinnliche hatte hier überlebt, weitestgehend. „Was macht Chris? Hat sie sich an den Gedanken, dass sie bei einem Wolf lebt, gewöhnt? Oder ängstigt sie sich weiterhin?" Die Sorge um Christine hörte man deutlich heraus.

„Was denkst du denn, was ich mit ihr mache? Natürlich geht es ihr gut. Sie hat sich hingelegt. Außerdem versteht sie langsam, dass ich ihr niemals schaden werde." Er lächelte. „Mittlerweile traut sie sich sogar, mir die Leviten zu lesen."

Alan lachte auf. „Das habe ich mir gedacht, hinter der ängstlichen Fassade steckt Feuer. Pass auf, dass du dir nicht die Finger verbrennst."

„Glaub mir, ich kann sie händeln. Im Ernst, wir sind auf einem brauchbaren Weg, jetzt braucht sie einfach Zeit, um die ganzen Eindrücke zu verarbeiten."

In dem Moment erklang ein Schrei aus dem Schlafzimmer, woraufhin Blake entsetzt das Handy fallenließ. Innerhalb von Sekunden riss er die Tür auf, seine Augen hatten sich in Wolfsaugen verwandelt, genau wie sein Gebiss. Angespannt sah er sich in dem Raum um, bis Chris erneut aufschrie. Mit einem großen Satz war er bei ihr, nahm sie in die Arme, um sie zu beruhigen, gleichzeitig sorgte er dafür, dass er seine menschlichen Züge wiederbekam. Auf keinen Fall sollte sie ihn so sehen.

„Ganz ruhig, Piseag, du hast einen Albtraum", flüsterte er ihr zu, während er sie fest an sich drückte. „Niemand wird dir etwas tun, ich bin bei dir."

Sofort beruhigte sie sich, schmiegte sich an ihn und atmete wieder tiefer.

„Ich will bei dir sein", murmelte sie, gerade als er seinen Griff lockerte.

Hoffnung flutete sein Herz, meinte sie tatsächlich ihn?

Unruhig bewegte sie sich, schüttelte leicht den Kopf. „Nein, Gerold, ich bin nicht in der Lage, dir die Vertragsstrafe zu zahlen.“ Tränen tropften unter ihren geschlossenen Lidern hervor. „Egal, was du tust, halt Blake da raus. Er hat damit nichts zu tun.“ Ihre Stimme klang hart, aber man hörte, dass sie im Traum auf einen Vorschlag einging, der sie traurig machte. „Ich verlasse ihn, um die Schulden abzuarbeiten. Jetzt kannst du dafür sorgen, dass ich nicht nur ihn, sondern auch jede Chance auf einen Durchbruch verliere.“ Sie schluchzte leise, bevor ihre Atemzüge erneut tiefer wurden.

Blake betrachtete sie und schwor sich, dass sie nie wieder Angst haben musste. Er würde sie beschützen, außerdem wollte er sie mit all seinen Mitteln unterstützen, damit sie ihr Ziel erreichte. Einen Moment blieb er bei ihr sitzen, streichelte über ihren Rücken, bis er sich sicher war, dass sie den Traum überwunden hatte.

„Nur ein Albtraum“, beruhigte er Alan, der noch am Telefon wartete.

„Das dachte ich mir bereits. Wovor ist sie so erschrocken? Werwölfe?“ Der Chieftain atmete tief durch, er hatte gehofft, dass sie keine bösartigen Gedanken mit in den Schlaf nahm.

„Nein, ganz im Gegenteil, es ging um ihren Manager.“ Blake erzählte ihm, was er in Erfahrung gebracht hatte.

„Das ist ja ein tolles Früchtchen. Wir sollten ihm einen Besuch abstatten“, bemerkte Alan kalt. „Sie gehört jetzt zu uns, das müssen wir ihm klarmachen.“

Blake stimmte ihm grimmig zu. „Aye, allerdings warte ich lieber, bis er hier aufschlägt. Ich möchte keine Zeit verschwenden, um den Wicht zu suchen oder wegen ihm nach Deutschland zu fliegen. Sobald Chrissi auftritt, wird er sein Recht einfordern, ganz bestimmt.“

„Wahrscheinlich, trotzdem wirst du ihre Sachen holen wollen. Oder soll ich einen der Welpen schicken?“ Alan wartete geduldig ab. Es bedeutete keinen großen Aufwand, ein Rudelmitglied loszuschicken, zumal gerade die Jungwölfe darauf brannten, die Welt zu erkunden.

Blake überlegte einen Moment. „Ich rede morgen mit ihr, dann melde ich mich. Aktuell hat sie genug eingepackt, darüber hinaus können wir einkaufen gehen.“

„Ich halte dich wegen der Gerüchte auf dem Laufenden“, versprach Alan, anschließend verabschiedeten sich die Männer.

Nachdenklich schlenderte Blake ins Schlafzimmer, wo er einen Augenglick auf seine Gefährtin runtersah. Er hatte damit gerechnet, dass sie von Dämonen, Werwölfen oder Vampiren träumte, allerdings nicht, dass sie ihn wegen ihres dummen Vertrags verlassen würde. Da lag noch verdammt viel Überzeugungsarbeit vor ihm. In jeder Hinsicht!

~~○~~

Chris wachte am kommenden Morgen ausgeruht auf, die Sonne schien und sie konnte nüchterner über das nachdenken, was sie erfahren hatte. An den Albtraum erinnerte sie sich nur undeutlich, allerdings war da eine Gewissheit, die ihr sagte, dass Blake ihr beigestanden hatte.

Als sie an den smarten Wolf dachte, huschte ihr Blick zu ihrer rechten Seite, aber er war offensichtlich bereits aufgestanden. Nur der Abdruck auf dem Kopfkissen und die zurückgeschlagene Decke zeigten ihr, dass er tatsächlich neben ihr geschlafen hatte. Seltsam, dass sie ihn nicht bemerkt hatte, andererseits war sie zum Umfallen müde gewesen.

Mit einem Lächeln strich sie sich die Haare aus dem Gesicht, alles in allem sah ihre Situation doch gar nicht mal schlecht aus. Sie bekam die Chance mit den Highland Werewolfs aufzutreten! Erst jetzt wurde ihr bewusst, dass sie über die Band nur sehr wenig wusste. Vielleicht waren sie total unbekannt? Sofort schüttelte sie den Kopf, dann traten sie wohl kaum in Fort William auf, oder? Chrissi erinnerte sich daran, dass sie von einer Tournee gesprochen hatte und es war kein Widerspruch von Blake gekommen.

Sollten sie tatsächlich so beliebt sein? Wieder schob sie die Hoffnung von sich.

Die Tür ging auf und Blake erschien mit einem riesigen Tablett, das er auf dem Nachttisch neben ihr abstellte. „Guten Morgen, Piseag, du siehst aus, als ob ein Problem dich plagt." Fragend sah er sie an.

Unschlüssig zuckte sie mit den Schultern, gleichzeitig rückte sie so, dass sie mit dem Rücken am Kopfteil lehnte. „Ich habe mich gefragt, welchen Bekanntheitsgrad die Band deines Bruders hat."

Er schmunzelte. „Ich dachte, dass du über paranormale Wesen oder deine Gefangenschaft grübelst, stattdessen machst du dir darüber Gedanken? Ernsthaft?"

Verlegen nickte sie, ihr kam es ja auch seltsam vor, dass ihr der Punkt an erster Stelle eingefallen war. Irgendwie fand sie Werwölfe kaum mehr bedrohlich, zumindest die, die sie kennengelernt hatte. So viel Hilfsbereitschaft hatte sie noch nie in ihrem Leben erhalten. „Macht es Sinn über Dinge zu grübeln, die man lediglich hinnehmen kann? Oder über Wesen, die man wahrscheinlich nicht mal erkennt? Darüber hinaus vertraue ich dir, wenn du sagst, dass du mich beschützt." Weshalb sie sich da so sicher war, wusste sie selbst nicht.

„Iss, du siehst ziemlich dünn aus“, bestimmte er besorgt, gleichzeitig setzte er sich zu ihr. „Die Band hatte bereits einige Auftritte in England und in Irland. Sie sind also national bekannt.“

Erstaunt blickte sie ihn an, während sie etwas von dem Rührei auf ihren Teller legte. „Wirklich? Ich hab noch nie von ihnen gehört.“ Ihr Herz klopfte vor Aufregung. Bekam sie tatsächlich eine so große Chance auf dem Silbertablett serviert?

„Ich lüge dich niemals an. Ihnen hat bisher eine gute Sängerin gefehlt, um weiterzukommen. Dudelsäcke sind gerade weniger im Trend.“ Blake lachte leise, anschließend bediente er sich. „Ich hoffe, ich habe an alles gedacht.“ Er deutete auf das Tablett, auf dem außer den Eiern auch Brot, Butter, Marmelade, Wurst und Porridge zu finden waren. „Solltest du ein Full Scotish Breakfast wollen, sag es ruhig.“

Eilig winkte Chris ab. „Das sieht schon aus, als ob du eine Armee erwartest. Außerdem weiß ich nicht mal, was ein solches Frühstück beinhaltet.“ Sie biss herzhaft in ihren Toast.

„Rühreier, Beaked Beans, gegrillte Tomaten, Pilze, Porridge, Black und White Pudding, Speck, Tattie Scones, Lorne-Sausage und nicht zu vergessen das Rowie. Natürlich ist es von Region zu Region unterschiedlich“, erklärte er, wobei er auf die verschiedenen Speisen deutete. Fürsorglich goss er ihr eine Tasse Breakfast Tea ein. „Probier mal, ob du ihn lieber mit oder ohne Milch magst.“

Chrissi trank einen kleinen Schluck, ehe sie Milch dazugab. „Er schmeckt fantastisch, besser als den Tee, den ich zu Hause hab.“

Blake schmunzelte. „Das ist schottischer Tee, der gehört zu einem vernünftigen Frühstück dazu. Es sei denn, du trinkst eher Kaffee."

Vehement lehnte sie ab. „So ist es perfekt, Koffein brauche ich nur, um wach zu werden, wenn ich wirklich müde bin."

Sie ließen sich das Essen schmecken, wobei Blake ihr von seiner Werkstatt erzählte.

„Du liebst deinen Job, richtig?" Neugierig musterte sie ihn.

„Aye, ich finde es befriedigend, an Motoren herumzuschrauben. Besser jedenfalls, als für die Sassenachs in den Krieg zu ziehen." Sofort biss er sich auf die Zunge, weil ihm die bittere Bemerkung herausgerutscht war.

„Erklärst du mir die Bedeutung des Wortes? Ich fürchte, ich habe es vergessen." Bittend blickte sie ihn an, dabei überlegte sie, ob sie vielleicht Gälisch lernen sollte.

„Es ist eigentlich mittlerweile der Ausdruck für Fremde, aber im engeren Sinne sind die Engländer damit gemeint." Er seufzte leise. „Ich habe immer noch eine Abneigung gegen sie, oder besser gesagt, gegen die englische Regierung. Ich bin dafür, dass Schottland endlich unabhängig wird, wie wir es zur Zeit der großen Clans auch waren." Schnell schluckte er den Rest herunter, doch Chris verstand ihn ohne weitere Erklärungen.

„Du sprichst von den Jahren vor dem Massaker, richtig?", erkundigte sie sich vorsichtig, woraufhin er nur stumm nickte. „Magst du mir davon erzählen? Wie war das Leben damals?"

Eine kleine Weile versank Blake in seinen Erinnerungen, ehe er leise erzählte. „Das kann ich nur aus den Berichten der Alten wiedergeben. Ich selbst war zu jung, um mich zu erinnern. Es gestaltete sich einfacher, die Leute haben hart gearbeitet, darüber hinaus mussten sie einen Teil ihrer Ernte an den Chief abgeben. Trotzdem gab es mehr Frieden zwischen den Mitgliedern." Er zuckte leicht mit den Schultern. „Die Menschen hatten weniger Zeit, um sich Intrigen auszudenken. Sicher, es gab die Kämpfe unter den Clans, meistens stahlen sie sich gegenseitig das Vieh." Die Information ließ er in der Luft hängen.

Chris hing an seinen Lippen, sie fand es faszinierend, dass sie mit einem Zeitzeugen reden konnte. „Ich habe mal gelesen, dass die Highlander es als Sport ansahen."

Ernst schüttelte er den Kopf. „Nein, das war kein Vergnügen, zumal jedem bewusst war, dass er dem Feind damit enorm schadete. Es ging entweder um das eigene Überleben oder um Macht." Er trank von seinem Tee. „Natürlich gab es auch die Schlacht, Mann gegen Mann. Blutig, grausam und brutal, doch die Anführer standen in der Regel an der Seite ihrer Leute. Sie haben gesehen, was sie mit ihren Befehlen anrichteten. Anders als heute, wo die Verantwortlichen in Sicherheit bleiben, während sie ihre Soldaten wie Spielzeug in den Tod schicken." Bitterkeit breitete sich im Raum aus.

„Es war sicherlich eine harte Zeit, aber es ging bestimmt nicht nur um Machtkämpfe, oder?" Sie wollte die Stimmung ein wenig aufheitern, außerdem interessierte es sie wirklich.

„Nein, es gab auch rauschende Feste mit viel Ale", gab er lachend zu. „Wobei die MacDonalds die anderen Clans regelmäßig unter den Tisch getrunken haben. Uns Werwölfen macht Alkohol kaum etwas aus. Fluch und Segen, dass wir uns nicht betrinken können." Er zwinkerte ihr zu. „Lass dich also niemals auf ein Wetttrinken mit einem der Jungs ein."

„Das werde ich auf keinen Fall, zumal ich eh nur sehr wenig vertrage." Sie schmunzelte, während sie sich das Gelage vorstellte. „Wie muss ich mir das Zusammenleben vorstellen? Lebten die Menschen zusammen auf der Burg?"

Lachend verneinte er. „Die meisten hatten ihre Höfe im Umkreis. Sie entrichteten ihren Anteil, dafür sorgten die Kämpfer für ihren Schutz. Andererseits griffen sie sofort zu den Waffen, sobald der Chieftain sie dazu aufrief. Keiner drückte sich davor, um seinen Clan zu verteidigen."

„Waren alle miteinander verwandt?"

„Nope, viele gehörten der gleichen Sippe an, aber es gab auch Fremde, die sich dem Familienclan anschlossen, sodass sie den Namen des Clanchiefs annahmen. Alan ist ein gutes Beispiel, wobei es ziemlich selten war, dass Sassenachs aufgenommen wurden. Es ist leider eine Tatsache, dass sie sich immer als etwas Besseres sahen." Blake schüttelte die Verbitterung ab. „Die Treue zur Familie des Chiefs hat die Gemeinschaft zusammengehalten, außerdem hatte jeder seine Aufgabe. Sei es, dass er sein Land bewirtschaftet hat, um seinen Beitrag zu leisten, oder dass er im Castle mitgeholfen hat. Es gab niemanden, der keinen festen Platz hatte. Innerhalb des Clans haben alle größtenteils füreinander eingestanden." Dass es auch Verrat gab, brauchte er nicht zu erwähnen.

„Aber es muss für die Mitglieder sehr schwierig gewesen sein, ihre Wolfsgene geheim zu halten. Spätestens nach ein paar Jahren mussten die Leute doch zwangsläufig bemerken, dass die MacDonalds speziell sind. Es gab ja keine technischen Hilfsmittel." Neugierig betrachtete Chris ihn, dabei vergaß sie ihr Frühstück völlig.

„Nope, da nur wenige Menschen verreisten, konnten sie gut unter sich bleiben. Handel mit befreundeten Clans gab es, nur war es einfach, immer wieder einen anderen Unterhändler zu schicken." Blake lächelte. „Die Außenstehenden haben Gerüchte über die Sippe aus Glencoe gesponnen, die dabei halfen, versteckt zu leben. Niemand wäre damals auf die Idee gekommen, ohne Erlaubnis über unser Land zu rennen. Heute sind wir vor Wanderern und Touristen kaum mehr sicher. Deshalb hat Acair vor einigen Jahren das Besucherzentrum bauen lassen." Er dachte kurz an den verstorbenen Anführer. „Wir verdienen damit kein Vermögen, nur so können wir die Wissbegierigen unter Kontrolle halten. Die Wanderwege wurden auch von uns angelegt, sodass wir sicher sein dürfen, selten gestört zu werden. In der Regel braucht derjenige dann Hilfe."

Jetzt horchte sie auf. „Aber ihr lebt doch hier in Kinlochleven. Bea hat mir erzählt, dass sie in Edinburgh studiert."

Blake verzog gequält das Gesicht, als sie die Hauptstadt als Edinburg betitelte. „Piseag, es ist grausam, wie du den Namen verunstaltest. Es heißt Edinbra." Er schüttelte sich.

Lachend sprach Chrissi ihm nach, bis er auch mit ihrer Aussprache zufrieden war. „Soll ich Gälisch lernen? Scheint, dass du großen Wert auf die alte Hauptsprache legst."

Blake zuckte leicht mit den Schultern. „Das überlasse ich dir. Es ist ziemlich kompliziert." Ein Blick auf die Uhr jagte ihn hoch. „So sehr ich das Frühstück mit dir genieße, wir müssen los."

Chris runzelte die Stirn, weil ihr nicht bewusst war, dass sie einen Termin hatten. „Wohin geht es?" Sie half mit, die Sachen zurück in die Küche zu bringen und das benutzte Geschirr in die Spülmaschine zu packen.

„Zur Werkstatt.“ Blake sagte es, als sei es die logischste Antwort der Welt.

„Was soll ich denn dort? Ich werde dir nur im Weg stehen.“ Sie baute sich vor ihm auf, legte den Kopf in den Nacken, um ihm in die Augen zu sehen, fest entschlossen, ihren Willen durchzusetzen.

Seufzend sah er auf sie herunter. „Ich lasse dich nicht alleine, Piseag. Tut mir leid, wenn du dich langweilst.“ Er deutete mit dem Kinn auf die Tür. „Los jetzt, mach dich fertig, ich bin spät dran.“

Einen Augenblick überlegte sie, ob sie ihm ihr Ehrenwort geben sollte, doch noch nagte es an ihr, dass er sie ohne ihre Einwilligung bei sich festhielt. Er traute ihr nicht, da sah sie keinen Grund, um ihm entgegenzukommen.

Ohne ein weiteres Wort drehte sie sich um, verschwand im Schlafzimmer, anschließend ging sie ins Bade, ehe sie ihr Smartphone, ihre Jacke und ihre Turnschuhe holte, kurz darauf befanden sie sich auf dem Weg nach Fort William.

~~°~~

So sehr sie die Umgebung von Kinlochleven begeistert hatte, so sehr langweilte sie sich in seinem Büro. Natürlich hatte Blake ihr seine Werkstatt voll Stolz gezeigt, wobei die Tankstelle einen netten Nebenerwerb darstellte.

Für sie stellten Motoren ein notwendiges Muss dar, für das sie sich nicht weiter interessierte, darüber hinaus hatte sie keine Ahnung davon.

Aktuell saß sie nutzlos herum, während sie missmutig mit ihrem Handy spielte. Das Zocken ödete sie an, nur gab es keinen anderen Zeitvertreib.

Blake beschäftigte sich mit seinen Aufgaben, genau wie seine Angestellten, die sie lediglich höflich begrüßt hatten.

Unwillig legte sie das Smartphone auf den Tisch, um im Büro auf und ab zu gehen. Selbst einer seiner Krimis wäre ihr jetzt gerade recht gekommen, doch sie hatte nicht daran gedacht, ein Buch mitzunehmen.

Zu gerne würde sie sich die Stadt ansehen, die tatsächlich aus einem uralten Fort hervorgegangen war. Die Geschichte hinter den alten Gebäuden interessierte sie brennend, zumal sie ja bereits einiges über Schottland erfahren durfte.

Offen gab sie zu, dass sie dabei war, sich in das Land zu verlieben. Die raue Natur mit ihren beeindruckenden Bergen, den zahlreichen Seen und der kargen weiten Flächen gefiel ihr. Irgendwie bekam sie hier den Eindruck von Freiheit. Vielleicht lag es aber auch daran, dass sie das Gefühl hatte, dem Einfluss von Gerold entkommen zu sein. Ein Trugschluss, das war ihr bewusst, trotzdem fühlte es sich fantastisch an.

Sie nahm erneut ihr Handy, als ihr einfiel, dass sie Bea gar keine Antwort geschickt hatte. Verdammt, hoffentlich dachte sie jetzt nicht, dass sie den Kontakt doch abbrechen würde. Eilig tippte sie eine Entschuldigung, nachdem sie die Nummer in ihrem Telefonbuch abgespeichert hatte.

Leider kam keine Reaktion, sodass sie frustriert seufzte. Das hatte sie gekonnt verbockt. Wahrscheinlich war Bea davon ausgegangen, dass sie keine Wölfin als Freundin akzeptierte.

Ehe sie sich weiter in ihren trüben Gedanken vergraben konnte, flog die Tür auf und die junge Werwölfin stand im Rahmen. „Ich dachte schon, du meldest dich gar nicht mehr. Glaub mir, ich hab mir überlegt, Blake die Hölle heißzumachen, weil ich befürchtete, dass er dir das Smartphone weggenommen hat." Sie umarmte Chrissi, die sie nur erstaunt anblickte.

Erleichtert drückte Chris sie an sich. „Nein, es ist nur so viel auf mich eingeprasselt, dass ich es völlig vergessen habe. Tut mir echt leid.“ Sie schenkte ihr ein verrutschtes Lächeln, aber Beatrice winkte bereits ab.

„Ich kann mir gut vorstellen, dass dir höllisch langweilig ist. Also komm, ich zeige dir die Stadt.“ Sie packte Christine am Handgelenk, um sie mit sich zu ziehen, doch diese weigerte sich.

„Blake hat angeordnet, dass ich hierbleiben muss“, erklärte sie mürrisch. „Du kennst ihn besser als ich.“ Mehr sagte sie nicht.

Lachend schüttelte die Wölfin den Kopf. „Stimmt, deshalb gibt es für mich Mittel und Wege, ihn umzustimmen.“

Natürlich erschien er in dem Augenblick, um die Frauen ernst zu mustern. „Ich bin unsicher, ob das eine gute Idee ist“, bemerkte er mit einem misstrauischen Blick auf seine Gefährtin.

„Aber ich! Sie kommt um vor Langeweile, außerdem brauche ich Gesellschaft. Wie du weißt, habe ich durch die vielen Gerüchte nicht gerade massenweise Freunde.“ Beatrice bezog Stellung vor dem großen Mann, dabei stemmte sie die Hände in die Seiten. „Onkelchen, was soll denn passieren? Ich werde sie weder verlieren noch erlauben, dass sie uns verrät. Abgesehen von der Kleinigkeit, dass sie das niemals tun würde.“

„Ich bin keine Handtasche, die man verlegen kann“, murmelte Chris angefressen. „Darüber hinaus habe ich die letzten Jahre auf eigenen Beinen gestanden, ohne zu verhungern oder Ähnliches.“

Bei dem zickigen Hinweis musterte Blake sie eindringlich, doch ein warnender Blick sorgte dafür, dass er seine Antwort herunterschluckte. Endlich nickte er. „Du bist für sie verantwortlich. Ich erwarte euch spätestens um vier Uhr zurück." Er ging zu seinem Schreibtisch, holte eine Geldbörse hervor und drückte seinem Patenkind einige Geldscheine in die Hand. „Achte darauf, dass sie etwas isst", befahl er, ohne den knurrenden Laut zu beachten, den Chris von sich gab.

Eilig verließen die Frauen die Werkstatt, bevor er sich seine Entscheidung überlegen konnte.

„Was bildet dieser arrogante Idiot sich eigentlich ein", wetterte Chrissi los, als sie sich definitiv außerhalb seiner Reichweite befanden. „Als ob ich ein kleines Kind wäre, auf das man ständig aufpassen muss." Die Demütigung brannte in ihr. Besonders, dass er Bea Geld für ihr Mittagessen gegeben hatte, störte sie. Kurz dachte sie daran, dass ihre Barschaft völlig erschöpft war, trotzdem fühlte es sich falsch an.

Bea legte ihr eine Hand auf den Arm. „Er meint es nur gut. Wirklich, ich kenne ihn." Sie seufzte leise. „Du bist tatsächlich sehr dünn", murmelte sie.

Getroffen zuckte Chrissi zusammen, nur gab es keinen Grund, um zu widersprechen. „Ich hatte eine Pechsträhne", bemerkte sie verlegen.

„Das passiert bestimmt jedem mal. Mach dir keinen Kopf." Bea lächelte ihr zu. „Blake kann es sich leisten, glaub mir. Er ist ein Meister im Vermehren von Reichtum." Ohne weiter auf das Thema einzugehen, zog sie die Freundin mit sich. „Komm, wir haben ein gutes Stück zu laufen, ehe wir in der Innenstadt sind."

Chris schob ihren Unmut zur Seite, zumal sie heilfroh war, dass Bea sie vor dem Tod durch Langeweile gerettet hatte. Darüber hinaus konnte sie Blake zumindest zum Teil verstehen. Sie hätte ja nur ihr Ehrenwort geben müssen.

„Von hier aus gibt es viele Wege, die zum Ben Nevis, dem höchsten Berg in ganz Großbritannien, führen", erklärte Bea, die grob in die Richtung deutete. „Es ist eine wahre Touristenhochburg geworden, deshalb ist mein Patenonkel so besorgt." Sie lächelte verlegen.

„Ich bin selbst schuld, weil ich mich geweigert hab, ihm zu schwören, dass ich freiwillig bei ihm bleibe", antwortete Chris leise. Weshalb es ihr so schwerfiel, wusste sie plötzlich nicht mehr, irgendwie hatte sich aus der Sache eine Art Machtkampf entwickelt, bei der ihre Angst nur eine untergeordnete Rolle spielte.

„Er hat manchmal eine extrem herrische Art, da stelle ich genauso auf stur", bestätige Bea lachend. „Du darfst ihm glauben, dass er nur das Beste für dich im Sinn hat."

Seufzend stimmte sie zu, das war ihr auch bewusst. „Sicher, nur kennt er mich kaum. Woher will er wissen, was das Beste für mich ist?"

Beatrice lachte laut auf. „Er hatte eine Menge Zeit, um Menschenkenntnis zu sammeln, vergiss das nicht. Darüber hinaus bist du ziemlich leicht zu durchschauen." Sie musterte Chris neugierig. „Trittst du der Band bei?"

Sofort erschien ein Strahlen auf ihrem Gesicht. „Ja, wir haben am Wochenende unseren ersten Auftritt hier in Fort William." Man hörte die Begeisterung deutlich heraus.

Zufrieden brummte Bea, ehe sie die Freundin über die alte Stadt aufklärte. „Wir sind in der Gegend von Lochhaber, die früher den Camerons gehörte. Sie standen uns bei, als wir mit den MacKenzies um ein Stück Land gestritten haben“, erzählte Bea.

„Dann waren sie eure Verbündeten?“ Neugierig blickte Chris sie von der Seite aus an.

„So kann man es nennen, wobei solche Bündnisse nie lange hielten. Die Camerons ermöglichten es Bonnie Prince Charlie, den Krieg gegen die Sassenachs anzufangen. Sie blieben den Jakobiten treu ergeben, bis zum bitteren Schluss.“ Bea schluckte.

„Das ist so eine Verschwendung von Menschenleben gewesen“, murmelte Chrissi betroffen, auch ihr ging das Schicksal der Highlandclans an die Nieren.

„Aye, aber ich wollte dir etwas über Fort William erzählen.“ Sie lächelte traurig. „Cromwell hat hier eine Festung namens Inverlochy gegründet, um die sich der Ort gebildet hat. Die verschiedenen Bezeichnungen erspare ich dir.“ Sie verdrehte die Augen. „Warum die Mächtigen ständig bekannte Ortsnamen ändern müssen, verstehe ich nicht. Jedenfalls entwickelte sich der Ort um die Verteidigungsanlage herum.“ Sie liefen an einer Straße entlang auf einen Bahnhof zu. „Dort siehst du den Harry-Potter-Zug oder the Jacobite, wie wir ihn nennen.“ Bea deutete auf eine alte Dampflok.

„Den hab ich im Kino gesehen. Da fährt er über eine wahnsinnig schöne Brücke“, rief Chris begeistert aus, die sich gerne von der düsteren Zeit ablenken ließ.

„Ja, das ist das Glenfinnan Viadukt, bekannt aus dem Film, aber 1901 war es eine wichtige Verbindung für die Fischindustrie. Die Strecke führt von Fort William nach Mallaig, einem malerischen Fischerdorf. Von dort kannst du zur Isle of Skye und anderen Inseln übersetzen.“

Fast schon sehnsüchtig betrachtete Chrissi die Lok. „Ich liebe die Bücher und die Verfilmungen genauso." Sie verstummte, als sie daran dachte, dass sie sich eine Fahrt nicht leisten konnte.

Bea lächelt nur verstohlen, da würde sie Blake mal einen eindeutigen Hinweis geben. „Lass uns zu den Ruinen der Festung laufen. Gleichzeitig siehst du den Loch Linnhe, eine der weitläufigsten Meeresbuchten in Schottland." Sie überlegte kurz. „Der größte See ist allerdings der Loch Lomond, meiner Meinung nach auch der Schönste."

Langsam schlenderten sie weiter, liefen durch die Überreste des alten Forts, um am Ufer des Sees stehen zu bleiben.

Mit einem tiefen Seufzen blickte Chris auf das Wasser, auf dem sich die Sonne spiegelte. Es gab ihr den Eindruck von Freiheit, gleichzeitig spürte sie eine Ruhe, die ihr in Deutschland gefehlt hatte.

„Hast du Heimweh?", erkundigte Bea sich vorsichtig, die ihr Verhalten nicht so richtig einschätzen konnte.

Sofort lachte Chrissi auf, während sie den Kopf schüttelte. „Ganz im Gegenteil, ich fühle mich zum ersten Mal frei." Sie stutzte, als sie es aussprach. „Das ist irre. Ich werde gegen meinen Willen festgehalten und trotzdem ..." Verwirrt brach sie ab, weil sie kaum in der Lage war, sich ihre Gefühle zu erklären. „Es ist, als ob ich endlich angekommen wäre", murmelte sie mehr zu sich selbst.

Bea verkniff sich einen Kommentar, freute sich aber, dass die Freundin sich auf diese Weise mit Schottland verbunden fühlte. „Da sind Muscheln." Sie lief zum Strand.

Lachend folgte Chris ihr, es tat gut, einfach zu tun, was einem in den Kopf kam, darüber hinaus hatte sie noch nie Muscheln gesammelt.

„Mist, wir hätten eine Tüte mitnehmen sollen“, bemerkte sie, als ihre Taschen randvoll gefüllt waren.

Fröhlich winkte Bea ab. „Wir holen uns eine drüben in der Fußgängerzone.“ Die Frauen schlenderten durch die hübsche Innenstadt, bewunderten die Auslagen der Geschäfte, wobei Beatrice darauf achtete, was Chrissi sich länger anschaute. „Möchtest du jemandem eine Postkarte schicken?“

„Nein, ich wüsste nicht wem. Es gibt niemanden, der mich vermisst und Seamus oder Alan wohnen hier.“ Sie schüttelte abwehrend den Kopf, betrachtete allerdings einen Schal mit den Farben der Camerons.

„Ne, wenn du ein Kleidungsstück bekommst, dann mit dem Tartan der MacDonalds“, wehrte Bea lachend ab.

Irritiert musterte sie die Freundin. „Ich habe nicht gesagt, dass ich ein Geschenk erwarte, richtig?“ Ihr war es schon peinlich genug, dass sie kaum Geld besaß, um sich etwas zu essen zu leisten. „Hat Blake dir einen Auftrag gegeben? In dem Fall sag ihm, dass ich keinesfalls käuflich bin.“

Betrübt schüttelte sie den Kopf. „Nein, ich dachte, ich könnte dir eine Freude machen“, gab sie leise zu. „Da hab ich dich wohl auf dem falschen Fuß erwischt.“

Sofort tat es Chris leid, dass sie die Wölfin so angefahren hatte. „Nimm es mir bitte nicht übel, aber sobald mir jemand etwas schenken wollte, waren unmögliche Bedingungen daran gebunden.“ Ihr Blick wurde traurig, als sie selbst erkannte, dass sie nie echte Freunde gehabt hatte.

„Es ist schon okay, wir lernen uns ja gerade erst kennen.“ Beatrice strich ihr über den Arm. „Los, da vorne ist eine Eisdiele.“ Ohne auf eine Antwort zu warten, steuerte sie den Laden an.

Chrissi folgte ihr lachend. Eis ging immer, besonders, wenn das Leben so unrund lief.

„Magst du mir etwas über dich erzählen?“, fragte die Wölfin, als sie an einem Tisch saßen und jede einen Eisbecher vor sich hatte.

Offen blickte Chris sie an. „Was interessiert dich denn?“

Jetzt musste sie nicht lange überlegen. „Was ist dein größtes Ziel?“

„Das dürfte hinreichend bekannt sein: Ich möchte eine beliebte Sängerin werden.“ Genüsslich schob sie sich einen Löffel Karameleis in den Mund. „Endlich auf eigenen Beinen stehen, von niemandem abhängig sein und die Leute mit meinen Liedern begeistern.“

„Du schaffst das.“ Bea sagte es mit solcher Sicherheit, dass Chrissi sie fragend musterte.

„Weshalb glaubst du das? Bisher war ich weniger erfolgreich, als ich gehofft hatte. Im Gegenteil, ich habe einen Vertrag unterschrieben, der mir mehr schadet als nutzt, darüber hinaus besitze ich kaum genug Geld, um mir ein Eis zu kaufen.“ Ihre Wangen färbten sich bei dem Geständnis rot, doch Bea winkte ab.

„Das ist eine Phase, die hat bestimmt jeder mal, außerdem bist du jung, da ist es logisch, dass dir Fehler unterlaufen. Jetzt passt Blake auf dich auf, da kannst du gar nicht versagen.“ Sie biss genüsslich in einen Keks. „Ich habe dich singen gehört, dabei ist in mir ein Gefühl entstanden, eine Sehnsucht, die ich kaum zu packen bekomme. Ich war keineswegs in der Lage, mich deinem Gesang zu entziehen. Meine Leute übrigens auch nicht.“

Kapitel 15 - Fort William

Stumm starrte Chrissi sie an. „Du machst Scherze."

Ernst erwiderte Beatrice den Blick. „Nein."

Die schlichte, aber ehrliche Antwort warf Chris komplett aus der Bahn. Niemals hätte sie geglaubt, dass ihre Musik so auf das Publikum wirkte und hier redeten sie von Menschen, die mehr als ein Leben gelebt hatten. „Du versuchst mich gerade aufzumuntern, richtig?", hakte sie dennoch nach.

Bea schlug ihr leicht auf den Arm. „Nein, lügen kommt nicht infrage." Sie sah ihr eindringlich in die Augen. „Vielleicht solltest du langsam mal an dich glauben."

Seufzend nickte Chrissi, dabei schob sie sich einen Löffel Schokoladeneis in den Mund. „Du hast recht, nur fällt es mir schwer, weil mir in der letzten Zeit ständig eingeredet wurde, dass ich unfähig bin."

„Bestimmt von dem, der dir den Vertrag untergejubelt hat." Bea machte eine abwehrende Handbewegung. „Auch Freundinnen müssen nicht immer alles wissen."

Aufatmend lächelte Chris, ihr fiel es alles andere als leicht, über den Fehler ihres Lebens zu reden.

„Ich freue mich, dass du jetzt zu den Highland Werewolfs gehörst. Wobei der Name echt doof ist." Bea lachte. „Das klingt viel mehr nach einem Eishockeyteam oder so was."

Kurz überlegte Christine, ehe sie ihr zustimmte. „Du hast recht, trotzdem sind sie wohl ziemlich bekannt?"

Die Werwölfin lutschte gedankenverloren an ihrem Löffel. „Ja, das kann man so sagen, jedenfalls hier in Schottland." Sie dachte erneut nach. „Okay, in ganz Großbritannien."

Bei der Antwort musste Chris schlucken, obwohl Blake sie ja irgendwie vorgewarnt hatte. „Hoffentlich ist das nicht eine Nummer zu groß für mich", murmelt sie, war aber gleichzeitig froh, dass Bea nicht auf ihre Bemerkung einging.

Sie schlenderten weiter durch die Stadt, wobei sie am Ende des West Highland Ways vorbeikamen.

„Hier endet einer der bekanntesten Trails durch Schottland. Fluch und Segen." Beatrice deutete auf das Hinweisschild. „Die Touristen bringen uns Geld, darüber hinaus sind wir sehr stolz auf unser Land. Andererseits gibt es auch immer wieder unvernünftige Wanderer oder die, die unsere Natur missachten." Missmutig verzog sie das Gesicht. „Jeder sollte auf die Umwelt achten, wir haben nur eine Welt."

Dem stimmte Chrissi sofort zu. „Du hast recht, außerdem stellen sie eine Gefahr für euch dar, richtig?" Sie konnte sich vorstellen, dass es für die Wölfe von Nachteil war, wenn Horden von Menschen durch ihr Gebiet liefen.

Bea schüttelte den Kopf. „Nein, nicht wegen dieses Trails, der läuft lediglich am Rand von Glencoe vorbei. Wir haben selbst Wanderwege angelegt, als der Tourismus immer mehr in die Richtung ging."

„Das hat Blake mir auch gesagt, ich dachte nur, dass der Weg dazugehört." Neugierig betrachtete sie das Schild. „Ich stelle es mir sehr anstrengend vor."

Beatrice lachte laut auf. „Das kommt ganz auf die Kondition an. Für uns ist es machbar, sogar an einem Tag." Sie senkte die Stimme, damit niemand anderes sie hörte.

„Echt jetzt? So schnell seid ihr?“ Chris riss erstaunt die Augen auf. „Dann ist es ja kein Wunder, dass ich euch nicht entkomme.“

Bei der Antwort musterte die Wölfin sie traurig. „Fühlst du dich tatsächlich so sehr eingesperrt? Bedeutet dir Blake nichts?“

Seufzend schüttelte sie den Kopf, anschließend deutete sie auf den Weg. „Lass uns bitte ein Stückchen laufen, damit ich dir das Chaos in meinem Inneren erklären kann.“ Das hatte die Freundin verdient.

Sie gingen ein kleines Stück den West Highland Way entlang, dabei sortierte Chrissi ihre Gedanken.

„Es ist seltsam, weil ich aktuell keine Panik verspüre, im Gegenteil, ich traue mich sogar, gegen Blake zu gehen.“ Sie fing mit dem Teil an, der für sie am einfachsten war. „Wahrscheinlich habe ich mich nur fürchterlich erschreckt, als ich über euch gestolpert bin. Es war in der Tat ein Schock, nur solange ich nicht mit der magischen Seite konfrontiert werde, ist alles gut.“

Bea atmete heimlich auf, ihr war klar, dass die Angst vor dem Fremden ein großes Hindernis darstellte, doch mit den richtigen Gefühlen kam Chris schnell über ihre Furcht hinweg.

„Ich hadere damit, dass Blake mich gegen meinen Willen festhält. Er könnte mich auch einfach bitten, bei ihm zu bleiben.“ Sie überlegte, fühlte in sich hinein und versuchte ihr Gedankenchaos in Sätze zu fassen. „Es stört mich, dass er mir nicht vertraut, sondern mich nur unter Bewachung weglässt.“ Bei den Worten wurde ihr tatsächlich erst bewusst, dass sie sich danach sehnte, sein Vertrauen zu bekommen.

„Ich hoffe, dass du ihn irgendwann verstehst, er hat dir sicherlich von unseren Gesetzen erzählt, aye?“ Offen musterte Bea sie.

„Ja, ich weiß von der Strafe, die ihn erwartet.“ Sie stutzte. „Das gilt jetzt auch für dich, oder?“

Stumm nickte die Freundin.

„Das ist barbarisch. Ich meine, du kannst doch im Grunde nicht verhindern, wenn ich das Geheimnis ausplaudere.“ Entsetzt verzog Chrissi das Gesicht.

„Ich möchte dir keine Angst machen, aber ich bin durchaus in der Lage, dafür zu sorgen, dass du dich an die Geheimhaltung hältst.“ Die Wölfin atmete traurig aus. „Ich vertraue dir, deshalb sind wir hier.“

Dankbar umarmte Chris sie. „Du hast wirklich etwas gut bei mir, sonst wäre ich an Langeweile gestorben.“ Sie stieß die Luft aus. „Ich habe nicht vor, euch zu schaden, ehrlich.“

„Das weiß ich, nur, was treibt dich an, Blake dein Ehrenwort zu verweigern? Abgesehen davon, dass er trotzdem ein großes Risiko eingeht.“

Jetzt betrachtete Chris sie neugierig. „Was willst du mir damit sagen?“

Unwillig zuckte Bea mit den Schultern. „Ich sollte es für mich behalten, doch das ist unfair.“ Sie deutete mit dem Kinn auf einen Weg, auf dem keine Leute unterwegs waren. „Unser Gesetz schreibt vor, dass wir immer an der Seite eines Normalen bleiben müssen, sobald er von uns erfährt. Ein Ehrenwort genügt in dem Fall nicht.“ Sie atmete durch, setzte an, weiterzusprechen, blieb dann aber stumm.

„Du verschweigst mir etwas“, stellte Chrissi fest. „Sag mir nicht, dass Blake jetzt schon sein Todesurteil unterschrieben hat, weil er uns erlaubt hat, in die Stadt zu gehen.“ Entsetzen stand in ihrer Miene, gleichzeitig krampfte sich ihr Herz vor Sorge zusammen. Allein die Vorstellung, dass er wegen ihrer Ungeduld hingerichtet werden könnte, ließ sie schlucken. „Lass uns sofort zurückgehen. Oder besser, wir nehmen ein Taxi." Sie zog besorgt an Beas Ärmel, da die Werwölfin sich keinen Millimeter bewegte.

„Beruhige dich, es ist in Ordnung, die Verantwortung an einen anderen abzugeben." Sie lächelte zufrieden, denn Chrissis heftige Reaktion zeigte ihr, dass diese doch etwas für den mürrischen Wolf fühlte. „Du magst ihn."

Seufzend zuckte sie mit den Schultern. „Ich weiß nicht, was ich für ihn fühle. Ja, ich finde ihn attraktiv ..." Sie brach unsicher ab, weil ihr bewusst war, dass es sich dabei um eine Untertreibung handelte.

Bea legte einen Arm um sie, so gingen sie weiter. „Es ist bestimmt schwer, so überwältigende Emotionen zu akzeptieren, wenn man einfach überfallen wird."

„Das kannst du laut sagen. Mein Verstand kämpft die ganze Zeit gegen mein Herz, dazu kommt mein Selbstbewusstsein, das mir einredet, ich sei es gar nicht wert, von ihm geliebt zu werden." Sie atmete tief durch. „Ich befüchte einen Fehler zu machen, weil ich keine Ahnung habe, wie es sich anfühlt, dass jemand es ernst mit mir meint", gab sie leise zu.

„Das verstehe ich, allerdings ist es tatsächlich so, dass wir sofort spüren, falls unser Gefährte vor uns steht. Das ist ein Vorteil unserer Art." Beatrice drückte sie leicht. „Lass dich nur ein wenig auf Blake ein, dann wird er dir die Welt zu Füßen legen."

„Das ist auch so ein Punkt, ich habe ständig das Gefühl, er will mich kaufen. Ja, ich besitze keine Kohle, aber das ist nebensächlich. Mir ist Ehrlichkeit, Liebe und Freundschaft viel wichtiger als materielle Werte."

Jetzt lachte Bea laut auf. „Glaub mir, er wird dich nach Strich und Faden verwöhnen. Geld bedeutet ihm nichts. Es ist Mittel zum Zweck." Sie dachte kurz nach. „Ihm liegt mehr daran, dass du ihm vertraust, dich auf ihn verlässt und dir helfen lässt. Abgesehen davon, dass er sich nach deiner Zuneigung sehnt."

„Denkst du das wirklich? Ich meine, schau ihn an im Vergleich zu mir." Zweifelnd deutete sie auf ihre magere Figur.

„Ja, das ist meine Meinung. Du bist toll, hast Mut, Intelligenz und Biss. Darüber hinaus kann man sich auf dich verlassen, sonst würdest du längst versuchen, wegzulaufen." Sie machte eine kurze Pause. „Du solltest langsam an dich glauben, nicht nur, was die Musik angeht."

Chris verdrehte die Augen, das war einfacher gesagt als getan. „Genug Seelenstriptease für einen Tag, ich flehe dich an."

„Ganz wie du willst, aber du wirst es bitter bereuen, wenn du dich tatsächlich von ihm trennst."

Ihre Stimme klang neutral, trotzdem hakte Chrissi nach. „Was meinst du damit? Wird das Rudel mich jagen?" Angstvoll betrachtete sie die Freundin. „Ihr werdet mich töten, richtig?"

Irritiert schüttelte Bea den Kopf. „Nein! Wie kommst du denn auf so was?" Verwirrung stand in ihrer Miene. „Ich rede davon, dass du unter einer solchen Entscheidung leiden wirst. Seelengefährten verlassen sich nicht so einfach. Der

Liebeskummer ist gigantisch, manchmal auch bei einer rein räumlichen Trennung."

Das hielt Chris für übertrieben, doch ehe sie widersprechen konnte, bemerkte sie, dass sich ihr Herz schmerzvoll zusammenzog, als sie nur an diese Möglichkeit dachte. „Aktuell gehe ich nirgendwohin, solange sein oder dein Leben auf dem Spiel steht." Damit beendete sie das Thema, in ihr arbeitete es, dass sie sich eingestanden hatte, zumindest in Blake verliebt zu sein. Verdammt! Wann war das denn passiert?

Bea seufzte leise auf. „Wir müssen langsam zurück, die Werkstatt ist nicht gerade um die Ecke. Leider habe ich in meinem Eifer, dich zu retten, den Wagen stehen gelassen." Sie sah schuldbewusst aus.

„Das ist doch völlig egal, außerdem genieße ich es, zu laufen." Chris stieß sie leicht an.

Gemeinsam machten sie sich auf den Rückweg, wobei es jetzt an Chrissi war, die Wölfin auszufragen. „Sag mal, was studierst du eigentlich?"

Bei der Frage strahlte sie. „Jura, ich will alles über das Gesetz wissen." In ihren Augen glitzerte die Begeisterung.

„Wow, ist das nicht ziemlich schwierig?"

Beatrice zuckte mit den Schultern. „Für mich nicht, weil ich mich wirklich für das Thema interessiere und nicht einfach nur Geld verdienen möchte. Aber ja, es ist ein Haufen trockenes Zeug." Sie lachte. „Außerdem hab ich ausreichend Zeit gehabt, um zu lernen, wie man lernt."

Nachdenklich lief Chrissi neben ihr her, wobei sie über die Worte nachdachte. „Was machst du in deiner Freizeit?"

„Ich gehe gerne ins Kino, wandere und lese viel." Sie kicherte. „Meistens Liebesromane, intelligente Literatur hab ich in der Uni genug."

„Ich mag Romance, am liebsten mit Fantasy, leider besitzt Blake fast nur Krimis, Bücher über Motoren oder Ähnliches." Sie seufzte leise. „Keine Ahnung, ob wir überhaupt Gemeinsamkeiten haben. Irgendwie kommt es mir vor, als ob wir in völlig verschiedenen Welten leben."

„Das ist ja auch so, aber das spielt keine Rolle. Gegensätze ziehen sich an." Bea zwinkerte ihr zu. „Ich bringe dir morgen ein paar meiner Romane rüber, dann hast du wenigstens etwas zu tun. Es sei denn, du möchtest einen weiteren Tag mit mir verbringen. Das wird mein Onkelchen zwar gewaltig nerven, geschieht ihm jedoch recht."

Chris runzelte die Stirn. „Bekommst du da keinen Ärger? Er ist ja so was wie dein Vorgesetzter, wenn ich das richtig verstanden habe."

Lachend schüttelte sie den Kopf. „Er kann kaum was dagegen tun, dass ich mich um dich kümmere. Darüber hinaus hätte er ja auch freimachen können, ist ja seine Werkstatt." Unbekümmert machte sie ein paar Tanzschritte. „Wir könnten zum Grey Mares Waterfall, vielleicht hast du Lust ein wenig zu klettern? Oder magst du doch lieber in seinem Büro bleiben?"

Chris hörte heraus, dass sie angespannt auf ihre Antwort wartete. „Bist du irre? Warum sollte ich einen öden Tag dir vorziehen? Es ist toll, endlich eine Freundin zu haben." Offen begegnete sie dem Blick der Wölfin.

„Echt? Du nimmst meine Freundschaft an?" Freudig strahlte sie Chrissi an. „Das ist klasse."

Angesichts ihrer Begeisterung blieb Christine stehen, packte sie am Ärmel, um sie eindringlich anzusehen. „Vielleicht erklärst du mir mal, weshalb du deine Zeit unbedingt mit einem einfachen Menschen wie mir verbringen willst?" Irgendein Problem versteckte sie vor ihr, das war ihr klar.

Verlegen wich Bea ihrem Blick aus. „Weil ich genauso eine Außenseiterin bin wie du. Keine Ahnung warum, aber die Leute meiden mich. Sie sind höflich, gehen allerdings sofort auf Abstand.“ Sie seufzte. „Wahrscheinlich, weil ich niemanden mit nach Hause nehme.“

„Darf ich fragen, weshalb das so ist?“ Neugierig betrachtete Christine sie.

„Früher wurden wir aus Aberglauben heraus gemieden. Die Gerüchte sind nie wirklich verstummt“, begann sie traurig. „Dazu kommt, dass meine Mutter sich nur teilweise in eine Richtung verwandeln kann. Sie hat Fell im Gesicht, sobald sie ihre menschliche Form wählt und blanke Hautstellen als Wolf.“ Unsicher blickte sie auf die Freundin. „Wenn du jetzt nichts mehr mit mir zu tun haben willst, verstehe ich das.“

Chris schlug ihr hart auf den Oberarm. „Für wie bösartig hältst du mich? Ich stelle es mir für euch beide grausam vor. Darüber hinaus weiß ich, wie man sich als Außenseiterin fühlt.“ Sie lächelte Bea mitfühlend an. „Wir müssen uns auf jeden Fall zusammentun.“

Erleichtert atmete die Wölfin aus. „Meine Mum ist toll, wirklich, nur ist sie gezwungen, sich ständig zu verstecken. Das ist mühsam.“

Chrissi dachte angestrengt nach, aber sie konnte sich nicht an eine solche Person auf dem Meeting erinnern. „War sie am Wochenende auch auf dem Treffen?“

Beatrice schüttelte traurig den Kopf. „Nein, sie schämt sich, deshalb nimmt sie nie teil. Alle haben ihr versichert, dass sie willkommen ist, doch sie traut sich trotzdem nicht. Ein Wunder, dass sie sich auf meinen Vater eingelassen hat.“

Chrissis Herz krampfte sich vor Mitleid zusammen. „Das ist bestimmt schwer für sie. Was hat sie erlebt, dass sie ihrem eigenen Rudel dermaßen misstraut?“

Einen Augenblick überlegte Bea. „Sie stammt aus einer Familie, die großen Wert auf Perfektion gelegt hat. Ihre Eltern waren empört, dass ausgerechnet sie eine Tochter bekamen, die immer zum Teil Mensch blieb. Sie versteckten sie, zwangen sie in einem Zimmer im Keller zu leben.“ Tränen brannten in ihren Augen, als sie an ihre Großeltern dachte. „Damals war es einfach, denn Schulpflicht gab es nicht. Außerdem besaß meine Sippe mütterlicherseits eine riesige Plantage im heutigen South Carolina.“

Entsetzt hörte Chris zu, dabei fühlte sie sich fast erleichtert, dass ihre Leute sie lediglich abgegeben hatten. So ein Schicksal wünschte sie ihrem ärgsten Feind nicht.

„Mein Vater, der Besitzer der Nachbarplantage, bekam irgendwann nachts ihr Heulen mit. Er war zu Besuch bei ihnen gewesen, obwohl Mitternacht bereits vorüber war, machte er sich auf den Weg nach Hause.“ Beatrice schluckte die Tränen hinunter. „Er ist durch ein Fenster eingestiegen, hat meine Mutter gefunden und sie sind auf seine Plantage geflohen. Meine Großeltern haben nie nach dem Verbleib ihrer Tochter geforscht. Sie waren anscheinend froh, sie los zu sein.“

Chris umarmte die Freundin. „Es tut mir leid, solche Erinnerungen sollte man ruhen lassen“, murmelte sie.

„Nein, es ist unsere Vergangenheit, die niemals vergessen werden darf.“ Dankbar lächelte Bea ihr zu. „Es hat lange gedauert, aber Mum ist irgendwann über ihren Schatten gesprungen und hat meinem Vater vertraut.“

Während des restlichen Weges redeten die beiden Frauen über Filme, Kleidung und lustige Dinge, trotzdem musste Chris ständig an die Geschichte denken.

~~°~~

Blake runzelte die Stirn, als Bea ihm das Wechselgeld zurückgab. „Habt ihr überhaupt was gegessen?" Misstrauisch musterte er seine Gefährtin.

„Ja, einen riesigen Eisbecher. Muss ich jetzt tatsächlich Rechenschaft ablegen, was wir gemacht haben?" Chris stemmte wütend die Hände in die Seiten. „Du hättest ja mitkommen können, um die Kontrolle zu behalten."

Sanft legte er eine Hand an ihre Wange. „Zieh die Krallen ein, Piseag, ich mache mir nur Gedanken, weil du zu dünn bist." Kurz überlegte er, ob er weiterreden sollte.

„Deutest du gerade an, dass ich magersüchtig bin?" Empört blieb ihr der Mund offenstehen. „Nochmal ich hatte ein großes Eis sogar mit Sahne."

Bea verkniff sich das Lachen, gleichzeitig nickte sie zustimmend. „Das stimmt, in der Hinsicht brauchst du dich nicht zu sorgen. Wir haben uns einfach gut unterhalten und alles andere vergessen. Darüber hinaus war ich so dämlich, meinen Wagen stehen zu lassen." Sie boxte ihm gegen den Oberarm. „Auf keinen Fall wollte ich, dass du auf uns warten musst, ich kenne doch dein Temperament."

Blake runzelte die Stirn. „Was willst du denn damit sagen? Hab ich dir jemals etwas getan? Selbst wenn du es nicht verdient hast, hab ich dich immer beschützt."

Sofort lächelte sie ihn an. „Das ist richtig, aber du kannst sehr laut und furchterregend werden, sobald du sauer bist. Den Anblick ersparen wir Chris besser."

Chrissi blickte interessiert von einem zum anderen, dabei faszinierte es sie, wie ihre Freundin mit dem großen bösen Wolf umging. Sah er jetzt tatsächlich zerknirscht aus? Wow, damit hatte sie keineswegs gerechnet.

„Tut mir leid, Kleine, ich bin überzeugt davon, dass du alles getan hast, um meiner Gefährtin einen schönen Tag zu bereiten." Er ließ von Chris ab, um seine Patentochter zu umarmen.

„Ja, hat sie. Du solltest sie besser nicht noch einmal tadeln. Im Gegensatz zu dir hat sie daran gedacht, dass ich mich in deinem Büro zu Tode langweile." Christine baute sich erneut vor ihm auf.

„Ich bitte um Entschuldigung, Liebling, aber ich muss nun mal arbeiten ...", begann er in einem Ton, der seinen Unmut verriet.

Bea zwinkerte ihrer Freundin zu. „Müssen, ist ein großes Wort, Onkelchen. Du hast genug Vermögen, dass du ein oder zwei Menschenjahre ausruhen könntest."

Jetzt blieb Chris der Mund offenstehen. Irritiert wartete sie auf seine Antwort.

„Davon rede ich nicht. Ich habe Aufträge angenommen, die ich auch ausführe, wie du weißt. Unzuverlässigkeit gibt es bei mir nicht", verteidigte Blake sich sofort. „Trotzdem danke, dass du dich gekümmert hast."

„Gern geschehen, morgen hole ich sie bei dir ab. Wir gehen zum Wasserfall, wo wir vielleicht den Ferrata absolvieren." Sie lächelte ihn auf eine Art an, dass man ihr kaum widersprechen konnte.

„Bist du sicher, dass es für sie nicht zu anstrengend …“, er brach abrupt ab, da Chris ihm hart vors Schienbein trat. „Au, das tut weh“, beschwerte er sich.

„Soll es ja auch.“ Seltsamerweise fühlte sie sich mutiger, sobald Bea bei ihr war. „Ich bin erwachsen, daher kann ich gut einschätzen, ob ich etwas tun will oder es besser lasse. Darüber hinaus bin ich in der Lage, Bescheid zu sagen, dass ich eine Unternehmung für zu schwierig halte.“ Sie stoppte, als ihr in den Sinn kam, dass sie keine Ahnung hatte, was ein Ferrata war.

Beatrice brach in lautes Gelächter aus. „Ich sehe, du hast genau die richtige Gefährtin gefunden. Sie lässt sich nicht von dir einschüchtern.“

Die Aussage würde Chris jetzt nicht unterschreiben, trotzdem nickte sie grimmig.

Sanft zog Blake sie in seine Arme. „Ich mache mir nur Sorgen um dich, weil ich verhindern will, dass du verletzt wirst, Piseag.“ Sein Blick hielt sie gefangen und sofort verlor sie jede Lust, weiter gegen ihn zu gehen.

Für einen kurzen Augenblick versank sie in seinen bernsteinfarbenen Augen, die ihr das Gefühl gaben, sie wären alleine auf der Welt. Instinktiv lehnte sie sich ein Stückchen vor, doch in der Sekunde räusperte Beatrice sich.

„Tut mir leid, wenn ich störe, aber ich möchte mir ungern eure Knutscherei anschauen.“ Sie zwinkerte vergnügt, stieß ihren Patenonkel mit der Schulter an und winkte den beiden zum Abschied.

„Danke fürs Retten, ich freue mich auf morgen“, rief Chris ihr hinterher, deren Stimme ein wenig belegt klang. Der Zauber war gebrochen, sodass sie sich auf das erstbeste Thema stürzte. „Was bitte ist ein Ferrata?“

Blake lachte, während er ihr eine Strähne aus dem Gesicht strich. „Du willst mit Bea klettern gehen, ohne es zu wissen? Das kann auch nur dir passieren."

Unsicher versuchte sie in seiner Miene zu lesen, ob er sie auf den Arm nahm. „Du meinst, wir machen so was wie Bergsteigen?" Jetzt schluckte sie, denn das war etwas, auf das sie gerne verzichtete.

„Nein, es ist mehr ein Klettersteig, also ein mit Klammern, Eisenstiften, Stahlseilen und Leitern gesicherter Weg. Beim Wasserfall gibt es einen Holzsteg, außerdem benötigt man eine Ausrüstung, die Sicherungsseile beinhaltet." Er musste sich ein Lachen verkneifen, als er ihren entsetzten Gesichtsausdruck bemerkte. „Es ist ein wenig wie in einem Hochseilgarten, nur eben direkt am Felsen."

Wieder zuckte sie mit den Schultern. „Ich weiß zwar, was ein Seilgarten ist, hatte aber nie das Vergnügen." Sie biss sich verlegen auf die Lippen. „Denkst du, dass ich das schaffe? Ich will auf keinen Fall vor dem Auftritt abstürzen oder mich irgendwie verletzen."

Blake zog sie fest an sich. „Schau es dir an, danach kannst du immer noch entscheiden. Die Ausrüstung besorgt Bea bei Teddy." Er überlegte kurz, ehe er sie zum Schreibtisch schob, sie nötigte sich zu setzen, anschließend rief er eine Webseite auf. „Hier sind ein paar Bilder, damit du weißt, auf was du dich einlässt."

Neugierig sah Chris auf den Bildschirm. „Es heißt Via Ferrata", murmelte sie, als ob sie sich die Bezeichnung einprägen wollte. „Wow, jetzt verstehe ich, weshalb du dir Sorgen machst." Sie stieß die Luft aus. „Das sieht alles andere als einfach aus." Sie zeigte auf die Fotos, auf denen die Leute sich auf Stahlseilen an dem Felsen entlanghangelten.

„Schau mal genau auf die Beschreibung." Er deutete auf die entsprechende Stelle. „Da steht für jedes Fitnesslevel geeignet, ab acht Jahre."

Zweifelnd runzelte sie die Stirn. „Ich bin unsicher, Sport ist nur manchmal mein Ding", gab sie ehrlich zu.

Blake stellte sich dicht hinter sie, dabei schlang er die Arme um seine Gefährtin. „Möchtest du, dass ich mitkomme?"

Sofort war ihr klar, dass sie sich in dem Fall wesentlich sicherer fühlen würde, doch sie wollte sich nicht an ihn klammern. „Hast du denn Zeit?"

Blake seufzte. „Beatrice hat recht, ich habe es kaum nötig, zu arbeiten. Darüber hinaus unterstützen mich fähige Angestellte, nur gibt es gerade wirklich viel zu tun."

Chris legte eine Hand auf seinen Unterarm. „Weißt du was, ich schaue es mir mit Bea zusammen an und entscheide dann. Wir können auch ein anderes Mal klettern gehen, falls es mir zu gefährlich erscheint." Ein Glücksgefühl flammte in ihr auf, einfach weil es einen Menschen gab, der auf sie achtete.

„Es gibt ein paar Dinge, die wir besprechen sollten", begann Blake, löste sich von ihr und setzte sich auf den gegenüberliegenden Platz.

Sofort betrachtete sie ihn nervös. Hatte sie einen Fehler gemacht? Oder gab es noch weitere Regeln, die ihn das Leben kosten könnten?

„Ganz ruhig, Piseag, es ist nichts Schlimmes." Er lächelte sie beruhigend an. „Alan hat vorgeschlagen, die Welpen loszuschicken, um einen Teil deiner Sachen zu holen. Ich möchte wissen, was du davon hältst."

Irritiert sah sie ihn an. „Du willst tatsächlich, dass ich jetzt entscheide, ob ich für immer bei dir einziehe?“ Fast hätte sie sich an die Stirn getippt, wenn die Vorstellung nicht so verlockend gewesen wäre.

Nachsichtig schüttelte er den Kopf. „Nein, das ist zu früh, außerdem kann ich wohl kaum für den Rest meines Lebens in Kinlochleven bleiben, aye?“ Er lächelte sie ein wenig traurig an. „Ich sorge nur dafür, dass du dich wohlfühlst. Du hast die Sachen eingepackt, die du für deine Auftritte benötigst, aber sicher hättest du gerne noch ein paar andere Dinge.“ Er überlegte kurz. „Wir können einkaufen gehen, und ehe du mir für den Vorschlag die Hölle heiß machst, sieh es als Wiedergutmachung an.“

Sofort hob sie abwehrend eine Hand. „Ich lasse mich auch mit irgendwelchen Argumenten nicht kaufen. Falls der Gig am Wochenende ein Erfolg wird, werde ich meinen Teil beitragen.“

Blake verkniff sich ein Seufzen, trotzdem nahm er sich vor, ihr Geld gut anzulegen, damit sie nie wieder in finanzielle Not kam, egal, was passierte. „Heißt das, dass du gerne ein paar deiner persönlichen Sachen hättest? Deinen Lieblingsdildo zum Beispiel.“ Er grinste über das ganze Gesicht, während Chris rot wurde.

„Daran denke ich im Moment am wenigsten“, begehrte sie empört auf, gleichzeitig erinnerte sie sich, wie heiß es sie bereits gemacht hatte, von ihm geküsst zu werden.

„Sicher?“ Sein Blick bekam etwas Eindringliches, woraufhin sie unruhig auf ihrem Stuhl herumrutschte. „Keine Lügen, Kleines“, warnte er sie mit rauer Stimme.

„Ehrlich, ich sehne mich nicht nach einem Toy, weil ich keins besitze.“ Sie ignorierte ihre inzwischen knallroten Wangen und hielt ihm stur stand. „Aber ich habe ein paar Kleinigkeiten, die ich schmerzlich vermisse.“ Aktuell fühlte sie sich sicherer, wenn sie zum eigentlichen Thema zurückkehrte.

Ein bedauerndes Seufzen entkam ihm, trotzdem schob er ihr ein Blatt Papier zu. „Schreib einfach alles auf, was wir dir holen sollen. Vielleicht auch, wo die Welpen es finden.“

Chris griff zum Stift, doch Blake stoppte sie.

„Wir werden uns ausführlicher über deine Vorlieben unterhalten“, bemerkte er. „Leider wartet ein weiterer Motor auf mich, anschließend gehen wir essen.“ Mit den Worten war er aus der Tür raus.

Pikiert sah sie ihm hinterher. „Toll, er hat nicht mal gefragt, ob ich mit ihm ausgehen möchte“, murmelte sie.

„Weil ich weiß, dass du ablehnen würdest, allein damit ich kein Geld für dich ausgebe“, rief er ihr zu.

Shit, sie hatte vergessen, dass er sie auf jeden Fall hören konnte. Jetzt verkniff sie es sich, laut zu denken, stattdessen beschimpfte sie ihn in Gedanken mit allen Schimpfwörtern, die ihr in den Sinn kamen. Hinterwäldler war dabei noch das Harmloseste. Erst als sie sich ein wenig abgeregt hatte, machte sie sich an die Liste. Die Vorstellung, ihre persönlichen Dinge zu bekommen, gefiel ihr, vor allem, weil sie tatsächlich kaum Freizeitkleidung mitgenommen hatte. Kurz überlegte sie, ob sie auch ein paar Bücher aufschreiben sollte, verwarf die Idee allerdings, sie wollte es auf keinen Fall übertreiben. Die Jungs mussten die Sachen bis nach Schottland transportieren, wobei sie nicht mal in der Lage war, die Kosten zu übernehmen. Bei dem Gedanken zuckte sie zusammen, doch dann entschied sie, dass Blake selbst schuld war, immerhin hielt er sie gefangen.

Erneut dachte sie über ihre Situation nach, das Gespräch mit Bea hatte ihr ziemlich geholfen, trotzdem fühlte sie sich verwirrt. Gab es Liebe auf den ersten oder zweiten Blick? Handelte es sich bei ihr tatsächlich um Liebe? Vielleicht verrannte sie sich gerade, weil da jemand war, der sich um sie kümmerte?

Gedankenverloren kaute sie auf dem Stift herum, bis sie seufzend beschloss, die Zukunft einfach auf sich zukommen zu lassen. Jetzt musste sie nur einen Weg finden, um über ihren Schatten zu springen und ihm ihr Ehrenwort zu geben. Kurz überlegte sie, ob sie ihr altes Leben zurückwollte, allerdings lag die Antwort auf der Hand.

~~°~~

„Gut, du hast die Liste fertig. Ich leite sie später Alan weiter, der kümmert sich drum." Blake schnappte sich das Blatt Papier und schreckte Chris auf, die wieder mal ihr Handy traktierte. Sie waren doch früher von ihrem Ausflug zurückgekommen, als gedacht, sodass sie die Zeit erneut totschlagen musste.

„Du meine Güte, kannst du nicht anklopfen? Du hast mich zu Tode erschreckt", herrschte sie ihn an, ohne daran zu denken, dass es sein Büro war.

Laut auflachend zog er sie von seinem Bürostuhl. „Das ist mein Arbeitsplatz, Piseag, da soll ich tatsächlich um Einlass bitten?" Amüsiert betrachtete er sie, ihm gefiel es, dass sie rot wurde.

Unwillig stieß sie die Luft aus, unterließ es aber, ihm eine Antwort zu geben, zumal er sie genau in dem Augenblick leidenschaftlich küsste.

„Du bringst mich um den Verstand, Kleines", flüsterte er ihr heiser ins Ohr, nachdem er von ihr abgelassen hatte. Blake spürte, dass sie ihn veränderte, nicht nur die Unruhe war weg, auch die Bitterkeit, die das Massaker bei ihm hinterlassen hatte, verblasste zunehmend.

Zittrig lehnte Chris sich an ihn, hielt die Augen für einen Moment geschlossen, bis ihr Magen vernehmlich knurrte. „Sorry", murmelte sie peinlich berührt. Weshalb passierten ihr solche Dinge immer im unpassendsten Augenblick?

„Kein Problem, es ist höchste Zeit, dass wir das Tier in dir füttern." Er lachte, schob sie ein Stückchen von sich, ehe er sie aus dem Büro brachte.

Willig ließ sie sich mitziehen, wobei sie ihn genüsslich betrachtete, er trug eng anliegende schwarze Jeans, die seinen knackigen Hintern betonten. Sexy, jede andere Beschreibung bedeutete eine Untertreibung. Seine Rückansicht war zwar nicht ganz so spektakulär wie die Vorderansicht, aber sie konnte seine durchtrainierte Figur gut erkennen. Das T-Shirt lag locker an seinem Rücken an, außerdem hatte er Turnschuhe an, was wohl dem Wetter geschuldet war, da er normalerweise Boots bevorzugte.

„Ich hoffe, dir gefällt, was du siehst, Piseag. Dein Blick fühlt sich an, als ob du mir ein Loch in den Leib brennen wolltest." Er drehte sich um, sodass sie gegen ihn rannte. Sofort fing er sie auf. „So stürmisch heute?" In seinen Augen blitzte das Verlangen auf, woraufhin sie auf sein Spielchen einging.

Betont gelangweilt zuckte sie mit den Schultern. „Eine nette Verpackung sagt kaum etwas über den Inhalt aus." Sie war sich bewusst, dass sie sich verdammt weit aus dem Fenster lehnte, trotzdem erregte sie der Gedanke, mit ihm ihre Neigung auszuleben.

Knurrend drückte er sie an sich. „Reiz mich nicht, Kätzchen, sonst zeige ich dir jetzt und hier, was in mir steckt.“ Hungrig schob er seine Zunge in ihren Mund, raubte ihr den Atem und für den Moment vergaß sie sogar, dass sie Hunger hatte.

Atemlos ließ er von ihr ab, schenkte ihr einen gierigen Blick, ehe er sich zusammenriss. „Für das, was ich mit dir machen will, brauchst du Kraft, deshalb gehen wir essen.“ Wieder nahm er ihre Hand, um sie zu seinem Auto zu bringen.

~~°~~

Neugierig sah Chris sich in dem Lokal um. Es machte einen rustikal gemütlichen Eindruck, den Raum dominierte eine große Bar und an den Wänden hingen Schiefertafeln mit aktuellen Angeboten.

„Ich hoffe, es gefällt dir.“ Blake sah sie angespannt an. Es war sein Lieblingslokal, daher kannte man ihn.

„Hey, Blake, schön, dass du mal wieder reinschaust.“ Die Besitzerin, eine robuste Frau mit einem ehrlichen Lächeln, trat an ihren Tisch. „Oh, ein neues Gesicht, willkommen im Crofter.“

Chris bedankte sich für die herzliche Begrüßung. „Danke, ich freue mich, hier zu sein.“

Man sah der Wirtin an, dass sie sich eine Frage verkniff, offensichtlich kam der Werwolf selten mit Begleitung her. „Was wollt ihr trinken?“

Chrissi überlegte einen Moment. „IRN BRU bitte, zuckerfrei.“

„Du kannst auch gerne einen Cocktail nehmen, Piseag, ich fahre.“ Blake drückte ihre Hand. „Für mich bitte eine Cola.“

„Vielleicht später, zuerst werde ich etwas essen, sonst musst du mich zum Auto tragen.“ Sie lächelte verlegen, auf keinen Fall würde sie sich betrinken.

„Die Speisekarte kommt sofort“, damit lief die Frau zur Bar, um ihnen kurz darauf die Karte zu bringen.

Langsam blätterte Chrissi um, fühlte sich allerdings ein wenig überfordert, weil sie keine Ahnung hatte, was sie nehmen sollte.

„Vertraust du mir?“ Blake musterte sie, während sie unsicher auf die Beschreibungen sah.

Vorsichtig nickte sie. „Zumindest in mancher Hinsicht.“

„Lass mich bestellen, du wirst nicht enttäuscht sein.“ Es war ein kleiner erster Schritt, falls sie auf sein Angebot einging. Angespannt wartete er ab, gleichzeitig hoffte er, dass sie ihm die Entscheidung überließ.

„Gut, du weißt bestimmt besser, was man hier am besten isst.“ Sie klappte die Karte zu, dabei lächelte sie ihn auf eine Weise an, dass seine Jeans eng wurde.

Zufrieden lehnte er sich zurück, betrachtete seine Gefährtin und überlegte, wie der Abend sich wohl entwickeln würde. Sie hatten bereits über BDSM gesprochen, nur war sie zu der Zeit völlig übermüdet gewesen, trotzdem spürte er deutlich, dass sie sich nach Führung sehnte.

„Habe ich einen Pickel auf der Nase?“ Unwillig verzog sie das Gesicht.

„Ganz im Gegenteil, ich liebe es, dich zu betrachten.“ Er schmunzelte. „Die Unsicherheit steht dir besser, als das forsche Auftreten vorhin in meinem Büro.“ Er stoppte, obwohl er kurz davor war, ihr eine Strafe zu verpassen. Zuerst musste er mit ihr reden, der Rest ergab sich danach.

„Es tut mir leid, dass ich dich so angefahren habe", murmelte sie leise. „Ich weiß gerade weder was ich fühle noch was ich von der Situation halten soll." Sie sah sich vorsichtig im Lokal um, auf keinen Fall wollte sie etwas sagen, was die anderen Gäste misstrauisch machte. Zu sehr klang ihr die Warnung von Bea in ihren Ohren.

„Du lügst, Kleines." Blake schnalzte tadelnd mit der Zunge. „Ich kann es riechen." Bei dem letzten Satz beugte er sich so zu ihr, dass nur sie ihn hören konnte. „Welchen Teil deiner Erklärung hast du vorgeschoben?" Natürlich hatte er bereits eine Vermutung, wobei sie geschwindelt hatte. Die gesamte Situation zu begreifen und richtig einzuschätzen war einfach zu viel verlangt.

„Du hast recht, nur bin ich zu unsicher, um darüber zu sprechen." Sie sah ihn bittend an. „Besonders mit leerem Magen."

Lachend stimmte er ihr zu. „Wie hat dir der Tag heute gefallen? Was denkst du über Fort William?"

Erleichtert über den Themenwechsel, dachte sie einen Moment nach. „Ich bin begeistert. Schottland ist toll, zumindest soweit ich es gesehen habe." Sie erzählte ihm, was sie mit Bea gemacht hatte. „Ich könnte mir sogar vorstellen, dass ich den West Highland Way mit dir zusammen laufe." Sie stoppte erschrocken, das war ihr nur herausgerutscht, weil sie vor Begeisterung nicht auf ihre Worte achtete.

„Das freut mich und natürlich stehe ich dir da zur Verfügung. Ein Zelt besitze ich ja, wie du weißt." Er schmunzelte erfreut, zumal sie ihm damit mehr verraten hatte, als ihr offensichtlich bewusst war. „Was möchtest du noch erleben? Irgendwas besichtigen? Etwas ausprobieren?"

Zu gerne hätte sie ihm gesagt, dass sie den Jacobite Stream toll fand, nur hielt sie sich zurück. Auf keinen Fall wollte sie, dass er sie aushielt oder ihr teure Geschenke machte. Angestrengt überlegte sie, was sie stattdessen antworten sollte. „Ich bin zu überwältigt. Immerhin hatte ich Schottland nicht als mein Traumland auf dem Schirm."

Dieses Mal ließ er ihre Ausrede unkommentiert, zumal er hoffte, dass Bea in der Lage war, ihm einen Tipp zu geben. „Wie stehst du zum Wandern?"

Chris zuckte mit den Schultern. „Keine Ahnung, ich hab es nie ausprobiert. Alleine hatte ich Angst, mich zu verlaufen", gab sie ehrlich zu. „Aber ich liebe alte Gemäuer, besonders die Geschichte dahinter."

Zufrieden brummte Blake, denn damit konnte er dienen. „Ruinen, Burgen sowie Schlösser gibt es hier reichlich, dazu kommt das eine oder andere ehemalige Schlachtfeld. Ach ja, Denkmäler haben wir auch. Abgesehen von Wasserfällen, jede Menge Seen und Berge."

Lachend schüttelte sie den Kopf. „Das klingt, als wärst du unglücklich darüber. Ich finde das toll!" Ihre Augen blitzten vor Abenteuerlust.

Das Essen unterbrach sie, daher betrachtete sie die grauen, etwas unansehnlichen Kugeln auf ihrem Teller. „Was ist das?", erkundigte sie sich neugierig.

„Haggis paniert und frittiert. Salat kennst du, aye?" Er schluckte das Schmunzeln herunter, wobei er es genoss, sie so auf den Arm zu nehmen.

„Du hältst mich für zurückgeblieben, oder?" Eingeschnappt spießte sie eins der Bällchen auf, schnitt ein Stück ab, um zu probieren. Sofort war ihr Groll gegen ihn vergessen. „Wow, das schmeckt super."

Zufrieden fing auch er mit seiner Vorspeise an. „Ich hab doch gesagt, dass du nicht enttäuscht wirst, wenn du mir vertraust.“ Er wählte seine Aussage mit Absicht so zweideutig.

Chris verkniff sich eine Antwort, zumal ihr langsam dämmerte, dass er verdammt recht hatte. Sie aß mit Bedacht, um ja keine Geschmacksnuance zu verpassen. Obwohl sie wusste, dass Haggis in einem Schafsmagen gekocht wurde, fand sie es absolut lecker.

Es folgte ein Steak, das sie beim besten Willen nicht alleine aufessen konnte. Black Angus, wie Blake ihr mitteilte. Es war perfekt zubereitet, zerging auf der Zunge und die Whiskysoße schmeckte hervorragend dazu, trotzdem schob sie nach der Hälfte den Teller von sich. „Ich bin satt“, bemerkte sie auf seinen fragenden Blick hin.

Besorgt runzelte er die Stirn. „Du isst zu wenig, Piseag.“

Chris lachte auf. „Du vergisst das reichhaltige Frühstück, das riesige Eis, die Vorspeise. Ich bin mehr als voll, ehrlich.“

„Keinen Nachtisch? Du verpasst was, wirklich.“ Seine Stimme hatte etwas Lockendes, dennoch lehnte sie ab.

Sie hatte das Gefühl, als ob sie platzen würde, sollte sie auch nur noch einen Bissen essen.

Blake gab nach, verputzte erst seine Portion, ehe er sich über ihren Rest hermachte. Zufrieden bezahlte er, anschließend fuhren sie nach Hause.

Kapitel 16 - Verwirrende Gefühle

Verlegen blieb Chris im Flur stehen, sie fühlte sich auf einmal fürchterlich unsicher. „Ich sollte ins Bett gehen, der Tag war lang." Ohne auf seine Antwort zu warten, drehte sie sich in Richtung Schlafzimmer.

Zärtlich stoppte Blake sie, indem er seine Arme um sie schlang, womit er sie in eine innige Umarmung zog. „So einfach entkommst du mir nicht", flüsterte er ihr ins Ohr. „Du bist bei Weitem nicht so müde."

Sie seufzte leise, klar, sie hatte kein einziges Mal gegähnt, darüber hinaus war es gerade erst neun Uhr am Abend. „Ich ..." Sie brach ab, weil sie keine Ahnung hatte, wie sie ihren Fluchtversuch erklären sollte. Alles hörte sich nach Feigheit an.

Langsam drehte Blake sie um, sah ihr tief in die Augen, anschließend hob er sie hoch, um sie ins Wohnzimmer zu tragen. Hier setzte er sich mit ihr auf dem Schoß hin. „Ich möchte Fehler vermeiden, die dir schaden", begann er vorsichtig. „Deshalb werden wir reden."

Seufzend kuschelte sie sich an ihn. „Das ist wohl das Beste", gab sie zu. Es brachte nichts, das Gespräch zu verschieben, zumal sie sich eingestand, dass sie sich zu ihm hingezogen fühlte, auch sexuell.

Mit einem zärtlichen Lächeln zwang er sie, ihm ins Gesicht zu sehen. „Was hältst du von BDSM?" Er packte den Stier bei den Hörnern, da er ja wusste, dass sie zumindest neugierig war. „Es gibt hier keine falsche Antwort, Piseag, verstanden?“, stoppte er sie, als sie sich auf die Lippe biss.

„Ich habe Angst, die unkluge Entscheidung zu treffen“, gab sie leise zu. „Du bist praktisch ein Fremder für mich.“

„Ist das so?“ Schmunzelnd strich er ihr mit dem Daumen über die Unterlippe. „Zeit ist nicht alles, manchmal zählt das Gefühl mehr.“

Verstehend nickte sie. „Das ist auch so ein Punkt, immer wenn ich mich auf mein Bauchgefühl verlassen habe, wurde ich enttäuscht.“

Sie schluckte, als sie an die eine Nacht mit Gerold und die Folgen dachte. „Ich schäme mich, dass ich so naiv war“, flüsterte sie.

Blake schloss seine Arme fest um sie, gab ihr Geborgenheit, besonders weil er spürte, dass sie genau das jetzt brauchte. „Du bist jung, da darf man Fehler machen. Glaubst du, dass ich nur die richtigen Entscheidungen getroffen habe?“ Er lachte leise. „Wir lernen aus dem, was schiefläuft, aye?“

Dem stimmte sie zu. „Sicher, nur dass ich noch in einer Zwangslage stecke.“

Wie gerne hätte er ihr erneut gesagt, dass er sich darum kümmern würde, aber das war im Augenblick eher kontraproduktiv. „Folge deinem Herzen. Oder willst du mir sagen, dass du das auch getan hast, als du den Vertrag unterschrieben hast?“

Sie hob den Kopf, lehnte sich ein wenig zurück, um ihn anzusehen. „Nein! Ich habe vertraut, ohne nachzudenken. Im Nachhinein betrachtet war ich schlichtweg dumm.“ Jetzt klang ihre Stimme bitter.

„Siehst du, es ist ein großer Unterschied, ob man etwas überstürzt oder es aus ganzem Herzen möchte.“ Er streichelte ihr über den Rücken. „Aktuell geht es nur darum, dich kennenzulernen. Deine Antwort verpflichtet dich zu nichts.“ Das Eingeständnis musste er ihr einfach geben, um ihr die Angst zu nehmen.

„Ich habe es einmal ausprobiert.“ Sie lächelte wehmütig. „Abgesehen davon, dass ich zum Schluss nicht auf meine Kosten gekommen bin, fand ich es berauschend“, gab sie leise zu.

Zufrieden nickte Blake, das hatte er sich irgendwie gedacht. „Was hast du erlebt?“

Sofort schüttelte sie den Kopf. „Das ist privat, mein Lieber.“ Auf keinen Fall wollte sie ihm von einem ihrer intensivsten und intimsten Momente erzählen.

Blake lachte auf. „Solltest du weitere Erfahrungen machen wollen, wirst du nicht drum herumkommen.“ Er leckte zärtlich über eine Stelle hinter ihrem Ohr, was ihr eine Gänsehaut über den Rücken jagte. „Glaub mir, ich brenne darauf, dir die Welt aus Dominanz und Unterwerfung zu zeigen.“

Ein dicker Kloß bildete sich in ihrer Kehle, während es verdächtig zwischen ihren Schenkeln zog. Zu gerne wäre sie jetzt ins kalte Wasser gesprungen, nur brachte sie keinen Ton heraus.

Blake ließ ihr die Zeit, die sie brauchte, gab ihr Halt, Geborgenheit und Zärtlichkeit. Immer wieder küsste er sie, saugte an ihrem Ohrläppchen, gleichzeitig strich er auf erregende Art über ihren Rücken. Ihm war bewusst, dass sie den ersten Schritt machen musste, anschließend übernahm er auf jeden Fall die Führung.

Mit geschlossenen Augen lehnte sie an ihm, genoss es, auf diese spezielle Art verwöhnt zu werden, was dazu führte, dass sie sich danach sehnte, ihn intensiver zu fühlen. Leider traute sie sich nicht, ihre Wünsche auszusprechen.

Blake packte in ihre Haare, zog ihren Kopf ein wenig nach hinten, ehe er seine Zunge mit sanfter Gewalt zwischen ihre Lippen drängte. Sein Griff verfestigte sich, als er ihr den Atem raubte und sie zu einem Duell aufforderte, das sie zu gerne verlor.

Sein Geschmack sorgte dafür, dass sie ihre verwirrende Situation vergaß, im Augenblick zählten nur sie beide. Leise stöhnte sie in seinen Mund, strich fahrig über seine Seiten, fühlte seine Muskeln durch das Shirt.

Zaghaft schob sie ihre Zungenspitze vor, bis sie gegen seine stieß. Lust explodierte in ihr, was sie so noch nie erlebt hatte. Ihr gesamter Leib vibrierte vor Verlangen. Wie sehr sehnte sie sich danach, ihn jetzt in sich zu spüren, doch er ließ von ihr ab.

„Sag mir, sobald du bereit bist, weiterzugehen", verlangte er heiser von ihr.

Mit offenem Mund starrte sie ihn an, das konnte unmöglich sein Ernst sein. Sie sollte die Verantwortung übernehmen? Ihn sogar um Sex bitten? Auf gar keinen Fall!

Blake tippte ihr mit dem Zeigefinger auf die Nasenspitze. „Ich werde dich nicht zu etwas überreden, was du im Grunde ablehnst", versprach er ihr sanft. „In einem Punkt darfst du dir allerdings sicher sein: Wenn wir eine Session haben, kommst du ganz bestimmt auf deine Kosten, Piseag."

Sie schloss den Mund, öffnete ihn direkt wieder, nur um schnell den Kopf zu schütteln, diese Aktion hatte sie völlig aus der Bahn geschossen. In ihr tobte die Lust, jede Faser ihres Körpers sehnte sich danach, sich ihm hinzugeben, nur schaffte sie es einfach nicht, ihre Begierde auszusprechen.

Zärtlich legte er eine Hand an ihre Wange. „Es ist in Ordnung, dass du warten willst." Jetzt verkniff er sich ein lautes Auflachen, da er genau roch, wonach sie sich verzehrte. Trotzdem würde er sie aus ihrem Schneckenhaus herauslocken. Die erste Lektion bestand darin, dass sie offen aussprach, was sie wollte, auch im Bett.

„Ich ...", setzte sie an, räusperte sich, ehe sie komplett verstummte. Noch nie musste sie um Sex betteln, allerdings beschränkten ihre Erfahrungen sich auf zwei Männer.

„Ja? Was möchtest du mir mitteilen?" In seinen Augen blitzte es auf, er liebte es, sie verunsichert und gleichzeitig heiß zu sehen.

Diese Art Macht über sie gab ihm einen unbeschreiblichen Kick, wobei er natürlich wusste, dass die Erlösung umso schöner werden würde.

Chris zuckte mit den Schultern, ihr Blick bat ihn, endlich die Führung zu übernehmen, das sah er deutlich. Nur den Wunsch durfte er ihr noch nicht erfüllen. „Sag, was du willst, trau dich", spornte er sie an.

Traurig schüttelte sie den Kopf. „Ich habe zu viele Bedenken. Immer, wenn ich meinem Gefühl gefolgt bin, bin ich auf die Nase gefallen", murmelte sie. „Ich kenne dich doch kaum." Der letzte Satz fühlte sich irgendwie falsch an, denn gerade jetzt kam es ihr so vor, als ob sie schon eine kleine Ewigkeit gemeinsam verbracht hätten.

„Dann lern mich kennen", schlug er vor. „Was möchtest du wissen?"

Chrissi überlegte, allerdings hatte er ihr bereits sehr viel von sich erzählt. „Wie wäre es mit den alltäglichen Dingen? Was magst du? Was missfällt dir?“ Sie stürzte sich auf das nächstbeste Thema, auch um ihre Gefühle unter Kontrolle zu bekommen.

Blake lächelte ein Raubtierlächeln. „Ich mag es, die Macht über meine Partnerin zu haben, wenn es um Sex geht. Ich liebe es, dich zu dominieren, falls du zustimmst.“ Er leckte sich über die Lippen. „In meiner Vorstellung bringe ich dich in peinliche Situationen, die dich gleichzeitig heißmachen. Zu sehen, wie du dich für mich überwindest, lässt mich hart werden.“ Er schob sie ein Stückchen von sich, nahm ihre Hand und legte sie auf die Beule in seiner Jeans.

Sie zuckte zurück, als ob sie sich verbrannt hätte, trotzdem lächelte sie, weil sie in der Lage war, einen erfahrenen Mann wie ihn dermaßen zu erregen.

„Du darfst mich anfassen, Piseag. Falls ich das nicht möchte, sag ich es dir oder stoppe dich“, raunte er ihr zu. Ihm war bewusst, dass er mit dem Feuer spielte. Ihre Gier zu steigern, bis sie über ihren Schatten sprang, brachte auch ihn an den Rand seiner Beherrschung.

Unruhig rutschte Chris auf seinen Oberschenkeln herum, überlegte, ob sie jetzt besser ins Schlafzimmer flüchten sollte, verwarf den Gedanken sofort, weil es sich verdammt gut anfühlte, bei ihm zu sein. „Ich will dich“, murmelte sie, ehe sich ihr Mut wieder verflüchtigte.

„Das reicht mir nicht, Kleines.“

Seine Antwort fühlte sich an, als ob er einen Eimer Eiswasser über ihr ausgeschüttet hätte. Fassungslos musterte sie ihn, dabei erkannte er die stumme Frage in ihren Augen.

„Ich möchte, dass du mir vertraust, dich auf mich einlässt." Ernst hielt er ihrem Blick stand, wobei er ihre Erregung, aber auch ihre Unsicherheit deutlich roch.

„Das ist zu früh." Chris schluckte, wie gerne würde sie ihm die Führung überlassen, doch ihr Verstand schoss einfach immer quer.

Langsam nickte Blake. „Sieht so aus. Wie gesagt, ich gebe dir alle Zeit der Welt, allerdings lasse ich mich nicht auf faule Kompromisse ein." Natürlich war er in der Lage, sie über ihr Verlangen an den Punkt zu bringen, an dem sie sich ihm unterwarf, aber das war unehrlich.

Die Erregung war verschwunden, sodass sie sich jetzt erschöpft an ihn lehnte. „Ich sehne mich danach, über meinen Schatten zu springen, nur habe ich zu viel Angst." Sie lächelte zerknirscht. „Ich fürchte, du hast dir einen echten Feigling angelacht."

Schmunzelnd betrachtete er sie. „Du bist genau das Gegenteil, glaub mir. So ziemlich jede andere würde sich vor mir verkriechen, versuchen zu fliehen oder betteln. Du stellst dich deinem Schicksal, was ich verdammt mutig finde."

„Sicher, deshalb gehe ich auch nicht gegen Gerold vor." Sie klang bitter. „Bestimmt gibt es ein Schlupfloch in dem Vertrag." Alles hing irgendwie mit dem Mistkerl zusammen, hätte sie ihre ersten BDSM-Erfahrungen mit jemandem gemacht, der sich rücksichtsvoller verhielt, wäre sie nie so enttäuscht worden.

„Du wolltest mir das Schriftstück mal geben", erinnerte Blake sie.

Bei der Aufforderung seufzte sie erneut. „Er steht auf der Liste, denn um ihn dir zu zeigen, brauche ich meine Unterlagen."

Jetzt hätte er sich beinahe vor die Stirn geschlagen, war doch klar, dass sie solche Dinge kaum mit sich herumschleppte. „Tut mir leid, ich habe nicht nachgedacht.“ Er lachte leise. „Siehst du, das passiert sogar mir, obwohl ich um einiges älter bin als du.“

Sie schmunzelte, anschließend unterdrückte sie ein Gähnen. Sie fühlte sich todmüde.

„Ich bringe dich ins Bett.“ Ohne auf ihre Antwort zu warten, hob er sie hoch, um sie ins Schlafzimmer zu tragen.

~~°~~

Am nächsten Morgen war Chris vor ihm wach, sodass sie sich leise in die Küche schlich. Heute würde sie das Frühstück vorbereiten und ihm zeigen, dass sie nicht nur ein nutzloses Anhängsel war.

Ehrlich gestand sie sich ein, dass sie versuchte, ihn zu beeindrucken, sie wollte, dass das Zusammenleben klappte.

Mit einem Lied auf den Lippen holte sie Eier für Rühreier aus dem Kühlschrank, ehe sie sich an die Arbeit machte. Es fühlte sich gut an, zumal sie sich kaum mehr gegen den Gedanken, in Blake verliebt zu sein, wehrte. Kurz runzelte sie die Stirn, als sie an den vergangenen Abend dachte. Verdammter Gerold, nur wegen ihm fiel es ihr so schwer, zu vertrauen. Eilig schob sie die Grübeleien zur Seite, stattdessen freute sie sich auf einen weiteren tollen Tag mit ihrer Freundin. Allein das Wort sorgte für ein warmes Gefühl in ihrem Herzen.

Während sie in der Küche herumwirbelte, lag Blake mit einem breiten Lächeln im Bett. Natürlich hatte er sofort bemerkt, dass sie aufgestanden war, trotzdem wollte er ihr die Zeit lassen. Es stimmte ihn fröhlich, dass sie das Frühstück vorbereitete, anstatt einen Fluchtversuch zu unternehmen. Er fühlte sich zuversichtlich, dass sie einen gemeinsamen Weg finden würden, zumal er ihre Erregung deutlich gerochen hatte. Zum Glück kam sie seiner Neigung auch noch entgegen.

Der Duft aus der Küche kitzelte ihn in der Nase und prompt knurrte sein Magen. Mit einem Satz sprang er aus dem Bett, zog sich einen Jogginganzug über, ehe er zu seiner Liebsten ging.

„Wow, das riecht extrem lecker", bemerkte er, während er sich an den Türrahmen lehnte.

Erschrocken drehte Chris sich herum, dabei hätte sie beinahe den Teller fallen gelassen, auf dem sich das Rührei befand. „Du hast mich erschreckt", tadelte sie ihn, nachdem sie das Essen in Sicherheit gebracht hatte. „Ich dachte, du schläfst." In ihren Augen blitzte es enttäuscht auf, weil sie noch nicht ganz fertig war.

Kurz war Blake versucht, ihr eine Lüge aufzutischen, doch das verwarf er sofort wieder. „Ich besitze enorm gute Instinkte, sodass ich wach war, als du aufgestanden bist", gab er ehrlich zu. Mit einem großen Schritt war er bei ihr, zog sie eng an sich. „Außerdem riecht es so verdammt lecker, dass ich einfach herkommen musste." Sanft küsste er sie.

Ein Strahlen glitt über ihr Gesicht, ehe sie auf den Tisch deutete. „Aber ich bin noch gar nicht fertig. Ich wollte dich mit einem Frühstück überraschen."

„Für mich sieht es perfekt aus", bemerkte er lächelnd, zumal in dem Moment auch das Toastbrot aus dem Toaster sprang. „Lass uns essen, ehe ich mich an dir gütlich tue." Er biss ihr spielerisch in den Hals, woraufhin sie erschrocken aufschrie, nur um im gleichen Augenblick aufzulachen.

Gemeinsam deckten sie den Tisch, anschließend frühstückten sie.

„Und? Weißt du schon, ob du den Ferrata machen willst?“, erkundigte sich Blake zuvorkommend.

Unsicher zuckte Chrissi mit den Schultern. „Keine Ahnung, ob ich das wirklich schaffe. Das habe ich noch nie gemacht, außerdem möchte ich mich ungern vor dem ersten Auftritt verletzen.“ Entsetzt schlug sie die Hand vor den Mund. „Du meine Güte, ich habe völlig vergessen, Keith zu fragen, wann sie proben.“ Wie konnte sie nur etwas so Wichtiges nicht bedenken? Eilig sprang sie auf, wurde allerdings von Blake auf seinen Schoß gezogen.

„Ganz ruhig, ich bringe dich heute Abend zu Cameron. Dort trifft sich die Band jeden Dienstag und Donnerstag.“ Er lächelte sie beruhigend an. „Glaubst du wirklich, dass ich dich ins offene Messer rennen lasse?“

Beschämt schüttelte sie den Kopf. „Nein, aber mir ist es noch nie passiert, dass ich so leichtsinnig mit einem Auftritt umgegangen bin.“ Sie schob es auf die Situation, die ihr einiges abverlangte, nur tief in ihrem Inneren wusste sie, dass es auch an dem Wolf lag, der sie immer mehr faszinierte.

„Du musst nicht perfekt sein, um wunderbar zu sein.“ Er küsste sie zärtlich, bevor er sie zurück auf ihren Platz setzte.

Es klopfte und nachdem Blake eine Antwort geknurrt hatte, kam Beatrice beladen mit etlichen Büchern herein. „Ich dachte, du kannst die brauchen.“ Sie deutete entschuldigend auf die Titel, die sie auf die Arbeitsplatte gelegt hatte. „Leider sind sie alle in Englisch.“

Lachend winkte Chris ab. „Das ist kein Problem. Ich bin dir wahnsinnig dankbar, der Tod durch Langeweile ist keine Bedrohung mehr.“

„Ich hätte dir neue Romane gekauft, außerdem bin ich gut in der Lage, dich abzulenken“, bemerkte er mit einem unzufriedenen Unterton.

Chrissi legte eine Hand auf seinen Arm. „Das ist mir klar und das weiß ich zu schätzen, trotzdem vermeide ich es lieber, ausgehalten zu werden.“ Bittend sah sie ihn an, denn die Diskussion wollte sie jetzt nicht wieder führen.

„Du hast ja recht.“ Er sah seine Patentochter an. „Willst du was essen?“

Bea schüttelte den Kopf. „Nein, ich hab schon, danke. Aber ich möchte deine Gefährtin aus deinen Krallen befreien.“ Sie lachte laut über seinen unwilligen Gesichtsausdruck. „Reg dich ab, Onkelchen.“

Blake murmelte etwas über ein verrücktes Weib, ehe er nach dem benutzten Geschirr griff.

„Lass, ich mach das.“ Chris stand auf, legte ihre Arme um seinen Hals, um ihn zu küssen. Sie hatte sich ja vorgenommen, mitzunehmen, was sie bekommen konnte, darüber hinaus hatte sie die Nase voll davon, in Angst zu leben. Sie war jung, das Abenteuer wartete auf sie! Wie lange die Stimmung anhielt, wusste sie natürlich nicht.

Erfreut zog Blake sie an sich, ließ seine Zunge in ihren Mund gleiten, während er die Bemerkungen seines Patenkindes ignorierte.

„Och nö, das ist echt kein so toller Anblick, ihr zwei.“ Bea verkniff sich das Lachen, denn im Grunde freute sie sich, dass ihre Herzensmenschen offensichtlich einen Weg gefunden hatten.

„Ich verspreche dir, dass ich bei dir bleibe, solange es nötig ist. Ich gebe dir mein Ehrenwort.“ Mit den Worten zwinkerte Chris ihm zu, als er von ihr abließ, anschließend räumte sie in aller Ruhe den Tisch weiter ab. In ihr tobte das Verlangen, das sie nur mühsam unter Kontrolle bekam, trotzdem fühlte sie sich enorm gut.

Blake stand wie vom Donner gerührt neben der Eckbank, mit vielem hätte er gerechnet, aber nicht, dass sie ihm dermaßen entgegenkam. Sein Herz weitete sich vor Liebe für diese eigensinnige kleine Katze.

„Du solltest langsam los, deine Arbeit wartet", erinnerte Bea ihn lachend, die vergnügt beobachtete, wie er stumm dastand.

Eilig riss er sich zusammen, drehte sich um und lief pfeifend ins Schlafzimmer, um sich für den Arbeitstag fertigzumachen.

„Wow, du hast ihn ganz schön aus der Bahn geworfen", bemerkte Beatrice, die ihr half, die Küche in Ordnung zu bringen.

„Das war der Plan." Chrissi zwinkerte ihr zu. „Ich habe doch nur zwei Möglichkeiten: Erstens ich lasse mich auf ihn ein, zweitens ich wehre mich gegen jedes und alles." Sie zuckte mit den Schultern. „Ich bezweifele, dass ich allzu weit kommen werde, wenn ich mich gegen das Unvermeidliche auflehne, zumal ich auf keinen Fall zulasse, dass einer von euch Probleme bekommt." Kurz atmete sie durch. „Ich will nie wieder in mein altes Leben zurück. Vielleicht war es tatsächlich Schicksal, dass ich in euer Meeting getrampelt bin."

„Das war es", bestätigte Bea, ehe sie sich einem ganz anderen Thema zuwandte. „Worauf hast du denn jetzt Lust?"

„Du hast was von dem Via Ferrata gesagt, nur würde ich es mir gerne zuerst vor Ort ansehen. Es macht ja keinen Sinn, die Ausrüstung zu mieten, wenn ich unter Umständen zu wenig Mut aufbringe."

Dem stimmte die Wölfin lächelnd zu. „Gut, dann machen wir eben einen Spaziergang." Sie runzelte die Stirn. „Du kannst aber auch hingehen, wohin es dich treibt. Das ist dir klar, oder?"

Chris zuckte zusammen. „Willst du keine Zeit mit mir verbringen? Hast du vielleicht die Nase voll von mir?" Unsicherheit stand ihr ins Gesicht geschrieben.

Beatrice stieß sie mit der Schulter an. „Nein! Auf keinen Fall, ich habe dich lediglich daran erinnert, dass du frei bist, zumindest, was Blake und unser Rudel angeht."

„Lass uns ein Stück laufen, wir können uns auch unterwegs unterhalten." Sie deutete auf die Tür, nachdem sie das Haus verlassen hatten, hakte sie sich bei der Freundin ein. „Glaubst du wirklich, dass ich einfach so gehen würde? Ich habe das ernst gemeint, dass ich unter keinen Umständen in mein altes Leben zurück will." Sie seufzte leise. „Dazu brauche ich eure Hilfe, das ist mir klar. Andererseits tut mir schon der Gedanke weh, dass ich Blake verlieren könnte. Zu guter Letzt werde ich keinen von euch gefährden, indem ich verschwinde." Ihr klangen die Worte der Wölfin noch in den Ohren.

Zufrieden lächelte Bea, genau das hatte sie gehofft.

Gemeinsam gingen sie durch den kleinen Ort, der alles hatte, was man zum Leben benötigte. Abgesehen von einigen Pubs und Restaurants gab es einen Lebensmittelladen, eine Postfiliale, eine Grundschule sowie eine Highschool. Sie liefen über eine Brücke, die sie auf die andere Seite des River Leven führte, wie Bea ihr mitteilte.

„Schau mal, der West Highland Way geht hier entlang." Beatrice deutete auf ein Hinweisschild, woraufhin Chris den Blick hob. „An der Stelle folgt der Weg ein ganzes Stück der Straße, ehe er wieder in den Wald abbiegt." Bea bog in eine

Seitenstraße ein, wobei Chrissi ein Schild sah, das auf einen Parkplatz zum Grey Mares Waterfall hinwies.

„Sag mal, können die Touristen bis an den Wasserfall heranfahren?“ Neugierig sah sie auf die Freundin, die lachend den Kopf schüttelte.

„Nein, man muss schon noch hinlaufen. Aber viele sind froh, wenn sie nicht gezwungen sind, die Ausrüstung vom Laden bis hierher zu schleppen.“ Sie deutete mit dem Kinn auf einen kleineren Pfad, den sie jetzt einschlugen.

Chris nickte verstehend, sie waren an dem Verleih vorbeigekommen und der lag in der Tat etliche Meter entfernt.

Sie kamen an einem Wanderweg an, der sie auf einen Hügel führte. Es gab einige Treppenstufen, außerdem hörte sie das Wasser rauschen. Unter ihnen plätscherte ein Bach vergnügt über die Steine.

Ein Geländer bewahrte sie davor abzustürzen und an einer Stelle gab es eine Art Aussichtspunkt.

Neugierig lehnte Chris sich gegen die Holzbalken, um den Wasserfall zu sehen. „Von hier sieht es ziemlich unspektakulär aus“, bemerkte sie mit einem enttäuschten Unterton. Sie deutete auf den Berg. „Müssen wir da hoch?“

Bea lachte. „Nein, der Klettersteig fängt am Fuß des Wasserfalls an. Aber wir können natürlich hochgehen, falls du die Aussicht genießen willst.“ Abwartend sah sie die Freundin an.

„Lass uns zuerst den Kletterteil ansehen, dann kann ich dir sagen, ob ich das tatsächlich machen möchte.“ Chris drehte sich zu dem Weg, der jetzt wieder bergab verlief.

Schweigend gingen sie durch den Wald, wobei sich die Stille wie Balsam auf Chrissis Seele legte. Auf einmal erfasste sie das deutliche Gefühl, dass sich ihr Schicksal endlich zum

Besseren wendete. Es gab Menschen, die sich ehrlich um sie sorgten, allein das war eine ganz neue Erfahrung für sie.

Der Weg wurde felsiger, von Baumwurzeln durchzogen, bis sie an dem Bach ankamen, den sie bereits von oben bemerkt hatte. Eine Brücke führte darüber, auf der sie eine Pause machten, um für einen Moment dem Wasser zuzusehen. Flüsse, Bäche, Seen und Meere hatten schon immer eine besondere Faszination für Chris, sodass sie den Anblick einfach nur in sich aufnahm. Die Atmosphäre war friedlich, was sie durchatmen ließ. Die Anspannung der letzten Tage verflog wie ein dunkler Traum, zurück blieb die Hoffnung, dass sie tatsächlich einen Platz gefunden hatte, an den sie gehörte.

Verwirrt schüttelte sie den Kopf, woher kamen diese Gedanken denn plötzlich? Für eine solche Erkenntnis war es viel zu früh!

„Es ist nicht mehr weit." Bea stieß sie mit dem Ellenbogen an, damit holte sie sie aus ihren Grübeleien heraus.

Das Rauschen des Wassers wurde stetig lauter, nur sehen konnten sie noch nichts. Erst als sie ein Stück gegangen waren, standen sie am Eingang des Klettersteigs und somit vor dem Wasserfall.

Chris sah fasziniert auf den Fluss, der über die Felswand nach unten stürzte. Es hatte etwas Gewaltiges, Natürliches, aber auch Zerstörerisches. Wie in Trance ging sie dichter heran, bis ein schmales Holzbrett sie stoppte. Hier begann der Kletterparcours. Sie schaute weiterhin auf die kleinen Kaskaden, wobei sie selbst kaum erklären konnte, was genau sie so in den Bann zog. Es war ein seltsames Gefühl, als ob jemand einen Zauber über sie legen oder vielmehr von ihr nehmen würde. Plötzlich fühlte sie sich mit dem Land verbunden, so als ob man nach etlichen Jahren in seine Heimat zurückkehrte.

Heimat war für sie bisher nur ein Wort gewesen, mit dem sie keine Erfahrungen verband, doch jetzt änderte sich das schlagartig. Tränen stiegen ihr in die Augen, weil ihre Emotionen sie überwältigten.

„Alles in Ordnung? Wir müssen nicht klettern, wenn dir das zu heftig wird." Bea beobachtete sie besorgt.

Stumm nickte Chris, kaum in der Lage einen Ton herauszubringen. Was passierte gerade mit ihr? So etwas hatte sie noch nie erlebt. „Gib mir bitte eine Minute." Ihre Stimme klang belegt, trotzdem ließ Beatrice sie allein.

Erneut betrachtete sie den Wasserfall, hob ihren Blick bis zu dem Punkt, an dem er begann. Fast kam es ihr vor, als ob das Wasser ihre Probleme einfach mit sich nehmen würde. Was für eine idiotische Vorstellung!

Unwillig drehte sie sich um, wahrscheinlich waren die Gedanken lediglich der Tatsache geschuldet, dass sie Freunde gefunden hatte. „Ich möchte lieber nicht klettern. Tut mir leid." Sie sah Bea entschuldigend an. „Mir ist der Auftritt am Wochenende wichtiger."

„Kein Problem, ich bin den Ferrata schon öfter gegangen." Bea winkte ab, anschließend deutete sie auf den Wanderweg. „Sollen wir den Aufstieg wagen? Vielleicht willst du ja die Aussicht genießen?"

Sofort war Chris Feuer und Flamme, sie brannte in der Tat darauf, mehr von Schottland kennenzulernen. Sie gab ehrlich zu, dass sie sich in das Land verliebt hatte. Bei dem Gedanken musste sie unwillkürlich an Blake denken, es gab mehr als nur die Umgebung, die einen Platz in ihrem Herzen gefunden hatte.

Lächelnd ging sie neben Bea her.

Der Weg schlängelte sich durch den Wald, wobei sie immer mal wieder eine kurze Pause machte, um sich umzusehen oder auch ein Foto zu schießen. Es führte steil bergauf, gleichzeitig wurde der Weg sehr steinig. Chris konzentrierte sich, so eine Wanderung war sie nicht gewohnt, sodass sie heftig aus der Puste kam.

Bea lief lachend vor ihr her, sie hatte natürlich keinerlei Probleme.

„Sag mal, bist du ein Berglöwe? Ich dachte, ihr seid Wölfe", brachte Chrissi hervor, als sie erneut stehen blieb.

Beatrice machte eine wegwerfende Handbewegung. „Das hast du mit ein wenig Training auch schnell drauf. Gleich wird es besser, außerdem wartet ein echt toller Ausblick auf Kinlochleven auf uns." Sie zwinkerte der Freundin aufmunternd zu.

In der Tat war es nur ein kurzes Stück gewesen, das dermaßen steil und steinig war. Chris richtete sich etwas auf, ehe sie das Panorama genoss. Sie betrachtete das Städtchen versonnen, wobei sie automatisch versuchte, Blakes Haus zu finden. Leider lag es zu weit außerhalb. Wieder erfüllte ein seltsames Sehnen ihr Herz, während das Wort „Heimat" in ihrem Kopf nachhallte.

Schweigend gingen sie weiter, über einen leicht ansteigenden Weg, der meistens von Gras bedeckt war, bis sie einen wirklich atemberaubenden Blick auf Loch Leven bekamen.

Begeistert schnappte Chris nach Luft, gleichzeitig versuchte sie, das gesamte Bild in sich aufzunehmen. Ein überwältigendes Gefühl von Freiheit erfüllte sie, als sie auf den See herunterblickte. Die Berge kamen ihr wie Wächter vor, die alle beschützten, die sich auf sie einließen. Überwältigt schloss sie die Lider, atmete tief durch, während sie, zum ersten Mal in ihrem Leben, die positiven Energien annahm.

Bea betrachtete sie mit einem wissenden Lächeln, denn ihr ging es auch jedes Mal unter die Haut, ihre Heimat aus dieser Perspektive zu sehen. Vorsichtig legte sie einen Arm um die Freundin. „Unser Land hält seine Hand über uns, wenn wir es zulassen“, murmelte sie.

Stumm nickte Chris, die immer noch mit den Tränen kämpfte. Erst als sie die überschäumenden Gefühle unter Kontrolle hatte, öffnete sie die Augen.

„Es tut mir leid, normalerweise habe ich mich besser im Griff“, entschuldigte sie sich peinlich berührt, doch Bea starrte sie nur fasziniert an. „Was ist?“ Angst kroch ihr über den Rücken, weil sie den Blick ihrer Freundin so gar nicht einschätzen konnte.

Kapitel 17 - Verwandlung

„Deine Augen“, brachte die Wölfin mit einem Lächeln hervor. „Sie haben sich verändert. Du bist eine von uns.“

Ungläubig schüttelte Chrissi den Kopf. „Ich hätte merken müssen, wenn ich in der Lage wäre, mich in ein Tier zu verwandeln, oder?“ Sie glaubte, dass Bea einen Scherz mit ihr machte, nur irgendwas in der Mimik ihrer Vertrauten sagte ihr, dass sie es völlig ernst meinte.

„Das meine ich nicht. Wir magische Wesen erkennen uns an unseren Augen. Bei dir war zuerst alles normal, doch jetzt gibt es einen hellblauen Schimmer, rund um deine Iriden.“ Beatrice packte sie am Handgelenk. „Ich will dich nicht erschrecken, aber ich weiß, weshalb du nie wirklich Anschluss gefunden hast. Wir müssen sofort zu Blake.“

Tief in ihrem Inneren wusste Chris, dass das die Wahrheit war, trotzdem weigerte sie sich, an eine so dramatische Wendung zu glauben. Sie sollte etwas Besonderes sein? Zu den Paranormalen gehören? Fast hätte sie bei der Aussage aufgelacht. „Ich würde doch irgendwas spüren, wenn ich Fähigkeiten habe, die sonst niemand besitzt“, gab sie zu bedenken.

Beatrice nickte. „Schon mal daran gedacht, dass du mit deinem Gesang tatsächlich Menschen in deinen Bann ziehst? Sie manipulieren kannst?“ Auf keinen Fall wollte sie ihr die gesamte Wahrheit sagen, ehe sie nicht bei Blake waren. Allerdings war der Hinweis ein deutlicher Schubs in die richtige Richtung.

„Willst du mir gerade mitteilen, dass ich eine Meerjungfrau bin?“ Sie lachte laut auf, während sie der Freundin mehr unwillig den Weg zurück folgte. „Glaub mir, dazu bin ich weder begabt noch schön genug.“ Sie schüttelte innerlich den Kopf über eine solche Behauptung.

„Wir müssen zu meinem Patenonkel, dort reden wir in Ruhe.“ Damit blockte Bea weitere Vermutungen ab, sie wusste, was sie sah.

~~°~~

Überwältigt, aber auch peinlich berührt saßen sie etwas später in Blakes Büro. Bea hatte sie sofort zu ihrem Haus gebracht und in ihren Geländewagen gesetzt, um sie zur Werkstatt zu fahren, dabei war sie ungewöhnlich still gewesen.

Die Tür flog auf und ein ziemlich dreckiger Blake stürmte ins Zimmer. „Ist was mit Chris?“ Seine Frage war ihm herausgerutscht, ehe er seine Gefährtin ansehen konnte. In ihm tobte immer noch die Angst, dass sie sich verletzt hatte, einen anderen Grund hatte er auf die Schnelle nicht gefunden.

„Mir geht es gut.“ Chrissi drehte sich zu ihm um, um ihm in die Augen zu sehen, während sie ihren Herzschlag enorm deutlich spürte. Zu allem Überfluss erkannte sie plötzlich bei Bea und auch bei ihm einen silbernen Schimmer, der ihre Iriden einhüllte. Handelte es sich um das Erkennungszeichen, von dem die Wölfin geredet hatte?

Blake verstummte sofort, packte sie an den Schultern, um sie von ihrem Stuhl hochzuziehen, dabei achtete er kaum auf seine ölverschmierten Hände. „Du bist eine von uns“, murmelte er tonlos, gleichzeitig erschien ein skeptischer Ausdruck auf seinem Gesicht. „Wie hast du das gemacht?“

„Was? Ich bin mit Bea auf den Berg gestiegen." Chris schluckte, sie konnte sich selbst nicht erklären, was passiert war. „Glaub mir bitte, ich habe keine Ahnung, weshalb sich meine Iriden verwandelt haben. Genauso wenig weiß ich, warum ich plötzlich diesen Schimmer bei euch erkennen kann." Tränen sammelten sich in ihren Augen, als sie das Misstrauen in seiner Miene erkannte. In einer hilflosen Geste legte sie eine Hand auf seinen Arm, es tat unendlich weh, zu spüren, dass er sich innerlich von ihr entfernte.

„Denk daran, dass sie deine Seelengefährtin ist, Onkelchen", mahnte Beatrice in dem Augenblick. „Ich bin überzeugt davon, dass sie uns kein Theater vorspielt."

Blake atmete tief durch, ehe er sie erneut anstarrte. Er roch deutlich, dass sie sich fürchtete, verunsichert war und offensichtlich die Wahrheit sagte. Die Hormone stachen regelrecht in seine Nase. Ungewöhnlich bei einem rein magischen Wesen, besonders bei einer Selkie. Andererseits war das Meervolk bekannt für seine sanftmütige Art. Er schüttelte sein Misstrauen ab, niemals hätte sie sich dermaßen verstellen können, schon gar nicht vor seinem gesamten Rudel. Es machte auch keinen Sinn, dass sie vorgab, ein Mensch zu sein, obwohl sie es besser wusste.

Er schob sie sanft zu seinem Stuhl, setzte sich darauf, anschließend hob er sie auf seinen Schoß, wo er sie für eine ganze Weile einfach nur festhielt.

„Bitte, rede mit mir. Was ist passiert? Bin ich verflucht worden?" Chrissi griff die nächste Idee auf, die ihr in den Kopf kam. Sie hatte keinen Schimmer, was sie von der Situation halten sollte.

„Nein, ich glaube, dass jemand deine wahre Identität verschleiert hat." Blake küsste sie auf die Stirn. „Du bist ein paranormales Wesen, genau wie wir, nur gehörst du offensichtlich zu den Selkies, dem Meervolk." Er lächelte sie an, als sie nur zaghaft mit den Schultern zuckte.

„Keine Ahnung, wovon du redest. Was ist das? Willst du mir sagen, dass ich eine Meerjungfrau bin? Ich versichere dir, dass ich keinen Fischschwanz bekomme, sobald ich ins Wasser gehe." Verwirrt lehnte sie sich an ihn, sie brauchte seine Nähe jetzt ganz besonders.

„Ich lasse euch alleine." Mit den Worten trat Beatrice die Flucht an, da sie im Augenblick nicht wusste, wie sie der Freundin beistehen konnte. Es war bestimmt ein Schock, zu erfahren, dass man kein reiner Mensch war.

„Danke für den Ausflug", rief Chrissi ihr hinterher, denn trotz allem fühlte sie sich durch die Wanderung tiefer mit Schottland verbunden.

„Wir sehen uns morgen", antwortete die Wölfin ihr noch, ehe sie die Werkstatt endgültig verließ.

„Erzähl mir genau, was passiert ist", verlangte Blake sanft. „Jedes Detail, egal, wie unbedeutend es dir erscheint, ist wichtig."

Chris konzentrierte sich kurz, anschließend erzählte sie ihm, dass ihr die Liebe zu seinem Land, die Tränen in die Augen trieb. „Ich habe mich auf einmal wirklich zu Hause gefühlt. Angekommen, wie nach einer unendlich langen Reise." Sie stoppte, um zu sehen, ob er sie verstand, bis er nachdenklich nickte. „Außerdem fühlte ich mich so ungewohnt frei. Als ob jemand sämtlichen Ballast von meinen Schultern genommen hätte. Ich habe immer noch die Gewissheit, dass alles gut wird. Dabei bin ich normalerweise die Skeptikerin." Sie seufzte leise, ehe sie ihn ängstlich ansah. „Ändert das irgendwas zwischen uns? Ich meine, so wie es aussieht, gehöre ich ins Meer."

Blake lachte, gleichzeitig schüttelte er den Kopf. „Nein, Piseag, ich glaube, dass du ein Mischling bist. Wahrscheinlich hat dein Volk dich abgegeben, weil du kaum in der Lage bist, im Wasser zu leben." Er streichelte ihr sanft über die Wange. „Worüber ich unendlich froh bin. Ich lasse, dich nie wieder gehen." Heiser raunte er ihr den letzten Satz ins Ohr, anschließend leckte er mit der Zunge über ihren Hals.

Genüsslich schloss Chris die Lider, im Moment war ihr jede Ablenkung recht, sie war einfach noch nicht so weit, sich mit der neuesten Entwicklung auseinanderzusetzen. „Nimm mich, bitte. Zeig mir, wie es ist, dein Eigentum zu sein", murmelte sie, als die Erregung in ihr hochkroch. Auf keinen Fall würde sie in diesem Augenblick mit ihrer Lust kämpfen. Ihre Wangen färbten sich bei ihrer Forderung tiefrot, außerdem hielt sie die Augen fest geschlossen. Trotzdem fühlte sie, dass sie genau das wollte. Sie sehnte sich danach, sich ihrem Gefährten hinzugeben. Woher sie auf einmal den Mut nahm, wusste sie nicht, vielleicht lag es an der Erkenntnis, tatsächlich hierher zu gehören. Blake schob sie ein kleines Stückchen von sich. „Sieh mich an, Piseag!", verlangte er hart.

Unwillig öffnete sie die Lider, versank für eine Sekunde in seinen bernsteinfarbenen Iriden, in denen sie die Begierde erkannte, die auch in ihr brannte.

„Bist du sicher, dass du das wirklich möchtest?", erkundigte er sich ernst.

Sie hielt seinem Blick stand, schluckte ihre Bedenken herunter, ehe sie langsam nickte. „Mehr als du es dir vorstellen kannst. Ich sehne mich nach dir, sobald wir getrennt sind." Es fiel ihr enorm schwer, ihm dieses Geständnis zu machen, besonders weil ihr Verstand ihr eine Warnung nach der anderen zuschrie, nur ihr Herz jubelte. „Ich habe die Nase voll davon, mich vor allem und jedem zu fürchten. Du hast gesagt, aus unseren Fehlern lernen wir, also sollte ich auch Risiken eingehen, richtig?" Offen sah sie ihn an.

„Ich enttäusche dich niemals. Willst du meine Sub sein?" Jetzt hielt er die Luft an, zumal er ihr mit der Frage erneut die Möglichkeit gab, einen Rückzieher zu machen.

Chris schüttelte ernst den Kopf, woraufhin er mit seiner Frustration kämpfte. Mit eiserner Beherrschung lächelte er sie an, bis sie ihre Hände an seine Wangen legte. „Ich möchte deine Gefährtin sein, die Frau an deiner Seite. Wenn ich dich richtig verstanden habe, bedeutet das auch, dass ich dein Eigentum werde." Sie atmete tief durch und plötzlich fühlte sich die gesamte Situation so verdammt gut an. „Ich schenke dir meinen Körper, meine Seele und vor allem mein Herz, Blake Malcom MacDonald." Sie küsste ihn mit all der Leidenschaft, die in ihr war, raubte ihm den Atem, heizte ihm dermaßen ein, dass sie seine Erektion an ihren Schenkeln spüren konnte.

„Ich liebe dich, Piseag." Mehr brachte er nicht heraus, da er von ihrer Aussage völlig überwältigt war. Ein Blick zur Uhr ließ ihn seufzen. „Leider bleibt uns kaum genug Zeit für das, was ich mit dir machen möchte. Es sei denn, du lässt die Probe sausen", erklärte er mit einem Glitzern in den Augen.

Sofort schüttelte sie den Kopf. „Das kommt überhaupt nicht infrage. Außerdem tut das Warten dir bestimmt gut. Ich hab mir mal sagen lassen, es steigert die Vorfreude." Mit einem Satz sprang sie von seinem Schoß, nur um zu bemerken, dass er ihre Kleidung mit dem Motoröl versaut hatte. „Schau mal, wie ich aussehe“, schimpfte sie, allerdings erkannte man an dem fröhlichen Unterton, dass sie kaum verärgert war.

Erneut zog der Werwolf sie an sich, sog ihren Duft tief ein, dabei stellte er fest, dass sie ihn keineswegs anlog. „Du spielst mit dem Feuer, Piseag“, murmelte er, ehe er ihr ins Ohrläppchen biss.

„Hey, mach dir ein Steak, wenn du Hunger hast.“ Chris befreite sich aus seinen Armen, es tat ihr so unendlich gut, Sorgen und Ängste hinter sich zu lassen. Es kam ihr vor, als ob dort oben auf dem Berg ein Knoten in ihr geplatzt wäre. Noch traute sie dem Frieden nicht wirklich, dennoch spürte sie, dass das Schicksal sich gerade drehte.

„Ich bin aber hungrig nach dir.“ Blake knurrte leise, bevor er auf seine öligen Hände schaute. „Ich gehe mich mal waschen, anschließend fahren wir nach Hause. Du hast bestimmt tausend Fragen.“

Dem stimmte sie augenblicklich zu, denn trotz ihrer guten Laune tobten so viele verschiedene Gedanken durch ihren Kopf.

~~o~~

„Was genau sind eigentlich Selkies und warum habe ich nie von ihnen erfahren?“, erkundigte sie sich, nachdem sie beschlossen hatten, sich am späten Abend um ihre Bedürfnisse zu kümmern. Die Frage brannte ihr unter den Nägeln, seit sie es halbwegs akzeptiert hatte, dass sie wohl zu einer anderen Gattung gehörte. Es kam ihr weiterhin seltsam vor, aber die Veränderungen sprachen für sich. Darüber hinaus gab es weder für Blake noch für Bea einen Grund, sie anzulügen.

„Das ist das Meervolk. Sobald sie im Wasser sind, sehen sie aus wie Robben, an Land verwandeln sie sich in Menschen. Sie legen ihr Fell ab, um ihre Gestalt zu verändern, müssen allerdings demjenigen gehorchen, der das Robbenfell besitzt." Er dachte einen Moment nach. „Sie sind wunderschön, doch die Sehnsucht nach dem Meer lässt sie immer zurückkehren. Ein Selkie wird sich ständig nach seinem eigentlichen Heim verzehren, wenn man ihn zwingt, in seiner Menschengestalt zu bleiben."

Chris hob ablehnend eine Hand. „Aber ich komme gut damit klar, dass ich in einem Haus wohne. Es gibt keinen inneren Drang, mich in einen See oder in einen Ozean zu stürzen." In ihr tobte eine Mischung aus Hoffnung und Furcht, einerseits wünschte sie sich, zu der paranormalen Gesellschaft zu gehören, besonders weil die Normalen sie ablehnten. Andererseits befürchtete sie, hier genauso ausgestoßen zu werden.

„Wahrscheinlich bist du ein Mischling, dessen menschlicher Anteil ziemlich groß ist. Das erklärt auch, warum deine Eltern dich abgegeben haben. Die Verbindungen zwischen dem Meervolk und den Menschen sind nur ungern gesehen, da es früher zu viele Männer gab, die eine Selkiefrau gegen ihren Willen gezwungen haben, bei ihnen zu bleiben." Blake erinnerte sich an die Zeit, als die Sagen geglaubt wurden. „Mittlerweile ist die Geschichte der Selkies in den Bereich der Mythen gewandert, deshalb gibt es kaum noch derartige Übergriffe."

Jetzt weiteten sich Chrissis Augen. „Du glaubst, dass ich älter als zwanzig bin? Ich meine, das müsste ich doch irgendwie wissen, oder?" Unsicher starrte sie ihn an.

„Nein, das denke ich nicht, nur sind die vergangenen Verbrechen allen gut in Erinnerung. Eine Selkiefrau leidet sehr, falls man sie hindert, ins Meer zurückzukehren. Allerdings ist das nur eine Variante, es gab durchaus auch gewollte Verbindungen.“ Er zuckte leicht mit den Schultern.

„Was für Eigenschaften besitzt so jemand vom Meervolk? Ich frage mich, ob sie über besondere Fähigkeiten verfügen?“ Neugierig musterte sie ihren Gefährten.

„Man sagt, dass sie wunderschön sind, was ich bestätigen kann, wenn ich dich ansehe.“ Er schmunzelte, als sie die Stirn runzelte. „Außerdem manipulieren sie manchmal mit ihrem Gesang die Lebewesen in ihrer Umgebung. Einige können mit ihren Liedern jeden beeinflussen, ihn in ihren Bann ziehen, ihn gute oder schlechte Taten vollbringen lassen.“ Wieder betrachtete er sie. „Ich überlege, ob du dazu auch in der Lage bist. Deine Stimme ist etwas Besonderes.“

Chris lachte. „Dann wäre ich wohl kaum in der miserablen Situation, in der ich bin, richtig?“ Sie schüttelte den Kopf, doch Blake stoppte sie.

„Du wusstest bisher nichts von deiner Abstammung, eventuell kannst du die Menschen um dich herum tatsächlich beeinflussen, wenn du es darauf anlegst.“

Darüber dachte sie einen Moment nach, wobei sie sich vornahm, es bei Gelegenheit auszuprobieren. Natürlich würde sie niemanden ein Verbrechen begehen lassen, aber zu etwas Wohltätigkeit animieren, konnte ja kaum schaden.

„Es ist so seltsam, ich müsste völlig verwirrt und verängstigt sein, doch ich fühle mich befreit. Als ob jemand einen Schleier von mir genommen hätte.“ Sie schluckte. „Das ist auch der Grund, weshalb ich euch glaube, anstatt die Geschichte anzuzweifeln. Mein Verstand lehnt das zwar alles ab, nur instinktiv weiß ich, dass ihr recht habt." Sie sah ihren Gefährten an, ob er sie verstehen konnte, da sie nur sehr schlecht in der Lage war, ihre Gefühlslage in Worte zu fassen.

Blake nickte ihr zu. „Ich vermute, dass man dich verzaubert und der Zauber sich aufgelöst hat, weil du in deine Heimat gekommen bist. Oder er hat sich gelöst, weil du deinen Seelengefährten gefunden hast."

„Eventuell war es auch beides", schlug sie vor, wobei sie sich daran erinnerte, dass sie sich am Wasserfall zum ersten Mal wirklich eingestanden hatte, zu ihm zu gehören.

„Gut, jetzt sollten wir zuerst Alan benachrichtigen. Er weiß vielleicht einen Weg, deine Eltern zu finden." Er holte tief Luft. „Falls du das willst." Die Entscheidung überließ er ihr.

„Wenn es eine Möglichkeit gibt, ja! Ich möchte endlich erfahren, warum sie mich einfach im Stich gelassen haben. Was das für ein Zauber war." Sie stoppte. „Können Selkies jemanden dermaßen verzaubern?"

Augenblicklich schüttelte Blake den Kopf. „Dazu brauchen sie die Hilfe einer mächtigen Hexe oder eines Magiers."

Seltsamerweise akzeptierte sie sofort, dass auch solche Fähigkeiten existierten, nein, sie wusste es. Uraltes Wissen und Erkenntnisse tröpfelten in ihr Bewusstsein. „Ja, das ist richtig. Aber es gibt noch genug Zaubermächtige, oder? Sie alle leben versteckt, genau wie die gesamte Magische Welt."

„Das stimmt." Blake beobachtete sie. „Erinnerst du dich an etwas Konkretes?"

„Nein, ich weiß plötzlich eine ganze Menge über die Paranormalen. Außerdem spüre ich keine Angst mehr, nicht mal bei dem Gedanken an Vampire." Sie lächelte ihn erfreut an.

„Was ist mit Zombies?"

Chris lachte hell auf. „Die entstammen der Fantasie der Normalen. Es sei denn, du redest von Wesen wie dem Guhl." Sie blinzelte, weil sie das Wissen, auf das sie zurückgreifen konnte, verwirrte. „Weshalb besitze ich auf einmal diese Kenntnisse? Ich müsste es doch schon am Wasserfall gewusst haben."

Nachdenklich musterte er sie. „Ich denke, dass dein Bewusstsein sich nur langsam anpasst, damit du nicht überfordert wirst. Leider kenne ich mich mit solchen Zaubern nur rudimentär aus." Bedauernd zuckte er mit den Schultern. Ehe sie ihn weiter mit Fragen bombardierte, griff er zu seinem Handy, das er auf den Wohnzimmertisch gelegt hatte, um Alan anzurufen.

Chris lächelte still vor sich hin, es fühlte sich großartig an, die Angst einfach abzuschütteln und sich endlich an die wichtigen Kenntnisse erinnern zu können. Natürlich kamen jetzt etliche neue Dinge hoch, die sie klären musste, doch die Hoffnung, dass ihre Eltern sie geliebt hatten, fraß sich tief in sie. Wahrscheinlich waren sie gezwungen worden, sich von ihr zu trennen.

Wie ein Blitz erschien plötzlich ein Gesicht einer Frau in ihrer Erinnerung, ihr Herz machte einen erfreuten Satz. Sie erkannte ihre Mutter, die sich weinend über sie beugte, ihr einen Kuss gab, bevor sie einer alten, runzeligen Hexe zunickte. Die Szene trieb auch ihr die Tränen in die Augen, zumal sie sich an diese Bruchstücke erinnerte. Sie musste damals drei oder vier Jahre alt gewesen sein. Immer mehr solcher Momente kamen ihr in den Sinn, ein Mann mit blonden, kurzen Haaren, der mit ihr über einen Rasen tobte, ein Augenblick am Meer, ein großes Feuer mit vielen Menschen, die fröhlich feierten. Leise schluchzte sie auf, als die Erinnerungsfetzen sie überwältigten.

Nur am Rande nahm sie wahr, dass Blake sie in eine innige Umarmung zog, viel zu überwältigend fühlte sich die Gewissheit an, dass sie geliebt worden war. „Ich erinnere mich", flüsterte sie erstickt.

Sanft streichelte er sie, gab ihr Halt und Geborgenheit, ohne irgendwelche Fragen zu stellen. Ihm war klar, dass sie zuerst mit ihren Erinnerungen zurechtkommen musste.

„Wir waren eine glückliche Familie, die hier in Schottland gelebt hat", murmelte sie, ehe sie die Lider schloss, um die Vergangenheit besser greifen zu können. „Mein Vater hat oft mit mir gespielt, nur Freunde hatte ich nie." Jetzt wusste sie ja weshalb.

„Weißt du, was passiert ist?" Behutsam stellte Blake die entscheidende Frage.

Langsam öffnete Chris die Augen, in denen noch Tränen schimmerten. „Ich weiß nur, dass wir zu einer alten Frau gefahren sind. Danach ist alles dunkel. Es existieren auch nur kurze Ausschnitte in meinem Gehirn, wie Bilder in einem Fotoalbum." Sie seufzte, kuschelte sich dichter an ihren Gefährten. „Ich denke mal, es ist meine Aufgabe, meine Leute zu finden. Oder zumindest die Magierin, die mich verzaubert hat."

Sanft schob Blake ihr eine Strähne hinters Ohr. „Nein, es ist unsere Aufgabe. Unser Rudel unterstützt uns dabei." Er lächelte sie an, als sie erstaunt den Blick hob.

„Bin ich jetzt überhaupt noch willkommen? Ich meine, ich gehöre einer anderen Rasse an." Sie stieß die Luft aus. „Wobei ich selbst da der Außenseiter bin. Mich fasziniert Wasser in vielen Formen, aber ich kann mir kaum vorstellen, im Meer zu leben."

„Du gehörst zu mir, daran wird sich nichts verändern, das verspreche ich dir. Was unsere Leute angeht, sie wissen, wie es ist ausgestoßen zu sein, daher wird es niemanden stören, dass du eine vom Meervolk bist. Alan war auch mal ein Mensch."

Erleichtert atmete sie auf, denn gerade jetzt, wo ihre Angst verschwunden war, würde es ihr das Herz brechen, erneut außen vor gelassen zu werden. Ihr Blick schweifte zur Uhr. „Ich sollte mich langsam fertigmachen", murmelte sie, gleichzeitig stand sie auf.

„Du gehst nirgendwohin, ohne vernünftig zu essen." Blake hielt sie zurück, dabei sah er ihr ernst ins Gesicht. „Du hast dich mir unterworfen, erinnerst du dich? Da ist es noch mehr meine Pflicht, auf dich aufzupassen."

Chris rollte entsetzt mit den Augen, nur um sofort einen harten Schlag auf ihren Hintern zu bekommen. Erfreut stellte sie fest, dass der leichte Schmerz sie erregte, trotzdem hob sie abwehrend die Hände. „Tut mir leid, Master."

Nachsichtig schüttelte Blake den Kopf, weil sie den Titel dermaßen spöttisch ausgesprochen hatte, dass es fast eine Beleidigung war. „Ich bringe dir die richtigen Manieren noch bei. Aber jetzt fahren wir zum Pub, damit du was zwischen die Zähne kriegst. Anschließend setze ich dich bei Cameron ab, ehe ich mich mit Alan zusammensetze."

Unwillig musterte sie ihren Gefährten. „Sollte ich bei dem Treffen nicht dabei sein?" Es ging um ihre Geschichte, die wollte sie ungern den beiden Männern überlassen, zumal sie ahnte, dass die zwei sie schonen würden, falls es unschön wurde.

„Das wirst du auch, allerdings wollen wir die Zeit nutzen, während du bei meinem Bruder bist. Es gibt eine ganze Menge Hexen, die infrage kommen." Blake küsste sie, womit er ihr den Wind aus den Segeln nahm. „Sobald wir alleine sind, werde ich mich richtig um dich kümmern“, versprach er.

Erst jetzt bemerkte Chrissi, dass ihre Erregung fast verschwunden war. Ihre wiederkehrende Erinnerung hatte alle anderen Gefühle überlagert, doch bei seinen Worten fühlte sie, dass die Lust erneut hochkochte. Sofort dachte sie an die Proben, weil sie auf keinen Fall heiß wie Nachbars Lumpi zu Cameron fahren wollte.

Blake brachte sie zu seinem Geländewagen, raubte sich noch einen schnellen Kuss, ehe sie zur Bothy Bar auf der gegenüberliegenden Seite der Ortschaft fuhren. Hier bestellten sie riesige Burger, bei deren Anblick Chrissi laut auflachte. „Egal, wie ich mich verändert habe, die Portion schaffe ich beim besten Willen nicht.“ Sie deutete auf ihren Teller, der fast schon überladen wirkte.

„Kein Problem, um den Rest kümmere ich mich.“ Vergnügt zwinkerte er ihr zu, anschließend biss er herzhaft in seinen Cheeseburger.

Das Essen dauerte nur eine knappe Viertelstunde, besonders weil Chris auf keinen Fall zu spät zur Probe kommen wollte. In der Tat aß sie weniger als normal, die Aufregung stoppte sie, das Abendessen tatsächlich zu genießen.

„Du machst dir völlig unnötig Sorgen, Piseag. Die Band ist gut, aber mit dir ist sie perfekt. Sie haben auf eine Sängerin wie dich gewartet.“ Blake legte eine Hand über ihre, um sie zu beruhigen.

„Da bin ich mir unsicher. Weshalb hatte ich vorher keinen Erfolg? Ich meine, diesen Punkt hat man mir ja nicht genommen, richtig?“ Unruhig rutschte sie auf ihrem Stuhl herum.

„Du vergisst, mein Herz, dass man dir lange eingeredet hat, ein Freak zu sein. Egal, ob bewusst oder unbewusst. Dazu kommt, dass Gerold ein riesiger Idiot ist. Anstatt mit dir Geld zu verdienen, hat er seine schmutzige, kleine Rache ausgelebt." Blake drückte erneut ihre Hand, anschließend machte er sich über ihren Burger her, von dem sie kaum abgebissen hatte. Im Moment würde er nachgeben, aber in Zukunft musste sie vernünftig essen.

Kapitel 18 - Erkenntnisse

„Kommst du bitte mit rein? Ich habe Angst, dass sie mich doch nicht mehr wollen, sobald sie sehen, dass ich eine Selkie bin.“ Sie zuckte leicht mit den Schultern. „Zumindest zum Teil.“

Lachend schüttelte Blake den Kopf. „Du tust ihnen wirklich unrecht. So hinterhältig sind wir nicht, darüber hinaus ist Cameron mein Bruder. Glaub mir, er wird dich mit Klauen und Zähnen verteidigen.“

Seufzend stimmte sie ihm zu. „Trotzdem fühle ich mich sicherer, wenn du bei mir bist“, gab sie mit einem Lächeln zu. Natürlich ahnte sie, dass die Band immer noch auf ihrer Seite war, dennoch fühlte sie sich unsicher.

„Ich hätte dich auch so nicht alleine gelassen“, flüsterte er ihr zu, küsste sie, anschließend stieg er aus, um ihr aus dem Wagen zu helfen.

Dankbar nahm sie seine Hand an, verschränkte die Finger mit seinen, während sie zur Haustür gingen.

Ehe sie klingeln konnten, flog die Tür auf und Cameron stand vor ihnen. Er grinste breit, als er sie musterte. „Habt ihr endlich die Kurve bekommen? Wurde Zeit.“ Erst jetzt blickte er Chris in die Augen, nur um erneut zu lachen. „Das erklärt einiges.“

Blake schob ihn zur Seite, anschließend brachte er seine Liebste in den Probenraum. „Ich habe keine Lust, die Situation mehrfach erklären zu müssen, zumal wir bisher nur vermuten können.“ Bei der Ankündigung sahen ihn alle gespannt an.

„Meine Gefährtin ist zum Teil eine Selkie. Allerdings nehmen wir an, dass sie verzaubert wurde, weil sie sich nur stückweise erinnert. Auch der Schimmer in ihren Augen ist erst heute sichtbar geworden.“

Fragen prasselten auf das Paar ein, bis Blake knurrend eine Hand hob. „Mehr wissen wir noch nicht. Wahrscheinlich kommen die Erinnerungen nach und nach zurück, damit Chris ihren klaren Verstand behält.“ Er zuckte leicht mit den Schultern. „Wie gesagt, aktuell stützen wir uns lediglich auf einen Haufen Vermutungen, zumindest, bis wir die verantwortliche Hexe gefunden haben. Wenn es sie gibt.“

„Wow, eine vom Meervolk, das erklärt, weshalb dein Gesang uns alle verzaubert hat“, bemerkte Keith lachend. „Jetzt haben wir auf jeden Fall einen riesigen Vorteil, sobald wir irgendwo auftreten. So wie es aussieht, werden wir uns demnächst vor Anfragen kaum noch retten können.“

Chris seufzte leise. „Klar, ich hatte ja auch vorher so einen megamäßigen Erfolg. Bitte, ich möchte eure Hoffnungen in mich nicht enttäuschen, aber ich fürchte, ich besitze keine Fähigkeiten der Selkies.“ Als sie die Worte ausgesprochen hatte, ploppte eine neue Erinnerung in ihr auf. Sie sah sich, wie sie vor einer kleinen Menge sang. Die Leute hingen wie gebannt an ihren Lippen und sie lächelte.

„Alles in Ordnung?“, erkundigte Cameron sich besorgt. „Du hast ausgesehen, als ob du einen Schlaganfall bekommen würdest.“

Chris schlug ihm lachend auf den Arm. „Charmant, mein Lieber.“ Sie wurde sofort wieder ernst. „Ich habe mich daran erinnert, dass ich als Kind bereits vor einem Publikum gesungen habe. Leider konnte ich nicht sehen, wo genau das war.“ Sie seufzte, es gab so viel zu klären. „Aber wir sollten langsam anfangen, richtig?“

Die Musiker nickten, Blake stahl sich noch einen Kuss, ehe er sie eindringlich ansah. „Ist es in Ordnung, wenn ich gehe?“ Falls sie sich weiterhin unsicher fühlte, würde er das Treffen mit Alan verschieben.

„Wir passen auf sie auf, Bruder, das müsste dir bewusst sein“, bemerkte Cameron gekränkt. „Oder glaubst du, dass wir sie ausnutzen?“ Jetzt richtete er seinen Blick auf Chris.

„Nein, ich hatte nur Angst, dass ihr mich ablehnt, weil ich mich dermaßen verändert habe“, gab sie verlegen zu.

„Ich sehe immer noch die bildhübsche Frau, die mit uns gesungen hat. Etwas mutiger, ein wenig selbstbewusster, aber definitiv die gleiche“, erklärte James ernst.

Dankbar umarmte sie ihn, anschließend nickte sie Blake zu. „Hau schon ab und grüß Alan von mir. Bis später.“ Jetzt würde sie sich nur auf die Probe konzentrieren, zumal sie eine gute Chance sah, mit ihrer Musik Geld zu verdienen.

~~°~~

Blake verließ eilig das Haus, da er darauf brannte, sich mit seinem Freund zu besprechen. Die neuen Erkenntnisse über seine Gefährtin ließen ihn lächeln. Als Mensch hätte sie ihre Ängste niemals so schnell abgelegt.

Sein Smartphone klingelte, als er gerade den Motor startete. „Ja!“ Er knurrte nur, weil er im Augenblick keine Unterbrechung brauchte.

„Was ist dir denn über die Leber gelaufen? Vorhin hast du recht entspannt geklungen.“ Alan horchte alarmiert auf.

„Tut mir leid, Bruder, ich habe nicht aufs Display geschaut und dachte, es will jemand was von mir." Er atmete auf. „Ich möchte so fix wie möglich diese Hexe finden, um es meiner Kleinen leichter zu machen."

„Wir alle brennen darauf, herauszufinden, was hinter der Geschichte steckt", bestätigte Alan. „Allerdings freue ich mich für euch. Als Normale hätte sie noch eine Weile gebraucht, um sich wirklich auf dich einzulassen. Darüber hinaus kannst du ihr den ganzen Zinnober mit dem Eid ersparen."

„Ich werde ihr nichts davon erzählen." Blake fuhr sich mit einer Hand durch die Haare. „Nenn es Vorahnung, aber ich befürchte, dass sie fuchsteufelswild wird, sollte sie erfahren, dass es von Anfang an mehrere Möglichkeiten gab. Ich habe Angst, sie zu verlieren", gab er kleinlaut zu.

„Lass uns in Ruhe reden. Ich bin gleich bei dir." Alan verabschiedete sich, trotzdem hörte Blake deutlich seinen Unmut heraus.

Ihm war klar, dass er einen bösen Fehler gemacht hatte. Besonders jetzt, wo er wusste, dass seine Kleine zur magischen Welt gehörte, müsste er ihr reinen Wein einschenken, nur traute er sich einfach nicht. Seufzend stieg er aus, nachdem er sein Auto in seiner Einfahrt abgestellt hatte, dabei spielte er seine Alternativen durch. Egal, was er unternahm, ihm war bewusst, dass Chris jedes Recht hatte, sauer auf ihn zu sein. Selkies waren extrem nachtragend, das zeigte allein die Tatsache, dass sie den Menschen immer noch misstrauten.

Alan parkte hinter ihm, ehe er die Tür aufgeschlossen hatte.

„Ich habe keine Ahnung, wo ich anfangen soll", bemerkte Blake, als sie an seinem Küchentisch saßen.

„Das ist auch ein ziemlicher Hammer, den ihr da zu verarbeiten habt. Was genau weiß sie denn über die Paranormalen?“ Ruhig musterte der Chief seinen Freund.

„Aktuell erinnert sie sich nur an Bruchstücke. Ihr Unterbewusstsein gibt das Wissen nach und nach frei. Immerhin hat sie keine Angst mehr vor mir oder uns. Allerdings glaubt sie nicht, dass sie besondere Fähigkeiten besitzt.“ Blake rieb sich müde über die Augen. „Das wird sie ausprobieren, wahrscheinlich schon heute Abend.“ Er lächelte gequält. „Vielleicht hätte ich Cameron und die Jungs vorwarnen sollen.“

Lachend schüttelte Alan den Kopf. „Sie sehen doch, was sie ist, da werden sie entsprechend vorsichtig sein. Darüber hinaus wird Chris sie kaum zu irgendwas Illegalem zwingen.“ Nachsichtig beobachtete er seinen Kumpel. „Du musst ihr die Wahrheit sagen. Jetzt hast du noch die Gelegenheit. Sollte sie irgendwann auf David treffen, wird es viel schlimmer.“

„Auf keinen Fall!“ Eigensinnig wehrte Blake den Vorschlag ab.

„Was genau befürchtest du? Glaubst du wirklich, dass sie dich verlässt, weil du sie angeschwindelt hast? Oder besser, ihr einen Teil ihrer Optionen vorenthalten hast?“ Ungläubig sah Alan ihn an. „Sie liebt dich, das sieht jeder, der Augen im Kopf hat. Außerdem macht das Universum keine solchen Fehler.“

„Ich bin unsicher, was ich nicht von mir kenne“, gab Blake unwirsch zu. „Was, wenn sie erkennt, dass sie ins Meer gehört? Ich kann wohl kaum mit ihr gehen, abgesehen davon, dass die Selkies eigen sind, was Fremde angeht.“

„Du solltest langsam deinen Verstand einschalten, Bruder. Seelengefährten gehören zusammen, da bezweifele ich, dass sie sich nach ihrem Heim im Ozean sehnt." Er versuchte, in den Augen des Freundes zu lesen. „Du verrennst dich, vertrau mir. Oder hat sie irgendwas in der Art gesagt?"

„Nein, aber ihre Erinnerungen kommen stückweise. Zuerst wusste sie nicht mal, was genau sie ist. Jetzt erkennt sie bereits die anderen Rassen." Gequält blickte er auf. „Ich habe verteufelte Angst, sie durch einen Fehler zu verlieren."

„Das verstehe ich, trotzdem halte ich es für falsch, wenn du sie weiterhin in dem Glauben lässt, dass sie deinen Tod verschuldet, sollte sie dich verlassen."

„Gib mir bitte etwas Zeit, um darüber nachzudenken." Blake atmete tief ein. „Hast du irgendeine Ahnung, welche Hexe zu einem derartigen Zauber fähig ist?" Jetzt packte er den Stier bei den Hörnern.

„Da gibt es einige, zumal wir nicht wissen, wo genau sie gelebt hat, bevor man sie nach Deutschland abgeschoben hat." Alan überlegte einen Moment. „Die Frage ist auch, woher sie die Sprache kann."

„Vielleicht ist ihr Vater von dort? Oder sie haben sie ihr früh beigebracht." Blake hörte sich verzweifelt an, jede Spur wies noch mehr Geheimnisse auf. „Wie sollen wir ihre Leute finden, wenn wir zwei verschiedene Länder absuchen müssen?"

Alan boxte ihm leicht gegen die Schulter. „Setz deinen Verstand ein. Die Selkies leben lediglich hier und in Irland. Damit darfst du davon ausgehen, dass sie ursprünglich aus Schottland stammt, richtig? Daher schlage ich vor, die Hexe bei uns suchen." Er dachte einen Augenblick nach. „Sie hat ihre Erinnerung zurückbekommen, als sie am Wasserfall war?"

„Nein, dort hatte sie zum ersten Mal das Gefühl, es würde alles gut werden. Ihre Augen haben sich verändert, als sie auf dem Berg stand und ins Tal geschaut hat.“ Blake überlegte angestrengt, ob sie etwas gesagt hatte, was wichtig sein könnte.

„Ich kenne eine Magierin, die im Distrikt Lochaber wohnt. Sie ist nicht so leicht zu finden, weil sie gerade im Sommer lieber in verschiedenen Hütten haust.“ Alan lächelte den Kumpel an. „Wir suchen sie, um mit ihr zu sprechen. Sie sind in Zirkeln organisiert, vielleicht kennt sie die Geschichte oder hilft uns weiter.“

Skeptisch lachte Blake auf. „Seit wann helfen Hexen ohne guten Grund? Ich befürchte, es wird mich eine ganze Stange Geld kosten.“

„Heul leise, du besitzt genug, außerdem sollte es dir deine Gefährtin wert sein, aye?“ Alan hielt dem wütenden Blick stand.

„Wer sagt, dass es anders ist?“, begehrte Blake auf, er würde alles für Chris tun.

„Beruhige dich, ich bin der, der dir beisteht. Darüber hinaus müssen wir uns auf die Aufgabe konzentrieren. Ich bleibe jedenfalls so lange hier, bis ich mit ihr gesprochen habe. Vielleicht erinnert sie sich an weitere Details.“ Sein gesamter Ausdruck zeigte deutlich, dass sein Anliegen nicht verhandelbar war.

„Sie wird mir den Hals umdrehen, sollte ich dich vorher gehen lassen.“ Blake knurrte missmutig. „Aber mach es kurz, ich habe heute noch mehr mit ihr vor.“ Er sehnte sich nach seiner Gefährtin, seit sie in sein Leben geplatzt war, und Nacht für Nacht neben ihr zu liegen, ohne sie anrühren zu dürfen, machte es ihm kaum leichter.

„Keine Sorge, ich verschwinde, so schnell es geht.“ Verständnisvoll betrachtete er seinen Kumpel. „War eine harte Zeit, aye?“

„Da sagst du was“, murmelte Blake, der auf keinen Fall auf die Neckerei eingehen würde. „Wir werden ja sehen, was passiert, wenn du auf deine Gefährtin stößt. Aktuell wünsche ich dir ein garstiges Biest an den Hals, das dich mindestens einen Monat nicht ranlässt.“

Erneut lachte Alan auf, zumal er wusste, dass sein Freund es keineswegs so meinte. „Da verzichte ich dankend. Im Moment habe ich überhaupt keine Zeit für eine Partnerin. Die Gerüchte machen mal wieder die Runde, obwohl die meisten Menschen nicht mehr an Übersinnliches glauben. Trotzdem müssen wir auf der Hut sein.“ Er seufzte. „Es gibt immer noch zu viele abgedrehte Freaks, die mit Hexenbrettern herumspielen. Sie würden auch unglaublich gerne auf Werwolfjagd gehen.“

„Die sind nie ausgestorben. Wie ernst ist es?“ Blake ging erleichtert auf den Themenwechsel ein. „Soll ich David Bescheid geben? Brauchen wir die Hilfe der Wächter?“

„Nein, es sind keine konkreten Bedrohungen. Die Jungs aus Ballygannon könnten kaum etwas dagegen unternehmen, dass einige Normale an Gerüchte über Werwölfe glauben.“ Alan verzog das Gesicht. „Sie nehmen allerdings an, dass wir uns bei Vollmond in gefährliche Monster verwandeln müssen. Was im Umkehrschluss heißt, dass wir genau das unterlassen.“

„Die Welpen sind informiert?“ Blake wusste, dass hier das größte Risiko lauerte, weil sich die Jungen gerne austesten wollten.

„Ja, sogar Ethan hat den Ernst der Lage verstanden. Wo wir gerade beim Nachwuchs sind, ich habe eine kleine Abordnung nach Deutschland geschickt. Sie werden morgen zurückkommen."

Zufrieden nickte er, da er vermutete, dass Chris sich über ihre persönlichen Dinge freuen würde. Darüber hinaus konnte er endlich einen Blick in den vermaledeiten Vertrag werfen.

„Es gibt offensichtlich noch mehr, um das du dich kümmern willst", stellte Alan fest, als er den grimmigen Ausdruck des Freundes bemerkte.

„Aye, das Stinktier, das meiner Kleinen so enorme Steine in den Weg gelegt hat, wird sein blaues Wunder erleben." Blake seufzte leise. „Andererseits ist er es kaum wert, Zeit zu verschwenden, indem ich nach Deutschland fliege. Es ist allerdings zu befürchten, dass er hier auftaucht, sobald Chris Erfolg hat oder er herausfindet, wo sie ist."

Alan nickte. „Stimmt, da war etwas von einem Vertrag, richtig?"

Blake lachte. „Du weißt über alles Bescheid, will ich wissen, woher du deine Informationen beziehst?"

„Das werde ich nie verraten, aber was für ein Chieftain wäre ich, wenn ich mich nicht kümmere?" Schmunzelnd hob er sein Glas.

Die Männer schlugen die Zeit tot, indem sie über die Geschäfte des Clans redeten, alte Geschichten aufwärmten und sich überlegten, was sie tun konnten, um Unheil von ihren Leuten abzuwenden. Endlich flog die Tür auf und Chris stand im Raum.

Sie strahlte über das ganze Gesicht, lief zu Alan, um ihn zu umarmen, ehe sie Blake einen filmreifen Kuss gab.

Cameron lehnte am Türrahmen, um die Szene zu betrachten. Er hatte sie nach der Probe nach Hause gebracht und auch die Haustür aufgeschlossen.

„Es war so toll! Ihr hättet die Jungs hören sollen. Wir werden die Besucher am Wochenende total begeistern.“ Überschäumend erzählte sie von den vergangenen zwei Stunden, steckte alle mit ihrer Begeisterung an, bis Blake sie auf seinen Schoß zog.

„Hast du deine Fähigkeiten ausprobiert?“, erkundigte er sich leise, dabei sah er seinen Bruder eindringlich an.

Empört boxte sie ihm auf den Oberarm. „Was hältst du eigentlich von mir, du Scheusal. Ich benutze meine Freunde doch nicht wie Laborkaninchen.“

Cameron schüttelte ganz leicht den Kopf, um ihre Aussage zu bestätigen, gleichzeitig achtete er darauf, dass sie ihn nicht sah. Auf keinen Fall wollte er sie verärgern.

„Setz dich, Piper“, forderte Alan ihn jetzt auf. „Wir sollten besprechen, wie wir das Geheimnis ihrer Herkunft lösen.“

Sofort wurden alle ernst und Cameron ließ sich auf einen Stuhl fallen. „Was habt ihr ausgeknobelt? Ihr seht aus, als hättet ihr einen Plan.“ Er sah von seinem Bruder zum Chieftain.

„Ich kenne eine Hexe, die wir aufsuchen werden, allerdings versteckt sie sich zurzeit in Lochaber.“ Alan wartete, bis die Worte auf den Wolf wirkten.

Wie erwartet verzog dieser das Gesicht. „Och nö, das ist eine elendige Lauferei, da in den Hügeln. Wahrscheinlich hat sie sich hinter dem alten Wald bei den Windrädern verschanzt. Da müssen wir fast durch das Flussbett laufen, außerdem ist es dort immer matschig.“ Er hörte sich wie ein kleines Kind an, woraufhin Chris laut lachte.

„Mir ist es egal, zur Not nehme ich Klamotten zum Wechseln mit, aber ich möchte gerne erfahren, was es mit dem Zauber auf sich hat." Sie drehte sich zu Alan. „Glaubst du, dass sie etwas weiß? Und was noch wichtiger ist, mit uns redet?"

Der Chieftain zuckte mit den Schultern. „Das kommt darauf an, was hinter der Geschichte steckt. So wie ich es mir zusammenreime, war es geplant, dass sich der Fluch löst, sobald bestimmte Dinge eintreffen. Wir wissen aktuell leider zu wenig darüber."

Seufzend kuschelte sie sich in die Arme ihres Gefährten. „Ich kann mich an meine Mutter erinnern, sie hat geweint, als wir bei der alten Frau waren." Konzentriert rief sie sich die Erinnerung ins Gedächtnis. „Vielleicht hilft es, wenn ich sie beschreibe."

„Ein Versuch ist es wert." Cameron nickte ihr aufmunternd zu.

„Mit wem soll ich anfangen?" Unsicher sah Chrissi von einem zum anderen. Brachte es überhaupt etwas, dass sie ihre Mutter beschrieb?

„Die Selkies sehen sich sehr ähnlich, deshalb ist es besser, du sagst uns, wie die vermutliche Hexe aussah." Blake streichelte ihr sanft über den Rücken.

„Sie hatte runzelige graubraune Haut, wie ein alter Pilz. Doch ihre Augen blitzten, man sah ihr an, dass sie sich über die Aufgabe freute." Chris schüttelte sich. „Ihre Haare besaßen eine Farbe, die mich an Stroh erinnert, genauso struppig sah es aus."

Kannst du dich an ihre Augenfarbe erinnern", hakte Alan nach.

„Dunkelbraun, fast schwarz, aber normalerweise waren ihre Iriden hell.“ Sie wunderte sich, weil sie sich nicht erklären konnte, weshalb sie das wusste.

„Das passt gut zu der Hexe, die ich kenne.“ Alan rieb sich über die Lider. „Leider beschreibt es auch eine ganze Menge anderer alter Frauen.“

Enttäuscht verzog sie das Gesicht. „Schade, ich hatte wirklich gehofft, es würde etwas bringen.“ Kurz überlegte sie. „Vielleicht kommen ja noch mehr Erinnerungen zurück.“

„Das kann gut sein, allerdings warst du ziemlich jung, als man den Zauber über dich gelegt hat. Selbst wir können uns kaum an unsere frühe Kindheit erinnern.“ Cameron drückte ihre Hand. „Egal, was passiert, du gehörst zu uns, daran besteht kein Zweifel.“

Dankbar lächelte sie ihn an, während sie sich ein wenig fester an Blake schmiegte. Natürlich war sie froh, dass die Angst von ihr abgefallen war und sie plötzlich etliches über die Magische Welt wusste, trotzdem brannte die Frage in ihr, weshalb ihre Eltern sie abgegeben hatten.

„Erinnerst du dich auch an deinen Vater?“, erkundigte Alan sich nachdenklich.

Einen Moment lang schloss sie die Lider, ehe sie leicht nickte. „Seltsamerweise sehe ich nicht so viele Details. Er war blond, groß, was nur wenig aussagt, da ich ja noch ein Kind war. Ich erkenne meine Mutter deutlich, sie besaß hellblondes, seidiges Haar, war sehr schlank und ihre Augen hatten ein leuchtendes Blau. Wenn sie gelächelt hat, bekam man das Gefühl, die Sonne ginge auf.“ Ein wehmütiger Ausdruck machte sich auf ihrem Gesicht breit. „Ich kann mir kaum vorstellen, dass sie mich aus egoistischen Gründen abgegeben hat.“

„Es hört sich auch völlig anders an, Piseag. Eventuell kommt die Erinnerung an deinen Vater etwas später. Bei so einem Fluch löst sich die Blockade oft nach und nach auf.“ Blake küsste sie schnell, ehe er sich an Cameron wandte. „Sobald Ethan zurück ist, soll er sich nach Lochaber aufmachen. Er ist der Beste, falls es darum geht, jemanden aufzuspüren.“

Alan hob eine Hand. „Die Hexe wird sich weigern, mit einem Welpen zu sprechen. Sie ist sehr eigen. Ich gehe mit ihm.“ Auffordernd sah er auf seinen Piper.

Seufzend nickte dieser. „Ist ja schon gut. Ich weiß, dass es immer mehr Eindruck macht, wenn wir zu zweit auftreten. Ich komme natürlich mit. Ist doch Ehrensache.“

Chris sprang auf, um die zwei stürmisch zu umarmen. „Ich danke euch von Herzen. Sollte ich nicht auch mitkommen? Ich meine, es geht ja um mich.“

Die beiden Männer schüttelten unisono die Köpfe.

„Nein, es reicht, dass du uns begleitest, sobald sie einem Treffen zugestimmt hat. Hexen sind in der Regel recht neugierig, daher könnte es einen Trumpf darstellen, dass du noch unsichtbar bleibst.“ Alan lächelte sie an. „Es ist mir eine Freude, dir zu helfen.“

Cameron zwinkerte ihr zu. „Ist für mich selbstverständlich, immerhin wirst du meine Schwägerin, darüber hinaus lassen wir Bandmitglieder uns niemals im Stich.“

„So, jetzt habt ihr genug Süßholz geraspelt“, mischte Blake sich energisch ein. „Ich liebe euch, Jungs, aber ich möchte mit meiner Kleinen alleine sein.“ Er deutete mit dem Kinn auf die Tür, woraufhin die beiden Männer lachend verschwanden.

„Du bist unmöglich!“, tadelte Chris ihn empört. „Sie tun alles, um mir zu helfen und du wirfst sie raus?“

„Aye, ich habe viel zu lange gewartet, Piseag.“ Er biss ihr leicht ins Ohrläppchen. „Ich will dich“, flüsterte er ihr zu.

Bei der Geste kroch Lust in ihr hoch, zumal sie sich genauso nach ihm sehnte. „Ich gehöre dir“, erinnerte sie ihn mit einem sinnlichen Lächeln.

Sofort stand er mit ihr auf dem Arm auf, um sie ins Schlafzimmer zu tragen, wo er sie langsam auszog. Stück für Stück schälte er sie aus ihren Kleidern, betrachtete jeden Zentimeter ihrer zarten Haut, die er freigelegt hatte.

Liebevoll streichelte er mit den Fingerspitzen über ihre erogenen Stellen, registrierte mit Genugtuung, dass sie eine Gänsehaut bekam.

Chris bog sich ihm verlangend entgegen, auch sie hatte die Nase voll davon, zu warten. Gier ließ sie leise stöhnen, besonders als er über ihren Hals leckte. Ungeduldig streckte sie die Hände nach ihm aus, wollte ihm das T-Shirt ausziehen, aber er stoppte sie.

„Nein, Piseag, du hältst einfach nur still“, befahl er mit rauer Stimme. Blake würde dieses erste Mal mit seiner Gefährtin bis zur letzten Sekunde auskosten. „Leg die Handflächen hinter den Kopf.“

Nur unwillig gehorchte sie, verzichtete allerdings darauf, ihn doch noch zu verärgern. Eine weitere Nacht, in der sie ohne Erfüllung neben ihm lag, ertrug sie nicht.

Erneut strich Blake über ihren Körper, sorgte dafür, dass sie vor Lust zitterte, bevor er mit seiner Zungenspitze über ihre empfindlichsten Stellen leckte. Unendlich langsam tastete er sich vor, saugte genüsslich an ihren Brustwarzen, biss sanft hinein, nur um kurz danach ihre Schenkel zu spreizen. Auch er brannte vor Ungeduld, sein innerer Wolf wollte seine Gefährtin brandmarken, sie eindeutig markieren.

Mühsam zügelte er sich, zog ihre Schamlippen auseinander, um anschließend tief mit der Zunge in ihre Weiblichkeit einzutauchen. Immer wieder stieß er an ihre Klitoris, entlockte ihr ein lautes Stöhnen nach dem anderen, während sie ihm ihr Becken verlangend entgegenhob. Genüsslich saugte er an ihrem Lustpunkt, genoss es, dass sie vor Gier zitterte, erlaubte es ihr allerdings nicht, zum Orgasmus zu kommen.

„Bitte." Mehr brachte sie nicht heraus, da sich ihre Kehle wie ausgetrocknet anfühlte. Sie ertrug sein Spiel keine Sekunde länger, zumal er sich jedes Mal kurz zurückzog, sobald sie sich dem Höhepunkt näherte.

„Ich will in dir sein, wenn du erlöst wirst", raunte er ihr zu, ehe er sie erneut vor Lust aufstöhnen ließ.

Sie schmeckte aber auch so verdammt gut, dass er kaum genug von ihr bekommen konnte. Seine Finger krallten sich in ihre Hüften, zwangen sie stillzuhalten, während er hart an ihrer Klitoris saugte.

Chris schrie auf, drückte sich ihm entgegen, gleichzeitig betete sie, dass er ihr die Erlösung schenkte, andererseits fühlte es sich viel zu gut an, um so schnell vorbei zu sein.

Endlich stand er auf, hob sie auf seine Arme, um sie sanft auf dem Bett abzulegen. Liebevoll betrachtete er sie, scannte sie regelrecht, als ob er sich den Anblick für immer einprägen würde.

Chrissi war versucht, sich irgendwie zu bedecken, aber sein Blick hielt sie davon ab, darüber hinaus spürte sie, dass die Scham ihre Lust anstachelte. Weshalb das so war, konnte sie sich kaum erklären, allerdings war es unwichtig. Sie wollte ihren Wolf, voll und ganz. „Komm her", verlangte sie heiser.

Blake schob sich mit einem Lächeln über sie, stützte sich auf den Unterarmen und Beinen ab, während er zärtlich über ihre Lippen leckte.

Sofort öffnete sie den Mund, um ihn willkommen zu heißen, kam ihm mit Feuereifer entgegen, gleichzeitig schlang sie ihre Arme um seinen Hals. Sie sehnte sich danach, ihn jetzt zu fühlen, seinen Körper dicht an ihrem. Sein Kuss verstärkte ihr Verlangen, ließ keinen Platz für irgendwelche Gedanken.

Blake knurrte leise, als er langsam auf sie sank, ehe er mit einem Knie ihre Beine auseinanderschob. Mühsam beherrschte er sich, auf keinen Fall wollte er ihr wehtun, obwohl sein inneres Tier darauf brannte, sich tief und hart in ihr zu versenken.

Hektisch krallte sie sich in seinen Rücken, versuchte ihm auf diese Weise mitzuteilen, wie sehr sie sich nach ihrer Vereinigung sehnte. Gleichzeitig genoss sie den Kuss, nahm seinen Geschmack auf, dabei forderte sie ihn zu einem Duell auf, das sie gerne verlor.

Blake ließ von ihr ab, strich ihr eine Strähne aus dem Gesicht, als er sie ernst ansah. „Ich werde kaum zart sein können“, warnt er sie mit einem Knurren.

„Nimm dir endlich, was du brauchst, gràidh“, flüsterte sie ihm zu, gleichzeitig rieb sie sich an ihm, soweit sein Gewicht es zuließ.

Bei den Worten zerrte sein Wolf heftig an der Kette, die ihn zurückhielt, noch beherrschte er sich, drang vorsichtig in sie ein, bis sie ihn fest in den Hals biss.

„Ich bin nicht zerbrechlich“, zischte sie ihm zu.

Blake lächelte leicht, sog ihren Duft ein, dabei roch er, dass sie genauso erregt war wie er. Jetzt hielt ihn nichts mehr, hart und tief versenkte er sich in ihr, bewegte sich schnell, bis sie beide völlig außer Atem waren.

Immer wieder stieß er zu, gleichzeitig rieb er mit dem Daumen über ihre Klitoris, sorgte dafür, dass sie sich aufbäumte, ihm zeigte, wie sehr sie ihn wollte. „Lass dich fallen“, befahl er rau, während er erneut über ihren sensibelsten Punkt strich. Lange würde er sich kaum zurückhalten können.

Chris schloss die Augen, gab sich ihm hin. Ihr Blut rauschte in ihren Ohren, ihr Herz jagte, sodass sie es bis in ihren Hals hinein spürte, woraufhin ihre Gefühle sie überwältigten. Endlich raste der Höhepunkt heran, wobei sie ihn willkommen hieß, gleichzeitig klammerte sie sich an ihren Liebsten.

In ihrem Kopf explodierte ein Feuerwerk der Lust, als sich ihr gesamter Unterleib zusammenkrampfte.

Der Orgasmus fühlte sich an, als ob nicht nur ihre Leiber verschmelzen würden, sondern ihre Seelen auch. Für einen Moment wurden sie eins, es fügte sich zusammen, was zusammengehörte.

Chrissi hielt die Luft an, versuchte den Augenblick festzuhalten, in dem die Welt stillstand und nur sie beide existierten.

Viel zu schnell war es vorbei, sodass Blake erschöpft auf sie sank. „Du bist unglaublich, Piseag“, flüsterte er, anschließend legte er sich neben sie, dabei zog er sie fest an sich. Wie ein Wunder musterte er sie, strich mit dem Handrücken über ihre Wange, bevor er sie zärtlich küsste. „Danke, dass du dich mir auf diese Weise geschenkt hast.“

Mit einem sanften Lächeln betrachtete sie ihn. „Gern geschehen." Noch konnte sie nicht wirklich erfassen, was da gerade passiert war, irgendetwas hatte sich verändert. Es fühlte sich an, als ob sie tatsächlich vollständig wäre.

Kapitel 19 - Normalität

Eng kuschelte sie sich an ihn, schloss die Augen, um seine Nähe besser spüren zu können. In der Tat war das ein ganz anderes Erlebnis, als die misslungene Session mit Gerold. Augenblicklich verscheuchte sie die Erinnerung, auf keinen Fall wollte sie jetzt an den Stinkstiefel denken.

„Was plagt dich?" Natürlich hatte Blake sofort gemerkt, dass sie sich nicht mehr so entspannt an ihn schmiegte.

Vorsichtig schüttelte sie den Kopf. „Nicht der Rede wert. Ich habe nur gedacht, dass unser erstes Mal sich verdammt besser angefühlt hat, als meine vorigen Erfahrungen." Sie musterte ihn, dabei bat ihr Blick, dass er das Thema bitte auf sich beruhen ließ.

Mit einem breiten, zufriedenen Lächeln nickte er. „Dann bin ich als Liebhaber zu gebrauchen?"

„Eitler Gockel." Sie brach in lautes Lachen aus. „Nach nur einem Mal bin ich kaum in der Lage, das zu beurteilen." Bei der Antwort musste sie an sich halten, um eine einigermaßen ernsthafte Miene zur Schau zu stellen.

Sofort war Blake über ihr, hielt ihre Hände über ihrem Kopf fest, gleichzeitig erschien ein gieriges Glitzern in seinen Augen. „Soll ich dir beweisen, dass ich dich auch ein zweites Mal zufriedenstellen kann?"

Sie biss ihn in den Hals, ehe sie ihn verliebt betrachtete. „Ich glaube dir, aber ich bin jetzt wirklich erschöpft."

In der Tat war es schon kurz vor Morgengrauen, zumal die Probe sowie die anschließende Besprechung doch länger gedauert hatten.

Mit einem leidenschaftlichen Kuss ließ er von ihr ab. „Du hast recht, wir sollten langsam schlafen. Morgen kommen deine Sachen, da hast du viel zu tun.“ Mit den Worten legte er sich neben sie, zog sie fest an seine Seite, ehe er die Augen schloss.

Chris fühlte sich glücklich, beschützt und zum ersten Mal wirklich angekommen, sodass auch sie schnell einschlief.

~~°~~

„Aufwachen, Piseag.“

Blake saß bereits angezogen auf dem Bettrand, als Chrissi die Augen öffnete. Sie fühlte sich müde, außerdem spürte sie jeden Muskel. Konnte Sex tatsächlich so anstrengend sein? Die Wanderung mit Bea fiel ihr ein, woraufhin sie versonnen lächelte.

„Ich hoffe, du schaust so, weil ich dir ein ganz besonderes Erlebnis verschafft habe“, bemerkte er lauernd.

Irritiert über den Unterton musterte sie ihn, bis ihr auffiel, dass er besorgt aussah. „Befürchtest du wirklich, dass du mich enttäuscht hast?“ Ungläubig strich sie ihm über die Wange. „Das war fantastisch gestern. Da ich aber Muskelkater habe, musste ich an den Spaziergang mit Bea denken.“

Erleichtert zog er sie in seine Arme, küsste sie stürmisch, ohne auf ihre Worte einzugehen. In der Tat machte er sich Gedanken darüber, ob er vielleicht zu hart gewesen war oder zu schnell. Verdammte Gefühle, solche Sorgen hatten ihn früher nie geplagt. „Du solltest aufstehen, die Welpen können jeden Moment mit deinen Sachen kommen", bemerkte er, als er von ihr abließ.

Sofort schlug sie die Decke zurück, dabei erinnerte sie sich daran, dass sie sich nicht die Zeit genommen hatte, ein Nachthemd überzuziehen. Verlegen sprang sie aus dem Bett, um schnellstmöglich ins Bad zu huschen, aber Blake fing sie vor der Tür ab.

„Ich liebe es, dich anzusehen, besonders wenn du so verschämt reagierst", murmelte er leise, anschließend küsste er sie auf den Hals. Ihr Duft verführte ihn, gleichzeitig sagte er ihm auch, dass sie sich schämte, nackt in seinen Armen zu liegen. „Ich werde dich bald dominieren, dich an deine Grenzen bringen", flüsterte er heiser.

Chris schloss schnell die Augen, auf keinen Fall sollte er sehen, wie sehr sie seine Worte anmachten. „Dafür haben wir jetzt keine Zeit", bemerkte sie, allerdings hörte man ihrer Stimme deutlich an, dass sie allein der Gedanke erregte.

Seufzend gab er sie frei, damit sie sich frischmachen konnte, denn die Welpen würden in der Tat in Kürze ankommen.

Als sie gerade unter der Dusche stand, klingelte es an der Tür, was sie enorm anspornte. Ein paar ihrer Sachen zu bekommen, fühlte sich nach einem Schritt in die richtige Richtung an, zumal sie Blake jetzt auch den Vertrag zeigen wollte. Eilig wusch sie sich, trocknete sich ab, zog sich bequeme Kleidung über und wickelte sich lediglich ein Handtuch um den Kopf, bevor sie in die Küche ging. Hier hörte sie bereits das Stimmengewirr.

„Du hättest dich ruhig in Ruhe fertigmachen können", bemerkte Blake, als sie etwas unsicher im Türrahmen stehen blieb. Unwillig deutete er auf ihre feuchten Haare, als sie das Tuch entfernte. „Du wirst dich erkälten."

Sie überlegte, ob sie aufbegehren sollte, entschied sich dann aber dagegen, da sie ihn auf keinen Fall vor den jungen Wölfen brüskieren wollte. Trotzdem ärgerte sie sich ein wenig über seinen bestimmenden Ton. Sie war alt genug, um zu wissen, was ihr guttat und was nicht. Leider musste sie ihm zustimmen, dass es ziemlich ungesund war, mit nassen Haaren herumzulaufen.

Kurz darauf kam sie in die Küche zurück, blieb vor ihm stehen, dabei sah sie ihn aufmüpfig an. „Gut so?“ Ihre Stimme hatte einen deutlich zickigen Unterton.

Sofort zog er sie dichter an sich, gab ihr einen herzhaften Klaps auf den Hintern, bevor er sie auf seinen Schoß zog. „Du bettelst ganz schön um eine Bestrafung, Piseag“, flüsterte er ihr ins Ohr.

Natürlich richteten sich bei der Bemerkung alle Blicke auf sie.

„Du bist unmöglich.“ Chris schnalzte mit der Zunge, anschließend sah sie die Jungs an. „Danke, dass ihr mein Zeug hergebracht habt. Ich weiß nicht, wie ich das wieder gutmachen kann.“

Don winkte lässig ab. „Das ist okay, so sind wir auch mal rausgekommen. Außerdem war es kein großer Aufwand. Ich hoffe nur, dass wir die wichtigsten Dinge mitgebracht haben.“

„Bestimmt, ansonsten bin ich in der Lage, selbst nach Hause zu fahren.“ Chrissi lächelte ihn dankbar an.

„Dein Zuhause ist hier“, stellte Blake unwirsch fest, gleichzeitig zog er sie dichter an sich.

„Das besprechen wir später.“ Sie wandte sich wieder ihren Besuchern zu. „Darf ich euch was anbieten?“

„Nachdem wir das Auto ausgeräumt haben, gerne, jetzt möchten wir nur wissen, wohin mit den Sachen.“ Andrew blickte Blake an.

„Packt die Kartons erst mal ins Gästezimmer, da kann meine Kleine alles in Ruhe sortieren“, wies der Werwolf sie an, woraufhin auch Chris nickte.

Die Idee gefiel ihr, so blieb im Schlafzimmer ausreichend Platz, sodass er sein Versprechen, mit ihr einige vergnügliche Stunden zu verbringen, einhalten konnte.

Sofort sprangen die jungen Wölfe auf, um die Kisten hereinzuschleppen, dabei stellte sie fest, dass es mehr war, als sie vermutet hatte. Misstrauisch betrachtete sie den Haufen, nachdem das Auto ausgeräumt war. „Ihr habt jetzt aber nicht alles mitgebracht, oder?“ Mit hochgezogener Augenbraue imitierte sie ihren Geliebten perfekt, was auch bei den Welpen Wirkung zeigte.

„Wir haben nur die Anweisung vom Schatzmeister befolgt“, bemerkte Don, ehe er eilig den Rückzug antrat.

Noch bevor Chrissi etwas dazu sagen konnte, stiegen sie in den Wagen und verschwanden. „Magst du mir das erklären?“ Sie drehte sich zu ihrem Gefährten um, dabei stemmte sie die Hände in die Seiten. „Ich meinte das durchaus ernst, dass es zu früh ist, um bei dir einzuziehen.“

Mit sanfter Gewalt zog er sie an sich. „Trotzdem ist es dumm, den Großteil deiner Kleider in Deutschland zu lassen. Selbst, wenn du auf einer eigenen Wohnung bestehst, werde ich dafür sorgen, dass du bei mir in Alba bleibst.“ Er hielt ihrem Blick stand, bis sie leise seufzte.

Chris schmiegte sich in seine Arme, zumal sie ja gar nicht weg wollte, schon gar nicht zurück in ihr altes Leben. „Ist das der gälische Name von Schottland, Alba?“, erkundigte sie sich, um vom Thema abzulenken.

„Aye.“ Blake schmunzelte, sie war so leicht zu durchschauen. Einen Moment drückte er sie an sich, ehe er sie von sich schob. „Du solltest deine Sachen durchsehen, ich muss langsam in die Werkstatt. Falls du mich brauchst, ruf mich an.“ Er küsste sie, anschließend machte er sich auf den Weg zur Arbeit.

~~°~~

Überglücklich stellte Chris fest, dass die Jungs sehr geschickt ausgwählt hatten. Auf der Liste standen nur die notwendigsten Dinge, doch hier lagen fast alle ihre Besitztümer, gut verpackt in Kisten. Sie schmunzelte, denn das war bestimmt Blakes Werk. Einen Moment setzte sie sich auf das Bett, um zu überlegen. Wollte sie tatsächlich schon bei ihm einziehen? War das nicht viel zu früh? Klar, sie waren Seelengefährten, trotzdem riet ihr Verstand ihr, weiterhin abzuwarten. Seufzend schob sie die Grübeleien zur Seite, aktuell blieb ihr kaum eine Wahl, auf keinen Fall würde sie Blake oder jemanden aus dem Rudel in Gefahr bringen. Egal, ob sie ein Ehrenwort gegeben hatte oder nicht.

Eilig öffnete sie eine weitere Kiste, in der sich ihre Kleider befanden, wie sie erleichtert feststellte. Mit den Sachen ging sie ins Schlafzimmer, wo sie den Kleiderschrank ein wenig umsortierte. Ob ihrem Liebsten das wohl gefiel? Eigentlich sollte sie ihn fragen, immerhin war es sein Reich. Vielleicht gab sie ihm damit einen Anreiz, sie zu bestrafen?

Der Gedanke sorgte dafür, dass ihr heiß wurde, allerdings nahm sie sich vor, vorsichtig zu sein, sie hatte ja keine Ahnung, wie eine Session mit ihm ablief. Chris schüttelte den Kopf über sich selbst, wenn ihr eins bewusst war, dann, dass sie ihm vertrauen durfte.

Eine Kiste nach der anderen packte sie aus, dabei fiel ihr nicht nur der Vertrag in die Hände, sondern auch ein Stofftier. Als sie es berührte, sah sie ihre Mutter und ihren Vater vor sich, auf einem Tisch stand eine Torte mit vier Kerzen. Es gab eine Menge Geschenke, aber sie stürzte sich auf den kleinen Plüschwolf. Die Erinnerung verblasste, doch es blieb ein glückliches Lächeln auf ihrem Gesicht zurück, da sie wieder die Gewissheit verspürte, dass sie geliebt worden war.

Nach und nach leerte sich das Gästezimmer, immer mehr Sachen verteilten sich in der Wohnung. Chris sah sich um, jetzt fühlte sie sich zu Hause angekommen, erneut seufzte sie, weil ihr Verstand ihr deutlich sagte, dass es einfach zu früh war, um aufzuatmen. Es gab noch so viele Dinge zu klären: Was mit ihren Eltern passiert war, stellte dabei die drängendste Frage dar. In ihre Gedanken hinein klingelte das Telefon.

„Hey, Bea, du rufst gerade zur rechten Zeit an“, begrüßte Chris die Freundin fröhlich. „Ich benötige dringend eine Pause.“

„Was ist los? Was machst du?“, erkundigte sich die Werwölfin besorgt.

„Meine Sachen sind angekommen, ich packe aus, sortiere, gleichzeitig erinnere ich mich immer mal wieder.“ Chrissi setzte sich mit einem Seufzer auf das Bett. „Ich bin mittlerweile davon überzeugt, dass meine Eltern mich geliebt haben. Nur weshalb ich im Waisenhaus gelandet bin, ist mir unklar.“

„Liebes, gib dir ein wenig Zeit. Du warst noch sehr jung, außerdem ist es unsicher, ob der Teil deiner Erinnerungen tatsächlich zurückkommt." Bea dachte einen Moment nach. „Du solltest warten, bis Alan und Blake die Hexe gefunden haben."

„Abwarten? Geduld ist nicht meine Stärke." Wieder stieß sie die Luft unwillig aus. „Was machst du?"

„Mich langweilen, mir fehlt meine Freundin." Beatrice lachte. „Wie wäre es, wenn ich rüberkomme? Ich bringe auch Scones mit, meine Mum hat frische gebacken."

„Wie könnte ich da nein sagen. Bis gleich." Allein bei dem Gedanken lief Chris das Wasser im Mund zusammen. Außerdem knurrte ihr Magen, immerhin war es bereits nach Mittag.

Es dauerte nur ein paar Momente, ehe die Tür aufging und Bea hereingeschneit kam, in der Hand hielt sie einen Korb.

„Du siehst fast aus wie Rotkäppchen, nur der rote Umhang fehlt." Chrissi lachte leise, während sie auf ihre Freundin deutete.

Bea stutze kurz, ehe sie feixend nickte. „Ja, nur würde ich dem Wolf das Fürchten lehren." Sie stellte die mitgebrachten Sachen in der Küche auf den Tisch, wobei neben den Scones Marmelade und Clotted Cream zum Vorschein kam.

„Wow, das ist so lecker. Denkst du, deine Mum verrät mir das Rezept?" Begeistert leckte Chrissi sich über die Lippen. „Es wird wohl Zeit, dass ich richtig kochen und backen lerne. Hier draußen scheint es mir angebracht."

„Klar, das bekommst du sicher von ihr. Es ist auch keine große Kunst, selbst ich hab die schon zustande gebracht." Bea schob sich einen Löffel der Cream in den Mund.

„Aber weshalb glaubst du, dass du das können musst? Wir sind keine Hinterwälder, es gibt sogar Lieferdienste.“ Verständnislos sah sie sie an.

Vorsichtig zuckte Chris mit den Schultern. „Ich möchte, trotz allem, nicht auf Blakes Kosten leben, außerdem befürchte ich, dass es eine Zeit dauert, bis ich tatsächlich auf eigenen Beinen stehe. Dazu kommt der vermaledeite Vertrag.“ Sie seufzte. „Wenn ich den nur nicht unterschrieben hätte. Andererseits ist es Verschwendung, jeden Tag etwas aus dem Restaurant kommen zu lassen.“

Auf einmal blitzte es in Beas Augen auf. „Ich verstehe, du willst Blake mal mit einem schönen Essen oder einem Kuchen überraschen.“ Sie lachte, gleichzeitig schlug sie ihr leicht auf den Arm. „Er liebt Apfelkuchen, aber Schokoladenkuchen genauso.“

„Du hast mich ertappt, es kommt mir falsch vor, dass er die gesamte Arbeit hat. Klar werde ich mich um den Haushalt kümmern, nur ist das nicht gerade eine Aufgabe, die mich den ganzen Tag beschäftigt.“

Verständnisvoll stimmte Bea zu. „Vergiss nicht, dass du deine Auftritte, die Proben sowie deine Freundin hast.“ Sie zwinkerte vergnügt. „Übst du eigentlich auch ohne die anderen? Ich meine, singst du Passagen oder so was, um sie besser hinzubekommen?“

„Ja, natürlich. Ich will mich ja weiter verbessern, ohne ständig auf meine eventuell vorhandenen Kräfte zurückzugreifen.“ Chrissi schenkte ihr ein verrutschtes Lächeln.

„Nur, weil du magische Fähigkeiten besitzt, heißt das nicht, dass du unfähig ohne sie bist. Du redest dir einen Mist ein, das sehe ich genau.“ Beatrice stieß sie mit der Schulter an. „Du hast dir vieles erarbeitet, nur die Beeinflussung der Zuhörer kommt von der Magie."

„Wenn ich sie überhaupt noch besitze. Bisher habe ich vermieden, es auszuprobieren. Ich würde mir schäbig vorkommen, falls ich meine Bandmitglieder als Versuchskaninchen missbrauche." Sie spielte mit der Kuchengabel.

„Los, wir bringen die Küche in Ordnung und gehen ein Stück. Ich nehme an, dass du frische Luft brauchst." Bea wartete die Antwort erst gar nicht ab, sondern schnappte sich das benutzte Geschirr, um es in die Spülmaschine zu räumen. Anschließend drängte sie zum Aufbruch.

„Ich kann das Haus doch nicht einfach offen lassen", protestierte Chris, als sie bereits an der Haustür standen.

Bea lachte auf. „Was glaubst du, wie ich reingekommen bin?" Sie zog einen Schlüsselbund aus der Hosentasche, um die Tür hinter ihnen zuzuschließen.

Langsam schlenderten sie die Straße entlang, wobei der Himmel sich regnerisch zeigte, trotzdem genossen die Frauen die Auszeit. Besonders Chrissi liebte es, mit ihrer Freundin durch den kleinen Ort zu gehen. Wieder überquerten sie den Fluss, bogen jetzt allerdings links ab, folgten dem West Highland Way ein Stück, bis sie an der Bothy Bar ankamen.

„In dem Pub hab ich mit Blake gegessen", bemerkte Chris mit einem versonnenen Lächeln.

„Viele Wanderer steigen hier ab, weil es günstige Unterkünfte hinter dem Hotel gibt. Die Cabins sind sehr spartanisch eingerichtet, aber zum Übernachten reicht es." Bea ging in den Hof, von wo aus man die kleinen Holzhütten sehen konnte.

„Das sieht irgendwie urig aus." Chrissi blickte jetzt von den Hütten zu den Bergen, ehe sie ihren Blick über den Anfang des Loch Leven schweifen ließ. Sie atmete ein, während sie das Bild tief in sich aufnahm. Erneut wurde sie von der Schönheit Schottlands eingefangen, genauso fühlte sie, dass sie hierher gehörte. „Es ist einfach unbeschreiblich", flüsterte sie. „Als ob ich endlich nach Hause gekommen bin." Sie stockte kurz. „Das bin ich ja. Sorry, ich muss mich erst daran gewöhnen."

Bea lächelte sie an, ehe sie sich wieder bei ihr einhakte, um zurückzugehen. „Was hast du morgen vor?", erkundigte sie sich, als sie angekommen waren.

„Keine Ahnung, am Abend ist Probe, die werde ich auf jeden Fall mitmachen. Das heißt, wenn Cameron schon von der Jagd auf die Hexe zurück ist." Sie seufzte. „Es kommt mir vor, als ob ich alles durcheinanderbringe."

„Das ist Quatsch, rede dir so einen Unsinn bitte nicht ein." Bea knuffte sie in die Seite. „Du gehörst zu uns und wir kümmern uns umeinander. Also, wie sieht es aus, soll ich dich abholen? Meine Mum lädt dich zum Mittagessen ein. Sie sagt, es sei traurig, dass du alleine bleibst."

Bei der Einladung weiteten sich Chrissis Augen. „Echt? Das ist toll! Gerne nehme ich an, aber nur, wenn es wirklich für sie in Ordnung ist."

Bea strahlte über das gesamte Gesicht. „Natürlich, sie freut sich, dass ich endlich eine Freundin habe. Bis morgen."

Gut gelaunt betrat Chris das Cottage, das Beatrice für sie aufschloss, dabei machte sie sich im Geist eine Notiz, dass sie unbedingt einen Haustürschlüssel brauchte. Selbstverständlich würde sie das Haus nicht ohne eine Aufsicht verlassen, allein um ihre Freunde zu schützen, trotzdem fühlte es sich falsch an, wenn jemand anderes auf- oder zuschloss.

Sie ging ins Wohnzimmer, wo sie den Vertrag auf den Tisch gelegt hatte, sofort änderte sich ihre Laune. Wieder einmal fragte sie sich, weshalb sie so unendlich dämlich gewesen war. Am liebsten hätte sie das Papier zerrissen, nur brachte sie das kaum weiter.

Stattdessen nahm sie die Blätter zur Hand, um sie gründlich durchzulesen, eventuell fand sie ja ein Schlupfloch. Bisher war sie einfach davon ausgegangen, dass sie nichts entgegenzusetzen hatte.

~~°~~

„Hey, Piseag, alles in Ordnung?"

Blakes Stimme ließ sie hochschrecken, da sie über dem dämlichen Vertrag eingeschlafen war. Verwirrt blickte sie sich um, dabei bemühte sie sich, richtig wach zu werden. „Ich bin …", weiter kam sie nicht, da Blake sie zärtlich küsste.

„Offensichtlich fehlte dir ein wenig Schlaf, meine Kleine." Er lächelte sie verliebt an. „Es war auch verdammt spät gestern." Ein gieriges Glitzern erschien in seinem Gesicht.

„Du hast recht, außerdem habe ich meine Sachen weggeräumt." Sie fühlte sich immer noch wie benebelt.

„Ist das der Vertrag?" Vorsichtig deutete er auf das Schriftstück. „Darf ich mal sehen?"

Traurig hielt sie ihm die Blätter hin. „Da ist kein Ausweg. Ich hab alles durchgelesen." Am liebsten hätte sie vor Enttäuschung geschrien.

„Es gibt keine Abmachung, die man nicht irgendwie umgehen kann", bemerkte er mit einem Lächeln. „Lass mich mal machen. Außerdem hat sich der Kerl bis heute zurückgehalten, wer weiß, vielleicht hat er auch aufgegeben.

Unser Ruf eilt uns voraus.“ Er zwinkerte vergnügt, denn zum ersten Mal freute es ihn, dass die Leute misstrauisch wurden, sobald man seinen Clan nannte.

„Du kennst ihn nicht. Wahrscheinlich ist er nur zu bequem, herauszufinden, wo genau ich bin. Er denkt bestimmt, dass ich ja zurückkommen muss.“ Sie deutete auf ihr Handy. „Ich hab seine Nummer blockiert, sodass er mich keinesfalls bedrängen kann.“

„Kluges Mädchen! Jetzt überlass mir diese Sache, ich regele das für dich.“ Sein Ton ließ keinen Widerspruch mehr zu, allerdings lief ihr eine Gänsehaut über den Rücken. Irgendwie hatte seine Aussage etwas von einer Drohung.

Skeptisch musterte sie ihn. „Aber du wirst keine Gewalt anwenden, oder?“ Ihre Stimme bebte ein wenig, woraufhin er sie fest in seine Arme zog.

„Vertrau mir, Piseag, ich weiß, was ich tue.“ Sanft küsste er sie, trotzdem hatte sie ein sehr ungutes Gefühl bei der Sache. Jetzt hoffte sie ernsthaft, dass Gerold den Vertrag auf sich beruhen ließ. Nur glaubte sie selbst kaum daran. „Wie wäre es, wenn ich dich nach dem Essen auf andere Gedanken bringe?“ Er sah sie auf eine Weise an, die dafür sorgte, dass sie alle Probleme mit ihrem Manager vergaß. „Ich brenne darauf, dir deinen Platz zu zeigen. Du warst in der letzten Zeit ziemlich aufmüpfig. Abgesehen davon, dass du mich getreten hast.“ Ernst musterte er sie, dabei wartete er ab, ob sie irgendwelche Einwände hatte.

Zaghaft nickte Chris. „Ich hab zugestimmt.“ Jetzt hatte sie ein flaues Gefühl im Magen, obwohl sie wusste, dass sie ihm ihr Leben anvertrauen konnte. Doch was, wenn sie ihn enttäuschte, zu weich war oder am Ende keinen Spaß an dem fand, was er mit ihr vorhatte? Immerhin gab es etliche Praktiken im Bereich BDSM.

Zärtlich hob Blake ihr Kinn an. „Du redest dir irgendeinen Blödsinn ein, meine Kleine, das sehe ich deutlich. Es ist kein Wettbewerb, genauso wenig ist es eine Prüfung, die du vermasseln kannst.“ Er setzte sich zu ihr auf die Couch, hob sie auf seinen Schoß, anschließend zog er sie eng an sich. „Während ich mich um das Abendessen kümmere, wirst du mir deine Tabus und die Vorlieben aufschreiben. So bin ich in der Lage, auf das einzugehen, was du dir wünschst.“

Erstaunt erwiderte sie seinen Blick. „Aber du hast gesagt, dass ...“ Weiter kam sie nicht, weil er ihr einen Finger auf die Lippen legte. „Egal, was ich mit dir anstelle, dein Wohlergehen steht immer an erster Stelle. Wenn ich dich strafe, heißt das nicht, dass du keine Lust empfinden darfst.“

Jetzt atmete sie sichtlich auf. „Bei Gerold war es ganz anders, deshalb wollte ich auch keine Session mehr mit ihm“, gab sie leise zu.

Blake streichelte ihr sanft über den Rücken, wartete geduldig ab, bis sie bereit war weiterzusprechen.

„Er meinte, ich hätte eine Bestrafung verdient, was beinhaltete, dass ich eben auf einen Höhepunkt verzichten musste. Ich hatte mich nicht mal wirklich unterworfen, es gab keinerlei Absprachen.“ Sie stieß bitter die Luft aus. „Wir saßen zusammen, um zu überlegen, welche Auftritt für mich infrage kämen, dabei haben wir eine Flasche Wein getrunken.“

Jetzt runzelte Blake ärgerlich die Stirn. „Er hat Alkohol konsumiert, obwohl er in eine Session gegangen ist?“

Seufzend nickte sie. „Ja, ich weiß, dass ich es hätte ablehnen müssen, aber ich wollte es ausprobieren. Seit über einem Jahr war ich in einem entsprechenden Forum angemeldet und dementsprechend neugierig." Sie blickte verlegen zu Boden. „Ich war, nicht nur was den Vertrag angeht, naiv."

„Das nennt man Erfahrung, Piseag, die schlechten gehören auch zu unserem Leben." Erneut streichelte er sie. „Hat er dich verletzt? Bitte, weich jetzt nicht aus, das ist enorm wichtig."

Vorsichtig schüttelte sie den Kopf. „Nein, er war lediglich egoistisch. Ich habe kaum verstanden, weshalb ich eine Strafe verdient hätte. Es gab einfach keinen Grund, mir den Höhepunkt vorzuenthalten", erzählte sie mit hochroten Wangen. „Er hat mich am Bett gefesselt, mir die Augen verbunden und mich nach allen Regeln der Kunst heißgemacht. Dazu benutzte er einen starken Vibrator. Kurz bevor ich kommen konnte, hat er zugeschlagen. Es tat weh, aber irgendwie hat es mich noch mehr erregt." Jetzt sah sie ihn doch an, da es ihr schwerfiel, die richtigen Worte zu finden.

Verstehend nickte Blake. „Das ist normal, Piseag. Auch Masochisten fühlen den Schmerz, sie gehen nur anders damit um."

„Nachdem ich etliche Striemen hatte, streifte er seine Hose ab, spritzte auf mir ab, danach hat er mich kaum beachtet." Tränen stiegen ihr in die Augen, weil es für sie extrem demütigend gewesen war. „Ich verstand die Welt nicht mehr, zumal er mich anschließend losgemacht hat, ohne ein weiteres Wort. Ich bin alleine nach Hause gefahren. Erst am folgenden Morgen kam eine WhatsApp von ihm, dass es mit mir ausbaufähig wäre, aber ich noch viel lernen müsste. Er würde sich allerdings gerne die Mühe machen." Sie schluckte die Bitterkeit herunter. „So hatte ich mir das alles nicht vorgestellt."

„So ein Idiot“, murmelte Blake. „Hat er dich wenigstens nach deinen Tabus gefragt? Oder ob du Erfahrung hast? Gab es ein Stoppwort?“

Sofort schüttelte sie den Kopf. „Nein, wie gesagt war ich angeschickert. Danach habe ich kaum etwas mehr ein Glas Wein angerührt, bis ich auf euch getroffen bin“, gab sie ehrlich zu.

Blake stieß langsam die Luft aus. „Als Erstes ist es ein Unding zu spielen, nachdem man getrunken hat. Die Gefahr, dass Fehler passieren, ist viel zu hoch. Selbst ich verzichte auf einen Drink, obwohl wir uns nur schwer betrinken können. Alkohol wirkt nicht so auf uns wie auf die Normalen. Trotzdem kann es dazu führen, dass ich deine Reaktionen falsch einschätze.“ Er atmete durch, um seine Wut auf den Wicht in den Griff zu bekommen. „Dann ist es wichtig zu wissen, welche Dinge du ablehnst. Solltest du gar keine Erfahrung haben, fragt man immer mal wieder nach. Darüber hinaus gibt es ein Stoppwort. Eine Tabuliste zu erstellen, wenn man nicht weiß, was auf einen zukommt, ist oft überfordernd, da muss es eben für den passiven Part einen anderen Ausweg geben.“

Verstehend nickte sie. „Das wurde im Internet auch so beschrieben.“ Da er stumm blieb, zuckte sie verlegen mit den Schultern. „Ich bin, wie gesagt, in einem BDSM-Forum angemeldet, da mich das Thema interessiert.“

„Das ist nichts Verwerfliches.“ Er schmunzelte, weil es ihr offensichtlich peinlich war. „Ich denke, ich zeige dir heute einfach nur die angenehme Seite, der Rest kann warten. Du solltest nur bedenken, dass ich mir alles merke.“ Sein Blick bekam etwas Diabolisches.

Lächelnd kuschelte sie sich an ihn, genoss es, dass Geborgenheit und Sicherheit sie umgaben. Hier in seinen Armen konnte ihr niemals was Schlimmes passieren.

Nach ein paar Momenten schob er sie vorsichtig von sich. „Ich kümmere mich ums Essen, während du die Liste anfertigst. Ich verlange Ehrlichkeit, sonst besteht die Möglichkeit, dass das enorm schief geht. Verstanden?“ Eindringlich sah er sie an.

„Ja, Master.“ Auf keinen Fall würde sie ihn anlügen, zumal er es ja riechen konnte, wie ihr einfiel. „Darf ich mich an deinen Schreibtisch setzen, dort kann ich besser schreiben.“

„Natürlich.“ Schnell küsste er sie, anschließend zog er sie von der Couch hoch. „Ich freue mich übrigens, dass du deine Sachen in unser gemeinsames Schlafzimmer geräumt hast.“

Irritiert musterte sie ihn. „Hatte ich denn eine Wahl?“

Laut lachend nickte er. „Du hast mir dein Ehrenwort gegeben, schon vergessen? Selbstverständlich könntest du auch ins Gästezimmer ziehen.“ In seinen Augen blitzte es, zumal er wusste, dass das keine Alternative für sie darstellte.

„Nein! Du hast recht, ich liebe es, neben dir zu schlafen“, gab sie offen zu, ehe sie sich zur Tür drehte, um zu seinem Schreibtisch zu gehen.

Kapitel 20 - Session

Nachdenklich kaute Chris auf dem Bleistift herum, während sie über ihre Tabus nachdachte. Dieser Teil der Aufgabe war schnell erledigt, nur traute sie sich nicht so recht an ihre Vorlieben heran. Einerseits hatte sie keine wirkliche Erfahrung, andererseits befürchtete sie trotz allem, dass sie Blake mit ihren Vorstellungen langweilen oder sogar abstoßen könnte. Erneut las sie sich ihre Punkte durch, dabei war ihr bewusst, dass sie ihre No-Gos jederzeit ausweiten und einschränken durfte. Jeder entwickelte sich, da war es gut möglich, dass sie eine Praktik ausprobieren wollte, die sie jetzt ablehnte. Kurz horchte sie auf die Geräusche aus der Küche, um sicherzugehen, dass ihr Gefährte beschäftigt war. Erst danach machte sie sich daran, ihre Fantasien aufzuschreiben. Von Vorlieben zu sprechen kam ihr voreilig vor.

Immer wieder stoppte sie, weil die Unsicherheit sie im Griff hatte, gleichzeitig stellte sie fest, dass es sie seltsamerweise erregte. Was zum Teufel war nur mit ihr los? So gierig war sie doch sonst nicht. Ein Lächeln huschte über ihr Gesicht, als sie die Antwort fand: Sie hatte bisher keinen Gefährten wie Blake gehabt.

Ein köstlicher Duft zog durch die Wohnung, was sie innehalten ließ. Kurz schnupperte sie, als auch schon ihr Liebster erschien.

„Na? Wie weit bist du? Das Essen ist zumindest fertig." Er blieb im Türrahmen stehen, sodass sie ihn genüsslich musterte.

In den Jeans und dem enganliegenden T-Shirt sah er zum Anbeißen aus. Man konnte seine sehnige Gestalt erahnen, außerdem saß die Hose ziemlich tief auf den Hüften. In Gedanken strich Chrissi mit ihren Fingerspitzen über seine Brust, dabei seufzte sie leise.

„Komm schon, ehe du mich mit den Augen auffrisst." Lachend winkte Blake sie zu sich. „Um deine Aufgabe kümmern wir uns später."

Jetzt kehrte die Nervosität zurück, sodass sie sich auf die Lippen biss. „Ich weiß nicht, ob ich da besser mehr Zeit reinstecken sollte", bemerkte sie, als sie an ihm vorbeiging.

Sofort hielt er sie am Handgelenk fest, zog die Augenbrauen hoch, gleichzeitig sah er sie nachsichtig an. „Du hast keinen Grund, Angst zu haben, meine Kleine. Ich passe auf dich auf, außerdem betone ich noch einmal, dass du mich niemals enttäuschen kannst."

„Du hast gut reden, du weißt ja, was du willst und was du bevorzugst", murmelte sie.

„Darüber werden wir auch sprechen, wenn du bereit bist, gleich nach dem Essen. Aber zuerst isst du etwas, du bist zu dünn." Er gab ihr einen leichten Klaps, als er sie losließ.

In der Küche war der Tisch liebevoll gedeckt, sogar Servietten hatte Blake neben die Teller gelegt, außerdem duftete es köstlich. Sofort knurrte ihr Magen, was beide zum Lachen brachte.

Chris probierte von den Nudeln mit einer cremigen Tomatensoße und verdrehte genüsslich die Augen. „Wenn du irgendwann die Nase voll davon hast, an Motoren herumzuschrauben, kannst du auch gut als Koch arbeiten", lobte sie ihn.

„Das ist lange her. Macht Spaß, nur auf Dauer war es mir dann doch zu langweilig." Mit einem Schmunzeln betrachtete Blake sie.

„Ehrlich? Du hast in der Küche gearbeitet?" So wirklich konnte sie ihm nicht glauben.

„Was ist daran so verwunderlich? Es ist schon etliche Jahre her, daher hatten wir kaum elektrische Hilfsmittel, aber es hat trotzdem geschmeckt, zumindest haben die Soldaten in Stirling Castle es gesagt." Er schmunzelte, als ihr der Mund offenstand.

„Du warst in dem Schloss Koch? Hast du auch Maria Stuart gesehen?" Begeistert von der Aussicht, vergaß Chris völlig weiterzuessen.

Blake lachte. „Nein, das war doch ein wenig vor meiner Zeit. Ich bin erst 1690 geboren worden." Er deutete auf ihren Teller, woraufhin sie schnell eine Gabel voll Nudeln aufspießte. „Nachdem Cromwell die Burg erobert hatte, wurde sie zu einem Militärstützpunkt. Anfang des 19. Jahrhunderts bildete man dort die schottischen Soldaten aus, die später auf dem Kontinent unter anderem gegen Frankreich kämpfen mussten."

Gespannt hörte Chris zu, Geschichte war nicht so ihr Fach gewesen, trotzdem fand sie es extrem interessant. „Wie war das Leben auf der Festung so?"

Einen Moment überlegte er. „Es war hart und einfach. Der Tagesablauf wurde in der Regel durchstrukturiert, die Freizeit vertrieb man sich mit Würfelspielen. Es gab nur wenig Abwechslung, besonders, wenn man auf die Huren aus Stirling verzichtete." Er zuckte mit den Schultern.

„Die Zeit war unruhig, alle bereiteten sich auf die Kämpfe mit Frankreich vor. Außerdem hatten wir Highlander die Niederlage kaum verwunden. Die Sassenachs fürchteten uns immer noch, deshalb unterdrückten sie uns.“ Seine Stimme hatte einen bitteren Unterton. „Die Highland Clearances waren sehr präsent im Bewusstsein der Schotten, nur gab es keinen anderen Weg damit umzugehen, als zu kapitulieren.“

Fragend sah sie ihn an.

„Es handelt sich um eine tragische Sache. Gutsherren aus England und den Lowlands haben die Bauern von ihren Ländereien vertrieben, um flächendeckende Schafzucht zu betreiben. Das war der letzte Todesstoß gegen die Highlandclans. Ganze Dörfer wurden vernichtet, Leute zwangsweise auf Schiffe gebracht, die nach Amerika oder Kanada fuhren.“ Er schloss kurz die Augen, ehe er sie wieder ansah. „Ich war damals der Überzeugung, dass ich etwas ändern könnte, wenn ich die Sassenachs auspioniere.“

Jetzt verstand sie, weshalb er überhaupt in der englischen Armee gewesen war. „Deshalb hast du für sie gekocht.“ Sie nickte leicht. „Ist dir nie der Gedanke gekommen, sie zu vergiften?“

Blake lachte, gleichzeitig schüttelte er den Kopf. „Nein, die Bedrohung durch Frankreich war schlimmer. Irgendwie hat es uns wieder zusammengeschweißt. Können wir bitte von etwas anderem reden?“

Gerne stimmte sie zu. „Selbstverständlich, hat Alan vielleicht bereits angerufen?“

„In dem Fall würde ich es dir sofort sagen, Piseag. Es ist ein unwegsames Gelände, zumindest teilweise, außerdem gehen Hexen den Menschen in der Regel aus dem Weg. Jedenfalls, wenn sie sich in Lochaber verstecken.“ Er tippte ihr mit dem

Zeigefinger auf die Nase. „Ein wenig Geduld musst du schon haben."

Jetzt verdrehte sie die Augen. „Ja, das ist mir bewusst, aber hoffen darf man doch noch."

„Kommen wir vielleicht lieber wieder auf das Thema BDSM zurück", schlug Blake vor, als sie mit dem Essen fertig waren.

Sofort fühlte sie die Mischung aus Angst, Unsicherheit und Lust in sich hochkriechen. Unruhig rutschte sie auf dem Stuhl herum, während sie darauf wartete, dass er weitersprach.

„Hol die Liste, wir sprechen darüber", ordnete er an, anschließend räumte er den Tisch ab.

Gehorsam verschwand sie, gleichzeitig überlegte sie, wie sie noch Zeit schinden könnte, nur fiel ihr nichts ein, was unauffällig genug wäre. Zu dumm, dass sie kein Feigling war. Mit einem leisen Seufzen ging sie in die Küche zurück, wo sie von Blake auf seinen Schoß gezogen wurde. Seine Nähe machte es ihr irgendwie leichter.

„Lass mal sehen." Mit den Worten nahm er ihr das Stück Papier aus der Hand, um es sich durchzulesen. Schmunzelnd stellte er fest, dass sie nur wenige Vorlieben aufgeschrieben hatte. Den Punkt mussten sie schnellstens ändern. „Mit den Tabus kann ich gut leben", bemerkte er, woraufhin sie sich entspannte.

„Ich hatte Bedenken, dass ich genau das aufschreibe, was du gut findest", gab sie leise zu.

„Wirklich? Bleibende Schäden, Sex mit Tieren, Kindern oder Narben, das traust du mir zu?" Jetzt konnte er sich das Lachen kaum verkneifen, zumal sie sofort hektisch verneinte.

„Natürlich nicht, aber es gibt ja auch noch Nadeln, alles, was ins Klo gehört und solche Sachen." Chris verteidigte sich, indem sie auf die Auflistung deutete. „Ich bin ziemlich unerfahren, wie du weißt."

„Es ist in Ordnung, Piseag. Ich ziehe dich doch nur etwas auf." Er lächelte sie an, küsste sie liebevoll, ehe er sich wieder ihrer Liste widmete. Einem leichten Lustschmerz war sie nicht abgeneigt, was ihn freute. Genauso wollte sie gerne Klammern, eine Augenbinde und Bondage ausprobieren. Besonders wunderte ihn, dass sie die Bullwhip auch angegeben hatte. Eine derartige Peitsche jagte den meisten Anfängern erst einmal Angst ein. Nachdenklich betrachtete er sie. „Welche Erfahrungen hast du mit Schlaginstrumenten gemacht?"

Chris machte eine abwehrende Handbewegung. „Das ist kaum der Rede wert. Gerold hat die Hand sowie eine Gerte genommen." Sie atmete kurz durch. „Die Reitgerte fand ich übel, deshalb hab ich sie abgelehnt. Wahrscheinlich war das ein Fehler."

„Nein, Piseag, du hast jedes Recht, ein Hilfsmittel, eine Praktik oder eine ganze Session abzulehnen." Blake strich leicht über ihre Wirbelsäule. „Jeder lebt seine Neigung anders aus, natürlich gibt es Herren, die die totale Macht haben wollen. Das ist okay, solange beide damit einverstanden sind. Ich für meinen Teil möchte, dass wir unser Vergnügen finden, auch wenn ich dich bestrafe." Er küsste sie leidenschaftlich, vernebelte ihr die Sinne, bis sie kaum mehr in der Lage war, klar zu denken. „Willst du es mit mir ausprobieren?"

Bei der Frage sah er sie offen an, sodass sie wusste, dass jede Antwort in Ordnung war. Lächelnd nickte sie. „Ja, sehr gerne, Master."

Sanft schob Blake sie von seinem Schoß. „Ich gebe dir fünfzehn Minuten, um dich vorzubereiten. Wir sehen uns im Schlafzimmer.“

Wie der Blitz lief sie, um frische Sachen zu holen, ehe sie im Bad verschwand. Eine Viertelstunde war verdammt knapp, trotzdem nutzte sie die Zeit, um kurz zu duschen, sich zu rasieren und ein wenig durchzuatmen.

Blake sah ihr schmunzelnd hinterher, dabei war ihm bewusst, dass sie es kaum schaffen konnte, genau das war seine Absicht. Viele Subs brauchten einen Grund, um eine Bestrafung akzeptieren zu können und den lieferte er ihr. Natürlich plante er nicht, sie wirklich zu strafen, sondern sie in den siebten Himmel katapultieren, dennoch half es ihr, davon war er überzeugt.

Gut gelaunt ging er ins Schlafzimmer, öffnete die Kommode, um seine Seile herauszusuchen. Die erste Session würde er langsam angehen, sodass er die Bullwhip noch liegen ließ.

~~°~~

Obwohl sie enorm Gas gegeben hatte, kam sie satte fünf Minuten zu spät, zumal sie nicht mit nassen Haaren erscheinen wollte, nachdem er sie am Vormittag bereits deshalb getadelt hatte. Sicher hätte sie auf die Dusche verzichten können, doch sie fühlte sich nach der Ausräumaktion ziemlich verschwitzt und schmuddelig.

Unsicher lehnte sie im Türrahmen, denn ausgerechnet jetzt sah Blake irgendwie respekteinflößend aus. Seiner Miene konnte sie kaum entnehmen, ob er böse war, sodass sie erst einmal auf Abstand blieb.

„Möchtest du nicht herkommen?“ Seine Stimme klang trügerisch sanft, nur ließ sie sich davon keineswegs täuschen.

Vorsichtig schüttelte sie den Kopf. „Du hast mir zu wenig Zeit gelassen.“ Sie verschränkte die Arme vor der Brust. „So war ich nicht in der Lage, mich wirklich vorzubereiten.“

Langsam kam er auf sie zu, dabei bewegte er sich so geschmeidig, dass man ihm den Wolf deutlich ansah. Ein ganz winziges Schmunzeln zeichnete sich in seinen Mundwinkeln ab, nur in seinen Augen sah sie einfach keinen Funken Belustigung. Fast wäre sie zurückgewichen, nur kam das überhaupt nicht infrage, darüber hinaus handelte es sich immer noch um Blake!

Ehe sie fliehen konnte, packte er sie am Arm, zog sie an sich, um sie fest an seine muskulöse Brust zu pressen. „Du brauchst niemals Angst vor mir zu haben, meine Kleine.“

Bei den Worten hätte sie ihm am liebsten vors Schienbein getreten, leider bemerkte sie, dass sein Verhalten ihre Erregung gesteigert hatte. Sich bewusst zu werden, dass sie einen direkten Befehl umgangen hatte und sie eine Strafe erwartete, ließ ihre Lust hochkochen. „Du hast mich an der Nase herumgeführt“, warf sie ihm heiser vor.

„Nicht wirklich, du hast in meine Reaktion etwas hineininterpretiert.“ Jetzt lachte er leise. „Trotzdem bist du fünf Minuten zu spät. Ich denke, du hast dir einen heißen Hintern verdient.“ Er wartete kurz ab, ob sie widersprechen würde, doch sie blieb still. „Dein Stoppwort ist Manager. Irgendeinen Einwand?“

Stumm schüttelte sie den Kopf, das Wort war perfekt. Abwartend schmiegte sie sich in seine Arme, nahm die Wärme wahr, die von seinem Körper ausging, und fühlte die Geborgenheit, die er ihr jedes Mal vermittelte.

Blake hielt sie, schenkte ihr den Moment, bis er sicher sein durfte, dass sie sich gefangen hatte. Selbstverständlich roch er ihre Erregung, was ihn lächeln ließ. Seine Kleine liebte offensichtlich diese Spielchen mit ihrer Unsicherheit, das würde er im Hinterkopf behalten. Sanft schob er sie ein Stückchen von sich, sah ihr tief in die Augen, ehe er ihr zunickte. „Zieh dich aus, ich möchte mein Eigentum ansehen."

Irgendwie hatte Chris damit gerechnet, trotzdem fiel es ihr schwer, sich nackt zu präsentieren. Es kam ihr vor, als ob sie jeden Schutz aufgab, alle Masken ablegte, bis sie tatsächlich entblößt vor ihm stand.

Langsam streifte sie den Pulli sowie die Yogahose ab, die sie nach der Dusche angezogen hatte. Nervös biss sie sich auf die Lippen, zumal ihr gerade klar wurde, dass sie in der Tat zu dünn war. Ihre Finger zitterten, als sie den Verschluss des BHs öffnete, woraufhin sie leise fluchte.

Es war ihr bewusst, dass Blakes Blick ständig auf ihr lag, keine Bewegung außer Acht ließ, was ihr seltsamerweise Halt gab. Er war ihr Fels in der Brandung, obwohl sie sich enorm verletzlich fühlte.

Vorsichtig hob sie den Kopf, stellte erstaunt fest, dass er ihr in die Augen sah und ihren Körper anscheinend ignorierte. Ein Lächeln huschte über ihr Gesicht, ehe sie die Unterwäsche abstreifte.

„Du bist wunderschön, Piseag, vergiss das nie", raunte er ihr zu, als er erneut bei ihr stand. Wie ein Raubtier umrundete er sie, anschließend strich er sachte mit den Fingerspitzen über ihre Haut, als ob er ein kostbares Geschenk berühren würde. Immer wieder berührte er sie, streichelte federleicht über ihre Brustwarzen, die sich bereits steil aufgerichtet hatten. „Heb die Arme an, leg die Hände hinter den Kopf", befahl er heiser.

Chris war die Lust, aufmüpfig zu sein vergangen, sodass sie sofort gehorchte. In der Haltung fühlte sie sich noch mehr ausgeliefert, schutzlos und gleichzeitig hilflos, trotzdem erregte es sie.

Blake stand dicht vor ihr, strich aufreizend langsam über ihre erogenen Zonen, genoss es ihre weiche Haut zu fühlen, als er ihr tief in die Augen sah. Deutlich erkannte er den Geruch ihrer Erregung, der sich mit ihrer Unsicherheit mischte. Ein heiseres Knurren entkam ihm, als sie schluckte, während er mit den Fingerkuppen über ihren Hals glitt. Dass sie sich nach so kurzer Zeit auf ihn einließ, fachte auch seine Lust an, außerdem schnürte ihm die Liebe zu dieser faszinierenden Frau die Kehle zu. Ohne sie vorzuwarnen, hob er sie auf seine Arme, lachte leise über ihren erschrockenen Schrei, ehe er sie sanft auf der Matratze ablegte. „Ich passe immer auf dich auf", erinnerte er sie mit einem Zwinkern.

Chrissi atmete durch, sie fühlte sich, als ob sie unter Strom stünde, gleichzeitig sehnte sie sich danach, dass er weiterging. Seine Nähe gab ihr Halt, zeigte ihr, dass sie in Sicherheit war.

„Entspann dich", raunte er ihr zu, anschließend leckte er mit der Zungenspitze erregend über ihren Hals, bis hin zu ihren Brüsten. Verdammt, sie schmeckte fantastisch und seine Jeans wurde extrem eng. Angestrengt überlegte er, ob er das Vorspiel abkürzen sollte, entschied sich allerdings dagegen. Die erste Session mit ihm verdiente, dass er es langsam anging, egal, wie sehr er sich nach ihr verzehrte. Genüsslich saugte er an ihren Brustwarzen, biss kurz hinein, ehe er eine feuchte Spur bis zu ihrer Scham zog. Seine Finger gruben sich in ihre Hüften, sorgten dafür, dass sie ihm nicht ausweichen konnte, während er sie immer weiter auf einen Höhepunkt zutrieb.

Gekonnt ließ er seine Zunge zwischen ihre Schamlippen gleiten, stachelte sie an, indem er an ihrer Klitoris lutschte, sie sanft umkreiste und seine Zungenspitze tief in ihre Weiblichkeit schob.

Chrissi krallte sich in das Laken, kaum in der Lage, ruhig liegen zu bleiben, dabei wunderte sie sich, dass er sie auf diese Weise verwöhnte. Hatte er es sich am Ende anders überlegt? Die Gedanken sorgten dafür, dass sie sich nicht wirklich fallen lassen konnte. Hing es mit ihrer Liste zusammen? Oder gefiel sie ihm als Sub nicht?

„Was ist los? Weshalb grübelst du?“

Seine Stimme riss sie aus ihren Überlegungen, gleichzeitig färbten sich ihre Wangen tiefrot. Sie holte Luft, um ihm zu antworten, als er einen Finger auf ihre Lippen legte.

„Keine Ausreden, keine Lügen, Piseag“, warnte er sie ruhig.

„Ich frage mich, warum du es dir anders überlegt hast? Willst du mich als Sub nicht?“ Sie stieß die Sätze hektisch hervor, Scham und Lust vermischten sich sogar in dem Moment.

Blake lachte laut auf. „Wer sagt, dass ich das habe? Im Gegenteil, ich genieße es, dass du zitternd vor Erwartung und Unsicherheit vor mir liegst. Du schmeckst so gut.“ Wie um seine Worte zu beweisen, leckte er über ihre Brustwarzen, was sie leise stöhnen ließ. „Außerdem liebe ich es, die Macht über deine Empfindungen zu besitzen.“ Jetzt biss er zu, bis sie sich aufbäumte.

Ein Keuchen entkam ihr, während sich ihre Finger noch fester an das Laken klammerten. Es tat weh, gleichzeitig fühlte es sich verboten gut an.

Mit einem wölfischen Grinsen hob er den Kopf, sah sie für einen Moment nur an, bevor er sich erhob. „Du bist so weit", bemerkte er, sog ihren Duft tief ein, anschließend holte er ein Seil von der Kommode.

Gekonnt fesselte er ihre Handgelenke am Kopfende, packte ihr Kinn, ehe er seine Zunge in ihren Mund gleiten ließ. Stürmisch küsste er sie, nahm ihren Geschmack auf, berauschte sich daran, während er ihr den Atem raubte. Lust explodierte in ihm, sorgte dafür, dass sein innerer Wolf heulend an seiner Kette riss. Das Tier in ihm wollte seine Gefährtin markieren, sie für immer an sich binden.

Auch Chris stöhnte auf, drückte sich ihm entgegen, forderte ihn mit ihrem Körper auf, endlich weiterzugehen. Wie gerne würde sie ihre Hände um seinen Hals schlingen, ihn an sich ziehen. Seine Leidenschaft verscheuchte jeden dunklen Gedanken, übrig blieb nur die Gier nach mehr.

Atemlos ließen sie voneinander ab, blickten sich für eine kleine Ewigkeit in die Augen, bis Blake sich mit Gewalt losriss.

Erneut holte er ein Seil aus der Kommode, fesselte damit ihre Fußgelenke ans Bettgestell und nickte zufrieden. „Jetzt bist du mir ausgeliefert." Seine Stimme klang heiser, was die Wirkung auf sie verstärkte.

Noch einmal streichelte er sie, stimulierte ihre erogenen Zonen, bis sie ihn flehend ansah. „Auch das kann Strafe sein", bemerkte er mit einem Lächeln. „Aber heute war deine Verfehlung keineswegs schlimm genug, um dich mit Keuschhaltung zu bestrafen."

Erleichtert atmete sie auf, aktuell kam es ihr vor, als ob sie platzen müsste, sollte er ihr die Erlösung vorenthalten. „Danke." Ihre Antwort war lediglich ein Flüstern, kaum hörbar.

„Noch ist es nicht so weit, Piseag, ich werde eine ganze Weile Spaß mit dir haben." Zufrieden platzierte er einen Vibrator zwischen ihren Schenkeln, schaltete ihn ein und erlaubte ihr, die Stimulation zu genießen. Erst als sie kurz vor einem Höhepunkt stand, schlug er mit der Handfläche hart auf ihren Schenkel, dabei beobachtete er sie genau. Nahm jede Reaktion auf, bevor er erneut zuschlug. Immer wieder traf er ihre Oberschenkel, die Innenseiten, ihre Brüste, dazwischen stoppte er, gab ihr Zeit, ihre Gefühle zu sortieren oder die Vibration auf sich wirken zu lassen.

Als er sicher war, dass sie den leichten Schmerz liebte, holte er einen Gürtel aus dem Schrank, den er einmal faltete.

Chris betrachtete ihn gespannt, bei dem Anblick wurde ihr Mund trocken, gleichzeitig spürte sie, dass sie noch nasser wurde. Schwer schluckte sie, während Blake mit dem Ledergürtel auf sie zukam. Die Gedanken schossen so schnell durch ihren Kopf, dass sie keinen zu fassen bekam, nur die Erkenntnis, dass sie sich nach dem Lustschmerz sehnte, setzte sich in ihr fest. Vorsichtig nickte sie ihm zu, bevor sie mit der Zungenspitze über die spröden Lippen fuhr.

Blake streichelte sie mit dem harten Leder, gab ihr die Gelegenheit, sich daran zu gewöhnen, dabei blieb der Vibrator eingeschaltet. Auf keinen Fall würde er ihr wirklich wehtun.

Stöhnend bog sie sich ihm entgegen, soweit es die Fesseln zuließen, bat ihn mit ihrem Blick, ihr zu geben, wonach sie sich sehnte. Sie wollte den Gürtel spüren, Schmerz genießen, aber auch für ihn aushalten.

„Bereit?" Kurz wartete er, bis sie heftig nickte, erst jetzt ließ er den Ledergürtel hart auf ihrem Oberschenkel auftreffen.

Chris schrie unterdrückt auf, doch es fühlte sich köstlich an. Pein und Lust vermischten sich, sodass sie ihm erneut zustimmte. „Bitte." Mehr brachte sie nicht heraus.

Blake kam ihr sehr gerne entgegen, ihn turnte es unglaublich an, dass sie sich ihm auf diese Weise unterwarf, ihm ihren Schmerz schenkte. Die Macht über sie zu spüren, gab ihm einen ungeheuren Kick. Er ließ den Ledergürtel auf ihrer Vorderseite tanzen, steigerte die Intensität langsam, aber stetig, bis sie vor Gier und Qual gleichzeitig hechelte. Mit einem Lächeln legte er den Gürtel weg, schaltete den Vibrator aus und löste die Fesseln, während sie ihn fassungslos ansah.

„Was habe ich falsch gemacht?", brachte sie mühsam hervor.

Lachend strich er ihr mit den Fingerknöcheln über die Wange. „Nichts, Piseag, doch deine Rückseite reizt mich. Dreh dich um."

Erleichtert gehorchte sie, denn um nichts in der Welt, wollte sie, dass er aufhörte, dazu fühlte es sich einfach zu fantastisch an. Allein das Gefühl, endlich die Verantwortung abgeben zu dürfen, katapultierte sie in den siebten Himmel. Die Seile gaben ihr die Freiheit, sich fallen lassen zu können, sich dem Mann auszuliefern, den sie von ganzem Herzen liebte.

Ein Lächeln huschte über ihr Gesicht, als sie vor sich selbst zugab, dass es keine Verliebtheit oder etwas Ähnliches war, was sie verband. Nein, sie erkannte deutlich, dass es sich um echte, pure Liebe handelte.

Blake fesselte sie erneut ans Bettgestell, als sie auf dem Bauch lag, platzierte den Vibrator, anschließend massierte er ihren Hintern, bis die Haut gut durchblutet war.

Chris keuchte leise, streckte ihm ihren Po entgegen, in der stummen Bitte, ihr Lustschmerz zu schenken. Ein Schrei löste sich von ihren Lippen, als seine Handfläche hart auf ihren Hinterbacken auftraf. Der Schmerz breitete sich rasch aus, verwandelte sich in brennende Lust, die durch das Toy unendlich verstärkt wurde. „Mehr, bitte", stieß sie schwer atmend hervor.

Lächelnd blickte Blake auf sie herunter, sie war genau die Gefährtin, die er sich selbst gewünscht hätte. „Gerne, meine Kleine." Sanft streichelte er sie, anschließend versohlte er ihr den Hintern nach allen Regeln der Kunst. Selbstverständlich achtete er auf jede ihrer Reaktionen, um zur Not sofort stoppen zu können, doch noch erkannte er deutlich, dass sie ihre Strafe genoss.

Erst als ihre Haut gut durchblutete war und hellrot leuchtete, nahm er den Gürtel erneut zur Hand. Er hielt ihn so, dass sie ihn sehen konnte. „Möchtest du weitergehen?"

Sein Blick gab ihr Halt, woraufhin sie den Kopf etwas anhob, um mit einem Lächeln zu nicken. „Ja, Master, sehr gerne." Sie atmete tief durch, ehe sie sich zurück auf das Kissen sinken ließ. In ihr tobte die Gier, zwischen ihren Schenkeln pochte es, außerdem brannte ihr gesamter Leib darauf, endlich zum Höhepunkt zu kommen, trotzdem wollte sie es herauszögern. Es tat ihr so verdammt gut, einfach mal schwach sein zu dürfen.

Zärtlich glitt Blake mit den Fingerspitzen über die geschundene Haut, sorgte dafür, dass sie sich entspannte, bevor er ihr den ersten Schlag mit dem Gürtel gab.

Erschrocken zuckte sie zusammen, horchte tief in sich hinein, um den Schmerz und die Lust willkommen zu heißen. Es fühlte sich fantastisch an, ließ sie die Vorbehalte vergessen, nur noch sie und ihr geliebter Master zählten.

Immer wieder reckte sie sich ihm entgegen, forderte ihn mit ihren Reaktionen auf, weiterzugehen. Gleichzeitig kämpfte sie gegen den Orgasmus an, der unaufhaltsam auf sie zuraste. Sie wollte nicht, dass es endete.

Blake nahm mit allen Sinnen auf, wie sehr seiner Kleinen es gefiel sich fallenzulassen, sich ihm auszuliefern, genauso wusste er, dass er es auf keinen Fall übertreiben würde. Ihr Stöhnen wurde lauter, ihr gesamter Körper spannte sich an, außerdem kroch der verlockende Duft ihrer Erregung in seine Nase. Ein heiserer Aufschrei sagte ihm, dass sie kaum noch in der Lage war, ihren Höhepunkt zurückzuhalten.

Achtlos warf er den Gürtel auf den Boden, beugte sich zu ihr, während er ihr eine Hand in den Nacken legte. „Komm für mich, Piseag."

Allein seinen Worten hatte sie nichts entgegenzusetzen, doch am Ende war es die besitzergreifende Geste, die sie über die Klippe springen ließ. Mit einem kehligen Stöhnen kam sie, erlaubte, dass die Gier in ihr explodierte. Für einen seligen Moment stand die Welt still, ihr Unterleib zog sich lustvoll zusammen, dabei versank die Umgebung in einem Nebel der Lust. Nur unbewusst nahm sie wahr, dass Blake die Fesseln löste, um sie in seine Arme zu ziehen.

Zitternd klammerte sie sich an ihn, genoss die Nachwehen ihrer Erlösung, gleichzeitig bedauerte sie es, dass es so schnell vorbei war. „Tut mir leid", nuschelte sie, als sie ihr Gesicht an seine Brust drückte.

Sanft hob er ihr Kinn an. „Was meinst du?" Irritiert musterte er sie.

„Ich hab nur so kurz durchgehalten, es war einfach zu schön. Du bist gar nicht zum Zug gekommen." Sie suchte nach den passenden Worten, doch er lachte laut auf.

„Du redest dir einen Müll ein, mein Kleines." Er deutete auf die Uhr. „Es ist weit nach Mitternacht, von mangelndem Durchhaltevermögen ist keine Spur."

Verwundert nickte sie, für sie fühlte es sich an, als ob gerade mal eine halbe Stunde vergangen wäre. „Seltsam, ich habe gar nicht bemerkt, wie die Zeit vergeht."

Noch einmal lachte er auf. „Genauso soll es ja sein. Ich würde mir Gedanken machen, falls du dein Zeitgefühl bei einer Session beibehältst." Mit dem Daumen strich er über ihre Unterlippe. „Was mich angeht, du hast mir mehr geschenkt als einen Orgasmus. Für mich war es eine einzigartige, wundervolle Erfahrung."

„Aber, du hattest die ganze Arbeit ...", verlegen brach sie ab, in der Hoffnung, dass er sie auch so verstand.

„Das nenne ich anders, für mich war es ein Vergnügen. Sollte ich abspritzen wollen, werde ich das tun. Glaub mir, ich bin in der Lage, mir zu nehmen, was ich brauche." Um einen weiteren Einwand zu stoppen, küsste er sie leidenschaftlich, zeigte ihr mit dieser Zärtlichkeit, was er mit Worten nur schlecht ausdrücken konnte.

Genüsslich schloss Chris die Augen, gab sich ihm hin, wobei sie fühlte, dass das Band zwischen ihnen noch fester geworden war.

„Du lügst mich aber nicht an, damit ich mir keine Sorgen mache, oder?" Misstrauisch blickte sie ihn an, als er sie losließ, gleichzeitig rückte sie ein Stückchen von ihm ab.

„Ehrenwort, für mich war die Session erfüllend, wunderschön und ich freue mich auf die nächste." Er legte eine Hand auf seine Brust, als ob er es beschwören würde.

„Wir werden es also wiederholen?“ Immer noch stand ihr die Unsicherheit ins Gesicht geschrieben, weil sie sich so gar nicht erklären konnte, was genau er von der Sache gehabt hatte.

Lachend nickte Blake. „Auf jeden Fall, es sei denn, du lehnst es ab. Von meiner Seite aus wirst du sehr oft mit einem roten Hintern rumlaufen.“ Sein Lächeln bekam etwas Unverschämtes, woraufhin sie sich wieder zufrieden an ihn kuschelte. „Da sag ich nicht nein“, flüsterte sie.

Kapitel 21 - Ein ungewöhnlicher Besuch

„Glaubst du, Alan hat schon was erreicht?“ Hoffnungsvoll blickte Chris ihren Liebsten an, als sie am kommenden Morgen frühstückten.

„Nein, sollte er die Frau gefunden haben, wird er anrufen.“ Blake nahm ihre Hand. „Wir tun, was wir können, nur braucht es seine Zeit.“

„Ich wollte auf keinen Fall undankbar sein. Es ist nur ...“ Sie überlegte einen Moment, wie sie ihre Gefühle ausdrücken konnte. „Mein Leben hat sich so schnell geändert, es ist, als ob ein Wunder wahrgeworden wäre. Trotzdem nagt es an mir, dass ich keine Ahnung habe, weshalb meine Eltern mich abgegeben mussten.“ Verlegen zuckte sie mit den Schultern. „Geduld war noch nie meine Stärke.“

Lachend küsste Blake sie auf die Nasenspitze. „Ich verstehe dich gut. Glaub mir, auch ich warte auf seinen Anruf. Sobald ich mehr weiß, melde ich mich bei dir, aber jetzt muss ich los.“ Bedauernd erhob er sich. „Du bist sicher, dass du hierbleiben willst?“ Zu gerne hätte er sie die ganze Zeit in seiner Nähe gehabt.

„Beas Mutter hat mich zum Essen eingeladen, da werde ich auf keinen Fall absagen. Wir sehen uns heute Abend.“ Sie stand auf, gab ihm einen Kuss, der ihn absolut nicht kalt ließ, anschließend fing sie an, den Tisch abzuräumen.

„Hexe!“, murmelte Blake, der gegen den Drang ankämpfte, sie einfach ins Schlafzimmer zu tragen und seine Arbeit für einige Zeit zu vergessen. „Bis später.“

Mit einem harten Klaps auf ihren Hintern verabschiedete er sich, wobei ihr helles Lachen ihn bis zur Tür begleitete.

Chris sang fröhlich vor sich hin, während sie sich um den Haushalt kümmerte, auf keinen Fall würde sie den Part auch noch ihm überlassen. Es nagte an ihr, dass sie keinen finanziellen Beitrag leisten konnte, andererseits sah die Zukunft rosig aus.

Pünktlich kurz vor Mittag stand Beatrice in der Tür.

„Hey, du siehst nervös aus, was ist passiert?", besorgt musterte Chris die Freundin. „Hat dich jemand erschreckt?"

„Nein, ich habe nur Angst, was auf mich zukommt, wenn du meine Familie kennenlernst. Ich habe schon seit mehr als fünfzig Jahren niemanden mitgenommen", gab die Wölfin leise zu, gleichzeitig knetete sie ihre Finger.

Sanft nahm Chris ihre kalten Hände in ihre. „Ich bin selbst immer ein Außenseiter gewesen, glaub mir, ich weiß, wie das ist. Vertrau mir bitte, dass ich in der Lage bin, über Äußerlichkeiten wegzuschauen."

Dankbar umarmte Bea sie. „Trotzdem sei darauf gefasst, dass es ein seltsamer Anblick ist."

Chrissi schüttelte lächelnd den Kopf. „Es kommt doch nicht auf das Aussehen an. Sie ist deine Mum, allein deshalb werde ich sie mögen."

Gemeinsam gingen sie zu Beas Jeep, um kurze Zeit später vor einem schicken kleinen Cottage mit etlichen Gartenzwergen auf der Wiese zu halten.

„Sie liebt diese Figuren. Ich finde sie allerdings auch ziemlich niedlich", verlegen deutete die Wölfin auf die Zwerge.

„Die sind toll. Es verleiht dem Vorgarten ein wenig Magie." Chris stieg aus und wartete, bis die Freundin bei ihr war. „Es ist alles in Ordnung, ehrlich. Ich bin gerührt, dass du ausgerechnet mich eingeladen hast. So etwas ist mir noch nie passiert."

„Danke." Bea ging vor, schloss auf, anschließend bat sie Chrissi herein. „Wir sind da", bemerkte sie leise, woraufhin sofort eine Tür aufging und ein großer, breitschultriger Mann auf sie zukam.

Chris hätte ihn auf maximal Vierzig geschätzt, doch durch die Geschichten ihrer Freundin wusste sie es besser. Höflich streckte sie die Hand aus, wobei ihr rechtzeitig einfiel, dass er zum Clan MacDonald gehörte, somit kannte sie auch seinen Nachnamen. „Es freut mich, Sie kennenzulernen, Mr MacDonald."

Er lachte dröhnend, ehe er sie in eine feste Umarmung zog. „Wir gehören der gleichen Sippe an, ich heiße Lennox. Herzlich willkommen." Er sah sie vergnügt an. „Du hast eine wirklich tolle Stimme, so sehr hat mich vorher niemand beeindruckt."

Irritiert sah sie ihn erneut an, bis ihr auffiel, dass er bei dem Clanmeeting dabei gewesen war. „Stimmt, wir sind uns in Glencoe begegnet."

„Aye, das sind wir. Wir sollten Deenah nicht zu lange warten lassen, sie ist unwahrscheinlich nervös." Er seufzte leise. „Sie denkt, dass jeder sie ablehnt, weil ein paar Stellen in ihrem Gesicht und auf ihren Händen mit Fell bedeckt sind."

„Aber das sagt doch nichts über einen Menschen aus", bemerkte Chrissi traurig. „Mir ist unbegreiflich, weshalb immer alle nur auf das Äußere sehen."

Dankbar nickte Lennox ihr zu, zumal ihm bewusst war, dass seine Gefährtin sie hören konnte. „Das Mittagessen wartet."

Sie gingen gemeinsam in die Küche, in der ein großer Tisch stand, der bereits liebevoll gedeckt war. Die Frau am Herd wandte ihnen den Rücken zu, dabei erkannte man an ihrer verspannten Haltung, dass sie sich überwinden musste, um sich zu zeigen.

„Wir können das Essen verschieben, wenn es zu schwierig ist.“ In Chrissis Stimme hörte man deutlich das Mitgefühl heraus.

„Nein, ich brauche nur einen Augenblick.“ Deenah straffte die Schultern, drehte sich um und lächelte unsicher. „Willkommen, ich freue mich, endlich eine Freundin von Bea kennenzulernen.“

„Wo ich ja auch so viele davon habe, dass ich sie dir vorstellen könnte“, murmelte Beatrice leise, nur um einen leichten Klaps von ihrem Vater zu bekommen.

„Ich bin so froh, hier zu sein. Bea bedeutet mir sehr viel, sie ist meine erste echte Freundin.“ Chris schenkte ihr ein ehrliches Lächeln, dabei übersah sie die felligen Stellen vollkommen. Ihr strahlte eine solche Herzlichkeit und Güte entgegen, dass es auf das Aussehen überhaupt nicht ankam.

Deenah kam auf sie zu, nur um schnell wieder stehen zu bleiben. „Ich würde dich gerne richtig willkommen heißen.“

Sofort ging Chrissi zu ihr, umarmte sie, hielt sie sogar einen Augenblick fest. „Danke, dass ihr mich so offen bei euch aufnehmt, obwohl ich eine Selkie bin.“

Jetzt erntete sie erstaunte Blicke von Lennox sowie seiner Frau.

„Weshalb sollten wir dich deshalb ablehnen?“ Verwirrt betrachtete Beas Mum sie.

Zaghaft zuckte Chris mit den Schultern. „Ich bin immer abgelehnt worden, bis ich in das Clanmeeting gestolpert bin.“ Sie überlegte einen Moment. „Vielleicht ist es für mich selbstverständlich geworden.“

„Setzen wir uns doch“, mischte sich Beatrice ein, gleichzeitig deutete sie auf einen Stuhl.

„Das verstehe ich sehr gut, mir geht es ja nicht anders. Trotzdem versichere ich dir, dass keiner im Clan MacDonald dich ablehnt. Ich habe so viele schöne Dinge über dich gehört.“ Deenah lächelte sie an.

Verlegen winkte Chris ab. „Wahrscheinlich auch, dass ich weglaufen wollte, schneller wieder eingefangen wurde, als ich bis drei zählen kann und dass ich mich zum Affen gemacht habe.“

„Niemand sieht das so, wenn man mal von dem Idioten Ethan absieht“, mischte sich Bea energisch ein.

„Das ist richtig, wir sind alle von deiner Stimme beeindruckt. Du hast so wundervoll gesungen.“ Lennox nahm die Hand seiner Frau. „Es war wirklich ein Erlebnis.“

„Ach was, mittlerweile weiß ich ja, dass es an meinen Genen liegt.“ Chrissi schüttelte ablehnend den Kopf, woraufhin Bea unwillig die Luft ausstieß.

„Ich hab dir schon einmal gesagt, dass das falsch ist, aber mir glaubst du ja nicht.“ Sie löffelte der Freundin Eintopf auf den Teller. „Ich hoffe, es schmeckt dir. Das ist ein altes Familienrezept, Cullen Skink. Die Familie meiner Großmutter stammt ursprünglich aus Cullen an der Nordküste Schottands.“, erklärte Bea, um das Thema zu wechseln.

Dankbar wünschte Chris allen einen guten Appetit, ehe sie probierte. „Wow, das ist genauso köstlich, wie die Scones, die Bea mitgebracht hat.“

Sie nahm noch einen Löffel, ehe sie Deenah mit einem Lächeln ansah. „Gibst du mir vielleicht das Rezept? Blake wird das auch bestimmt mögen.“

Deenah schmunzelte. „Oh ja, er liebt es, allerdings ist das ein Geheimnis, was nur von Mutter zu Tochter weitergegeben wird.“ Sie zuckte bedauernd mit den Schultern. „Aber ich kann dir etwas Ähnliches geben und das Sconesrezept.“

„Das wäre toll. Meine Kochkünste sind nicht so berauschend“, erklärte Chrissi ehrlich. „Singen war mir immer wichtiger als alles andere.“

„Was man hört, vertrau mir, ich habe auch schon Selkies gehört, doch keine klang dermaßen beeindruckend wie du.“ Lennox zwinkerte ihr zu. „Du hast da eine ganz besondere Gabe.“

„Danke, das ist lieb, nur hab ich meine Fähigkeiten noch nie bewusst angewandt. Ich stand unter einem Fluch.“ Chris atmete durch, da sie ihre eigene Geschichte kaum glauben konnte.

Bea legte ihr eine Hand auf den Arm. „Ich war so frei, meinen Eltern zu erzählen, was passiert ist. Tut mir leid, dass ich dich nicht vorher gefragt habe.“

Lächelnd winkte sie ab. „Das ist in Ordnung, es sind deine engsten Vertrauten. So muss ich keine langen Reden schwingen. Mir kommt es immer noch vor, als ob ich in einem Traum gelandet sei.“

„Hoffentlich nicht in einem Albtraum“, erwiderte Lennox trocken, woraufhin alle lachten.

Der Mittag ging in den Nachmittag über und Deenah taute regelrecht auf, als sie feststellte, dass Chris tatsächlich keinen Anstoß an ihrem Aussehen nahm. Es tat ihr einfach gut, so genommen zu werden, wie sie war.

„Du hast mir heute einen riesigen Gefallen getan, dafür bin ich dir ewig dankbar“, bemerkte sie plötzlich, während sie im Wohnzimmer saßen, wo sie sich unterhielten.

Verwundert blickte Chrissi sie an. „Ich wüsste nicht, was das sein könnte.“ Sie hob die Schultern an, um sie sofort wieder fallen zu lassen.

„Allein, dass du hergekommen bist, dich mit mir unterhalten hast, war ein Segen für mich. Zum ersten Mal habe ich das Gefühl, normal zu sein.“ Mit Tränen in den Augen lächelte sie die Freundin ihrer Tochter an.

„Du bist ein wundervoller Mensch, eine tolle Mutter, und ich bin froh, dich kennenlernen zu dürfen. Vielleicht ist es an der Zeit, über deinen Schatten zu springen und deinem Clan eine Chance zu geben?“, schlug Chrissi vorsichtig vor.

Jetzt hielten alle die Luft an, denn das war ein sehr großer Schritt für Deenah. Besonders Lennox spannte sich an, wie gerne würde er seine Frau einfach mal zu einem Besuch bei einem Freund mitnehmen.

Langsam nickte sie. „Ja, du hast recht, ich habe mich wirklich lange genug versteckt.“ Sie richtete sich ein wenig auf. „Wenn jemand, der gerade erst in unser Rudel gekommen ist, mich akzeptiert, können es die anderen doch bestimmt auch, oder?“

„Mum, natürlich werden sie das. Allein Blake hat dich bereits tausend Mal eingeladen.“ Bea sprang auf, um sie zu umarmen, während Lennox sichtlich mit den Tränen kämpfte.

„Solltest du Hilfe brauchen, stehe ich gerne an deiner Seite. Wie wäre es, wenn ihr in den nächsten Tagen mal zu uns zum Abendessen kommt?“, bot Chris mit einem Lächeln an.

„Danke, das ist eine gute Idee, obwohl ich auch Blake immer aus dem Weg gegangen bin.“ Deenah strahlte, wobei man ihr die Unsicherheit ansah.

Es kostete sie Überwindung, ein solches Zugeständnis zu machen, trotzdem hatte Chrissis Besuch ihr Zuversicht gegeben.

„Er ist der Patenonkel deiner Tochter." Irritiert sah Christine jetzt von Lennox zu seiner Frau.

Traurig zuckte sie mit den Schultern. „Ich war nicht dabei, habe nur die Bilder gesehen, weil ich Angst hatte, die Feier zu stören. Es sollte alles perfekt für Bea sein."

„Für mich hat es keinen Unterschied gemacht, da ich zu klein war, aber auf den Fotos fehlt meine Mutter", bemerkte Bea mit einem liebevollen Unterton. „Bitte, versteck dich nicht länger."

Deenah lächelte ihrer Tochter zu. „Ich werde es zumindest versuchen." Ihnen war klar, dass sie sich weiterhin vor den Menschen verbergen musste, allerdings bedeutete es besonders Lennox sehr viel, dass sie sich für die Wölfe öffnen wollte.

Am späten Nachmittag klingelte es, woraufhin sie ihr Gespräch unterbrachen, keiner wusste, wer da störte.

Lennox ging zur Tür und Deenah schmunzelte, als sie Blakes Stimme hörte. „Bitte ihn doch, ein wenig Zeit mit uns zu verbringen." Sie atmete tief durch, während Bea sich neben sie setzte, um ihre Hand zu nehmen.

„Er ist mein Pate, er wird dich nicht verurteilen", erklärte sie leise, natürlich kam in dem Augenblick Blake herein.

Entsetzt über die Annahme, er könnte so unmenschlich sein, kam er direkt auf Deenah zu, zog sie vom Sessel, umarmte sie fest und küsste sie auf beide Wangen. „Ich bin froh, dich endlich mal zu sehen", bemerkte er, ihm lagen etliche Fragen auf der Zunge, doch noch schluckte er sie herunter. An den glücklichen Mienen las er ab, dass die Wende irgendetwas mit seiner Kleinen zu tun hatte.

„Setz dich, Kumpel." Lennox deutete auf den Platz, der neben Chrissi frei geworden war.

Mit einem Schmunzeln setzte er sich zu seiner Gefährtin, zog sie fest an sich, gleichzeitig unterdrückte er den Drang, sie leidenschaftlich zu küssen. „Ich hab dich vermisst, Piseag", erklärte er mit einem wölfischen Lächeln.

Sofort wurde sie rot, weil sie sich an die letzte Nacht erinnerte. Eilig schluckte sie eine Bemerkung herunter, die sie nur verriet.

„Deine Kleine hat ein Wunder bewirkt, nur ihr ist es zu verdanken, dass ich dich hereinbitten konnte." Lennox sah auf Chris, als ob sie eine Heilige wäre.

„Ach was, ich hab gar nichts getan", wehrte sie ab, nur um ein synchrones Knurren zu hören. „Ehrlich, ich habe lediglich die Einladung angenommen und Deenahs köstliches Essen verschlungen." Lachend rieb sie sich über den Bauch, ehe sie sich zu ihrem Liebsten drehte. „Ist es okay für dich, wenn Deenah, Bea und Lennox einen vergnüglichen Abend mit uns verbringen? Ich hab sie nämlich eingeladen." Erst jetzt fühlte sie sich ein wenig mulmig, weil sie ihn vorher nicht um Erlaubnis gefragt hatte, doch Blake musterte sie mit einer Art Hochachtung, die ihr peinlich war.

„Was?" Ihre Stimme bekam einen zickigen Klang.

„Sie hat deine Einladung angenommen?" Er brachte die Frage gerade so heraus.

„Ja, das würde ich gerne, es sei denn, du hast etwas dagegen. Außerdem sitze ich hier." Deenah verkniff sich das Lachen, stattdessen bemühte sie sich um einen strengen Ton.

„Tut mir leid, ich bin extrem überrascht, aber auch erfreut. Natürlich bist du jederzeit bei uns willkommen, das weißt du." Blake musste aufpassen, um nicht zu stottern. „Das ist in der Tat ein Wunder."

Chris schüttelte erneut den Kopf. „Das nennt man Toleranz. Jeder möchte doch so akzeptiert werden, wie er ist, oder?"

„Das ist eine rhetorische Frage", bemerkte Bea lachend, als sie sah, dass er nach einer Antwort suchte.

Sein Smartphone klingelte und rettete ihn.

„Entschuldigt mich, da muss ich drangehen. Es ist Alan." Er wollte sich erheben, aber Chrissi legte ihm eine Hand auf den Arm.

„Sie wissen Bescheid", teilte sie ihm kurz mit, ehe er den Anruf annahm.

Gespannt hörten die vier zu, wobei Chris lediglich erahnen konnte, was genau der Chieftain herausgefunden hatte.

„Er hat die Frau gefunden, sie will sich am kommenden Mittag mit dir treffen." Blake spannte sie nicht lange auf die Folter. „Das heißt, dass wir morgen nach Lochaber fahren. Mach dich auf einen anstrengenden Fußmarsch gefasst."

Christine verdrehte die Augen. „So unsportlich bin ich nun auch wieder nicht. Außerdem würde ich noch ganz andere Dinge tun, um die Wahrheit zu erfahren."

Genau das hatte er sich bereits gedacht, deshalb ließ er ihre Antwort unkommentiert. „Wir sollten langsam aufbrechen, es sei denn, du willst die Probe heute ausfallen lassen."

Sofort schüttelte sie den Kopf. „Auf gar keinen Fall." Sie drehte sich zu Lennox und seiner Frau. „Am Wochenende ist mein erster Auftritt mit den Highland Werewolfs."

„Ja, das wissen wir. Wir kommen auf jeden Fall hin", bei den Worten stoppte Lennox, um seine Gefährtin anzusehen.

Abwehrend hob Deenah die Hände. „Ich bleibe zu Hause, es ist ein zu großer Schritt, außerdem müsste ich eine Maske oder Ähnliches tragen.“ In ihrer Stimme klang Traurigkeit mit.

„Ich verstehe, dass es jetzt eine zu heftige Herausforderung ist, trotzdem möchte ich eine Lösung finden.“ Er legte einen Arm um seine Frau. „In Zukunft will ich dich an meiner Seite haben, egal, wer uns sieht.“

Glücklich lachte sie auf. „Ich werde tun, was ich kann.“

Chris betrachtete die zwei, dabei überkam sie die Gewissheit, dass es eine Möglichkeit geben würde.

Beatrice' Familie bestand darauf, dass sie auch das Abendessen gemeinsam einnahmen, ehe sie die beiden herzlich verabschiedeten.

~~°~~

„Du bist spät, ich dachte schon, es sei etwas passiert“, begrüßte Cameron sie, als sie zur Probe erschien.

„Tut mir leid, ich war bei Deenah und Lennox. Wir haben uns so toll unterhalten, da ist die Zeit einfach davongerannt.“ Chris sah ihn zerknirscht an. „Kommt nicht wieder vor.“

Bei der Antwort lachte die gesamte Band auf.

„Mach dir bloß keinen Kopf, wir haben uns alle mal verspätet“, bemerkte Keith, dabei sah er bezeichnend auf Cameron. „Aber du flunkerst bestimmt, wenn du sagst, dass du Deenah gesehen hast. Sie lässt niemanden ins Haus, solange sie dort ist oder sie versteckt sich, sobald man es betritt.“

Allmählich wurde Chris bewusst, dass es wohl doch ein kleines Wunder darstellte, dass ausgerechnet sie eingeladen wurde.

„Ich sage die Wahrheit, frag Blake, immerhin hat er mit uns zu Abend gegessen." Sie verschränkte die Arme vor der Brust. „Vielleicht hättet ihr Deenah besser mal gezeigt, dass sie willkommen ist, statt nur abzuwarten. Sie ist eine ganz bezaubernde Frau."

Verlegen nickten die Wölfe, zumal es ja in der Tat leichter gewesen war, ihr ihren Willen zu lassen.

„Glaub mir, Blake hat es oft versucht, sie irgendwie aus ihrem Schneckenhaus zu locken. Wir sind irgendwann zu dem Schluss gekommen, dass es ihre Entscheidung ist", erklärte Cameron.

„Sorry, es ist immer einfacher zu verurteilen, besonders im Nachhinein." Chrissi holte tief Luft. „Sollen wir anfangen? Der Auftritt ist schon übermorgen."

Sofort waren alle bereit, das Thema zur Seite zu schieben und sich auf die Musik zu konzentrieren.

Leider war Chris extrem unkonzentriert, weil ihr der Besuch in Lochaber ständig im Kopf herumschwirrte. Was würde sie erfahren? Hatte sie sich vielleicht in ihren Vermutungen getäuscht und musste erkennen, dass ihre Eltern sie herzlos abgeschoben hatten? Immer wieder verpatzte sie ihren Einsatz, traf einzelne Töne nicht, bis James sie ernst ansah.

„Was ist los?"

Verlegen seufzte sie. „Wenn alles gut läuft, werde ich morgen herausfinden, warum ich in einem Waisenhaus aufgewachsen bin."

Jetzt kam Cameron zu ihr, legte ihr einen Arm um die Schultern, dabei drückte er sie leicht an sich. „Wir wissen nicht, ob sie dir das sagen kann. Sie hat lediglich zugestimmt, mit dir zu reden. Uns wollte sie gar nichts über die Sache erzählen." Er atmete tief durch. „Es ist also auch möglich, dass du nur erfährst, wer dich verzaubert hat."

„Das ist mir klar, trotzdem muss ich ständig daran denken. Ich habe Angst, dass ich mir die falschen Dinge einrede." Sie schluckte. „Aber du hast recht, ich sollte mich konzentrieren." Energisch straffte sie die Schultern, anschließend nickte sie James zu.

„Nein, wir machen Schluss für heute. Du bist gut, wir sind in Form." Die Jungs räumten ihre Sachen weg. „Es ist für dich besser, wenn du zu Blake gehst, um dich auszuruhen. Ich vermute mal, dass dir ein anstrengender Weg bevorsteht."

Sofort stimmte Cameron zu. „Du weißt ja gar nicht, auf was du dich einlässt. Unwegsam ist eine schwache Beschreibung. Matsch ohne Ende, ein steiler Aufstieg und eine elendige Kletterei über umgestürzte Bäume." Theatralisch stieß er die Luft aus.

Chris lachte über seine Darbietung. „So schlimm kann es doch gar nicht sein", wehrte sie ab.

Düster starrte er sie an. „Du wirst ja sehen", murmelte er, nur um in lautes Lachen auszubrechen. „Stimmt, wir sind viel weiter gelaufen, zumal wir ja nach der Frau suchen mussten. Dabei gab es etliche Matschlöcher, die ich gerne vermieden hätte."

„Danke für euer Verständnis, Jungs." Chrissi umarmte jeden Einzelnen, anschließend bestand Cameron darauf, sie nach Hause zu bringen.

Blake reagierte kein bisschen erstaunt, sondern zog seine Gefährtin einfach stumm in seine Arme, nachdem sein Bruder sich verabschiedet hatte. „Ich verstehe dich, Piseag. Mir ginge es ganz ähnlich."

Kapitel 22 - Die Hexe

„Hier ist es also?“ Chris sah sich aufmerksam um, wobei sie die angedrohten Matschlöcher suchte. An dieser Stelle, an der sie den Wagen geparkt hatten, sah sie eine wunderschön gestaltete Bank aus Steinen. In der Lehne war ein Schild eingefasst, auf dem Highland Titles - Natur Reserve stand. Sie erkannte gepflegte Wanderwege, einen recht jungen Wald und die Straße, die sie hergeführt hatte. Ein weiteres Hinweisschild klärte sie auf, dass sie sich in Bumblebee Heaven befanden, wo früher Pinien wuchsen, die aufgrund der klimatischen Veränderungen verschwanden. Darüber hinaus gab es versunkene Häuser im Loch Loyne, weil der Wasserstand sich im Laufe der Jahre angehoben hatte. Chrissi fand die Informationen ziemlich spannend, doch im Moment würde sie alles dafür geben, endlich mit der Frau zu sprechen, die ihr hoffentlich weiterhelfen konnte.

„Nein, wir wollten dir nur ein schönes Plätzchen zeigen, außerdem parkt es sich hier ganz gut“, bemerkte Alan lächelnd, bevor er mit dem Kinn auf die Straße deutete. „Wir müssen durch den Wald.“

Jetzt schluckte Chrissi, denn die Bäume auf der anderen Seite standen extrem dicht. Sie hatte keine Ahnung, wie sie da durchkommen sollten. Trotzdem nickte sie grimmig, anschließend lief sie zügig los.

Blake, Alan und Cameron folgten ihr, sie alle fühlten sich angespannt, weil niemand wusste, was passieren würde. Hexen musste man mit Vorsicht genießen, zumal man sie leicht beleidigen konnte. Darüber hinaus hatte die Vergangenheit sie gelehrt, sich zu wehren. Natürlich gab es genauso freundliche Vertreterinnen dieser Art, doch die lebten in der Regel friedlich unter den Menschen.

„Lass uns bitte zuerst reden. Jagira ist verbittert, extrem misstrauisch, außerdem verdammt mächtig", verlangte Alan, der zu ihr aufgeschlossen hatte.

Sie stoppte, betrachtete den undurchdringlichen Wald, dabei seufzte sie leise. „Sehr gerne. Aber sagst du mir, wie wir da durchkommen sollen?" Sie deutete auf die verzweigten alten Bäume und Verzweiflung machte sich in ihr breit.

„Ein Stück die Straße rauf ist eine Schneise." Cameron zeigte mit der Hand in die Richtung.

Chris atmete durch, anschließend lief sie los, bereit jedes Hindernis zu überwinden. Jetzt wurde sie von den drei Männern flankiert, wobei Alan vor ihr herlief, auch um sie vor den Matschlöchern zu warnen, die sich auf dem unwegsamen Weg versteckten.

Es ging ziemlich bergan, der Boden war vom Regen durchtränkt, außerdem lagen immer wieder Bäume auf dem Weg, über die sie klettern mussten. Was wie ein Spaziergang angefangen hatte, entpuppte sich als extrem herausfordernd, trotzdem war Chris wild entschlossen, mit dieser Frau zu sprechen. Fluchend zog sie ihren Fuß aus einem Loch, wobei Blake ihr Halt gab, indem er sie an der Taille packte.

„Soll ich dich das letzte Stück tragen?" Fast mitleidig sah er sie an. Deutlich stand ihr die Anstrengung, aber auch die Anspannung ins Gesicht geschrieben.

„Auf gar keinen Fall!" Mit zusammengebissenen Zähnen ging sie weiter, nahm die Hilfe ihres Gefährten an, musste allerdings zugeben, dass sie sich die Wanderung einfacher vorgestellt hatte. „Ist es hier irgendwann mal trocken?“ Missmutig versuchte sie über eine morastige Stelle zu springen, nur um im größten Matsch zu landen. „Mist.“

Trotz der Anspannung lachte Blake leise, anschließend hob er sie gegen ihren Willen auf seine Arme. Elegant sprang er über die tückischen Sumpflöcher, nur um sie kurz danach am Rand des Waldes abzusetzen.

Der Boden war genauso matschig, trotzdem konnte sie leichter laufen. Erneut sah sie sich um, bemerkte in der Ferne einige Windräder, nur eine Behausung erkannte sie nicht. „Hier?“ Unsicher deutete sie auf die Weite, die sich vor ihnen erstreckte. „Oder müssen wir auch über den Zaun dort hinten klettern?“ Darauf hatte sie so gar keine Lust, dennoch würde sie es tun.

„Nein, wir gehen ein Stück am Waldrand entlang, ehe wir einem versteckten Pfad folgen“, erklärte Cameron ernst. Er hatte einen Dreckspritzer im Gesicht, seine Schuhe machten seltsame Geräusche, sobald er sich bewegte, und er sah aus, als ob er jemanden fressen wollte.

„Ich kann auch alleine weitergehen“, schlug Chris vorsichtig vor. Ihr war es unangenehm, dass die Männer eine solche Wanderung auf sich nehmen mussten, nur damit sie die Wahrheit erfuhr. Sie stoppte den Gedanken, da sie ja gar nicht wusste, ob es sich am Ende als Sackgasse entpuppte.

„Vergiss es!“ Blake knurrte seine Antwort nur, anschließend nahm er ihre Hand, zog sie an sich und folgte Alan, der bereits vorausgegangen war.

Cameron fluchte unterdrückt, als er erneut in ein Matschloch trat. Schweigend gingen sie am Waldrand entlang, dabei beschlich Chris das Gefühl, dass die Bäume ihr gegenüber feindselig eingestellt waren. Konnte das wirklich sein? Lauerte in dem Wald eine andere Gefahr, als eine alte, zauberkundige Frau? Unsicher drückte sie sich enger an ihren Gefährten. „Spürst du das auch?“, flüsterte sie ihm zu.

„Aye, die Sitka-Tannen gehören nicht hierher, sie schaffen es kaum zu überleben, deshalb sind sie mächtig sauer. Ihnen ist klar, dass ihre Zeit abgelaufen ist“, erklärte er grimmig.

„Können sie uns angreifen?“ Angst kroch ihr über den Rücken.

„Das ist unwahrscheinlich.“ Alan drehte sich zu ihr um. „Solange wir keine Äxte dabeihaben, werden sie ihre Äste bei sich behalten. Dennoch kann es nicht schaden, vorsichtig zu sein.“

Seine Antwort beruhigte sie kaum, aber Umkehren war keine Option.

Als sie dem versteckten Pfad folgten, sah Chris sich immer wieder um, dabei meinte sie, ein empörtes Flüstern zu hören. Normalerweise mochte sie den Wald, nur hier lag etwas Aggressives, Bösartiges in der Luft. Heimlich betete sie, dass die Hexe freundlicher war.

Nass geschwitzt, dreckig und müde kamen sie an einer kleinen Hütte an, die sich zwischen mehrere Bäume schmiegte. Noch ehe sie anklopfen konnten, öffnete sich die Tür, woraufhin ihnen eine hübsche Frau entgegenlächelte.

Mit vielem hatte Chris gerechnet, nur nicht mit einer Zauberkundigen, die aussah, als wäre sie gerade einem Modejournal entsprungen. Erneut wunderte sie sich, ob sie hier richtig waren.

„Willkommen, schön, dass ihr den Weg auf euch genommen habt.“ Sie musterte die kleine Gruppe, bis ihr Blick an Chrissi hängen blieb. „Es tut gut dich wiederzusehen, Meerestochter.“ Sie umarmte Christine mit einer Herzlichkeit, die unerwartet kam. „Lasst uns reingehen, ihr seid müde, durstig und habt bestimmt tausend Fragen.“

Alan und Cameron runzelten die Stirn, am Vortag hatte die Hexe sie fast feindselig behandelt, darüber hinaus hatte sie wie in Chrissis Beschreibung ausgesehen.

Kurz darauf saßen sie an einem Tisch, im offenen Kamin flackerte ein lustiges Feuer, außerdem stand vor jedem eine Tasse Tee.

„Du hast gestern ein anderes Aussehen gewählt, warum? Und weshalb warst du so unfreundlich?“ Cameron schaffte es nicht länger, seine Neugier zurückzuhalten.

Mit einem strahlenden Lächeln sah sie ihn an. „Ich entschuldige mich für mein Verhalten, aber ich muss mich schützen. Zuerst wollte ich sicher sein, dass ihr mir auch die richtige Meerestochter bringt. Ich nutze oft einen Verwandlungszauber, um mich zu verstecken.“ Sie zuckte mit den Schultern. „In der Regel wollen die Leute, die den Weg auf sich nehmen, etwas von mir, was ich nur ungern gebe. Macht, Geld oder Rache.“ Traurig stieß sie die Luft aus.

„Das tut mir sehr leid. Ich versichere dir, dass ich lediglich die Wahrheit wissen möchte.“ Chris sah sie bittend an. „Ich wundere mich, weshalb meine Eltern mich abgegeben haben, nachdem ich verflucht wurde. War ich einfach nur eine ungeliebte Last?“ Bitterkeit klang aus ihrer Frage heraus, gleichzeitig biss sie die Zähne aufeinander.

„Oh, nein, das darfst du nicht glauben. Sie liebten dich über alles.“ Sanft drückte Jagira ihre Hand. „Ich war es, die dich verzaubert hat, weil ich dazu gezwungen war. Damals habe ich sogar meine Tarnung benutzt. Aber ich habe eine Hintertür eingebaut, die offensichtlich funktioniert hat.“ Sie lächelte versonnen.

„Erzählst du uns bitte die gesamte Geschichte? Ich denke, meine Gefährtin hat es verdient." Blake verschränkte die Arme vor der Brust. „Es ist egal, was es kostet, ich bezahle dich."

Gekränkt lenkte sie ihren Blick auf ihn. „Das nimmst du von mir an? Dass ich mich von meinem Patenkind oder besser deren arroganten Gefährten entlohnen lasse? Dass ich habgierig bin?" Sie stieß die Luft aus. „Ich bin viel zu glücklich, dass es ihr gut geht. Das sollte auch so bleiben, Wolf, verstanden?"

Chris legte eine Hand auf Blakes Arm, dabei sah sie Jagira flehend an. „Er meint es nicht so. Aktuell sind wir enorm angespannt. Es ist verwirrend, plötzlich zu erfahren, dass man eine Selkie ist."

Die feinselige Atmosphäre löste sich sofort auf und Jagira lächelte bedauernd. „Tut mir leid, ich bin übers Ziel hinausgeschossen. Das ist eine Nebenwirkung davon, dass ich immer auf der Hut sein muss." Sie sah Blake an. „Trotzdem warne ich dich, tu ihr niemals weh."

Der Wolf senkte kurz den Kopf, um zu signalisieren, dass er verstanden hatte.

„Können wir bitte auf das Thema zurückkommen?" Alan sah die Hexe offen an.

„Es ist mir verboten, die Geschichte zu erzählen", begann die Zauberin, woraufhin Chris entsetzt die Augen schloss.

„Wir sind den ganzen Weg umsonst gegangen? Ich werde nie erfahren, was mit mir geschehen ist?" Tonlos brachte sie die Fragen heraus, gleichzeitig kämpfte sie gegen die Enttäuschung an.

Jagira hob eine Hand. „Das habe ich nicht gesagt." Sie schmunzelte. „Als Erstes versichere ich dir, dass Liara und Matteo dich über alles geliebt haben."

Erleichtert atmete Chrissi auf, das war ihr größtes Problem, die Vermutung, dass ihre eigenen Eltern sie abgelehnt hatten. „Was ist passiert?", flehend sah sie die Frau an.

Wehmütig betrachtete die Hexe ihr Patenkind. „Du wirst es erfahren, gedulde dich bitte." Sie lächelte sie versonnen an. „Liara stammt von einem Selkiestamm ab, der ewige Rache an den Menschen geschworen hat. Damals sind über die Hälfte ihrer Ehefrauen entführt worden und wurden gezwungen, an Land zu leben. Du kannst dir sicherlich vorstellen, wie die Reaktion war, als deine Mutter ihrem Vater gestanden hat, dass sie sich in einen gehassten Feind verliebte hatte."

Stumm nickte Chris, auf keinen Fall wollte sie den Redefluss unterbrechen. Blake nahm sie fest in seine Arme, da er ahnte, dass die Geschichte tragisch endete.

„Liara entschied sich, ihre Sippe zu verlassen, um bei ihrem Liebsten zu bleiben. Einige Jahre zogen sie umher, verließen Schottland, um der Rache ihrer Familie aus dem Weg zu gehen. Dann wurdest du geboren, ein Stern ging auf, Meerestochter." Sanft strich sie Chrissi über die Wange. „Ich war damals Matteos Vertraute, denn auch er war Zauberer."

Chris sog ihre Worte auf wie ein trockener Schwamm, jede Erinnerung an ihre Eltern war wertvoll.

„Leider fanden deine Großeltern sie und ... sie ... zw...", schwer atmend brach Jagira ab. „Es ist mir verboten, dir diesen Teil zu erzählen. So sehr ich es mir wünsche, ich bin unfähig, die Sätze auszusprechen, weil mich ein Eid bindet." Bedauernd sah sie auf die kleine Gruppe.

„Aber du kannst mit ja oder nein antworten?" Alan lächelte sie hintergründig an.

„Natürlich, nur seid ihr in der Lage, die richtigen Fragen zu stellen?" Nachdenklich musterte sie die Männer, ehe ihr Blick an ihrem Patenkind hängen blieb.

„Du bist meine Patin, darfst du mir sagen, warum meine Eltern dich ausgewählt haben?" Chris überlegte, wie sie die Geschichte aus ihr herauslocken sollte.

„Ich war die beste Freundin deines Vaters, wir kannten uns seit fast seit dem Kindergarten." Eine Träne lief ihr über die Wange. „Seinen Tod konnte ich nicht verhindern, das ist auch ein Grund, weshalb ich in der Wildnis lebe."

Chris drängte die Trauer mit Gewalt zurück, jetzt war es wichtiger, die Wahrheit zu erfahren. „Haben die Selkies ihn getötet?"

Wieder nickte Jagira. „Ja, so wie ... sie haben ..." Wütend fasste sie sich an die Kehle. „Verdammter Schwur", murmelte sie.

„Lebt meine Mutter noch?" Bei der Frage klopfte ihr das Herz bis in den Hals.

Langsam zuckte ihre Patentante mit den Schultern. „Das ist mir unbekannt, leider. Mir ist der Kontakt verboten worden."

Chrissi verstand, nur konnte sie den Hass kaum nachvollziehen. Nicht jeder Mensch war böse. „Weshalb hast du nie nach mir gesucht?"

„Um dich zu schützen. Die Selkies beobachten mich weiterhin, weil sie misstrauisch sind." Jagira seufzte leise. „Sie denken, dass du tot bist, trotzdem haben sie ein Auge auf mich."

Blake stieß den Atem aus. „Du lässt sie herkommen, obwohl dir klar ist, dass du sie damit in Gefahr bringst?" Wütend starrte er die Frau an.

„Beruhige dich, Wolf! Kein Meerwesen legt sich mit einem Gestaltwandler an. Das weißt du besser als ich." Sie zog die Augenbrauen hoch, während sie ihn musterte. „Deshalb hat sie ihr Gedächtnis zurück, weil sie ihren Gefährten gefunden hat. Du bist in der Lage, sie zu beschützen, oder täusche ich mich?"

Ein leises Knurren war die Antwort, dennoch wusste jeder, dass man Gefahr lief, tödlich verletzt zu werden, sollte man Hand an Chris legen.

„Dann sind wir uns ja einig." Sie wandte sich wieder ihrer Patentochter zu. „Du besitzt ein Vermögen, das ich für dich verwaltet habe. Deine Eltern haben vorgesorgt, weil sie mit den Geschehnissen rechnen mussten. Natürlich gebe ich dir sämtliche Daten, damit du auf dein Geld zugreifen kannst."

Chrissi winkte heftig ab. „Das ist für mich nebensächlich. Wer hat mir meinen Namen gegeben? Ist Amberg wirklich mein Nachname?" Sie interessierte es viel mehr, was geschehen war.

„Ja, es lag ein Zettel mit den wichtigsten Informationen bei dir. Es bricht mir heute noch das Herz, sobald ich daran denke, wie ich ...", erneut brach sie ab, gleichzeitig verzog sie schmerzhaft das Gesicht.

„Du hast mich im Waisenhaus abgegeben? Du warst es auch, die die anonymen Spenden geschickt hat, wenn ich Geburtstag hatte, richtig?" Chrissi lächelte leicht, als ihr bewusst wurde, dass sie niemals ganz alleine gewesen war.

„Das stimmt, wie gerne wäre ich selbst gekommen, doch das war unmöglich, ohne dein Leben zu gefährden. Außerdem musste ich vorsichtig sein, deshalb durfte ich dir deine Gesangsausbildung nicht komplett bezahlen." Sie seufzte. „Deine Familie ist gefährlich und leider auch hinterlistig."

„Aber ich habe gearbeitet, um die Stunden zu finanzieren", warf Chrissi irritiert ein. Ehrlich gab sie zu, dass sie sich über den Preis gewundert hatte, nur damals hatte sie es auf das Mitleid geschoben.

Mit Wohlwollen betrachtete Jagira sie. „Du bist deinen Weg gegangen, trotzdem habe ich mir erlaubt, es leichter zu gestalten. Ich bin so stolz auf dich und deine Eltern wären es auch, glaub mir."

Tränen brannten in Chris' Augen, doch noch wollte sie ihren Gefühlen nicht nachgeben. „Du hast mich verzaubert?"

Jagira nickte.

„Weil ich sonst von der Familie meiner Mutter getötet worden wäre, richtig?"

Erneut stimmte sie zu.

„Ich bin weiterhin in Gefahr, falls sie mich finden. Blake ist in der Lage mich zu schützen, deshalb hat sich der Zauber aufgelöst, als ich ihn getroffen habe." Chris sah bei jeder Behauptung auf ihre Patentante, die ruhig zustimmte. „Aber weshalb haben sich meine Augen nicht direkt bei unserer ersten Begegnung verändert?"

„Ich brauchte zwei Dinge, um den Fluch aufzulösen. Das ist Hexengesetz, darüber hinaus wollte ich sicher sein, dass du bei ihm bleibst. Manchmal gestaltet es sich schwierig, wenn Gefährten sich treffen. Deine Liebe zu Schottland hat den Zauber endgültig aufgelöst."

Verstehend nickte Chrissi, denn in dem Augenblick auf dem Berg wusste sie, dass sie sich nie wieder freiwillig von Blake trennen würde. Zumindest vom Gefühl her. „Ich musste also meine Dualseele annehmen und meine Liebe zu meinem Heimatland erkennen?"

„Genau, sonst wäre der Fluch nicht gebrochen worden. In Deutschland bist du zwar sicherer, allerdings kann der Wolf dich dort nur alleine beschützen. Hier hat er sein Rudel hinter sich." Jagira lächelte hintergründig.

„Wusstest du, wer mein Gefährte wird?"

„Jein, ich konnte lediglich sehen, dass er ein Gestaltwandler ist, der einem Wolfsrudel angehört. Davon gibt es einige." Sie drückte Chrissis Hand. „Glaub mir bitte, ich habe so wenig wie möglich dem Zufall überlassen. Dein Leben ist mir wichtiger als mein eigenes. Du bist die Tochter meines besten Freundes."

„Ich hätte ihn so gerne kennengelernt." Chris seufzte traurig. „Aber müsste ich nicht auch irgendwie zaubern können? Ich meine, so wie du es darstellst, war er mächtig, oder?"

Jagira lachte laut auf. „Auf gewisse Weise hast du recht, allerdings beschränkte sich seine Kunst auf das Heilen, besonders lag ihm die Pflanzenwelt am Herzen. Du hast die Gene deiner Mutter geerbt." Sie hob eine Hand, als Chrissi unwillig das Gesicht verzog. „Das heißt nicht, dass du dein Talent nur deinen Vorfahren verdankst. Selbst als halbe Selkie bist du einzigartig. Deine harte Arbeit kommt noch hinzu."

„Ich weiß nicht mal, ob ich jemanden verzaubern kann", gab Chris kleinlaut zu. „Bisher gab es keine Möglichkeit, es zu versuchen."

„Ist das so? Was war denn auf dem Gathering der MacDonalds? Die Wölfe hingen gebannt an deinen Lippen, was ungewöhnlich ist. Du magst es unbewusst getan haben, aber glaub mir, deine Macht ist ungebrochen.“ Sie lachte über die verwirrten Gesichter der kleinen Gruppe. „Ich stehe mit der Natur in Verbindung oder habt ihr geglaubt, dass ich zulasse, dass mein Patenkind sich alleine einem Wolfsrudel stellt?“

„Du wusstest die ganze Zeit, wo ich war? Weshalb hast du mir nicht geholfen, als der Wagen stehen blieb?“ Chrissi kämpfte mit der Enttäuschung.

„Damit du Blake triffst. Ich kann schemenhaft in die Zukunft sehen, außerdem bekomme ich Nachrichten von verschiedenen Tieren. Du warst nie wirklich in Gefahr, seitdem du dich auf schottischem Boden aufgehalten hast. In Deutschland war meine Macht begrenzt.“ Sie stieß die Luft aus. „Aber dort gab es kaum einen Grund, um dich zu beschützen, da die Selkies dachten, du seist tot. Jedenfalls solange ich mich ferngehalten habe.“

Cameron stoppte sie. „Moment mal, du willst sagen, dass wir immer auf einen Angriff des Meervolks gefasst sein müssen?“ Er runzelte unwillig die Stirn.

„Aktuell auf jeden Fall, sie wollen Rache.“ Traurig seufzte Jagira. „Es gibt natürlich auch die Alternative, mit ihnen zu reden. Vielleicht ändert Njörds Meinung sich, wenn er dich sieht. Manchmal geschehen Wunder.“ Sie zuckte mit den Schultern. „Wahrscheinlicher ist, dass der alte Griesgram einen Rückzieher macht, sobald er bemerkt, dass du von einem Wolfsrudel beschützt wirst.“

Chris rieb sich über die Lider, das alles war ziemlich viel, um es sofort zu verstehen. „Mein Großvater heißt Njörd?“ Sie griff die erste Frage auf, die ihr durch den Kopf schwirrte, so verwirrt war sie.

„Oh, er hat einige Namen“, mischte sich Alan schmunzelnd ein. „In Irland nennt man ihn Manannán mac Lir, in Griechenland hat man ihn als Poseidon verehrt ...“, weiter kam er nicht, da sie ihm ins Wort fiel.

„Du erzählst mir gerade, dass ich die Enkelin eines Gottes bin?“ Das kam ihr zu weit hergeholt vor. Von einer Waisen, für die sich kaum jemand interessiert, zu einer Gottestochter?

„So kann man es nennen, nur dass er lediglich ein Selkie ist. Die Leute, die früher mit den magischen Wesen Kontakt hatten, nahmen an, dass sie eben Überwesen sind.“ Alan drückte ihre Hand. „Aber Jagira hat recht, wir sollten schnellstmöglich mit ihm reden.“

Ein lautes Knurren stoppte ihn. „Auf gar keinen Fall werde ich meine Gefährtin einem Fischschwanz zum Fraß vorwerfen. Sie hat genug gelitten, weil er von Hass zerfressen ist.“ Blake presste sie enger an sich.

„Du kennst ihn?“ Sie drehte sich mühsam so, dass sie ihn ansehen konnte. „Übrigens, du erdrückst mich.“

„Wer kennt ihn nicht? Jeder in der magischen Welt hat schon von ihm gehört, auf die eine oder andere Weise. Manchen ist er mit Güte begegnet, andere hat er mit seiner Wut verfolgt.“ Cameron seufzte leise. „Wir hatten bisher keine Probleme mit ihm.“

Jetzt benötigte Chrissi einen Moment, um zu überlegen. Sie stammte offensichtlich von einem Selkie ab, der mal als Gott verehrt wurde. Wow, das war eine Wende, die sie schlicht überforderte. „Aber, ihr habt gesagt, dass mein Volk nur in den Gewässern vor Irland und Schottland lebt.“

„So ganz stimmt das nicht, man findet sie heute rund um Großbritannien und Irland, richtig. Früher tummelten sie sich in allen Meeren, bis Jagd auf sie gemacht wurde. Die Menschen haben sie gezwungen, sich zusammenzutun. Das ist ein weiterer Grund, weshalb sie Rache wollen.“ Jagira erwiderte ihren Blick offen. „Die Zeiten veränderten sich, jetzt glaubt man an einen Gott, der Rest ist ins Reich der Sagen geschoben worden. Damals verkrochen sich die Leute in ihren Häusern, sobald er ein Wasserbeben mit seinem Dreizack heraufbeschwor, heute ziehen sie los, um den Ursprung zu finden.“

Verstehend nickte Chris. „Wenn er mal so mächtig war, müsste er aber doch wissen, dass es Normale gibt, die für das Gute einstehen.“

„Hass macht blind, mein Kind. Ich habe oft genug versucht, mit ihm zu reden.“ Jagira schüttelte traurig den Kopf. „Beim letzten Mal hat er mir gedroht, mich umzubringen, weil ich ja ebenso zu der menschlichen Rasse gehöre.“

„Dann sehe ich keine Chance für mich“, flüsterte Chrissi. „Er wird alles tun, um mich zu töten. Egal, ob ich mit ihm verwandt bin oder nicht.“

„Da habe ich auch ein Wörtchen mitzureden.“ Blake knurrte erneut. „Er soll seine Finger von dir lassen, sonst gibt es Fisch zum Abendessen.“ In seinen Augen erkannte man, dass er es verdammt ernst meinte.

„Bitte, Liebster, es geht um meine Familie, da ist Aggressivität weniger hilfreich, richtig?“ Chris sah ihn bittend an.

„Ich bin der Meinung, dass wir mit ihm reden sollten. Er ist als kluger Kopf bekannt, da wird er einsehen, dass eine dauerhafte Fehde mit uns große Nachteile für sein Volk mit sich bringt." Alan ließ sich kaum aus der Ruhe bringen. „In uns ist der Wolf mit dem Menschen vereint, was heißt, dass wir beide Seiten verstehen. Ein Selkie ist kein ernstzunehmender Gegner, wir können sie aus dem Wasser holen, um sie zu töten."

„Doch sie sind in der Lage, euch hineinzuziehen", warf Jagira ein.

Alan lachte. „Natürlich, aber nur, wenn wir dicht genug ans Ufer treten. Ich für meinen Teil schwimme nicht gerne in offenen Gewässern."

Chris hörte sich die Diskussionen eine Weile an, dabei stellte sie ihre eigenen Überlegungen an. Alan plädierte dafür, mit Njörd zu verhandeln. Cameron war dagegen, er wollte ihnen einfach aus dem Weg gehen, wohingegen Blake sie am liebsten bekämpfen würde.

„Ich bin die ganze Zeit über eine Sache gestolpert", bemerkte Chrissi plötzlich, sofort besaß sie die Aufmerksamkeit ihrer Leute. „Sie können durchaus in andere Gewässer schwimmen, sodass ich auch in Deutschland nicht sicher bin, richtig?"

Schweigend nickten ihre Begleiter.

„Du hast Geld überwiesen und sie beobachten dich."

Wieder stimmte Jagira ihr stumm zu.

„Glaubst du wirklich, dass sie keinen Schimmer davon hatten, dass ich lebe? Irgendwie kommt mir das komisch vor. Ein Volk, das auf Rache sinnt, hat bestimmt überall Späher. Selbst, wenn sie tatsächlich auf die Finte hereingefallen sind, müssten sie doch spätestens jetzt wissen, dass es mich gibt. Weshalb lassen sie mich in Ruhe?" Sie unterdrückte eine

Gänsehaut, als sie daran dachte, dass sie mit Bea am Strand des Loch Linnhe gewesen war. „Sie hätten jede Möglichkeit gehabt, besonders als ich in Fort William Muscheln gesammelt habe."

Die Runde blieb still, um über ihre Worte nachzudenken.

„Da ist etwas dran", bemerkte Alan. „Selkies sind alles, jedoch nicht dumm. Sie ließen zumindest diese Chance verstreichen. Seltsam."

Chris lenkte ihren Blick auf ihre Patentante. „Was siehst du in der Zukunft? Erkennst du, was mich erwartet?"

Bedauernd seufzte sie. „Ich sehe wirklich nur Schemen, aber ich weiß, dass du dich richtig entscheidest. Kampf ist lediglich der letzte Ausweg." Bei dem Satz sah sie Blake an. „Das weißt du am besten, Wolf."

Er nickte grimmig, zumal ihm bewusst war, was auf dem Spiel stand, darüber hinaus hasste er das Töten. „Du bist weise, Hexe. Obwohl es mir Magenschmerzen bereitet, schlage ich vor, dass wir zuerst das Gespräch suchen." Er sah seine Gefährtin an. „Doch die endgültige Wahl liegt bei dir, Piseag."

„Es ist einen Versuch wert, richtig? Sich gegenseitig an die Kehle zu gehen, kann niemals zu einem guten Ende führen." Sie schluckte. „Außerdem weigere ich mich zu glauben, dass mein eigener Großvater mir nach dem Leben trachtet. Wie gesagt, er hätte längst die Gelegenheit nutzen können."

„Dann sei es so, sag mir einen Zeitpunkt und ich trete gerne als Vermittlerin auf." Jagira betrachtete sie mit einer Mischung aus Stolz und Sorge.

„Wie viel Zeit brauchst du? Ich denke mal, dass das Meervolk kaum auf meine Einladung warten wird." Unsicher sah Chris in die Runde. „Von mir aus treffen wir uns sofort."

„Das ist zu kurzfristig. Ich schlage kommenden Mittwoch in Fort William vor." Alan dachte kurz nach. „Die Ruinen am See eignen sich gut, weil dort immer Menschen sind. Auch die Selkies müssen sich an unsere Gesetze halten, sie werden sich zurückhalten."

„Können wir an dem Platz offen reden?" Camerons Miene nahm einen skeptischen Ausdruck an. „Die Normalen hören uns unter Umständen."

„Was verhindert, dass Njörd bösartige Drohungen ausstößt. Stattdessen wird er gezwungen sein, zuzuhören", fügte Alan an.

„Ich denke, es ist ein guter Ort, allerdings nicht am Strand, sondern oben, an den alten Festungsmauern." Chris rief sich die Örtlichkeit in Erinnerung. „Ein paar Meter entfernt stehen Bänke und ein Tisch, da sollten wir ungestört sein."

„So sei es, ich wünsche euch Glück. So schnell es möglich ist, schlage ich das Treffen Njörd vor." Jagira sah ihre Patentochter an, als ob sie sich jede Kleinigkeit einprägen wollte.

„Sehen wir uns jemals wieder?" In Chrissis Stimme erkannte man die Angst, dass die Begegnung einzigartig blieb.

„Natürlich, solange du willst, werde ich für dich da sein." Die Hexe lachte leise. „Soll mich doch jemand davon abhalten, dich zu besuchen." Jetzt sah sie herausfordernd auf Blake.

Schmunzelnd hob dieser die Hände. „Ich stelle mich bestimmt nicht zwischen meine Gefährtin und ihre Patentante. So lebensmüde bin ich nicht."

Lachend boxte Chris ihn in die Seite. „Als ob ich gegen dich eine Chance hätte." Die Gewissheit, dass sie von ihren Eltern geliebt worden war, gab ihr Kraft, obwohl sie sich vor dem Treffen mit ihrem Großvater fürchtete. Es konnte so vieles geschehen.

„Wir sollten langsam aufbrechen, der Rückweg ist beschwerlich.“ Cameron verzog missbilligend das Gesicht. „Ich gehe mal davon aus, dass du kein Portal erschaffen kannst, oder?“

Jagira schmunzelte. „Du liegst richtig, allerdings habe ich mich gewundert, weshalb ihr nicht bis zu den Windrädern gefahren seid.“ Sie musterte die matschigen Schuhe und Hosenbeine. „So wie ihr ausseht, musstet ihr durch die Schneise wandern.“

„Es existiert ein trockener Weg?“ Fassungslos schüttelte Cameron den Kopf. „Das ist jetzt nicht dein Ernst.“

„Natürlich, die Arbeiter müssen zu den Turbinen, daher gibt es auf der anderen Seite des Berges richtige Schotterstraßen. Ihr seid doch bestimmt in der Lage, euch Zutritt zu verschaffen? Aber auch zu Fuß ist es angenehmer über Teer zu gehen, als durch die umgefallenen Bäume zu kriechen.“

Chris schloss kurz die Lider, ehe sie laut auflachte. „Ihr seid mir ja ein paar schöne Pfadfinder. Jagt mich durch Morast und Sumpf, dabei hätten wir locker über eine Straße laufen können.“

Die Männer stimmten in ihr Gelächter ein, bis die gesamte Hütte davon erfüllt war.

„Ja, auch uns passieren Fehler, Piseag. Keiner von uns hat nach einem besseren Weg gesucht.“ Blake lächelte versöhnlich.

„Zu unserer Ehrenrettung muss ich sagen, dass wir uns kaum um die andere Seite des Berges gekümmert haben, als wir unser Ziel erreichten.“ Alan wischte sich die Lachtränen aus den Augen. So ein dämlicher Patzer war ihm noch nie unterlaufen.

„Gib mir bitte deine Handynummer, damit wir in Kontakt bleiben können. Jetzt gibt es keinen Grund mehr, mich von dir fernzuhalten", verlangte Jagira plötzlich.

Daran hatte Chris so gar nicht gedacht, daher kam sie der Aufforderung sofort nach, auch die Männer tauschten ihre Nummern mit der Hexe, sicher war sicher. Anschließend verabschiedeten sie sich, um sich auf den Rückweg zu machen. Dieses Mal kletterten sie durch ein Loch im Zaun, liefen über Schotter- und Teerwege, sodass sie sich den Morast ersparten.

„Das war jetzt nur unwesentlich besser", bemerkte Chrissi, als sie erschöpft im Auto saß. „Der Weg war um einige Kilometer länger."

Die Wölfe lachten, ihnen hatte die Wanderung kaum etwas ausgemacht.

Kapitel 23 - Auszeit

„Wer hätte das gedacht", murmelte Chris, als sie frisch geduscht und satt an Blake gekuschelt auf der Couch saß. „Ich bin mit einem ehemaligen Gott verwandt." Sie kicherte, zumal sie es so überhaupt nicht fassen konnte.

„Ich hab dir doch bereits gesagt, dass du was Besonderes bist." Er küsste sie leidenschaftlich, zog sie dicht an sich, gleichzeitig schob er die Sorgen zur Seite. Ihm gefiel es gar nicht, dass die Selkies seiner Kleinen nach dem Leben trachteten.

„Heute erreichen wir kaum etwas, lass uns für eine Weile die Neuigkeiten vergessen." Chris drückte sich fest an ihn, rieb sich sogar ein wenig an ihm. Sie wollte für eine Nacht abgelenkt werden, zumal am nächsten Tag auch ihr erster großer Auftritt war. „Können wir einfach so tun, als ob ich ein ganz normaler Mensch wäre, bitte?"

Blake lachte rau. „Du hast immer noch Probleme, die Dinge beim Namen zu nennen, Piseag. Weshalb sagst du mir nicht, dass du eine Session haben willst?"

Verlegen verzog sie das Gesicht. „Es kommt mir komisch vor, um Schmerzen zu betteln. Das ist irgendwie irre." Bei dem Geständnis wurde sie rot.

„Nein, das ist es keineswegs. Im Gegenteil, es ist ein Geschenk, dass du dich dermaßen auf mich einlassen kannst. Rede dir nie wieder ein, dass du falsch bist." Ernst sah er sie an, gleichzeitig legte er seine Hände an ihre Wangen. „Du bist genau richtig, so wie du bist."

Lächelnd erwiderte sie seinen Blick. „Es fällt mir schwer, das zu glauben. Jahrelang hat man mir etwas anderes eingeredet."

Zärtlich küsste Blake sie, legte seine gesamten Gefühle in diesen einen Kuss, mit dem er ihr mehr sagte als mit tausend Worten.

Heftig atmend ließ er sie wieder los. „Hast du dir gut überlegt, ob du den Kopf für eine Session freibekommst?"

Kurz überlegte sie, anschließend zuckte sie mit den Schultern. „Ja, absolut, mir fällt nur nichts ein, womit ich das verdient hätte. Ich habe mich mustergültig benommen, oder?" Bei der Antwort blitzte es in ihren Augen auf.

Blake betrachtete sie mit seinem Wolfslächeln. „Bist du dir da so sicher? Ich erinnere mich an Aufmüpfigkeit, Sturheit und daran, dass du mich ständig provoziert hast."

In der Tat fielen ihr jetzt auch ein paar Gelegenheiten ein, bei denen sie ihre Grenzen getestet hatte, weshalb sie still blieb.

„Darüber hinaus muss es nicht immer eine Bestrafung sein. Manchen Subs fällt es leichter den Schmerz auszuhalten, wenn sie einen Grund haben. Allerdings denke ich, dass es bei dir anders ist. Du kannst einfach genießen." Wieder küsste er sie, schob seine Zunge tief in ihren Mund, raubte ihr somit jede Lust zum Widersprechen.

Gierig drückte sie sich an ihn, umspielte mit ihrer Zungenspitze seine, berauschte sich an seinem Geschmack, gleichzeitig ließ sie ihre Hand in seine Hose rutschen. Sanft strich sie über die seidige Haut, bemerkte mit Genugtuung, dass er anschwoll.

Mit einem harten Griff packte er sie. „So weit sind wir noch nicht, meine Kleine." Er sah ihr fest in die Augen. „Du wolltest mich heißmachen, damit ich dir sofort einen Höhepunkt erlaube."

Das war keine Frage, sondern eine Aussage. Verdammt, er würde es riechen, sollte sie ihn anlügen. Schnell senkte sie den Kopf. „Einen Versuch war es wert", nuschelte sie.

Blake lachte laut auf, dabei hob er ihr Kinn an. „Wenn dir der Sinn nicht nach einer Session steht, sag es einfach. Du hast jedes Recht, ein Spiel abzulehnen."

Seufzend stieß sie die Luft aus. „Ich will es ja, aber ich fühle mich unendlich heiß. Ich kenne mich selbst kaum noch", gab sie leise zu. „In deiner Gegenwart hab ich ständig das Gefühl, vor Lust zu platzen, sogar in der verzwickten Situation, in der wir gerade stecken. Normal ist das wohl weniger."

Da stimmte er ihr gerne zu. „Du hast recht, es ist alles andere als normal, es ist wundervoll." Liebevoll betrachtete er sie, hielt dabei weiterhin ihre Hand fest, die er mittlerweile aus seiner Hose gezogen hatte. „Die Anziehungskraft, die Gefährten aufeinander ausüben, ist enorm. Sie sorgt allerdings auch dafür, dass beide leiden, sollten sie sich trennen müssen. Manchmal ist es sogar zu viel, sich nur räumlich voneinander zu entfernen. Logan ist immer sehr mürrisch, wenn er seine Frau zurücklässt, weil er auf einen Außeneinsatz geschickt wird."

Neugierig sah sie ihn an. „Wer ist das? Ein Freund von dir?" Bisher hatte er kaum über seine Verwandtschaft oder seinen Freundeskreis gesprochen, daher nahm sie an, dass sie alle bereits kannte.

„So kann man es sagen, aber er ist eher ein Arbeitskollege meines Cousins David.“ Er beugte sich vor, küsste sie gierig, bis sie ihre Fragen vergaß und leise in seinen Mund stöhnte. „Willst du den Hintern voll?“, raunte er ihr zu.

Sofort nickte sie, in der Tat sehnte sie sich nach Lustschmerz, besonders nach diesem Tag. Sie wollte für eine Weile die Wirklichkeit vergessen.

Blake schob sie ein wenig von sich. „Steh auf und zieh dich aus.“

Gehorsam erhob sie sich, ging um den Tisch herum, ehe sie den Pullover auszog.

Der Wolf lehnte sich bequem zurück, betrachtete sie genüsslich, dabei bemerkte er, dass es ihr weiterhin schwerfiel, sich zu präsentieren. Innerlich schüttelte er den Kopf, sie hatte keine Ahnung, wie schön sie war.

Chris streifte ihre Yogahose ab, anschließend zog sie die Socken aus, bis hierher war es leicht gewesen. Sie stellte sich vor, dass sie einen Bikini trug, leider würde ihr Gefährte darauf bestehen, dass sie sich nackt präsentierte. Die Hüllen fallen zu lassen, bedeutete für sie auch, sich auszuliefern, sich schutzlos ihrem Herrn darzubieten. Es war so viel einfacher, wenn er sie auszog, denn aktuell kam er ihr extrem distanziert vor. Zaghaft hob sie den Kopf, um ihn anzusehen, war er vielleicht unzufrieden? Erwartete er, dass sie sich irgendwie bewegte?

Als das letzte Kleidungsstück ausgezogen war, erkannte Blake die Unsicherheit in ihren Augen. Geschmeidig stand er auf, rückte den Tisch zur Seite, anschließend legte er beide Arme um sie, hüllte sie ein, als ob er sie vor der gesamten Welt beschützen wollte. „Du bist perfekt, Piseag, das sage ich nicht nur so“, raunte er ihr ins Ohr.

Erleichtert drückte sie sich an ihn, sog die Geborgenheit auf, die sie umgab. Hier, in seiner Umarmung, konnte ihr niemals etwas Schlimmes passieren, in dem Punkt war sie absolut sicher. Mit geschlossenen Lidern schmiegte sie sich an ihn, sog den Duft nach einem kräftigen Rasierwasser und Leder auf. Sie musste lächeln, der Lederduft würde sie für den Rest ihres Lebens an ihn erinnern.

„Geht es dir gut?"

Seine Stimme klang rauchig, was ihr gefiel, zeigte es ihr doch, dass er genauso heiß war wie sie. „Jetzt ja, genau das habe ich gebraucht." Sie atmete tief durch, suchte seinen Blick, anschließend nickte sie ihm zu.

Lächelnd ließ Blake sie los, es machte ihn stolz, dass seine Kleine seinen Schutz annahm. Kurz dachte er daran, was auf sie zukam, schob die Gedanken allerdings schnell zur Seite, dafür war im Moment kein passender Zeitpunkt. „Du sagst sofort, wenn es dir zu viel wird, verstanden? Glaub mir, dein Hintern wird glühen, solltest du aus falschem Ehrgeiz heraus über deine Grenzen gehen."

Ernst nickte sie. „Das verspreche ich dir. Aber ich brauche eine Auszeit." Sie suchte nach den richtigen Worten. „Sobald ich mich dir unterwerfe, fühle ich mich wie befreit. Nur so kann ich die Verantwortung abgeben, mich fallen lassen." Sie sah ihn an, ob er ihre Gründe nachvollziehen konnte.

„Das geht vielen starken Frauen so." Er strich ihr lächelnd über die Wange, anschließend trat er einen Schritt zurück. „Bleib so stehen", wies er sie an, bevor er ins Schlafzimmer lief.

Chris fühlte sich erregt, ein wenig ängstlich und nervös. Sie wollte die Gedanken wenigstens für ein paar Stunden abstellen, sonst grübelte sie die gesamte Nacht, das war ihr klar. Trotzdem keimten die alten Ängste erneut in ihr: Würde sie ihm gerecht werden? Genervt von sich selbst, schloss sie die Lider. Sie wusste doch, dass sie zu ihm gehörte, so langsam durfte sie die Selbstzweifel ablegen!

Ein Geräusch neben ihr ließ sie zusammenfahren, sofort öffnete sie die Augen, nur um in Blakes besorgtes Gesicht zu blicken.

„Alles in Ordnung, Kleines?“

Sie nickte erleichtert. „Ich habe dich nicht kommen gehört.“ Lachend schüttelte sie den Kopf. „Glaub mir, ich war ganz tief in meinen Gedanken versunken.“

„Das dachte ich mir, deshalb habe ich mich für eine Bondagesession entschieden.“ Er deutete auf einen Haken an der Decke, an dem er jetzt einen Bondagering befestigte. Mit seinem eigenen Gewicht testete er, ob der Ring hielt, anschließend holte er einen Beutel mit Seilen, den Vibrator und einen Rohrstock. Die Utensilien legte er in Reichweite auf den Boden.

Neugierig betrachtete Chris die Sachen, gleichzeitig schlang sie unbewusst die Arme um ihren Oberkörper. „Was soll ich tun?“

„Nichts, nur genießen“, wies Blake sie an. Zärtlich streichelte er sie, ließ seine Fingerspitzen über ihren Körper wandern, bis sie sehnsüchtig seufzte. „Bereit?“

Zaghaft nickte sie, dabei überlegte sie immer noch, wie sie sich verhalten sollte. Es kam ihr komisch vor, lediglich abzuwarten.

Ihr Wolf stellte sich hinter sie. „Ich hole mir, was ich brauche, lass einfach los“, flüsterte er ihr ins Ohr. Zuerst sorgte er dafür, dass sie ihre Hände hinter dem Rücken verschränkte, wo er sie mit einem Seil fixierte. Danach schlang er das Hanfseil gekonnt um ihren Oberkörper, bis sie das Gefühl hatte, in einem Korsett zu stecken.

Chris konzentrierte sich auf ihre Emotionen, horchte tief in sich hinein, während ihre Bewegungsfreiheit immer weiter eingeschränkt wurde. Irgendwie hatte sie erwartet, dass sie sich gefangen vorkam, aber genau das Gegenteil trat ein: Es kam ihr vor, als ob er ihr die Last der Verantwortung von ihren Schultern nahm. Mit jedem Seil, das Blake um ihren Körper schlang, gab sie sich mehr hin, ergab sich der Situation, bis sie tatsächlich in der Lage war, den Kopf auszuschalten. Es fühlte sich fantastisch an, so befreiend.

Als er die Seilenden durch den Ring zog und sie einen leichten Druck an ihren Fußgelenken spürte, wurde ihr doch wieder mulmig, trotzdem verbot sie sich die negativen Gedanken. Ihr Liebster passte auf sie auf!

Blake hielt die Seile locker in der Hand, beugte sich zu ihr und küsste sie auf eine Stelle hinter dem Ohr. „Bereit für deinen ersten Flug?“ Geduldig wartete er ab, diese Entscheidung musste sie selbst treffen.

„Kann man dafür bereit sein?“ Sie atmete tief aus. „Ich möchte es erleben“, schob sie schnell hinterher, bevor sie der Mut verließ.

Er legte seine Fingerspitzen in ihren Rücken, drückte sie sanft nach vorne, anschließend zog er ihr zuerst ein Bein, dann das andere vom Boden.

Erschrocken schrie Chris auf, als sie glaubte den Halt zu verlieren, nur um sofort zu bemerken, dass sie sicher von dem Seilgeflecht gehalten wurde. Mit einem erleichterten Auflachen sah sie ihren Gefährten an. „Das ist Wahnsinn.“

Er zeigte sein Wolfslächeln, bevor er sie leicht anstieß.

Sie lachte, während sie sich um sich selbst drehte, zu gerne hätte sie die Arme ausgebreitet, da es sich anfühlte, als ob sie fliegen würde. Sie schloss die Augen, ließ ihre Gefühle zu, wobei sich ihr Herz mit Liebe füllte, Liebe zu diesem herrischen Werwolf. Ein Lächeln zeichnete sich auf ihren Lippen ab, im gleichen Moment fiel die Anspannung komplett von ihr ab.

Blake sah ihr eine Weile zu, gab ihr die Gelegenheit, sich mit ihren Gedanken auseinanderzusetzen. Mit Genugtuung erkannte er die Entspannung, die sich in ihrem gesamten Körper ausbreitete, jetzt war sie nicht länger angespannt, ganz im Gegenteil. „Ich möchte ein wenig mit dir spielen", bemerkte er leise, gleichzeitig schaltete er den Vibrator ein.

Bei dem summenden Geräusch öffnete Chris ihre Augen und nickte ihm begeistert zu. Allein eine Suspension, ein Hängebondage, zu erleben war für sie einzigartig, aber eine komplette Session, während sie von der Decke hing, hörte sich extrem verlockend an.

Langsam drehte Blake sie so, dass er hinter ihr stand, anschließend führte er den Vib zart an ihren Schamlippen vorbei. In der Position war es schwierig an ihren Lustpunkt heranzukommen, weshalb er das Toy zur Seite legte, um die Fesselung zu verändern.

Chris spürte, dass er die Seile lockerte, ehe er ihre Schenkel spreizte, jetzt bekam er kompletten Zugang zu ihrer Weiblichkeit. Der Gedanke, dass ihm kein Detail mehr verborgen blieb, sorgte dafür, dass sich ihre Wangen röteten, aber bevor sie protestieren konnte, entlockte ihr der Vibrator ein kehliges Stöhnen. Blake hatte sofort die richtige Stelle gefunden, die sie dicht an den Orgasmus trieb.

Chrissi versuchte sich an dem Toy zu reiben, doch mit der Bewegung erreicht sie nur, dass sie sich in die falsche Richtung drehte. Enttäuscht seufzte sie auf, damit hatte sie nicht gerechnet.

„Dumm gelaufen, oder? Du solltest dich besser ruhig verhalten, wenn du einen Höhepunkt haben willst, Piseag." In seiner Stimme hörte man die Schadenfreude deutlich heraus, was sie leise knurren ließ.

„Könntest du bitte ..." Sie biss sich auf die Lippen, auf keinen Fall wollte sie betteln, andererseits würde sie die ganze Nacht mit ihrer Erregung kämpfen ohne Orgasmus.

„Was möchtest du, meine Kleine?" Süffisant blickte er sie an, da sie sich durch ihr Gezappel zu ihm gedreht hatte. „Redenden Menschen kann geholfen werden."

Ärger kochte in ihr hoch, der sich sofort mit ihrer Lust vermischte. „Ich bin eine Selkie", fuhr sie ihn an.

Lachend hob er die Hände. „Tut mir leid, Hohheit, das hatte ich tatsächlich vergessen." Er tat so, als ob er überlegen müsste. „Vielleicht sollte ich dich losmachen, mir steht es kaum zu, mit der Enkelin eines Meeresgottes zu spielen."

Entsetzt über den Gedanken schüttelte sie den Kopf, woraufhin sie sich wieder drehte. „Bitte, du kannst mich doch nicht hängen lassen", rief sie verzweifelt.

„Das habe ich auch nicht vor. Das wäre grausam, zumal du morgen fürchterliche Rückenschmerzen bekommen würdest." Er tätschelte ihr die Wange, nachdem er sie zu sich gedreht hatte. In seinen Augen funkelte es belustigt.

„Du Mistkerl, du weißt genau, was ich will." Chris konnte kaum mehr klar denken, vor allem, weil er das Toy erneut an ihre Klitoris hielt. Leider war die Stimulation dermaßen schwach, dass es sie lediglich weiter anstachelte.

„Meinst du, dass das der angemessene Ton für die Enkelin eines Gottes ist? Besonders ihrem Herrn gegenüber?" Amüsiert betrachtete er sie.

„Entschuldige bitte, ich platze gleich." Flehend sah sie ihn an, strich sich mit der Zungenspitze über die trockenen Lippen, gleichzeitig hoffte sie von ganzem Herzen, dass er Mitleid hatte.

Blake legte eine Hand an ihre Wange. „Für den Mistkerl hast du dir eine Strafe mit dem Rohrstock verdient. Möchtest du dabei in der Suspension bleiben?" Fürsorglich prüfte er, ob ihre Finger oder Füße kalt waren und die Seile an den richtigen Positionen lagen.

„Ich ertrage alles, aber versprich mir, dass du mich nicht die komplette Nacht leiden lässt." Sie holte zittrig Luft.

„Auf keinen Fall! Vertrau mir, Piseag." Abwartend sah er sie an.

„Ich will bitte gefesselt sein, so wie ich es gerade bin", antwortete sie leise. Jetzt war die Wut verflogen und die Gier nahm überhand. Chris würde fast jedem Vorschlag zustimmen, nur um erlöst zu werden.

Zufrieden stellte Blake sich so, dass er ihr mit seinem Körper Halt gab, schob den Vibrator zwischen ihre Schamlippen und massierte mit der freien Hand ihre Pobacken.

Ein lautes Stöhnen entkam ihr, gleichzeitig bemühte sie sich, völlig ruhig zu bleiben, was sie an ihre Grenzen trieb. Wie gerne würde sie sich gegen das Toy drücken, sich holen, was sie brauchte. Nur wusste sie ja, dass sie damit das Gegenteil erreichte.

Blake stoppte, um den Rohrstock aufzuheben, nachdem er sicher war, dass ihre Haut gut durchblutet wurde und sie tatsächlich kurz vor dem Höhepunkt stand. Vorsichtig strich er mit dem Stock über ihre Hinterbacken, schob den Vibrator etwas tiefer in ihre Weiblichkeit, anschließend gab er ihr den ersten Hieb.

Chris stöhnte laut auf, es tat weh, aber auch gut, die Mischung sorgte dafür, dass jeder klare Gedanke in ihrem Kopf zerplatzte. Genau das war es, worauf sie gehofft hatte. Jetzt ging es nur noch um ihre Gefühle, ihre Lust. Erneut traf der Rohrstock auf ihrem Hintern auf, die Intensität war gut auszuhalten, trotzdem steigerte es ihre Gier. Sie biss die Zähne zusammen, um ganz ruhig zu bleiben, auf keinen Fall wollte sie, dass sie sich wieder von ihrem Liebsten wegdrehte. Sie brauchte mehr!

Ihr Stöhnen stachelte ihn an, zumal er es genoss, ihre Rückseite mit hellroten Striemen zu versehen. Durch die Seile war er gezwungen, sachte zuzuschlagen, doch das reichte ihr offensichtlich. Mit einer Hand hielt er den Vibrator an ihre Scham, mit der anderen strafte er sie nach allen Regeln der Kunst.

Immer wieder stoppte er, erlaubte ihr, lediglich die Stimulation zu genießen, wobei er tief einatmete. Sollte er riechen, dass sie mehr Schmerz als Lust empfand, würde er die Intensität ändern, aber noch hatte er seine Kleine genau da, wo er sie haben wollte. Sie schwebte kurz vor dem siebten Himmel.

Chris war kaum länger in der Lage, an ihre gefährliche Verwandtschaft zu denken, geschweige denn an ihren Auftritt, jetzt zählten nur ihre Gefühle, ihre Begierde. Ihr Hintern und ihre Oberschenkel brannten von den Hieben, trotzdem genoss sie es. Der Schmerz vermischte sich mit der Gier, dieser Cocktail machte sie süchtig.

Sie gab sich ihrem Herrn völlig hin, nicht nur körperlich, sondern auch mit ihrem Herzen und ihrer Seele.

Immer wieder trieb Blake sie an ihre Grenze, sorgte dafür, dass sie den Höhepunkt erahnen konnte, bevor er ihr erneut Lustschmerz schenkte. Aufmerksam erkannte er die leichte Schweißschicht, die ihren süßen Leib bedeckte, genauso sah er die Anspannung, die Bemühung, ruhig zu bleiben, und natürlich die Sehnsucht, erlöst zu werden.

Nach einem heftigen Hieb schrie sie schmerzerfüllt auf, woraufhin er sie zu sich umdrehte. Eine Träne lief ihr über die Wange, aber ihre Augen glänzten wie im Fieber. Sanft nahm er die Feuchtigkeit mit dem Daumen auf, betrachtete sein Eigentum eindringlich, bis sie zaghaft nickte.

Chris war nicht in der Lage, etwas zu sagen, doch das war auch unnötig, Blake verstand sie ohne Worte.

Wieder drehte er sie, gab ihr, was sie brauchte, bis sie hemmungslos schluchzte. Sofort warf er den Stock weg, löste vorsichtig die Seile, bis er sie fest in seine Arme schließen konnte. Ihm war klar, dass sie vor Erleichterung weinte, endlich durfte sie schwach sein.

An ihn geklammert, ließ sie ihren Emotionen freien Lauf, entfernte jede Fessel, die sie sich selbst angelegt hatte, nahm die Maske der starken Frau für den Moment ab. Ihr kompletter Leib wurde von ihren Schluchzern geschüttelt, doch es tat so unendlich gut.

Blake hielt sie, gab ihr Halt und Geborgenheit, während er sich seine gesamte Liebe zu dieser bewundernswerten Frau eingestand. So tiefe Gefühle hatte er noch nie empfunden, nicht mal sein Hass auf die Campbells hatte eine dermaßen heftige Intensität erreicht. Mit einem Lächeln streichelte er sein Eigentum. „Ich bin wahnsinnig stolz auf dich", flüsterte er ihr zu.

Nach einer Weile hob Chris ihr verheultes Gesicht, um ihn unsicher anzusehen. Den Männern, die sie kennengelernt hatte, war ein solcher Ausbruch peinlich, aber ihr Wolf lächelte sie einfach nur an. „Ich liebe dich." Sie brachte die Worte gerade so über die Lippen.

„Und ich dich, mehr als ich sagen kann." Sanft küsste er sie, legte eine Hand in ihren Nacken, anschließend schob er seine Zunge tief in ihren Mund.

Sie verschmolzen in dem Kuss, versanken in ihre eigene Welt, in der es nur sie beide gab.

Wie ein Kind rieb Chris sich über die Lider, als er von ihr abgelassen hatte. „Das war unbeschreiblich", murmelte sie. Es hatte ihr verdammt gut getan, sich einfach fallenzulassen, jede Emotion zuzulassen, trotzdem war sie unsicher, wie Blake es aufgenommen hatte.

Zärtlich nahm er ihr Kinn in seine Hand, zwang sie ihn anzusehen. „Du hast mich unfassbar glücklich gemacht. Deine Tränen sind das wertvollste Geschenk für mich."

Sein Blick sagte ihr, dass er es absolut ehrlich meinte, woraufhin sie sich erleichtert an ihn kuschelte. Die Erregung war verschwunden, übrig blieb das Gefühl, endlich angekommen zu sein.

Kapitel 24 - Große Ereignisse

Eine WhatsApp ließ Chris aufsehen, als sie am nächsten Morgen mit Blake frühstückte.

„Schau schon nach, es ist wahrscheinlich Jagira“, ermunterte der Wolf sie mit einem Lächeln. Er fühlte sich vollkommen zufrieden, zumal er seinem Eigentum in der vergangenen Nacht gezeigt hatte, dass sie bei ihm schwach sein durfte. Darüber hinaus hatte er seinen Sadismus mit seiner Seelengefährtin ausleben können, was für ihn etwas ganz Besonderes darstellte.

Neugierig öffnete sie das Programm, um zu sehen, dass tatsächlich ihre Patentante geschrieben hatte. „Sie hat mir die Zugangsdaten für mein Konto geschickt. Es ist sogar auf meinen Namen angelegt.“ Sie hob den Kopf, um Blake anzusehen. „Darf ich den PC benutzen?“

„Natürlich, Piseag, da musst du nicht fragen. Das Passwort steht auf dem Zettel, der am Bildschirm hängt.“ Er strich ihr liebevoll über die Wange. „Ich räume den Tisch ab, geh schon.“

Dankbar lächelte sie ihn an, anschließend ging sie ins Wohnzimmer, wo in einer Ecke eine kleine Arbeitsnische eingerichtet war. Mit zitternden Fingern fuhr sie den Computer hoch, rief das Online-Banking auf, meldete Blake ab und sich an, ehe sie einen erstaunten Schrei mit der Hand erstickte.

Sofort war der Wolf an ihrer Seite, stellte sich so, dass niemand an sie herankam, wobei er den Raum nach einem Feind absuchte. Als er keine Gefahr erkannte, drehte er sich um.

Chris deutete stumm auf den Bildschirm, die Summe, die dort erschien, überstieg alles, was sie erwartet hatte. „Das träume ich, oder?“

Blake schlang seine Arme um sie. „Ich kneife dich gerne“, antwortete er lachend. „Jagira hat doch gesagt, dass deine Eltern vorgesorgt haben.“ Er lachte leise. „So wie es aussieht, bist du unabhängig, du kannst machen, was immer dir in den Kopf kommt.“

„Scheint so, bis auf die Tatsache, dass du getötet wirst, solltе ich dich verlassen.“ Sie lehnte sich gegen ihn, legte beide Hände auf seine Unterarme.

„Willst du denn weg?“ Bei der Frage hielt er die Luft an, darüber hinaus war ihm klar, dass er ihr spätestens jetzt die Wahrheit sagen musste, nur stoppte die Angst ihn.

Chris drehte sich, bis sie in der Lage war, ihn anzusehen. „Bist du irre? Dich kann man doch nicht ohne Begleitung auf die Welt loslassen, am Ende wirst du wieder so mürrisch wie vorher.“ Sie lachte neckend. „Ich rufe Gerold an, er darf sich seinen Vertrag gerne in den Hintern schieben.“

„Tztztz, was ist das denn für eine Sprache? Für die Enkelin eines Gottes wohl kaum passend.“ Bevor sie etwas sagen konnte, brach er in lautes Gelächter aus, in das sie einstimmte. „Soll ich dich alleine lassen?“ Sofort wurde er ernst.

„Nein, bitte bleib. Ich brauche einen Zeugen.“ Sie befreite sich aus seiner Umarmung, holte ihre Unterlagen und überwies die geforderte Entschädigungssumme, was jetzt kein Problem darstellte. Ihr Eltern hatten ihr mehr als eine halbe

Million hinterlassen. Kurz dachte sie daran, dass sie lieber auf das Geld verzichtete, wenn sie dadurch lebendig werden würden. Seufzend schob sie die traurigen Gedanken von sich, nur um ihr Handy zu nehmen. Sie entfernte die Blockierung, anschließend wählte sie Gerolds Nummer.

„Mehlmann."

Die Stimme war fast verführerisch, doch sie kannte ihn zu gut. „Ich bin es, Chris."

„Ich wusste, dass du dich meldest." Triumph klang aus seiner Antwort hervor. „Soll ich dir Geld schicken, damit du nach Deutschland zurück kannst? Ich müsste es dir natürlich vom nächsten Auftritt abziehen, genau wie die Strafe, weil du den Gig in Inverness nicht angetreten hast."

„Du darfst mich mal am Arsch lecken, Gerold. War das jetzt deutlich? Ich habe dir gerade deine verdammte Kohle überwiesen. Der Vertrag ist aufgelöst und ich hoffe, dass wir uns nie wieder begegnen." Sie hörte sich eiskalt an, doch in ihr brodelte es. Wie gerne hätte sie ihm viel energischer die Meinung gesagt, andererseits war das vergeudete Liebesmüh.

Blake nahm ihr das Smartphone ab. „Hör mal zu, du Gurke, ich passe auf Christine auf, immer. Solltest du dich ihr noch einmal nähern, reiß ich dir die Eingeweide raus. Hast du mich verstanden?" Er lächelte seine Gefährtin an. „Falls du an meinem Wort zweifelst, erkundige dich über den Clan MacDonald von Glencoe. Die Gerüchte kommen nicht von ungefähr." Mit der Warnung legte er auf und Chris klatschte vor Vergnügen in die Hände.

„Du warst großartig, jetzt muss nur der Auftritt heute Abend ein Erfolg werden." Ihre Augen glitzerten. „Am besten ein so großer, dass der Idiot davon erfährt."

Blake strich ihr liebevoll über die Wange. „Das wird er, daran glaube ich ganz fest.“

Dankbar lächelte sie ihn an. „Danke für alles.“ Sie stand auf, küsste ihn leidenschaftlich, ehe sie ihn bittend ansah. „Gibst du mir etwas Zeit? Ich möchte Bea anrufen, sie sitzt bestimmt auf brennenden Kohlen, außerdem will ich mich auf heute Abend vorbereiten.“

„Selbstverständlich, ich fahre zur Werkstatt, solltest du mich brauchen, ruf mich an.“ Er drückte sie kurz an sich, ehe er sich auf den Weg machte.

Chris fuhr den Computer herunter, anschließend ließ sie sich auf der Couch nieder, ehe sie ihre Freundin anrief, um ihr von den neusten Ereignissen zu erzählen. Es war ein verdammt gutes Gefühl, zu wissen, dass da noch jemand war, auf den sie sich immer verlassen konnte.

~~○~~

„Ich bin fürchterlich nervös, hoffentlich vermassele ich nicht alles.“ Chris rieb ihre eiskalten Finger aneinander, während sie in dem winzigen Raum auf und ab lief, in dem sie sich für ihren Auftritt vorbereiteten.

Blake zog sie an sich. „Du wirst sie umhauen, nutz deine Vorteile, es ist dein gutes Recht.“

Die Jungs der Band lächelten ihr wissend zu.

„Wir sind alle aufgeregt, das ist normal. Sollte es irgendwann Routine sein, werde ich sofort aufhören.“ James zwinkerte ihr zu.

„Sag nicht, dass du unter Lampenfieber leidest.“ Chrissi musterte ihn misstrauisch.

„Allerdings, das plagt jeden von uns.“

Jetzt fiel ihr auf, dass auch Cameron etwas blass um die Nase war, was sie lächeln ließ.

Aus dem Schankraum hörten sie den Ansager, der die Highland Werewolfs ankündigte, woraufhin Jubel, begeisterte Pfiffe und Applaus erklang.

Allein daran erkannte Chrissi, dass die Band ziemlich bekannt war, was ihre Nervosität erhöhte, doch es gab kein Zurück mehr. Gemeinsam mit Cameron, James, Keith und Murtaugh betrat sie die Bühne, was die Menge noch weiter zum Toben brachte.

„Hey, Folks, beruhigt euch. Wir haben eine Überraschung mitgebracht.“ Keith hob die Hände, um die Fans dazu zu bringen, zuzuhören. „Ab sofort gibt es ein neues Mitglied bei den Highland Werewolfs. Ich sage euch, ihr werdet sie lieben. Begrüßt unsere Sängerin Chris.“

Die Lautstärke wurde ohrenbetäubend, gerade deshalb musste Chrissi schlucken. Sie trat ans Mikro, nachdem Keith sie aufgefordert hatte, dabei blickte sie auf die erwartungsvollen Leute. „Ich danke euch, aber wir sollten unsere Zeit nicht mit unnützem Gequatsche verschwenden. Legen wir los.“ Sie nickte ihren Jungs zu und sofort erklangen die Anfangstakte von Adeles Set Fire to the Rain.

Kurz schloss sie die Lieder, konzentrierte sich auf ihre Atmung, dann kam ihr Einsatz. Mit den ersten Tönen fiel das Lampenfieber von ihr ab, ein Strahlen glitt über ihr Gesicht, während sie sich in dem Song verlor. Instinktiv griff sie auf ihre Fähigkeiten zu, bezauberte das Publikum mit ihrer Stimme, gleichzeitig nutzte sie ihre Magie. Stille senkte sich über den Raum, wobei man spürte, dass die Leute von der Musik berührt wurden. Alle Augen waren auf sie gerichtet.

Das Lied endete, zuerst war es totenstill, bis ohrenbetäubender Jubel aufbrandete, die Zuschauer stellten sich auf Stühle und Tische, um ihrer Band zu zeigen, wie begeistert sie waren.

In der Menge erkannte Chris auch Bea, Lennox und Deenah, die ihr Gesicht mit einem Schleier verhüllt hatte. Bei dem Anblick musste sie gegen die Tränen ankämpfen.

Cameron stimmte den nächsten Song an, der das Publikum dazu verführte, laut mitzusingen.

Wieder gab Chrissi alles, feuerte die Leute an, mitzugehen, zu tanzen, zu singen oder zu klatschen, dabei performte sie perfekt. Glücklich betrachtete sie die Fans, bis ihr eine kleine Gruppe auffiel, die stumm in einer Ecke stand. Selbst auf die Entfernung erkannte sie, dass es sich um Selkies handelte, woraufhin sich ein ungutes Gefühl in ihr ausbreitete. Waren das etwa ihr Großvater oder seine Abgesandten? Wollte er sich heute Abend an ihr rächen? „Können wir eine kurze Pause machen?" Bei der Frage schaltete sie das Mikro ab, ehe sich zu Cameron drehte, der allein bei ihrem blassen Gesicht zustimmte.

„Was ist los?" Blake stürmte in den Raum, in den sie sich zurückgezogen hatten. Natürlich hatte er sofort erkannt, dass etwas nicht stimmte.

Verlegen zuckte Chris mit den Schultern. „Hast du die Selkies hinten neben der Garderobe bemerkt?"

Langsam nickte er. „Ja, aber sie sind gezwungen, ruhig zu bleiben. Erstens sind sie der Geheimhaltung verpflichtet, zweitens werden sie gegen uns kaum was ausrichten können." Sanft zog er sie in seine Arme. „Ich passe auf dich auf."

Für einen Moment kuschelte sie sich an ihn. „Das weiß ich, trotzdem haben sie mich dermaßen aus der Bahn geworfen, dass ich eine Pause brauchte." Sie atmete tief durch, es war eine Sache, zu wissen, dass es Feinde gab, doch eine ganz andere, sie vor sich zu sehen.

„Sollen wir den Auftritt abbrechen?“ Offen sah Murtaugh sie an.

„Auf keinen Fall!“ Chris schluckte. „Ich werde euch diese Chance nicht vermasseln, nur weil ich Angst habe.“ Sie straffte die Schultern. „Los, zeigen wir es ihnen.“ Sie fühlte sich wieder in der Lage, es sogar mit ihrer echten Familie aufzunehmen.

„Sicher?“ Cameron packte sie am Arm. „Wir stehen zusammen, Kleine, solltest du unsicher sein, sag es einfach. Es wird andere Konzerte geben.“

Dankbar lächelte sie ihn an. „Das bedeutet mir sehr viel, aber ich möchte mir selbst beweisen, dass ich für mich einstehen kann. Dazu gehört auch, meiner Verwandtschaft die Stirn zu bieten. Darüber hinaus hat Blake recht, sie können mir nichts tun.“

Gemeinsam gingen sie in den Schankraum zurück, wo sich die Fans dicht an dicht drängten.

Mit hocherhobenem Kopf sah sie die kleine Gruppe an, zeigte allein mit ihrem Blick, dass sie sich nicht vertreiben ließ, anschließend stimmten sie das Lied Óró sé do bheatha 'bhaile an. Es war zwar ein irisches Volkslied, trotzdem blieb die Botschaft gleich: Sie nahm den Kampf an, um zu gewinnen, um nach Hause zurückzukehren.

Kämpferisch betrachtete sie die Selkies, in deren Mitte ein älterer Herr mit grauen Haaren stand, gleichzeitig sang sie, wie sie noch nie gesungen hatte.

Der Mann starrte sie an, dabei erkannte sie eine Träne in seinen Augen, wie flüssiges Silber lief sie über seine Wange, ehe er traurig lächelte.

Sofort änderte sich ihr gesamtes Verhalten, denn sie verstand, dass er nicht ihr Feind war. Ihr Gesang wurde sanfter, und als das Lied beendet war, nickte sie ihm zu.

Er senkte den Kopf als Antwort.

~~°~~

„Was war das denn mit dem Meervolk? Ich hatte den Eindruck, dass ihr stumm kommuniziert." Cameron betrachtete Chris neugierig, nachdem sie ihr Konzert beendet hatten und sich in dem kleinen Raum kurz erholten.

Nachdenklich nickte sie. „Ja, das war auch so. Nur handelte es sich kaum um Telepathie, sondern um Gefühle." Sie sah Blake an. „War das mein Großvater?"

Ihr Gefährte zuckte leicht mit den Schultern. „Ich habe ihn noch nie gesehen, daher kann ich es dir nicht sagen. Wir sind nie mit ihnen in Streit geraten."

„Ich denke, dass er es war. Er hat geweint." Sie schluckte schwer. „Wenn ich richtig liege, tut ihm sein Verhalten leid. Ich hoffe, dass er einem Treffen zustimmt."

Das hofften sie alle, nur niemand konnte einschätzen, was Njörd tun würde.

„Lasst uns was trinken gehen, unsere Fans warten." Murtaugh legte einen Arm um Chrissi. „Du kannst im Moment kaum etwas anderes tun, als abzuwarten."

Dankbar nickte sie ihm zu, anschließend ging sie mit den Jungs zurück in den Schankraum, wo sie bereits erwartet wurden.

Bea drängte sich an ihre Seite, ihre Augen glänzten und ihr Gesicht strahlte. „Du warst umwerfend. Selbst Mum hat für eine ganze Weile ihre Angst vergessen." Stürmisch presste sie die Freundin an sich. „Danke für alles."

Chris lachte leise. „Ich habe nichts Außergewöhnliches getan. Deine Mutter ist eine bewundernswerte Frau." Genau in dem Augenblick kamen auch Lennox und Deenah zu ihnen.

Stolz hatte der Werwolf einen Arm um seine Ehefrau gelegt und in seinem Gesicht erkannte sie ein glückliches Lächeln. Sie umarmte die beiden. „Ich bin so froh, dass ihr hier seid. Ihr glaubt nicht, wie unendlich nervös ich war."

„Das ist völlig unnötig, Meerestochter", ertönte in dem Moment eine dunkle Stimme.

Instinktiv wusste sie, dass ihr Großvater hinter ihr stand, dennoch brauchte sie ein paar Sekunden, bis sie sich umdrehte. Chris richtete sich hoch auf, trotzdem musste sie den Kopf in den Nacken legen, um ihm ins Gesicht zu sehen. Sie kämpfte mit ihrer Angst und der Wut gleichzeitig. „Willst du mich vor all den Leuten beseitigen, Opa? Oder soll ich dich lieber Njörd nennen?" Ihre Augen schossen Blitze auf den Mann, der sie jetzt betrübt ansah. Damit hatte sie so gar nicht gerechnet.

„Es verletzt mich, dass du so schlecht von mir denkst, doch das habe ich wohl verdient." Er rieb sich müde über die Lider. „Ich bin gekommen, weil ich meine Enkelin kennenlernen wollte. Ich muss sagen, du bist so viel besser als jeder Sänger, den ich jemals hören durfte. So stolz war ich noch nie auf jemanden aus unserer Familie."

Bei den Worten horchte Chris auf. „Unserer Familie? Darf ich dich daran erinnern, dass du mich umbringen willst?"

Langsam schüttelte der alte Mann den Kopf. „Nein, das war nie mein Bestreben, aber hier ist kein guter Ort, um die Geschichte aufzuklären.“

Dem stimmte sie zu, zumal sich jetzt auch andere Leute zu ihr drängten. Hart hielt sie seinem Blick stand.

„Wenn du magst, dann können wir uns morgen sehen. Ich werde gegen Mittag an der Bank am Fort auf dich warten. Ich bin bereit, dir deine Fragen ehrlich zu beantworten.“ Er hob die Hand, als ob er ihr über die Wange streicheln wollte, ließ sie allerdings unsicher wieder fallen. „Bitte.“

Stumm nickte sie, woraufhin die Selkies sich zurückzogen.

Blake stieß erleichtert die Luft aus, gleichzeitig sagte sein Gesichtsausdruck, dass sie das Thema später besprechen würden.

Obwohl ihr erster Auftritt ein voller Erfolg war und sie das Bad in der Menge genoss, ging ihr die Begegnung mit ihrem Großvater nicht mehr aus dem Sinn. Verhielt sich so jemand, der ihr nach dem Leben trachtete? Eilig schob sie die Grübeleien von sich, jetzt sollte sie sich auf ihre Fans konzentrieren.

Kapitel 25 - Gefährliches Treffen

„Ich habe große Bedenken, Piseag. Vielleicht ist es besser, wenn Alan, Cameron und ich zuerst mit ihm sprechen.“ Blake sah seine Gefährtin eindringlich an. Die Vorstellung, dass sie sich den feindseligen Selkies stellte, ließ ihm das Blut gefrieren.

„Du warst doch dabei, als Njörd mich zu der Aussprache eingeladen hat. Hast du wirklich das Gefühl gehabt, dass er mich umbringen will?“ Sanft legte sie eine Hand auf seine. „Glaub mir, ich spüre, dass er sich nach Frieden sehnt.“ Sie traute sich nicht, ihre größte Hoffnung auszusprechen, dass ihr Großvater sie tatsächlich akzeptierte.

„Bisher wusste ich immer, was das Beste für den Clan, meinen Bruder, meine Freunde oder für mich war, aber plötzlich fühle ich mich überfordert“, gab der Wolf mit einem Seufzen zu. Sie hatten sich ins Schlafzimmer zurückgezogen, um sich für das Treffen mit dem Meervolk fertigzumachen. „Ich habe eine wahnsinnige Angst, dass dir etwas passiert“, gab er jetzt gequält zu.

Liebevoll umarmte Chris ihn. „Glaubst du wirklich, dass Jagira mich gehen lässt, wenn mir eine ernsthafte Gefahr droht?“ Sie lachte leise. „Meine Patentante ist in der Lage, mich hier ans Bett zu fesseln, um das zu verhindern.“

„Darauf kannst du dich verlassen“, erklang die Stimme der Hexe aus der Küche, wo sie wartete, dass die beiden fertig wurden.

„Siehst du, also los jetzt." Sie gab dem Wolf einen kleinen Schubs, anschließend zog sie eine schwarze Jeans und einen weißen Pullover aus dem Schrank.

Gemeinsam machten sie sich auf den Weg, unterwegs sammelten sie noch Cameron und Alan ein, darüber hinaus würden sich etliche Werwölfe in Hörweite aufhalten. Sollten die Selkies ein falsches Spiel spielen, mussten sie sich mindestens zwanzig Gegnern stellen.

Die Sonne stand an einem fast wolkenlosen Himmel, als sie das Auto in der Nähe des alten Forts parkten. Loch Linnhe sah aus, als hätte jemand Diamanten über die Wasseroberfläche gestreut, außerdem wehte ein leichter Wind.

Chris atmete tief durch, hob ihr Gesicht kurz der Wärme entgegen, ehe sie ihrer Begleitung zunickte. „Es wird gut ausgehen." Sie sprach auch sich selbst Mut zu.

Gemeinsam gingen sie ein Stück, bis die besagte Bank in Sicht kam, dort saßen bereits drei Männer.

„Wenigstens versucht er nicht, uns mit seiner Armee zu beeindrucken." Blake knurrte leise. Ihm war es alles andere als recht, dass seine Kleine bei ihnen war, nur konnte er es kaum verhindern.

„Guten Tag, Großvater." Chris war an den Tisch herangetreten und in ihrer Stimme mischte sich die Wut mit der Hoffnung.

Sofort sprangen Njörds Begleiter auf, um sich vor ihr zu verbeugen, ehe sie sich ein Stück entfernten. Damit hatte niemand gerechnet.

„Setzt euch bitte, ich möchte mich gerne in Ruhe mit euch unterhalten." Njörd deutete auf die freien Plätze, dabei sah er die Gestaltwandler nur kurz an, doch sein Blick blieb auf seiner Enkelin liegen. „Du siehst deiner Mutter sehr ähnlich.“ Ein Lächeln hellte seine Miene auf.

„Das kann ich kaum beurteilen, da ich in einem Heim aufgewachsen bin.“ Noch war sie nicht bereit, ihm zu vertrauen. „Ich will wissen, was passiert ist. Außerdem verlange ich, dass du mir ins Gesicht sagst, wenn du mir nach dem Leben trachtest.“ Sie zitterte innerlich, hielt sich allerdings unter Kontrolle.

Erneut deutete ihr Großvater auf die Sitzbank. „Bitte, setz dich. Ich schwöre dir, dass ich deinen Tod niemals wollte.“

Die kleine Gruppe setzte sich, dabei konnte Jagira sich ein spöttisches Lachen nicht verkneifen. „Das fällt mir schwer zu glauben, Selkie.“ Sie sah den alten Mann kalt an.

„Jagira, es freut mich, dich zu sehen, damit ich endlich eine Lüge aus der Welt schaffen kann, doch du verstehst sicher, dass ich bei den Fragen meiner Enkelin anfangen werde.“ Er holte tief Luft. „Ja, ich war außer mir vor Zorn, als Liara mir von Matteo erzählte. Jähzorn ist meine Schwäche“, gab Njörd zu. „Trotz allem hätte ich sie niemals verletzt, genauso wenig wie ihren Ehemann.“ Er hob eine Hand, als die Hexe ihn unterbrechen wollte. „Mir ist bewusst, dass du eine andere Wahrheit glaubst, aber gestatte mir, meine Version zu erzählen.“

Stumm nickte sie, doch an ihrer Miene erkannte man, dass sie auf der Hut war.

„Mein Berater verlangte, dass Matteo getötet und Liara verbannt werden sollte. Ich schob die Entscheidung auf, bis meine Leute mir berichteten, dass sie unauffindbar waren. Die Zeit würde die Gemüter beruhigen, zumindest hatte ich es mir so gedacht.“ Trauer huschte über sein Gesicht. „Ich nutzte meine Kontakte, sodass ich ständig auf dem Laufenden war.

Leider gab es eine Verräterin, Nadja, die Gouvernante von Liara. Ihr hätte ich es niemals zugetraut, mich oder vielmehr meine Tochter dermaßen zu hintergehen." Tränen traten in seine Augen. „Viel zu spät erfuhr ich, dass ihre Enkelin von einem Menschen gezwungen wurde, an Land zu leben. Ihr Hass auf die Normalen war unendlich."

Chris legte eine Hand auf den Arm des alten Mannes. „Was hat sie getan?" Ihre Stimme klang tonlos.

„Sie ging zum Hauptmann der Wache, dessen Ehefrau von einem wütenden Mob umgebracht worden war. Dummerweise hat sie gewusst, wo Liara und Matteo sich aufhielten, darüber hinaus war ihr bekannt, dass es dich gab. Die beiden beschlossen, euch umzubringen, nur Liara sollte verschont werden." Eine Träne lief ihm über die Wange. „Ich war zu beschäftigt, außerdem habe ich mich überschätzt, weil ich dachte, ich hätte alles im Griff. Ich unterschätzte den Hass dieser Untergebenen."

„Aber auch du kannst den Leuten nur vor den Kopf schauen, oder?" Chris betrachtete den alten Mann mit Mitleid.

„Von einem König erwartet man mehr." Er lächelte sie an, tätschelte ihre Hand, anschließend erzählte er weiter. „Man brachte mir meine Tochter zurück, doch der Preis war zu hoch. Ihr Ehemann war getötet worden, genau wie ihr Kind, zumindest dachte der besagte Wachmann das." Jetzt blinzelte er gegen die Tränen an. „Ich wusste es besser, nur behielt ich es für mich. Auf keinen Fall wollte ich meine einzige Enkelin auch noch verlieren. Liara redet bis heute nur das Nötigste mit mir, obwohl sie mir glaubt, dass ich keine Schuld am Tod ihres Mannes trage. Sie lehnt jedes Gespräch über dich ab." Wieder huschte ein trauriges Lächeln über sein Gesicht. „Sobald dein Name fällt, dreht sie sich um und geht."

„Aber hasst sie mich so sehr?" Chrissi sah zu Jagira, die nur verwundert mit den Schultern zuckte.

„Nein, sie leidet darunter, dass sie auf Abstand bleiben muss. Mein Volk unterliegt den Gesetzen der magischen Welt, darüber hinaus ist das Verhältnis den Menschen gegenüber mehr als angespannt."

„Kannst du kein Machtwort sprechen? Immerhin ist Chris eine von euch, zumindest zum Teil." Alan sah Njörd offen an.

„Das habe ich bereits, genauso wie ich den Hauptmann der Wache eingesperrt habe. Nadja ist vor einem Jahr im Gefängnis gestorben, auch sie hat ihre Strafe erhalten." Seufzend lehnte er sich zurück.

„Ich verstehe nicht, wo das Problem ist." Chris betrachtete ihren Großvater. „Weshalb hast du dich von mir ferngehalten?"

Njörd tätschelte lächelnd ihre Hand. „Meine Späher sind gut, aber sie brauchen ausreichend Zeit. Solange du verzaubert warst, hat das Gesetz mir verboten, dir die Wahrheit zu sagen."

Das leuchtete ihr ein. „Das erklärt einiges. Ich darf Blake aus dem gleichen Grund nicht verlassen." Sie lehnte sich ein wenig dichter an ihren Gefährten.

Irritiert musterte ihr Opa ihn. „Wovon sprichst du? Du gehörst zur magischen Welt."

„Das weiß ich seit Kurzem auch, allerdings wird er getötet, sollte ich einen Fehler machen oder ohne Aufsicht entdeckt werden." Chrissi wunderte sich, weshalb ihr Großvater so seltsam reagierte.

„Das ist falsch, meine Kleine. Du bist für dein Verhalten verantwortlich, niemand sonst. In den Augen der Wächter bist du ein paranormales Wesen, das sich an unsere Regeln halten muss, keiner ist gezwungen, für dich einzustehen."

Bei der Antwort löste sie sich aus Blakes Umarmung, um ihn wütend anzusehen. „Du hast mich angelogen“, zischte sie ihm zu. Allein sein Gesichtsausdruck sprach Bände.

„Lass uns bitte beim Thema bleiben“, bat Alan, der das Unheil bereits heraufziehen sah.

Chris nickte, rückte allerdings ein Stück von ihrem Gefährten ab. „Ich bin also außer Gefahr? Niemand trachtet mir nach dem Leben?“

„Das ist richtig, zumindest keiner von meinem Volk.“ Liebevoll betrachtete Njörd seine Enkelin. „Ich möchte meinen Fehler wiedergutmachen, wenn du mich lässt.“

„Liara lebt?“, mischte sich Jagira mit einem hoffnungsvollen Ton ein.

Jetzt seufzte der Selkie. „Ja, das tut sie, aber sie leidet unter dem Verlust ihrer Tochter. Sie geht mir aus dem Weg, weil sie es nicht erträgt, über Christine zu reden.“

„Ich bin hier! Weshalb hast du ihr das verschwiegen?“ Empört begehrte Chrissi auf. „Du hättest ihr sofort sagen müssen, dass du dich mit mir triffst.“ Ihr Herz raste bei der Vorstellung, dass sie ihre Mutter sehen könnte.

„Ich wollte zuerst sichergehen, dass du sie auch treffen willst. Ihr zu erzählen, dass du ganz in der Nähe bist, sie aber ablehnst, würde sie noch tiefer verletzen.“ Er zuckte unbehaglich mit den Schultern. „Ich versuche doch nur, meine Familie zu beschützen.“

„Hol sie her!“ Jagira baute sich vor ihm auf. „Sofort!“

Njörd nickte langsam. „Vorher gibt es etwas sehr Wichtiges, was immer wieder zum Streit zwischen Liara und mir führt.“ Er holte Luft. „Ich werde alt, was meinen Leuten bewusst ist. Meine Tochter lehnt es ab, an meine Stelle zu treten.“

Augenblicklich hob Christine abwehrend die Hände. „Zähl da mal besser nicht auf mich. Ich kann mich kaum bei einem Volk behaupten können, das einen Teil von mir hasst. Darüber hinaus bin ich unfähig unter Wasser zu atmen." Sie schüttelte energisch den Kopf.

„Nein, es wird eine Wahl geben, sollte Liara den Thron weiterhin ablehnen. Was danach geschieht, ist mir unbekannt." Er schluckte. „Ich wollte dich nicht nur kennenlernen, sondern ebenso warnen. Mein Nachfolger wird unter Umständen Jagd auf dich machen."

„Wird er es auch mit dem Rudel von Glencoe aufnehmen?" Blake musterte den Selkie kalt.

Jetzt huschte ein Lächeln über Njörds Gesicht. „Wahrscheinlich halten sie sich zurück, ihr seid berüchtigt, was eure Rache angeht." Lange betrachtete er seine Enkelin. „Du bist gut beschützt, was mich erleichtert."

„Hol Liara her!", verlangte Jagira erneut. „Sie muss wissen, dass ihre Tochter hier ist."

Njörd musterte Chrissi. „Möchtest du deine Mutter sehen? Kannst du ihr verzeihen, dass sie dich verlassen hat?"

Chris schluckte die Tränen hinunter, die ihr in den Augen brannten. „Sie hat alles nur getan, um mich zu schützen, glaubst du wirklich, dass ich ihr das übelnehme? Natürlich will ich sie treffen."

Er nickte einem seiner Männer zu, der sofort verschwand. „Ich wünschte, die Geschichte wäre anders verlaufen, leider bin ich außerstande, die Zeit zurückzudrehen." Bittend richtete er seinen Blick auf Jagira. „Ich weiß, dass du mir nicht verzeihen wirst, aber beschütz meine Enkelin, so wie du es immer gemacht hast."

Jagiras Ausdruck wurde weicher. „Darauf kannst du dich verlassen. Niemand wird mich jemals wieder von meiner Patentochter fernhalten.“ Sie griff nach Chrissis Hand.

„Du hast wundervoll gesungen, meine Kleine.“ Njörd lächelte Christine an. „Besser als jede Selkie vor dir.“

Dankbar nickte sie. „Danke, das bedeutet mir viel. Aber wie geht es weiter? Muss ich vor meinem eigenen Volk künftig in Angst leben? Darf ich nie mehr an einen Strand gehen, ohne vorher nach Feinden Ausschau zu halten?“

„Im Augenblick bist du sicher, nur wie lange, das kommt auf meinen Nachfolger an. Vielleicht ist er oder sie in der Lage, unsere Rassen zu versöhnen. Ich habe versagt, indem ich zuließ, dass Matteo und Liara auf der Flucht lebten. Hätte ich meinen Zorn besser im Griff gehabt, wäre niemand auf die Idee gekommen, dass es in meinem Sinn ist, einen Teil meiner Familie umzubringen.“

„Das stimmt, Vater, das ist einer der Gründe, weshalb ich dir aus dem Weg gehe. Anstatt zu mir zu stehen ...“ Eine hübsche blonde Frau kam auf die Gruppe zu, stoppte jetzt allerdings ihren Schritt, während sie ungläubig auf Christine starrte.

Auch Chris war wie gelähmt, als sie ihre Mutter erkannte. Endlich kam Bewegung in sie, sie sprang auf, rannte zu ihr und umarmte sie so heftig, dass beide ins Wanken gerieten. Tränen liefen ihr über das Gesicht. „Mama, ich habe dich so sehr vermisst“, flüsterte sie.

Liara drückte ihr Kind stumm an sich, gleichzeitig schloss sie überwältigt die Augen. „Du bist da.“

Eine ganze Weile hielten die zwei sich fest, unfähig etwas zu sagen, doch Worte waren überflüssig. Selbst Blake kämpfte bei der Szene, die sich ihm bot, mit der Rührung.

„Setz dich zu uns, meine Tochter", bat Njörd, nachdem sie sich gefangen hatten.

„Du wusstest, dass sie hier ist? Dass der Fluch offensichtlich gebrochen wurde?" Ungläubig musterte sie ihren Vater. „Weshalb weißt du überhaupt, dass sie lebt?"

„Meine Späher sind sehr erfolgreich, aber sobald ich von ihr geredet habe, bist du gegangen." Er zuckte leicht mit den Schultern. „Es tat weh, dass du dieses Geheimnis vor mir verborgen hast, doch ich verstehe es. Ich hatte deine Verachtung verdient." Unsicher sprach er weiter. „Ich versichere dir, dass ich erst gestern davon erfahren habe, wo sie sich aufhält. Ich wollte sicher sein, dass du nicht noch mehr verletzt wirst." Er verstummte, jedoch verstand sie ihn auch ohne Erklärungen.

Liara umarmte stumm Jagira, ehe sie sich mit ihrer Tochter zu den anderen setzte.

Cameron und Alan erhoben sich, um Platz zu machen, blieben allerdings in Hörweite.

„Ich löse den Eid auf, sprich künftig frei." Liara lächelte der Hexe zu. „Unser Geheimnis ist keins mehr, liebe Freundin." Sie seufzte. „Jetzt müssen wir sehen, wie wir Christine vor ihren Feinden schützen."

Blake knurrte leise. „Dazu bin ich durchaus imstande. Fisch stand schon länger nicht auf der Speisekarte."

Chris legte ihm eine Hand auf den Arm, um ihn dazu zu bringen, sich zurückzuhalten. „Bitte, das ist meine Familie, du solltest freundlicher sein. Außerdem gibt es etwas zu klären." Ihr Tonfall war eiskalt, was ihn zusammenzucken ließ.

„Es freut mich, den Gefährten meiner Tochter kennenzulernen." Liara lächelte Blake an. „Zum Glück legen die Selkies sich niemals mit den Wölfen an. Bei dir ist sie in Sicherheit."

Zufrieden nickte er, gleichzeitig schob er die Sorgen zur Seite, seine Kleine war stinksauer auf ihn, das war ihm bewusst.

„Aber es muss doch einen Weg geben, um Frieden zu schließen. Ich mag den Gedanken nicht, dass ich gezwungen bin, ständig auf der Hut zu sein, sobald ich mich einem Loch, einem Fluss oder einem Strand nähere." Chrissi sah von einem zum anderen. „Jedenfalls, wenn du kein Anführer mehr bist."

„Ich habe ein Gesetz erlassen, das die Menschen schützt, nur ist unklar, ob mein Nachfolger meine Strategie weiterhin beibehält." Njörd ließ seinen Blick auf seiner Tochter ruhen.

Liara atmete tief durch. „Ich werde den Thron für mich beanspruchen, sobald deine Zeit gekommen ist. Aber keinen Tag früher."

„Damit ist das Problem vorerst gelöst", bestätigte er lächelnd. Ihm war mit dieser Entscheidung eine große Last von den Schultern genommen, darüber hinaus wusste er seine Enkelin in Sicherheit.

„So ganz verstehe ich es immer noch nicht", gab Chris leise zu, gleichzeitig lehnte sie sich an ihre Mutter.

„Ich habe Jagira gebeten, dich mit einem Fluch zu belegen, sodass du vor der Rache meines Vaters in Sicherheit bist." Liara seufzte. „Wie sich jetzt herausstellt, war es völlig umsonst. Wir beide haben gelitten, weil er sich aufgeführt hat wie ein Berserker." Wütend starrte sie Njörd an.

„Das ist nur bedingt korrekt", wehrte er vorsichtig ab. „Als Erstes musste ich meinen Berater loswerden, er hat alles dafür getan, dass ihr gejagt wurdet. Anschließend fand ich heraus, dass Nadja ein falsches Spiel trieb. Das dauerte einige Zeit." Bittend sah er seine Tochter an.

„Glaub mir bitte, dass ich zuerst keinen blassen Schimmer hatte, wer Matteo umgebracht hat. Daher dachte ich, dass es das Beste sei, Christine in Deutschland zu lassen."

Seufzend stimmte Liara zu. „Ja, wir hatten es mit zu vielen Leuten zu tun, bei denen wir niemals von alleine darauf gekommen wären, dass sie uns so übel hintergehen." Sie drückte Chris an sich.

„So schlimm war meine Kindheit jetzt auch wieder nicht." Chrissi lächelte. „Außerdem ist ja alles gut ausgegangen, oder?"

„Das ist es, in der Tat." Jagira nahm ihre Hand, während sie Blake ansah. „Einen Punkt müsst ihr wohl noch in Ordnung bringen, richtig? Hast du sie tatsächlich dermaßen dreist angelogen?"

Blake rutschte unbehaglich auf seinem Platz herum. „Ich hatte Angst, sie zu verlieren." Knurrend antwortete er, gleichzeitig traute er sich kaum, seine Gefährtin anzusehen.

Abwehrend hob Chris eine Augenbraue. „Das klären wir später." Sie überlegte kurz. „Ich frage mich, warum hast du deine Tarnung angelegt, während du mich verzaubert hast?" Sie drehte sich zu ihrer Patentante um.

„Fremde kennen mein wahres Äußeres nicht, damit du mich findest, falls du dich erinnerst, habe ich dir meine hässliche Version gezeigt." Sie lächelte unbeholfen. „Damals wusste ich kaum, was uns erwartet, jedenfalls hätte ich nie an ein so einfaches Ende gedacht."

Lachend nickte Chrissi. „Da stimme ich dir zu, zumal ich gestern noch geglaubt habe, dass mein eigener Großvater mich umbringen will." Glücklich sah sie von einem zum anderen, bis ihr Blick auf Blake fiel. Sein Vertrauensbruch schmerzte sie enorm, niemals hätte sie damit gerechnet, dass er sie anlügen würde.

„Überleg dir gut, was du tust, meine Kleine. Jähzorn und übereiltes Verhalten liegt uns im Blut, aber manchmal zerstört man etwas, das extrem wertvoll ist." Njörd zwinkerte ihr zu. „Ich bekam eine zweite Chance, was ganz bestimmt nicht selbstverständlich ist."

„Lass uns ein Stückchen gehen, ich möchte dich wenigstens für eine Weile für mich haben." Liara erhob sich und hielt ihr die Hand hin.

Sofort willigte Chris ein, so sehr hatte sie sich danach gesehnt, ihre Mutter zu treffen.

Sie gingen ein Stück, traten durch das alte Tor, bis sie am Strand standen, an dem sie mit Bea Muscheln gesammelt hatten.

„Ich hoffe, du kannst mir meine Kurzsichtigkeit verzeihen", fing Liara vorsichtig an.

„Du hast mich beschützt, wo du konntest ...", begann Christine, wurde allerdings von ihr gestoppt.

Traurig schüttelte sie den Kopf. „Nein, ich war von Trauer überwältigt, als ich Jagira bat, dich zu verzaubern. Anstatt meinen Vater zur Rede zu stellen, bin ich kopflos auf die nächstbeste Alternative losgerannt. Mich schmerzt der Verlust immer noch, aber jetzt sehe ich klarer."

Sanft legte Chris ihr die Hand auf den Ärmel. „Wir sind hier, haben uns am Ende doch gefunden, oder? Das ist das Einzige, was zählt." Sie lächelte. „Glaub mir, ich bin froh, dass es so gekommen ist, sonst wäre ich niemals die Person geworden, die ich heute bin."

Dankbar drückte Liara sie an sich. „Wirst du deinem Gefährten verzeihen?"

Unschlüssig zuckte sie mit den Schultern. „Wir haben uns geschworen, immer ehrlich zu sein. Ich weiß nicht, was ich tun soll."

„Genau genommen hat er dir die Wahrheit gesagt, nur einen Teil verschwiegen." Sie strich ihr zärtlich über die Wange. „Er liebt dich, das konnte ich deutlich sehen, daher verstehe ich seine Beweggründe. Was nicht heißt, dass ich sein Verhalten gutheiße."

Langsam nickte Chrissi, irgendwie verstand sie Blake ja, allein die Vorstellung, er würde sie verlassen, sorgte dafür, dass sie Magenschmerzen bekam. „Wir werden reden und ich verspreche, dass ich mir anhöre, was er zu sagen hat."

„Das ist ein weiser Schritt, meine Kleine." Liara lächelte. „Was wirst du tun? Dir steht die Welt offen."

Erstaunt musterte sie ihre Mutter. „Was meinst du? Ich habe ein Zuhause, eine echte Freundin, einen fantastischen Job und lebe meinen Traum." Erst jetzt fiel ihr ein, dass Liara ja nichts von dem Konzert wusste. Zuerst zaghaft, dann immer euphorischer erzählte sie von ihrem Fehler mit Gerold, ihrer Reise nach Schottland, ihrem Treffen mit den Werwölfen, bis zu ihrem Auftritt. „Es war unglaublich." Ihre Augen strahlten, man merkte ihr die Begeisterung an.

„Ich wäre so gerne dabei gewesen. Schon früher konntest du die Leute in deinen Bann ziehen, sobald du gesungen hast." Liara legte ihr eine Hand an die Wange. „Du hast ein ganz besonderes Talent und ich bin stolz auf dich. Darauf, was aus dir geworden ist."

Dankbar schmiegte Chrissi sich an sie, bis ihr ein wichtiger Punkt einfiel. „Ich gebe dir dein Geld natürlich zurück, allerdings habe ich bereits einen Teil davon ausgegeben." Verschämt senkte sie den Blick.

„Es ist dein Vermögen, Kleines. Wir haben es für dich angelegt und Jagira hat es verwaltet.“ Sie hob ihr Kinn an. „Du kannst damit machen, was du willst. Ich benötige es nicht.“

„Wow, ich komme mir vor wie im Märchen. Ist das hier wirklich alles echt? Oder wache ich gleich auf?“ Chrissi atmete tief durch, es fiel ihr schwer, an ein Happy End zu glauben.

„Oh, es ist nicht so einfach, mit einem Werwolf zusammenzuleben. Sie sind in der Regel herrisch, besitzergreifend und oft auch mürrisch.“ Liara lachte auf. „Aber dieser eine wird dich auf Händen tragen, sonst ziehe ich ihm das Fell über die Ohren.“ Sie sprach jetzt etwas lauter, sodass beide Frauen sicher waren, gehört zu werden.

Wie erwartet kam Blake zu ihnen, in seinem Gesicht erkannten sie das schlechte Gewissen, woraufhin Chrissi fast Mitleid bekam. „Darf ich mich euch anschließen?“ Er blieb ein paar Meter entfernt stehen, die Handflächen tief in den Hosentaschen vergraben.

Liara stand abwartend neben ihrer Tochter. „Übrigens, im Palast deines Großvaters kann auch ein Mensch überleben, dort gibt es kein Wasser, sondern normale Luft.“ Sie sah jetzt den Werwolf an, der getroffen zusammenzuckte.

„Bitte, Piseag, habe ich keine Chance verdient, dir mein Verhalten zu erklären?“ Bittend musterte er sie.

„Ich lasse euch alleine.“ Ohne eine Antwort abzuwarten, lief Liara zum Tor, klopfte dem Wolf auf den Rücken, während sie an ihm vorbeiging. „Ich wünsche dir Glück.“

Chris drehte sich zum Strand, sah eine Weile auf das Wasser, um zu überlegen, was sie tun sollte. Es gab im Prinzip so viele Ansätze, angefangen bei der Möglichkeit, dass sie tatsächlich bei ihrer Familie lebte. Wollte sie Blake verlassen? Sofort schrie ihr Herz auf, ihr Ego allerdings fand, dass er eine Strafe verdiente. Sie hörte, dass er sich ihr näherte, aber kurz hinter ihr stehen blieb. „Du hast mich verletzt, Blake."

„Das ist mir bewusst", gab er zerknirscht zu. „Ich habe dir schon einmal gesagt, dass ich mich überfordert fühle. Immer wusste ich, was gut für mich oder meine Leute war, nur bei dir zweifele ich an meinen Entscheidungen." Er trat einen Schritt näher. „Noch nie in meinem Leben hatte ich Angst, eine Frau zu verlieren. Ich habe mich verliebt, sicher, doch es hat nie gereicht, um mein Herz zu berühren, bis ich dich traf." Er schluckte, da ihm das Geständnis enorm schwerfiel.

Traurig drehte Chris sich um. „Dachtest du tatsächlich, ich verlasse dich einfach so? Nur, weil es keine Todesstrafe gibt, die mich an deiner Steite hält?"

Unsicher zuckte er mit den Schultern. „Du hast davon gesprochen, dass es zu früh ist, zusammenzuziehen. Genau genommen habe ich dir erlaubt, zu gehen, sobald du dein Ehrenwort gegeben hattest."

„Das stimmt, doch du hast Bea abgehalten, mir die Wahrheit zu sagen. Du hast mir vorenthalten, dass ich nur für mich verantwortlich bin. Was weiß ich noch nicht?" Bitter sah sie ihn an.

„Es gibt für Normale drei Wege", begann er leise. „Der erste ist, sich operieren zu lassen. Unsere Ärzte sind in der Lage, Gedanken zu entfernen. Aber oft geht es schief und die Patienten mutieren zu einer Art Zombie. Die zweite Möglichkeit ist, tatsächlich bei seinem Gefährten zu bleiben, bis man einen Eid ablegen darf. So lange braucht man jemanden, der aufpasst und sich verbürgt."

So hatte Chris sich das fast gedacht. „Weshalb hast du mir nichts von den Alternativen gesagt? Warum hast du mir verschwiegen, dass das alles nur auf die komplett Normalen zutrifft?“ Sie sah ihm fest in die Augen, erkannte, dass ihn eine enorme Angst, sie zu verlieren, antrieb. Wusste er nicht, wie sehr sie ihn liebte?

„Ich fürchtete mich. Zuerst warst du so verängstigt, dass du jeden Ausweg genommen hättest. Danach wollte ich dir mehr Zeit geben, dich an mich zu gewöhnen, bis es für die Wahrheit zu spät war.“ Er strich sich verzweifelt durch die Haare. „Mir war bewusst, dass ich dich verletze, sobald es herauskommt, was es für mich noch schwerer gemacht hat.“

Chris trat einen Schritt näher, legte eine Hand auf seine Brust, woraufhin er sie ansah. In seinen Augen schimmerten Tränen. „Denkst du wirklich, dass ich dich anlüge, wenn ich sage, dass ich dich liebe? Glaubst du, dass ich dich ohne Weiteres verlassen kann?“ Sie schüttelte leicht den Kopf. „Auf gar keinen Fall! Ich lasse dich doch nicht davonkommen.“ Mit einem Lächeln stellte sie sich auf die Zehenspitzen, schlang ihre Arme um seinen Hals, ehe sie ihn zärtlich küsste.

Blake liefen die Tränen über die Wangen, als er sie fest an sich zog. „Ich dachte, ich hätte dich verloren“, murmelte er, als sie den Kuss beendete.

„Niemals, du Idiot! Ich bin deine Gefährtin, egal, was kommt.“ Sie lehnte sich an ihn. „Aber du schwörst mir, dass du mir nie wieder etwas verschweigst.“

„Bei meinem Leben. Es sei denn, ich möchte dich überraschen, auf die positive Weise.“ Mit einem verrutschten Lächeln strich er sich über das Gesicht, küsste sie erneut, anschließend gingen sie zu den anderen zurück.

~~°~~

„Sollen wir uns nicht lieber an einen gemütlicheren Ort zurückziehen?“ Blake sah auf die kleine Gruppe. „Ich schlage vor, wir gehen zu mir, da ist genug Platz. Es gibt bestimmt viele Dinge, die erzählt werden wollen.“

Njörd schmunzelte. „Sicher, dass du einen Fischschwanz in deiner Wohnung haben willst?“

Blake stutzte kurz, bis er das vergnügte Blitzen in den Augen des Selkies erkannte. „Es ist ganz einfach, solltet ihr gegen meine Gefährtin gehen, fresse ich euch.“ Er zuckte gespielt gleichgültig mit den Schultern, anschließend zog er Chrissi dicht an sich. „Im Ernst, ihr seid die Familie, die Chris so lange entbehren musste, allein deshalb heiße ich euch herzlich bei mir willkommen.“

Gemeinsam machten sie sich auf den Weg nach Kinlochleven, wobei die Selkies ihre eigenen Fortbewegungsmittel nutzten.

Als Christine ausstieg, bemerkte sie, dass sie bereits erwartet wurden. „Wow, ihr seid schnell.“ Fragend sah sie ihren Großvater an, der lediglich Liara an seiner Seite hatte.

„Solange ein Fluss in der Nähe ist, können wir die Wasserwege nutzen. Solltest du also Hilfe brauchen, ruf an. Wir holen dich sofort ab.“ Ihre Mutter warf dem Wolf einen warnenden Blick zu. „Unsere Fähigkeiten erlauben uns, bis zu zwei weitere Wesen mit uns unter Wasser zu transportieren.“

Blake lächelte, schloss auf und öffnete die Tür. „Ceud mìle fàilte.“ Er verbeugte sich leicht, wobei er seinen Gästen den Vortritt ließ.

„Mòran taing.“ Liara nickte ihm zu, anschließend ging sie an ihm vorbei, gleichzeitig sah sie sich neugierig um. „Schön habt ihr es.“

Chris hakte sich bei ihr ein, um ihr das Haus zu zeigen, dabei unterhielten sie sich leise.

„Es ist gut, dass sie dir verziehen hat, Wolf. Die Zeiten sind unruhig, keiner weiß, was geschieht", bemerkte Jagira, während sie sich auf die Couch setzten.

„Waren sie das nicht immer? Ich erinnere mich kaum an ein Jahrhundert, in dem es ruhig zuging." Blake lachte. „Das hält uns jung."

Njörd räusperte sich. „Es steht mir zwar nicht zu, aber darf ich fragen, wie du mit der Sterblichkeit meiner Enkelin umgehen wirst?" In seinem Blick lag Sorge.

„Unsere Ärzte verfügen über das Wissen, sie zu einer von uns zu machen." Er setzte sich ebenfalls. „Doch das ist ihre Entscheidung."

Chris kam mit ihrer Mutter zurück. „Was ist meine Entscheidung?" Neugierig musterte sie ihren Gefährten.

„Ob du eine Gestaltwandlerin werden willst." Offen erwiderte er ihren Blick. „Die Mediziner in Ballygannon haben einen Weg gefunden, dich ohne große Schwierigkeiten zu wandeln, aber das weißt du ja."

„Gilt das auch für eine halbe Selkie? Bisher dachte ich, dass es nur Normale durchstehen." Liara setzte sich neben ihren Vater, wobei sie seine Besorgnis teilte.

„Bis vor ein paar Jahren hätte ich zugestimmt, doch wir entwickeln uns weiter." Cameron kam mit den Getränken, dabei zwinkerte er Chrissi zu. „Natürlich müsste man sie zuerst untersuchen. Habt ihr einen besseren Vorschlag?"

Njörd atmete langsam aus. „Auch bei uns gibt es Möglichkeiten, nur wird sie etwas Wertvolles opfern müssen." Er schluckte. „Um eine vollständige Selkie zu werden, verlangt der Zauber, dass sie auf ihre Lunge verzichtet. Sie wird nie wieder an Land gehen können."

Sofort knurrten die Gestaltwandler, Jagira schüttelte entsetzt den Kopf, nur Chrissi blieb ruhig.

„Hört auf mit dem Lärm.“ Sie schrie fast, um sich Gehör zu verschaffen, woraufhin sie alle ansahen. In Blakes Blick erkannte sie das Erstaunen, in der Tat hatte sie sich weiterentwickelt und traute sich jetzt, sich durchzusetzen. „Es geht um meine Sterblichkeit, richtig?“ Zustimmendes Gemurmel erklang, gleichzeitig bemerkte sie, dass ihre Vertrauten peinlich berührt waren. „Es rührt mich, dass ihr euch Gedanken macht, aber noch bin ich nicht alt. Zuerst würde ich gerne mein Leben genießen. Die Entscheidung treffe ich später, wobei ich froh bin, dass es verschiedene Möglichkeiten gibt.“ Sie lächelte in die Runde. „Niemand weiß, was die Zukunft bringt, nur eins ist sicher: Ich werde von den besten Wesen dieser Welt beschützt und geliebt.“

Glücklich setzte sie sich auf den Schoß ihres Gefährten, während sie mit Tränen in den Augen bemerkte, dass ihre Mutter die Hand ihres Großvaters nahm. Im Kreise ihrer Liebsten war sie endlich angekommen.

Epilog

Nervös lief Chrissi in dem Zelt auf und ab, es war jetzt ein gutes Jahr her, seit sie in das Gathering der Werwölfe geplatzt war. Heute wollte sie dem Rudel ihre Familie vorstellen. Selbstverständlich kannten ihre engsten Freunde Bea, Alan, Cameron, James, Murtaugh sowie Keith ihren Großvater und ihre Mutter, trotzdem fühlte sie sich unruhig. Natürlich lag es auch an ihrem Auftritt, denn zusammen mit den Highland Werewolfs würde sie das Treffen eröffnen.

„Bist du bereit?“ Blake erschien im Eingang, kam zu ihr, um sie fest in seine Arme zu ziehen. „Du machst dir viel zu viele Sorgen.“

Seufzend kuschelte sie sich an ihn. „Meinst du, sie kommen?“

Der Wolf lachte auf. „Sie sind doch schon da. Alle warten auf dich, Piseag.“ Er küsste sie sanft. „Du bist die Hauptperson heute Abend.“

Sie hatten die jungen Werwölfe in der Nacht davor in das Rudel aufgenommen, sodass jetzt die große Feier anstand.

„Gut, dann packen wir den Stier bei den Hörnern.“ Sie straffte die Schultern, strich sich den Rock glatt, der im Tartan der MacDonalds von Glencoe gearbeitet war, anschließend nickte sie ihrem Gefährten zu.

Gemeinsam gingen sie hinter das Haus, wo ein Lagerfeuer flackerte und die Band auf sie wartete.

Die Wölfe winkten ihr zu, lächelten ihr entgegen, doch sie hatte nur ihre Familie im Blick. Ihre Mutter und ihr Großvater saßen bei Alan, der sich rührend um sie kümmerte.

Bea erzählte Liara gerade eine lustige Geschichte, woraufhin sie herzhaft lachte.

Blake drückte ihre Hand. „Ihnen geht es gut."

„Ja, daran hatte ich keinen Zweifel." Sie ging zu ihnen, umarmte beide, anschließend setzte sie sich zu ihnen, damit der offizielle Teil beginnen konnte. Genau wie beim letzten Mal wurde sie aufgefordert, die Hymne des Clans für sie zu singen, was sie mit Freuden tat. Allein den Stolz in den Augen ihrer Familie zu sehen, bedeutete ihr die Welt.

Endlich war das Signalfeuer entzündet, aber auch die Reden gehalten, doch jetzt fing für sie die Arbeit erst an. Sie entschuldigte sich erneut bei Liara und Njörd, um zur Band zu gehen, nur hielt Blake sie zurück.

„Ich habe die Jungs gebeten, mit einem Lied anzufangen, bei dem sie dich nicht brauchen." Er lächelte ihr zu. „Du hast ein wenig Zeit mit deinen Leuten verdient."

„Danke, du bist ein Schatz." Sie schlang die Arme um seinen Hals, küsste ihn leidenschaftlich, anschließend erzählte sie ihrer Familie, wie sie beim ersten Treffen überrumpelt wurde. „Wo ist Blake?" Sie sah sich suchend um, nachdem sie ihren Bericht beendet hatte. Es war ungewöhnlich, dass er sie ausgerechnet jetzt alleine ließ.

„Wir bitten um Aufmerksamkeit, denn unser geschätzter Schatzmeister hat da mal was vorbereitet."

Camerons Ansage sorgte dafür, dass sie ihren Blick auf die Band richtete. Erstaunt sah sie, dass ihr Gefährte neben seinem Bruder stand. Plötzlich wurde ihr klar, dass er keine Überstunden gemacht hatte, wie er immer behauptete, sondern heimlich etwas einstudierte. Nur weshalb? Instinktiv hielt sie den Atem an.

„Wir präsentieren There is love oder besser bekannt als Wedding Song. Das Lied ist nur für dich, Piseag." Blake lachte ihr zu, bevor er loslegte.

Es schnürte Chris die Kehle zu, weil ihr Liebster tatsächlich sehr gut sang, sie aber auch die ganze Zeit nervös beobachtete. Der Text tat sein Übriges, sodass sie Bea erst bemerkte, als diese sie von ihrem Platz zog.

„Los, geh zu ihm." Sie flüsterte ihr die Aufforderung zu.

Unsicher lief sie die paar Meter, dabei erkannte sie, dass die Performance fast zu Ende war. Tränen der Freude brannten in ihren Augen, noch nie hatte jemand für sie gesungen, schon gar nicht ein so wunderschönes Liebeslied.

Die letzten Takte erklangen, als sie vor ihm stand, doch ehe sie etwas sagen konnte, ging er vor ihr auf ein Knie.

Blake schluckte, zog einen Ring aus der Hosentasche, den er ihr hinhielt. „Du bist die Liebe meines Lebens, der Grund, warum mein Herz schlägt und der Sinn meines Daseins. Ich bitte dich, werde meine Frau." Offen sah er sie an, dabei erkannte sie die Unsicherheit, die ihn jetzt erfasste.

Die erste Träne lief über ihre Wange, während sie verzweifelt nach den passenden Worten suchte. „Ich habe keine Ahnung, was ich sagen soll", brachte sie hervor.

„Wie wäre es mit Ja?" Keith zwinkerte ihr zu.

„Ja! Ja! Natürlich heirate ich dich." Sie ließ zu, dass er ihr den Ring überstreifte und sie anschließend filmreif küsste.

Die jubelnden Werwölfe hörte sie nur am Rande, zu sehr wurde sie von ihrem Wolf in seinen Bann gezogen.

Cameron stieß seinen Bruder unsanft zur Seite, umarmte Chris, gleichzeitig lachte er. „Herzlichen Glückwunsch, Schwägerin."

Aus den Augenwinkeln sah sie auch ihre Mutter und ihren Großvater auf sich zukommen. Beide freuten sich offensichtlich für sie, was ihr Glück vollkommen machte.

„Natürlich habe ich vorher um deine Hand angehalten, wie es sich geziemt", erklärte Blake, als die zwei bei ihnen ankamen, um zu gratulieren.

„Ihr wusstet, was er vorhat?" Erstaunt blickte Chris zu ihnen.

„Sicher, es gehört sich doch so, oder irre ich mich?" Ihre Mutter schmunzelte, während Njörd verschmitzt lachte. „Die Überraschung ist ihm gelungen. Wir sind davon überzeugt, dass er tatsächlich der Beste für dich ist."

Sie drehte sich zu ihrem Verlobten. „Ist das so?" Verliebt lehnte sie sich gegen ihn, bis er sie erneut küsste. Ihre Seelen verschmolzen, ihre Herzen schlugen im gleichen Takt und jetzt wussten sie, egal was auf sie zukam, sie würden jeden Sturm überstehen, solange sie zusammen waren.

Ende

Leseprobe „Vom Werwolf entführt“

Prolog

500 nach Christus

„Werwölfe! Schützt die Hüterinnen“, schrie Aodhagán, gleichzeitig deutete er auf die großen Steine, an denen siebzehn Kriegerinnen standen, die einen Zauberspruch murmelten. Sofort rannten die Wölfe auf den Steinkreis zu, formierten sich, sodass die Frauen geschützt werden konnten.

Aodhagán fasste seinen Speer fester, er hatte geschworen, dass er diese Amazonen mit seinem Leben beschützen würde, zumal sie gerade alles taten, um das gesamte Volk mit ihrer Magie zu retten.

Aus den Augenwinkeln bemerkte er ein Blitzen auf der rechten Seite des magischen Kreises und kurz darauf erschienen Elbenkrieger, in deren Mitte sich Saoirse, die Elbenkönigin, befand. Auf den Augenblick hatte er irgendwie gewartet, dabei befürchtete er ihr Erscheinen.

„Aileen, nicht.“ Die Anführerin der Hüterinnen versuchte eine der Frauen zurückzuhalten, die auf die Elben zulief.

„Ich bin ihre Beschützerin, ihr habe ich die Treue geschworen“, schrie die Kriegerin zurück, schüttelte die andere ab, ehe sie sich vor die Königin kniete.

„So? Ist das wirklich die Wahrheit? Oder ist es nicht vielmehr so, dass sie dich erpresst hat?“ Eine männliche dunkle Stimme ließ Aodhagán herumfahren.

Ein großer, muskulöser Mann trat auf die Elben zu, die jetzt nur wenige Meter vor dem Steinkreis Aufstellung bezogen.

„Bitte, Dragomir, du kennst die Prophezeiung. Lass nicht zu, dass wegen unserer Liebe ein ganzes Volk vernichtet wird." Aileen blickte bittend von ihm zur Königin, doch diese verzog nur geringschätzig das Gesicht.

„Was scheren mich die Menschen?" Sie sah auf die Frau, die vor ihr im Staub kniete herunter. „Du solltest dich langsam entscheiden, Aileen. Deine Schonfrist ist vorbei. Wirst du dem Drachen entsagen? Gibst du dich mir völlig hin?"

Entsetzt rang die Kriegerin die Hände, kam geschmeidig auf die Füße, bevor sie ernst den Kopf schüttelte. „Ich bin Euch treu ergeben, Saoirse, das wisst Ihr, dennoch gehört mein Herz nur mir alleine und ich schenke es dem, den ich liebe." Sie sah der Elbenkönigin fest in die Augen. „Dragomir ist mein Seelenverwandter."

In Saoirses Gesicht blitzte es zornig auf. „Dann hast du dich für den Krieg zwischen uns entschieden."

„Bitte, so seid Ihr nicht. Ich habe Euch als weise und freundlich kennengelernt. Ihr wart immer auf unserer Seite, auf der Seite der Hüterinnen, nur deshalb bin ich zu Eurer Beschützerin ernannt worden." Aileen senkte die Stimme, sodass nur noch die Elbe in der Lage war, sie zu hören. „Wir wissen beide, dass du mich nur besitzen willst, aber von wahren Gefühlen ist keine Rede." Flehend sah sie die andere Frau an.

„Das ist, was du denkst, weil dein dummes Herz sich vor Liebe nach dem Drachenwandler verzehrt." Höhnisch lachte die Elbenkönigin auf. „Du kennst meine Antwort." Sie schubste die Kriegerin zur Seite, gleichzeitig zeigte sie auf die

Hüterinnen, die wie erstarrt im Steinkreis standen. „Vernichtet sie! Sie haben uns verraten."

Noch ehe Aodhagán reagieren konnte, kam Bewegung in die Elbenkrieger, während die Amazonen sich neu formierten.

Auf Dragomir achtete in dem Augenblick niemand, bis ein blaues Flackern anzeigte, dass er sich in einen Drachen verwandelte. Jetzt würde das Schicksal seinen Lauf nehmen und die Prophezeiung sich erfüllen.

Aileen schrie warnend auf, doch die Krieger befanden sich bereits zwischen den Steinen, sodass Saoirse ungeschützt dem Drachenwandler preisgegeben war.

Die Elbe blickte ihn herausfordernd an. „Denkst du wirklich, dass du in der Lage bist, die Vorhersage zu umgehen? Glaubst du, dass du dem Leiden entgehen kannst?" Sie lachte höhnisch auf, dabei klang Wahnsinn in ihrer Stimme mit.

Der riesige schwarze Drache stieß ein Knurren aus, gleichzeitig senkte er den Kopf.

Die Werwölfe drängten sich an die Hüterinnen, um sie vor den Kriegern aus der Elbenwelt zu schützen, aber niemand hatte mit dem gerechnet, was jetzt folgte.

Ein Grollen ertönte und im gleichen Moment sprang Aileen zu Saoirse, gab ihr einen kräftigen Stoß, sodass sie ein ganzes Stück zur Seite geworfen wurde. Das Drachenfeuer, das in dem Augenblick aus Dragomirs Nüstern schoss, erreichte die Elbenkönigin nicht, doch für die junge Kriegerin kam jede Hilfe zu spät.

Der gewaltige Drache spuckte Feuer, beendete es jedoch sofort, als er bemerkte, dass seine Seelengefährtin sich für ihre Königin geopfert hatte. Unbeholfen stampfte er auf die Frau zu, die sich vor Schmerz auf dem Boden wand. Er senkte den Kopf, Trauer im Blick. Eine Träne tropfte auf sie, was sie erneut aufschreien ließ.

„Ich liebe dich“, stieß sie unter schweren Atemzügen hervor.

„Du darfst nicht sterben!“ Dragomir brüllte seinen Befehl, während das Leid seine Seele zerriss.

„Leb wohl.“ Sie holte zittrig Luft. „Wir sehen uns ... in einem ... anderen Zeitalter.“ Aileen schloss die Augen, gleichzeitig ging ein Beben durch ihren Körper.

Schuld, Wut, Trauer vermischten sich in Dragomir zu einem zerstörerischen Wahnsinn, als seine Gefährtin ihren letzten Atemzug tat. Wie von Sinnen drehte er sich zu den Elben herum, suchte einen Moment nach der Königin, die mitten im Steinkreis die Hüterinnen niedermetzelte, anschließend jagte er sein Feuer in ihre Richtung. Ihm war es egal, dass er jedes Lebewesen in ihrer Nähe vernichtete. Er verzehrte sich nach Rache!

Schreiend flohen die Frauen zusammen mit den verbliebenen Werwölfen, während die meisten Elbenkrieger dem Drachenfeuer nicht entkommen konnten.

Kapitel 1 - Ein gefährlicher Plan

Heute

Nass geschwitzt wachte Rowan auf, dabei erinnerte er sich deutlich an den Traum. Wieder hatte er vom Elbenkrieg geträumt. Selbstverständlich wusste er, woher diese Episode stammte, sie gehörte zur Geschichte seines Clans. So oder so ähnlich mussten seine Vorfahren den Kampf am Drombeg Stone Circle erlebt haben. Er selbst war mit seinen knapp vierhundert Jahren zu jung, um dort gewesen zu sein. Darüber hinaus wurde die Begebenheit mittlerweile völlig verdreht erzählt. Bei dem Gedanken knurrte er leise. Seit den dunklen Tagen nannte man sie nur noch die ausgestoßenen Werwölfe von Skibbereen.

Fahrig strich er sich die feuchten Strähnen aus der Stirn. Ihm war klar, dass es seine Aufgabe war, die Geschehnisse von damals richtigzustellen. Sein Clan war im Laufe der Jahrhunderte auf weniger als zwanzig Wölfe geschrumpft, vor allem, weil sie sich ständig der Bedrohung durch andere magische Wesen ausgesetzt sahen.

Erst als die Paranormalen eine eigene Regierung gründeten, bekamen sie den Schutz, der ihnen ein einigermaßen sicheres Leben ermöglichte. Selbstverständlich hatte jeder Clanchief versucht, ihre Unschuld zu beweisen, aber alle scheiterten. Immerhin hatte sein Großvater herausgefunden, dass es Aufzeichnungen über die wahren Begebenheiten gab.

Doch jetzt war es an Rowan, diese Aufgabe zu übernehmen und wenn möglich abzuschließen.

Seufzend setzte er sich auf, gleichzeitig erinnerte er sich daran, dass er sich auf einen Kaffee mit seinem Spion Sean treffen wollte. Vielleicht hatte er endlich gute Neuigkeiten, die sie weiterbrachten.

Eilig ging er ins Bad, um sich für den Tag herzurichten. Seine Motorradwerkstatt musste für ein paar Stunden ohne ihn auskommen. Kurz darauf war er auf dem Weg nach Skibbereen zu Applebettys Café.

Die Strecke brachte er innerhalb weniger Minuten hinter sich, dabei hatte er keinen Sinn für die grünen Wiesen oder den Sonnenschein. Er verlangte seinem Motorrad einiges ab, weil er von der Hoffnung getrieben wurde, seinem Ziel endlich näher zu kommen.

Langsam zog er sich den Helm vom Kopf, nachdem er die Maschine in der Nähe des Cafés aufgebockt hatte. Rowan atmete tief durch, schloss sogar kurz die Augen, bevor er das Lokal betrat.

Sean erwartete ihn bereits, was ihn erleichterte. Der Chef der Skibbereen-Werwölfe hasste nichts mehr, als seine Zeit mit Warterei zu verschwenden.

„Hey, schön, dich zu sehen." Sean nickte ihm erfreut zu.

„Das gebe ich gerne zurück." Rowan setzte sich, legte den Helm neben sich auf einen freien Stuhl, anschließend bestellte er einen Kaffee.

Die Männer warteten, bis die Bedienung außer Hörweite war, erst dann begann der Verbündete mit seinem Bericht.

„Endlich habe ich etwas Nützliches herausgefunden." Er seufzte leise. „Zuerst dachte ich, dass meine gesamte Arbeit nutzlos gewesen ist. Diese Schweinehunde wollten mir einfach nicht trauen. Uns haftet immer noch der Makel von damals an." Sean hatte sich bei Malcom beworben, dabei gab er vor, dass er dringend einen Job benötigte. Sie alle wussten, wie überheblich ihre Feinde waren, daher wunderte es ihn nicht, dass er tatsächlich eingestellt wurde. Die Bezahlung war zwar ein Witz, außerdem ließen sich die Lanesborough-Werwölfe keine Möglichkeit entgehen, ihn darauf hinzuweisen, dass sie ihm aus der Patsche geholfen hatten, trotzdem ergab sich so eine Chance, Informationen zu bekommen.

Traurig stimmte Rowan ihm zu. Nach so langer Zeit sollten die alten Geschichten langsam verblassen, aber seine Leute waren weiterhin die verstoßenen Wölfe von Skibbereen, denen man besser nicht traute.

„Vorgestern hat mich Magnus, Malcoms Sohn, gefragt, ob ich mit in den Pub gehe. Selbstverständlich habe ich die Gelegenheit ergriffen und hatte Glück. Der Kleine wird in Gesellschaft sehr redselig. Ich nehme an, dass der Alkohol ihm zwar nichts anhaben kann, er aber in einer solchen Situation, mehr erzählt, als er ursprünglich wollte." Sean rieb sich nachdenklich über das Kinn. „Es hat ihm Spaß gemacht, mir unter die Nase zu reiben, dass wir damals übel reingelegt wurden. Lachend hat er mir bestätigt, dass es eine Schriftrolle gibt, die Aufzeichnungen über die wahren Begebenheiten enthält."

Jetzt runzelte Rowan die Stirn. „Überheblichkeit und Selbstüberschätzung waren schon immer ihre Schwächen, sonst hätten sie dich niemals eingestellt. Allerdings macht es gar keinen Sinn, dass sie jemanden beauftragt haben, die Wahrheit über die dunkle Zeit aufzuschreiben. Weshalb sollten ausgerechnet sie das Risiko eingehen, dass ein Fremder erfährt, was wirklich geschehen ist?"

Die Antwort musste sein Vater ihm schuldig bleiben. Er wusste nur, dass diese Schriftrolle existierte.

„Das hab ich den kleinen Angeber auch gefragt. Er meinte, sie würden sich immer daran erinnern wollen, wie einfach man uns aufs Kreuz legen könnte." Sean knurrte leise. „Als ich ihn ein wenig schüttelte, gab er zu, dass sie das Schriftstück selbst gestohlen haben. Es ist mit Magie geschützt und kann nicht vernichtet werden."

Das ergab viel mehr Sinn, sodass Rowan leicht nickte. „Du bist dir wirklich sicher, dass die Aufzeichnungen, die unseren Clan entlasten, im Tresor von Malcom O'Rourke liegen?" Er ballte vor Anspannung die Hände zu Fäusten.

„Natürlich, endlich hat es gefruchtet, dass ich mich in seinem Betrieb abgerackert hab. Magnus hat es mir bestätigt." Sean betrachtete sein Gegenüber. „Du hast mich gebeten, den Werwolfclan von Lanesborough auszuspionieren. Es hat lange gedauert, bis ich Ergebnisse vorweisen konnte. Verzeih mir, ceannard."

Der Anführer der Skibbereen-Werwölfe schüttelte leicht den Kopf. „Es gibt nichts, was ich entschuldigen müsste. Du hast gute Arbeit geleistet." Er legte seine Handfläche auf den Arm des Verbündeten. „Den Rest werde ich erledigen. Mit ein wenig Glück können wir unseren Namen reinwaschen und der magischen Welt beweisen, dass die Verleumdungen von damals eine Intrige der Lanesborough-Wölfe war."

„Wieso hältst du an der alten Geschichte fest? Heute spielt es doch keine Rolle mehr." Sean trank von seinem Kaffee, während er den Chief neugierig musterte.

„Ich habe es meinem Vater auf dem Sterbebett geschworen." Rowan holte tief Luft. „Du hast selbst gesagt, dass uns immer noch ein Makel anhaftet. Die magische Welt vergisst nicht."

Beide Männer wussten genau, dass ihr Clan eine verdammt harte Zeit durchgemacht hatte. Sie wurden überall auf der Insel geächtet, als Verräter gebrandmarkt, nur weil die Werwölfe von Lanesborough eifersüchtig auf ihre Stellung gewesen waren. Durch die Intrige stiegen sie auf, bekamen den Platz der Anführer. Niemand legte sich mit ihnen an oder stellte gar ihr Wort infrage, während Rowans Leute um ihr Leben bangen mussten, sobald bekannt wurde, dass sie zum ausgestoßenen Kreis gehörten.

Als die magische Regierung gegründet wurde und die Wächter ins Spiel kamen, hatte Rowans Familie um Gerechtigkeit gebeten, doch es gab einfach keine Beweise. Die Skibbereen-Wölfe unterlagen den gleichen Gesetzen wie jedes andere paranormale Wesen, damit war auch die Verfolgung vorbei, nur die üblen Gerüchte blieben.

„Träumst du?“ Sean schlug seinem Anführer leicht auf die Schulter.

„Nein, ich habe nur an die Ungerechtigkeit gedacht. Niemand ist daran interessiert, unsere Unschuld zu beweisen.“ Er seufzte leise.

„Ich weiß, dass deine Familie alles getan hat, um die schmutzigen Intrigen dieser Mistkerle aufzudecken. Nur manchmal sind Gerechtigkeit und Recht zweierlei Dinge.“ Sean blickte Rowan eindringlich an. „Was hast du denn jetzt vor?“

Sofort schüttelte der andere Werwolf den Kopf. „Das werde ich keinem sagen. Ich alleine trage die Verantwortung und je weniger du weißt, desto sicherer bist du. Wirst du in Lanesborough bleiben?“

Verächtlich stieß der Verbündete die Luft aus. „Auf gar keinen Fall. Ich kündige noch heute. Egal, wie gut ich war oder wie hart ich gearbeitet habe, für sie war ich immer jemand, dem man besser nicht traut. Außerdem gibt es genug vernünftig bezahlte Jobs."

Davon hatte Rowan bereits gehört. Malcom zahlte nur das, was er unbedingt musste. „Ich danke dir, dearthäir."

Sie tranken ihren Kaffee aus, verabschiedeten sich und verließen nacheinander das Lokal.

Auf dem Heimweg trommelte Rowan nervös auf dem Lenkrad herum. Seitdem er wieder regelmäßig vom dunklen Krieg träumte, wurde er von Tag zu Tag rastloser. Kurz dachte er an das Gerücht, dass diese Unruhe die Seelengefährtin ankündigte. Das hatte ihm gerade noch gefehlt! Für eine Partnerin fehlte ihm schlichtweg die Zeit, deshalb schob er die Vorstellung unwillig von sich.

Er musste sich auf die nächsten Schritte konzentrieren, immerhin hatte sein Vater sein Leben gelassen, als er versuchte an die Schriftrolle heranzukommen.

Erneut schweiften seine Gedanken in die Vergangenheit. Zuerst war sein Clan gezwungen, sich regelrecht zu verkriechen, um nicht völlig ausgerottet zu werden. Erst nach und nach trauten sie sich zurück, mischten sich unter die Menschen, dabei verheimlichten sie, woher sie kamen. Von dem einst mächtigen Stamm blieb nur noch eine Handvoll übrig.

Immer wieder versuchten seine Vorfahren, die Geschichte richtigzustellen, doch niemand hörte ihnen zu, im Gegenteil, viele sahen ihnen mit Misstrauen entgegen. Sein Großvater erfuhr durch Zufall von der Schriftrolle, weil einer der

Lanesborough-Wölfe in einem unachtsamen Moment ein paar interessante Details ausplauderte.

Rowan lachte spöttisch auf, offensichtlich war das eine der Schwachstellen in dieser Familie.

Im Laufe der Zeit brachten sie immer mehr über das Schriftstück, das ihre Unschuld beweisen konnte, in Erfahrung. Allerdings wurde sie ständig an anderen Orten aufbewahrt, sodass es unmöglich war, an die Rolle heranzukommen. Zumal der verfeindete Clan sich mittlerweile in ganz Europa ausgebreitet hatte.

Sein Vater war sogar nach Rumänien geflogen, weil dort in einer Höhle das Versteck sein sollte.

Traurig rieb Rowan sich über die Augen. Adair war so kurz davor gewesen, diese unselige Sache aus der Welt zu schaffen. Offiziell war er bei einer Höhlenbesichtigung verunglückt, allerdings wies die Leiche einige Spuren auf, die zeigten, dass ihre Feinde ihn umgebracht hatten.

Jetzt stand er an der Stelle, an der auch sein Dad gestanden hatte. Ihm war klar, dass er extrem vorsichtig vorgehen musste oder ein sehr gutes Druckmittel brauchte.

~~°~~

„Bist du wirklich zu dämlich, die verdammte Uhr zu lesen?" Malcom O'Rourke stand wutbebend vor seiner Nichte. „Die Einführung muss innerhalb einer Stunde abgewickelt sein. Sollten die Kunden weiteren Erklärungsbedarf haben, können sie eine Trainingsstunde buchen. Du hast wieder zehn Minuten länger gebraucht."

Fast hätte Pearl aufgestöhnt, doch das verkniff sie sich erfahrungsgemäß besser. „Die Leute mieten ein Hausboot, keinen Kühlschrank. Sie haben das Recht, dass ich ihnen den Umgang mit dem Boot genau erkläre, damit sie unterwegs keine Probleme bekommen. Oder willst du vielleicht, dass sie den Motorcheck vernachlässigen?" Sie stemmte die Arme in die Seiten, um zu demonstrieren, dass sie keinen Schritt zurückweichen würde.

„Du wagst es, mir zu widersprechen?" Seine Augen zogen sich zu Schlitzen zusammen.

Pearl fühlte sich mulmig, vor allem da sie ihren Onkel sehr gut kannte, trotzdem wollte sie auf gar keinen Fall nachgeben. Sie hatte keinen Fehler gemacht und so einen Aufstand zu proben, weil die Einführung zehn Minuten länger gedauert hatte, war einfach nur lächerlich. „Ja, das wage ich. Ich bin erwachsen, Malcom, kein verängstigtes Kind mehr."

Jetzt lachte der massige Mann gehässig auf. „Deshalb hängst du ja auch an meinen Rockzipfeln."

Getroffen zuckte sie zusammen. Es war ja nicht so, dass sie freiwillig hier auf der Marina lebte, im Windschatten ihres Onkels. „Du hast mir deutlich gesagt, dass du mich sofort an die Wächter verraten wirst, falls ich gehe. Ist es etwa meine Schuld, dass meine Mutter eine Werwölfin war?" Pearl hielt seinem Blick stand, obwohl sie wusste, dass sie ihn damit zur Weißglut trieb, aber sie hatte noch nie vor ihm gekuscht.

„Deshalb solltest du sehr vorsichtig sein, du unnützes Halbblut." Malcom knurrte die Antwort nur. Für ihn war seine Nichte ein Makel, ein Beweis dafür, dass seine Schwester keine Ehre besessen hatte.

„Unnütz? Du sparst eine Menge Geld, da du mir ja nur ein Taschengeld zahlst. So billig wirst du mich nie ersetzen können." Sie schnappte empört nach Luft, gleichzeitig ging sie so weit zurück, dass er sie nicht mehr erreichen konnte. Es wäre keineswegs das erste Mal, dass er ihr eine schallende Ohrfeige verpasste.

„Sei froh, dass ich dir erlaube, hierzubleiben. Sieh zu, dass du an die Arbeit kommst." Malcom drehte sich um und stapfte zu seinem Büro, während Pearl heimlich aufatmete.

Sie hatte erneut den Mut bewiesen, sich gegen ihren Onkel zu stellen, was sie stolz machte. Natürlich änderte sich dadurch kaum etwas an ihrer Lage, sie war auf der Marina gefangen, trotzdem würde sie niemals kriechen.

„Na, hat er dich mal wieder zusammengefaltet?" Naomi, ihre Cousine, kam zu ihr, um ihr tröstend über den Arm zu streichen. „Nimm es nicht so schwer. Papa kann es nur schlecht verzeihen, dass seine Schwester einen Menschen geheiratet hat."

Pearl blickte sie dankbar an. „Ich weiß, nur bin ich wohl ziemlich unschuldig daran, oder? Außerdem sind meine Eltern beide tot. Er könnte mich doch einfach in Ruhe lassen." Sie drängte die Tränen zurück. „Es reicht mir, dass ich diese Marina nur unter Aufsicht verlassen darf."

Naomi drückte sie an sich. „Du weißt, dass ich jederzeit mit dir gehe, wenn du eine Auszeit brauchst. Sollen wir vielleicht heute Abend im Kino einen Film ansehen?"

Sofort schüttelte Pearl den Kopf. „Das ist lieb von dir, aber ich bin schon wieder pleite. Die Miete, die Malcom mir für die kleine Hütte abnimmt, zusammen mit dem Essensgeld lassen mir von dem Hungerlohn kaum was übrig."

Entschuldigend sah sie ihre Cousine an. „Tut mir leid, ich sollte vor dir nicht jammern.“

Mit einer wegwerfenden Handbewegung zeigte Naomi, dass ihr das nichts ausmachte. „Du hast ja recht. Daddy bezahlt dir tatsächlich viel zu wenig. Dummerweise kann keiner etwas daran ändern. Mama hat auch schon mit ihm geredet. Er ist unversöhnlich.“ Sie seufzte leise, zumal sie ihren Vater nicht verstand. Pearl tat niemandem weh, arbeitete mehr als alle anderen und fügte sich in den Clan besser ein, als die Stammmitglieder, jedenfalls mittlerweile. Nachdenklich betrachtete sie die Cousine, dabei überlegte sie, weshalb Malcom sie so sehr hasste. Sicher, sie war die Tochter eines Menschen, doch das konnte unmöglich der ganze Grund sein. Vielleicht, weil sie Deutsche war?

„Ich muss los, die nächsten Gäste sind gerade angekommen.“ Pearl lächelte ihr zu, anschließend machte sie sich auf den Weg zu der Familie, die vor der Anmeldung stand und sich suchend umsah.

Schnell eilte sie auf die Leute zu, begrüßte sie, dabei stellte sie erfreut fest, dass sie aus Deutschland kamen. „Es freut mich, Sie hier begrüßen zu dürfen. Bitte, folgen Sie mir.“ Sie sprach jetzt in ihrer Muttersprache, was mit einem erleichterten Seufzer belohnt wurde.

„Wir haben schon befürchtet, dass wir uns auf Englisch durch den Papierkram wühlen müssen.“ Der Mann lachte verlegen. „So gut bin ich darin nicht mehr.“

Pearl lächelte ihm zu. „Keine Sorge, ich bin gerne für Sie da.“ Sie öffnete die Tür zur Rezeption, wo sie den Mietvertrag für das Hausboot holte.

Kurz darauf brachte sie die Familie in einen anderen Raum. Dort mussten sie einen Film über die Boote, die Sicherheitsvorkehrungen sowie den Umgang ansehen. Ohne diese Vorbereitung wurde kein Kunde auf ein Schiff gelassen.

Als sie zurückkam, warteten schon die nächsten Gäste auf sie, sodass sie den Streit mit ihrem Onkel fast vergaß.

Der Tag verflog und Pearl war froh, als sie sich am Abend in ihre kleine Hütte zurückziehen konnte. Es war ein verdammt hartes Stück Überzeugungsarbeit nötig gewesen, Malcom dazu zu bringen, dass sie einen Rückzugsort brauchte. Er hätte sie am liebsten im Haupthaus in einem winzigen Abstellraum eingesperrt.

Seufzend setzte sie sich auf die Couch, nahm sich ein Buch, doch ließ es sofort wieder sinken. Wieso ging ihr nächster Verwandter so herzlos mit ihr um? Sie schloss die Augen, versuchte, sich an ihre erste Begegnung zu erinnern. Damals war sie ungefähr zehn Jahre alt. Ihre Mum hatte sie mit nach Irland genommen, damit sie diesen Teil der Familie auch kennenlernen konnte.

Auf Pearls Lippen schlich sich ein Lächeln, als ihr einige Details ihres Urlaubs auf der Grünen Insel einfielen. Naomi war ihr nicht von der Seite gewichen. Sie bewunderte die große Cousine aus Deutschland, dabei war sie gerade mal zwei Jahre jünger.

Eirene war dagegen ziemlich zurückhaltend gewesen. Klar, sie war die Ältere, die direkt nach Magnus kam. Trotzdem hatten alle sie zuvorkommend behandelt, sie in der Familie willkommen geheißen, selbst Malcom.

Angestrengt überlegte sie weiter. Wann war es zum Bruch gekommen? Gab es irgendeinen Hinweis, der ihr weiterhalf?

Sie hatte gerade ihr Abitur in der Tasche, als ihr Vater von einer Geschäftsreise nicht zurückkehrte. Bis heute galt er als vermisst, doch ihre Mutter hatte ihr gesagt, dass sie seinen Tod fühlen könnte. Pearl glaubte ihr damals kein Wort, allerdings wusste sie noch nichts über die magische Welt. Erst als sie zwei Monate nach den schrecklichen Nachrichten zu ihrem Onkel nach Irland zogen, erzählte man ihr die komplette Wahrheit.

Seufzend rieb sie sich über die Augen. Sie erinnerte sich genau an den Schock, als ihre geliebte Mum sich in einen Wolf verwandelte, weil sie sich weigerte, an Magie zu glauben.

Wie gerne würde sie in die Zeit zurückkehren, als sie so unwissend war, wie ein normaler Mensch. Nicht, dass sie die Wolfsgene geerbt hätte, nein, im Gegenteil, sie war sogar unfähig, irgendeine besondere Fähigkeit in sich zu finden.

Ihre Mum starb kein halbes Jahr nach ihrem Dad. Die Ursache war bis heute ungeklärt. Eine seltsame Krankheit befiel sie. Sie bekam hohes Fieber, was die Ärzte ratlos zurückließ und viel zu früh versagte ihr Herz seinen Dienst.

Tränen stiegen Pearl in die Augen, als sie an den Tod ihrer Mutter dachte. Es war alles so rasend schnell gegangen. Ihr Onkel hatte die Beerdigung organisiert, allerdings blieb ihr kaum Zeit zum Trauern.

Ihr fiel ein, dass sich genau an dem Tag Malcoms Verhalten veränderte. Ob er sich vorher verstellt hatte, weil ihre Mum sie beschützte? Nur dann hätte er sie ja gar nicht in Irland empfangen, oder doch?

Nachdem sie völlig alleine in einem fremden Land gestrandet war, beschloss sie nach Deutschland zurückzukehren. Verdammt, sie vermisste ihre Freunde, ihre Verwandten väterlicherseits und ihr gewohntes Leben immer noch.

Wie naiv sie gewesen war, damals vor fast sechs Jahren! Als ob niemand sie aufhalten könnte, war sie zu ihrem Onkel gelaufen, um ihm von ihrem Entschluss in Kenntnis zu setzen, aber er hatte sie einfach ausgelacht.

Pearl klangen seine harten Worte trotz der langen Zeit in den Ohren.

„Du unnützes Ding, glaubst du wirklich, dass du mit deinem Wissen frei herumlaufen darfst? Die Wächter würden dich sofort töten.“ Er hatte sich vor Lachen den Bauch gehalten. „Natürlich wäre ich dich gerne los, allerdings habe ich es deiner Mutter versprochen, auf dich aufzupassen. Also füg dich besser.“ Mit der Warnung hatte er sie stehen gelassen.

Damals glaubte sie an einen dummen Scherz. Niemand durfte sie einsperren! Ohne weiter zu überlegen, hatte sie ihre Sachen gepackt, nur um schnell festzustellen, dass Malcom keine leeren Drohungen ausstieß. Meistens fingen seine Clansleute sie schon ein, ehe sie das Grundstück der Marina verlassen konnte.

Einmal schaffte sie es sogar, bis Athlone zu kommen, aber seine Leute waren überall, sodass sie sich innerhalb eines halben Tages zurück in seiner Obhut befand.

Im Laufe der Jahre versuchte sie zwar ständig, zu fliehen, allerdings wurde sie immer wieder eingefangen. Außerdem bestätigten ihre Cousinen ihr, dass niemand mit ihrem Wissen so einfach frei herumlaufen durfte. Die Wächter spürten früher oder später jeden auf.

Selbstverständlich tat sie alles, um mehr über diese seltsamen Soldaten herauszufinden, nur brachte sie die Informationen keinen Schritt weiter. Sie fand heraus, dass es sich im Prinzip um Leute handelte, die dafür sorgten, dass die Gesetze der magischen Welt eingehalten wurden und die oberste Regel war die Geheimhaltung.

Pearl stand auf, lief zum Fenster, um einen Moment auf den Lough Ree hinauszusehen. Ihre Familie behandelte sie weitestgehend freundlich, wenn man mal von Malcom und Magnus absah. Allerdings wusste sie genau, dass sie eine Gefangene war, nur bezweifelte sie, dass es wirklich ausschließlich um ihre Sicherheit ging.

Woher sollten die Wächter wissen, was sie von ihrem Onkel erfahren hatte? Sie würde wohl kaum herumrennen, um jedem von Werwölfen oder Gestaltwandlern zu erzählen. Das glaubte ihr sowieso niemand, da landete sie schneller in der Psychiatrie, als sie gucken konnte.

Die Sonne schien von einem wolkenlosen Himmel, sodass Pearl beschloss, ein wenig spazieren zu gehen. Solange sie sich nicht zu weit von ihrem Cottage entfernte, ließen ihre Aufpasser sie in Ruhe. Sie verließ die Hütte, hob ihr Gesicht einen Moment der Wärme entgegen, anschließend nickte sie einem bulligen Kerl zu, der auf einer Bank saß und sie beobachtete.

Sofort stand er auf, kam zu ihr, dabei sah er sie eindringlich an.

„Lass es gut sein, Raymond. Ich habe nur vor, etwas abzuschalten." Sie lächelte ihn an, obwohl sie ihm lieber in die Visage gespuckt hätte, nicht weil er seine Pflicht tat, sondern weil er ständig versuchte, ihr an die Wäsche zu gehen. „Ich möchte eine Runde um den See laufen, willst du mitkommen?"

Abfällig verzog er das Gesicht. „Von wollen kann keine Rede sein. Du solltest dich endlich entscheiden, mich zu heiraten, dann brauche ich nicht länger vor deiner Hütte herumzulungern." Er rülpste ungeniert, während er sie ansah, als ob sie ihm jetzt in die Arme sinken würde.

Das war genauso ein Punkt. Malcom wollte sie unbedingt mit einem seiner Werwölfe verheiraten, dabei war seine Wahl auf diesen Rüpel gefallen. Nur hier brauchte er ihre Einwilligung, weil auch in der magischen Welt ein Beamter der Regierung die Hochzeit bestätigen musste.

„Nein, ich werde gar nicht heiraten. Außerdem beschütze ich dich auf die Weise vor einem großen Unglück oder willst du wirklich das schwarze Schaf des Clans haben?" Aufmerksam beobachtete sie ihn. Natürlich wusste jeder, dass sie keine besonderen Fähigkeiten besaß.

„Das ist mir egal. Hauptsache, du wärmst mir das Bett." Er fasste sich zur Unterstreichung seiner Worte mit einer obszönen Geste in den Schritt.

Pearl wäre am liebsten losgerannt, weg von dem Irrsinn und vor allem weg von dem unerträglichen Proleten, der ihr ständig folgte. Leider hatte sie bereits die Erfahrung gemacht, dass sie es nicht schaffte, ihn abzuhängen, zumal er auf seine Wolfsgene zurückgreifen konnte.

Seufzend schüttelte sie den Kopf. „Danke, aber nein danke. Noch entscheide ich über diesen Teil meines Lebens." Sie drehte sich ruckartig um und ging auf den See zu, dabei hoffte sie, dass er sie einfach in Ruhe ließ.

~~°~~

Rowan stürzte sich in seine Arbeit, nachdem er in seiner Werkstatt in Skibbereen angekommen war. Die unerträgliche Nervosität gepaart mit den Erinnerungen machten ihn wahnsinnig.

Während er eine Kawasaki reparierte, überlegte er verzweifelt, was er tun konnte, um an die Schriftrolle zu kommen. Einfach bei Malcom anzuklopfen und ihn um das Schriftstück zu bitten, fiel jedenfalls aus.

Ein Druckmittel musste her, doch alles, was ihm einfiel, widerstrebte ihm zutiefst. Er war nicht der Typ, der mal eben jemanden entführte oder eine Straftat fingierte, die er einem anderen unterschob.

Fluchend beugte er sich über das Motorrad, auch um den fragenden Blicken seiner Angestellten zu entgehen.

Wenigstens spürte er die Nervosität nicht so sehr, während er arbeitete. Für den Augenblick schob er die Frage, was er tun konnte, zur Seite, dabei war er sich bewusst, dass er sich beeilen musste. Niemand wusste, wie lange die Schriftrolle schon in Lanesborough lag oder wann Malcom sie woanders hinbrachte.

Seine Kunden hielten ihn ebenso auf Trab, wie die Maschinen, die darauf warteten, repariert zu werden, sodass er kaum noch Zeit zum Nachdenken fand. Erst am Abend, als er sich frisch geduscht auf sein Sofa fallen ließ, überlegte er erneut, was für Lösungen für ihn infrage kamen.

Kurz sah er aus dem Fenster, genoss das Panorama. Die Aussicht war atemberaubend, denn er konnte direkt aufs Meer blicken. Sein Cottage in der Nähe von Forthill stand auf einer Klippe, wie er es schon immer geplant hatte.

Sein Vater hatte ihm noch geholfen, das Haus zu bauen. Bei dem Gedanken drängte sich etwas in sein Gedächtnis. Zuerst erinnerte er sich nur verschwommen an eine Frau, die ihn eindringlich ansah, doch nach und nach wurden die Bilder klarer.

Rowan fluchte unterdrückt, weil er ausgerechnet jetzt an diese dämliche Prophezeiung aus einer vergangenen Epoche dachte. In seinem Clan war es von jeher Tradition, dass eine der Hüterinnen den Söhnen oder Töchtern der Anführer weissagte. Die dunkle Zeit hatten zwei der Magierinnen überlebt, sodass auch die Tradition fortbestand.

Seine Weissagung stellte ihn bisher immer vor ein unlösbares Rätsel. Er musste gegen seine Natur handeln, Schuld auf sich laden, dafür allerdings großes Glück verursachen.

Wieder stieß er einen wütenden Fluch aus. Daraus wurde ja keiner schlau! Weshalb sollte er sich schuldig fühlen, wenn er sich nicht mehr verwandelte? Das bedeutete es doch, sich gegen seine Persönlichkeit zu stellen, oder? Genauso wenig erschloss es sich ihm, wie er irgendetwas Gutes erreichen konnte, weil er etwas tat, womit er offensichtlich jemand anderem schadete? Aber wieso erinnerte er sich ausgerechnet jetzt an diesen Schwachsinn, den niemand verstand.

Dämliche Prophezeiungen! Man hätte den Krieg abwenden können, falls sich die Wahrsagerin damals klarer ausgedrückt hätte. Aileen wusste, dass ein Mann großes Unglück über ihr Volk bringen würde. Ebenso war ihr bekannt, dass sie in der Lage war, es zu verhindern, nur hatte ihr keiner gesagt, dass es ihre Entscheidung für die Liebe war, die die Katastrophe auslöste.

Rowan zwang seine Überlegungen, sich wieder dem aktuellen Problem zuzuwenden. Er musste an die Schriftrolle herankommen! Das einzige Druckmittel, das ihm einfiel, bedeutete, eine von Malcoms Töchtern zu entführen. Die Ältere fiel aus, da sie verheiratet war und bereits Kinder hatte. Niemals würde er Kinder in diese Sache hineinziehen.

Blieb also noch die Jüngere, denn Magnus war nur schwer zu packen. Außerdem war er in der Lage, auf seine Wolfsgene zurückzugreifen.

Die Idee missfiel Rowan extrem, aber eventuell war genau das mit der Prophezeiung gemeint. Widerwillig schüttelte er den Kopf. Es konnte alles bedeuten, dummerweise bekam man erst Klarheit, wenn die Weissagung sich erfüllt hatte.

Langsam stand er auf, ging zu seinem Schreibtisch, der so aufgestellt war, dass er beim Arbeiten das Meer beobachten konnte, falls er von seinen Unterlagen aufsah. Er fuhr den PC hoch, dabei war ihm klar, dass er nicht mal in die Nähe der Frau kommen würde, besonders da der Lanesborough-Clan ihn kannte. Zudem erkannten die magischen Wesen sich, sobald sie sich in die Augen blickten. Daher brauchte er einen Helfershelfer, einen Typen, der rundum menschlich war.

Vorsichtig schob er ein paar Rechnungen zur Seite. Oft genug nahm er sich den Papierkram aus der Werkstatt mit nach Hause, weil er hier einfach mehr Ruhe zum Arbeiten hatte, jedenfalls solange er nicht von dieser dämlichen Unruhe geplagt wurde.

Mit einem tiefen Seufzer machte er sich auf die Suche nach jemandem, der für eine entsprechende Summe Malcoms Tochter entführte. Wie gut, dass er ein ansehnliches Vermögen in all den Jahren angehäuft hatte, trotzdem knabberte er an der einzigen Lösung, die ihm einfiel. Die junge Frau würde Angst ausstehen müssen, da sie ja kaum wissen konnte, dass er ihr auf gar keinen Fall etwas antun wollte.

Sein Vater hatte bei dem Versuch, die Schriftrolle zu bekommen, sein Leben gelassen, da durfte er keinen Rückzieher machen, nur weil sein Gewissen ihn plagte. Ganz kurz dachte er erneut an die Weissagung, vielleicht war es ja wirklich der Preis, den er zahlen musste, damit seine Leute von dem schlechten Ruf reingewaschen wurden.

Die halbe Nacht recherchierte er, wie er jemanden finden konnte, der einen solchen Auftrag annahm. Auch hier hatte sein Papa ihm schon den Weg bereitet, denn Adair bediente sich bei seinen Versuchen, an das Beweismittel zu kommen, manchmal verschiedener illegaler Methoden. Das Darknet war somit kein unbekannter Ort für Rowan.

Im Morgengrauen fand er, was er suchte. Schnell schrieb er eine Mail, dass er sich mit dem Mann gerne persönlich treffen würde. Selbst auf den dunklen Seiten des Internets gab man nicht offen zu, was man plante.

Wie gut, dass er nur sehr wenig Schlaf benötigte, sodass er nach nur zwei Stunden wieder fit genug war, um seiner Arbeit nachzugehen.

Schon als er seine Werkstatt betrat, wusste er, dass es ein verdammt langer Tag werden würde. Die Nervosität trieb ihn langsam in den Wahnsinn, außerdem war er wegen seines Plans hin- und hergerissen. Durfte er wirklich das Glück seines Clans vor die Freiheit der jungen Frau stellen?

Wer ist wer?

Liebe Leserinnen, liebe Leser,

ich freue mich, dass ihr mich nach Schottland begleitet habt und vielleicht seid ihr neugierig auf die Geschichten der Wächter geworden. Deshalb habe ich hier eine kleine Auflistung, welcher Wächter in welchem Buch vorkommt und wer er überhaupt ist.

Bitte seht es mir nach, dass ich in diesem Buch nicht wirklich in die Tiefe gegangen bin, wenn es um die Jungs von Ballygannon und ihre Frauen ging.

Die Protagonisten rund um Christine und Blake aus „Kein Werwolf zum Heiraten“:

Christine - Waise - arbeitet als Sängerin

Blake - Werwolf - Schatzmeister des Rudels - besitzt eine Werkstatt

Bea - Freundin von Christine - Werwölfin

Cameron - Werwolf - Bruder von Blake

Alan - Werwolf - Chieftain des Rudels und bester Freund von Blake

Gerold Mehlmann - Mensch - Manager von Christine

Die Wächter:

Logan – Jaguar – Kämpfer der Wächter – Gefährte von Joleen (Wild Thing – Dem Jaguar verfallen).

Joleen – ehemalige Barkeeperin – Hackerin bei den Wächtern – Gefährtin von Logan (Wild Thing – Dem Jaguar verfallen).

Hier geht es zum Buch: Dem Jaguar verfallen.

David – Wolf – Anführer der Ersten Einheit – Gefährte von Emily (Wild Thing – Wolfsliebe)

Emily – ehemalige Einbrecherin – Gefährtin von David (Wild Thing – Wolfsliebe)

Hier geht es zum Buch: Wolfsliebe.

Gerry – Luchs – Arzt der Wächter – Gefährte von Lea (Wild Thing – Das Herz des Luchses)

Lea – Engel – Krankenschwester – Gefährtin von Gerry (Wild Thing – Das Herz des Luchses)

Hier geht es zum Buch: Das Herz des Luchses.

Brian – Wolf – Einbruchsspezialist der Wächter – Gefährte von Caitlin (Wild Thing – Eigentum des Wolfs)

Caitlin – Falke – Spionin der Wächter – Gefährtin von Brian und Nichte von Steward (Wild Thing – Eigentum des Wolfs)

Hier geht es zum Buch: Eigentum des Wolfs.

Steward – Gepard – Boss der Wächter – Gefährte von Patricia und Onkel von Caitlin (Wild Thing – Dämonische Gefährtin)

Patricia – Dämonin – Agentin der Magischen Welt – Gefährtin von Steward (Wild Thing – Dämonische Gefährtin)

Hier geht es zum Buch: Dämonische Gefährtin.

Patrick – Panther – Hacker der Wächter – Gefährte von Victoria (Wild Thing – Gefangene des Panthers)

Victoria – Sylphe (Luftgeist) – Gefährtin von Patrick (Wild Thing – Gefangene des Panthers)

Hier geht es zum Buch: Gefangene des Panthers.

Jorgan – Drache – Kundschafter der Wächter – Gefährte von Mia (Wild Thing – Die Liebe des Drachen)

Mia – Heilerin – ehemalige Küchenhilfe in Ballygannon – Gefährtin von Jorgan (Wild Thing – Die Liebe des Drachen)

Hier geht es zum Buch: Die Liebe des Drachen.

Weitere Gestaltwandlerbücher, die unabhängig voneinander zu lesen sind:

Brendon – Bär – Schafzüchter – Cousin von Gerry – Gefährte von Paula

Paula – Bibliothekarin – Gefährtin von Brendon (Ein Bär zum Verlieben)

Flann – Tiger – Kämpfer/Inhaber eines Fitnessstudios – Freund von David – Gefährte von Darla

Darla – Informatikerin – Gefährtin von Flann (Ein Tiger mit Gefühl)

Finbar – Werwolf – Brennmeister – Gefährte von Clara

Clara – Verkäuferin – Gefährtin von Finbar (Ein Werwolf mit Herz)

Liam – Löwe – Bankdirektor – Freund von Steward – Gefährte von Aislinn

Aislinn – Hexe – Mensch – Patenkind von Alfar – Gefährtin von Liam (Kein Löwe zum Küssen)

Cormack - Richter - Mensch und Gefährte von Belana

Belana - Katze - lebt auf den Straßen von Athlone - Gefährtin von Cormack (Ein Kätzchen zum Zähmen)

Danksagung

An erster Stelle danke ich meinen Lesern, die mir treu zur Seite stehen und mich immer wieder motivieren, weitere Geschichten zu schreiben. Danke!

Ein riesiges Danke an meine wundervollen Testleser Vero, Tanja, Ute, Christine, Nadine und Nicole. Ich bin wirklich, wirklich froh, euch an meiner Seite zu haben.

Ich danke meinem Lektor Dietmar, der auch noch den letzten unlogischen Satz findet und meinen Texten den richtigen Schliff gibt.

Natürlich danke ich auch meinem fantastischen Coverdesigner Paul von D-Design Cover Art. Du bist einfach klasse.

Über die Autorin

Lisa Skydla ist 1971 geboren, gelernte Datenverarbeitungskauffrau und lebt heute mit ihrer Familie im wunderschönen Rhein-Lahn-Gebiet.

Im Alter von etwa zehn Jahren bekam die heutige Autorin ein Buch in die Hand, von dem sie so enttäuscht war, dass sie beschloss, selbst etwas zu schreiben. Aus den Mini-Liebesromanen für Klassenkameradinnen wurden dann nach und nach richtige Bücher.

Als sie in die fantastische Welt des BDSM fand, wurde das Pseudonym „Lisa Skydla" geboren. Eigentlich sind das die beiden Namen ihrer Pferde, die jetzt als Autorenname für die SM-Liebesromane herhalten. Wobei es ihr extrem wichtig ist, einen Einblick in die Welt des BDSM zu geben. Den Menschen zu zeigen, dass diese Art Liebe großes Vertrauen erfordert und nichts Perverses oder Abartiges ist. Vieles hat sie selbst erlebt und genossen, einiges ist nur ihrer Fantasie entsprungen. Was davon was ist, überlässt sie der Vorstellungskraft ihrer Leser.

Allerdings sind die SM-Szenen nur die Sahnehäubchen innerhalb der Geschichten. Lisa Skydla schreibt Bücher über Beziehungen, Liebe und Gefühle für ganz normale Menschen.

Ihre Geschichten haben den Hintergrund, die Leser zu bestärken sich nicht verbiegen zu lassen, zu sich selbst zu stehen und zu erkennen, dass jeder Mensch wertvoll ist.

Außerdem ist sie unter dem Pseudonym „Aimée Moreau" unterwegs. Dort schreibt sie Liebesromane mit Tiefgang.

Website: www.lisa-skydla.com
Facebook: https://www.facebook.com/Skydla
Instagram: https://www.instagram.com/lisaskydla
Blog: https://skydla.wordpress.com

Weitere Bücher von Lisa Skydla:

Werwölfe in Schottland:
Kein Werwolf zum Heiraten

Mystic Ireland:
Vom Werwolf entführt
Vom Tiger geliebt
Vom Leoparden gerettet
Vom Kätzchen verführt
Vom Puma geküsst

Highland-Reihe:
Highlander sind auch nur Männer
Weihnachtswunder in den Highlands
Sommernachtstraum in den Highlands

Wild Thing - Reihe:
Wild Thing - Dem Jaguar verfallen
Wild Thing - Wolfsliebe
Wild Thing - Das Herz des Luchses
Wild Thing - Eigentum des Wolfs
Wild Thing - Dämonische Gefährtin
Wild Thing - Gefangene des Panthers
Wild Thing - Die Liebe des Drachen

Elementals - Reihe:
Elementals - Gefangenes Wasser
Elementals - Gezähmtes Feuer
Elementals - Gesprengte Erde
Elementals - Gefesselte Luft

Dämon - Reihe:
Jill - Sklavin des Dämons
Emma - Eigentum des Dämons
Bella - Geliebte des Dämons

Russian Fighter - Reihe:
Russian Fighter - Eigensinnige Herzen
Russian Fighter - Widerwillige Gefühle
Russian Fighter - Rebellische Liebe
Russian Fighter - Vergessenes Vertrauen
Russian Fighter - Wiedergewonnenes Glück
Russian Fighter - Verdrängte Leidenschaft

Wiesbaden-Lovestory:
Finstere Leidenschaft
Finstere Zärtlichkeit
Finstere Hingabe

Einzelromane:
Ein Kätzchen zum Zähmen
(K)ein Löwe zum Küssen
Ein Bär zum Verlieben
Ein Tiger mit Gefühl
Ein Werwolf mit Herz
Die Sklavin des Drachenreiters

Lustsklavin des Königs
Fesseln der Zärtlichkeit
Die Sklavin des Zauberers
Reitstunden der Lust
Tabu - Eigentum des Lehrers
Sklavin der Finsternis
Die Geschichte der Sabrina P.
Cassandra - Sklavin des Wassermanns
Im Bann des keltischen Tigers
Der Rigger und das Model
Endstation Sklavin?!
Tanja - Gefährtin des Höllenfürsten
Therese - Eigentum des Grafen

Liebesromane:
Liebe, Stolz und andere Schwierigkeiten
Im Rennpass ins Glück
Ast - Liebe auf Isländisch

Außerdem gibt es noch die Romane von Aimée Moreau, ohne BDSM, aber mit genauso viel Gefühl:

L'Amour éternel
Klang der Tränen
Liebe! Gegenwehr sinnlos
L'Amour du voleur: Die Liebe des Diebes